8 ZK7
37025

S061942

*Hommage le plus respectueux :
à l'honorable et savant Bibliothécaire des Archives
nationales Monsieur Delisle

Paris le 16 nov 1893
[signature]*

NOUVELLE HISTOIRE

DE

BRETEUIL

NOUVELLE HISTOIRE

DE

BRETEUIL

en Beauvaisis

ET

DE SES ANTIQUES RELATIONS

avec les Villages environnants

PAR

l'Abbé C.-A. BATICLE

Curé de Délincourt
Membre de la Société historique du Vexin.

Du joli pays de mon enfance,
Combien j'ai douce souvenance !

BEAUVAIS
TYPOGRAPHIE D. PERE, A. CARTIER, GÉRANT

1891

TOUS DROITS RÉSERVÉS.

A LA MÉMOIRE

DU PASSÉ

DE NOTRE CHER PAYS NATAL.

AVANT-PROPOS.

But et division de cette histoire.

Après avoir lu, relu et condensé tous les documents historiques qui s'y rapportent, nous nous sommes décidé à reconstituer le passé de Breteuil en Beauvaisis, en vue de dévoiler à nos chers compatriotes l'origine de cette ville, le caractère, les générosités, les prouesses de ses seigneurs connus, leur rôle, et celui d'une abbaye fondée à dessein par eux, dans la formation et la conservation, non-seulement de Breteuil, mais encore des villages environnants qui composaient *le pays* de Breteuil, anciennement appelé le *pagus Vendoilensis*.

Notre désir a été aussi de montrer l'influence religieuse et morale exercée par ces premiers possesseurs du territoire, le partage qu'ils en firent, ses conditions et leurs concessions successives, graduées, de libertés locales.

Et, comme leur influence plus ou moins bienfaisante ne fut que la résultante d'une autorité immense heureusement dirigée par l'Eglise, jadis si puissante, nous avons dû énumérer les droits, les privilèges féodaux des seigneurs et des bénédictins, les obligations qui y correspondirent; bref, tout le vieux mode d'administration du pays, trop peu connu, parfois mal apprécié, dont le plus grand tort, à nos yeux du moins, fut d'être issu d'idées, de principes opposés à nos idées, à nos principes politiques, d'un droit quasi indéfini de propriété, droit justement réprouvé aujourd'hui, mais motivé et universellement admis pendant des siècles.

Afin de mieux atteindre notre but, nous sommes entré dans une foule de particularités, que, pour plus d'unité, nous avons fait graviter, *autant que possible*, autour des principaux personnages de l'époque.

Dans la seconde partie, nous avons signalé les tendances accentuées des brituliens vers des libertés plus grandes dans la personne des *Jacques, leurs aménités*, pour raconter ensuite les incendies, les sièges, les malheurs immenses dont Breteuil, l'abbaye et les environs furent les tristes victimes pendant la guerre de cent ans et pendant les guerres de la Ligue, l'affaissement des mœurs publiques, le désarroi de l'abbaye elle-même, qui en ont été la conséquence, en un mot la décadence matérielle et morale du bourg, à laquelle succéda heureusement, sous Henri IV, un nouvel ordre de choses. Les transformations du château-fort, les assemblées paroissiales, la communauté, les corporations de métiers, leur puissance relative, leurs luttes pour recouvrer certaines libertés locales un instant perdues, *centralisées*, ont également attiré toute notre attention.

Après l'état comparatif de la seigneurie, de l'abbaye et de Breteuil au XVIII° siècle, vient, dans la troisième partie, le récit circonstancié des faits et gestes, des divisions, des terreurs des habitants, du naufrage de la seigneurie et de l'abbaye emportées comme une paille par le tempête de 1789, au cours de la Révolution.

Dans la quatrième et dernière partie, pour achever de faire ressortir le rôle des anciens seigneurs, il ne restera plus qu'à donner la monographie de deux établissements de charité dus à leur munificence : la maladrerie et l'Hôtel-Dieu de Breteuil. La difficulté d'encadrer cette étude dans le corps de l'ouvrage nous a déterminé à la réserver pour la fin.

Puisse, chers et bien aimés compatriotes, la lecture de cette histoire vous intéresser quelque peu, vous faire vivre, par la pensée, de la vie de nos bons ancêtres qui dorment, à *Saint-Cyr*, du sommeil de la mort, en nous attendant !

C.-A. B.

BRETEUIL EN BEAUVAISIS.

CHAPITRE PREMIER.

Origine de Breteuil, ou Nouvelle Etude sur BRATUSPANTIUM.

Il nous est impossible de retracer le passé de Breteuil en Beauvaisis sans essayer de soulever, à notre tour, un coin du voile de tristesse encore étendu sur l'*oppidum* gaulois qui, selon toutes les probabilités, lui a donné naissance.

Près de quinze cents ans se sont écoulés depuis sa destruction; mais le souvenir de son existence s'est transmis de générations en générations. Il est resté si vivant que, même aujourd'hui, on ne peut considérer son emplacement dénudé, en grande partie jusqu'au XVIe siècle, qu'en éprouvant un sentiment indéfinissable à la pensée des scènes de deuil qui l'ont attristé jadis. Que de cris amers et déchirants, répétés par les échos d'alentour, furent jetés là par une population vaincue, par de pauvres enfants mourant sur le sein de leurs mères, et par les vieillards tendant leurs mains défaillantes vers de farouches vainqueurs!

Longtemps l'imagination fut effrayée à l'apparition de feux follets produits par la décomposition de cadavres laissés sans sépulture, ou par quelque récit légendaire. Ceux qui avaient échappé au carnage ont cru voir errer des ombres au milieu de ces ruines, ou les entendre

.ir dans le silence de la nuit, surtout au fond du *Val-Saint-Denis*, auquel ils avaient donné le nom très significatif de *Fosse-aux-Esprits*.

I. — Situation topographique de Bratuspantium.

Cette ville à jamais célèbre « par son étendue, sa population et sa puissance, qui tenait le premier rang parmi les Belges » (1), était située entre Breteuil, Vendeuil et Beauvoir, dans le triangle à peu près équilatéral formé par une colline en grande partie boisée, et par le croisement des routes nationales de Beauvais à Amiens et de Breteuil à Paris.

Si l'on considère la position occupée par cette antique localité, les moyens d'attaque usités autrefois, il est évident que le terrain prêtait à la défense : il est dominé par un monticule isolé, nommé le *Catelet*, à pentes assez abruptes, sur lequel se dressait un fort protégé par d'épaisses murailles dont les fondations ont été, çà et là, retrouvées. L'approche en était rendue difficile par de larges fossés que les inondations fréquentes auxquelles, d'après Robert Wuyart (2), la vallée était jadis exposée, remplissaient d'eau. Du côté de Vendeuil et de Breteuil, un marais très fangeux, avant que la Noye qui le traverse n'eût été canalisée par les Bénédictins de l'abbaye de Breteuil, et, du côté opposé, des bois que nos ancêtres, en cas de danger, entrelaçaient ou croisaient après les avoir abattus, ne laissaient pas non plus de prémunir la ville. Telles devaient être ses dispositions défensives, à en juger par l'emplacement et les études du terrain,

---

(1) *Mémoires de la Société Acad. de l'Oise*, t. 1er, p. 165.

(2) Manuscrit de R. Wuyart, religieux de l'abbaye de Breteuil, en 1570, dont nous aurons souvent occasion de citer l'*Abrégé*, rédigé par M. Combier, président du Tribunal de Laon.

combinées avec les données de César lui-même, dans ses *Commentaires*.

Ces fortifications étaient d'ailleurs commandées par la situation même de la ville, à la frontière du pays des Bellovaques, entre Samarobrive (Amiens), Cæsaromagus (Beauvais), et Lutetia (Paris), capitale des Parises, qui était loin alors d'avoir l'importance qu'elle a acquise depuis.

Une voie romaine, construite plus tard par Agrippa, allant de Lugdunum (Lyon) à Gesoriacum (Boulogne), traversait la ville dans la direction de Samarobrive. De nombreux tronçons en ont été découverts (1). Elle est mentionnée dans l'itinéraire de Théodose.

D'après Cambry et l'abbé Devic, s'appuyant eux-mêmes sur les fouilles pratiquées à Bratuspantium, le périmètre de la ville comportait de cinq cent soixante à six cents arpents.

Pierre Mouret, de Breteuil, l'auteur si connu d'une histoire imprimée en 1821, que nous avons lue avec tant de plaisir dans notre jeunesse, a été évidemment induit en erreur en le restreignant à deux cent cinquante arpents.

L'analyse raisonnée de toutes les découvertes opérées dans le cours des siècles, que nous nous proposons de présenter pour arriver à une conclusion sérieusement motivée, fondée sur la tradition et spécialement sur les *Commentaires* bien compris de César, rendra de plus en plus saillante la méprise de notre compatriote, trop modeste, d'ailleurs, pour vouloir entrer en contestation avec tous les savants qui ont étudié Bratuspantium.

II. — Historique des fouilles du val de Saint-Denis.

Les fouilles les plus anciennes, à notre connaissance, remontent au temps du prince de Condé, seigneur de

---

(1) *Géog. hist. et physiq. de l'Oise*, par MM. Deladreue et Pihan

Breteuil, qui chargea, en 1574 (1), deux ecclésiastiques intelligents, Jean Warnier, curé de Breteuil, et un prêtre habitué, nommé George Thury, « homme de grande érudition et scrutateur des antiquités », de suivre des ouvriers occupés sous ses ordres à bouleverser le val de Saint-Denis, et de lui adresser un rapport sur les résultats obtenus.

Une gravure de l'époque, représentant le carrosse du prince et le prince lui-même au milieu des travailleurs, existe encore dans un des cartons des Archives de l'Oise.

Voici un résumé du rapport des deux prêtres témoins des fouilles du val de Saint-Denis :

« Depuis quatre ans, le seigneur des Ruisseaux faisant travailler aux dites masures (de la Fosse-aux-Esprits) pour y prendre des pierres, les carriers ayant trouvé un fondement d'un autre bâtiment d'environ quatre à cinq pieds d'épaisseur, en démolissant ledit fondement, trouvèrent une cave en largeur de quatre-vingts pieds et en largeur de trente, au bout de laquelle y avoit une large pierre en façon d'un autel, qui avoit deux rameaux aux coins..., et à l'autre bout de la cave y avoit des marches et des grais (grès)... Ce qu'ayant entendu dire, nous fûmes avec plusieurs le voir, et après l'avoir vu et considéré, avons trouvé que ce pouvoit être un temple de payens et que la grande pierre étoit un autel sur lequel on tuait la bête pour l'offrir aux idoles, et que sur iceluy étoit encore un autre temple qui avoit été démoli et ruiné.

« Et ayant trouvé ledit seigneur, nous le priâmes de ne vouloir démolir une si belle antiquité..., ce qu'alors il a promis.

« Mais, depuis, ayant besoin de pierres pour bâtir, il le fit démolir, et, comme les carriers rompirent la grande muraille, ils trouvèrent au milieu d'icelle un pot de terre plein de plusieurs pièces de cuivre et environ vingt

---

(1) *Topographie ecclésiast. de la France. Annuaire* 1862, p. 500.

pièces d'argent, où était la figure de plusieurs empereurs..., qu'ils portèrent audit seigneur que nous allâmes voir et nous en donna environ quarante pièces (1). »

Bien que Louvet, dans son « *Histoire des Antiquités du païs de Beauvaisis*, composée en 1631 », ne nous parle pas de fouilles opérées antérieurement, on doit conclure de la description qu'il nous a donnée de l'état des ruines de Bratuspance, que bien des découvertes du plus haut intérêt y ont été faites.

Les résultats de fouilles pratiquées dans le cours du xvii°, du xviii° et du xix° siècle autorisent à le croire.

Voici ce qu'a écrit Louvet :

« Et combien que ladite ville ait été totalement ruinée, néanmoins paraissent encore des fondements fort massifs, de fort grandes remarques, de grandes espaces de logis, grand nombre de puis et caves, quantité de médailles d'argent et de cuivre, et principalement quand cette grande campagne est ensemencée en bled on y reconoit encore le compassement et les endroits des rues, où le bled est plus petit qu'ès lieux où les maisons étaient bâties.

« Quoy que ce soit, elle était du temps de César une grande cité en Beauvaisis, laquelle excellait en crédit et autorité entre les Belges, en laquelle les Beauvaisins s'étaient (un jour) réfugiez avec leurs moiens (2), etc... »

Les fouilles, commencées en 1574, ont été reprises et continuées, car Robert Wuyart, parlant de la même ville en 1670, signale la découverte « de fort beaux escaliers de pierre encore enterrés profondément dans la vallée, où l'on remarque les rues... marquées par un blé vert, plus jaunâtre, à cause des pierres et autres mauvaises terres qu'on avait jetées pour faire des chaussées... et, moi-même, je suis témoin oculaire de cette vérité que je ne pouvais

---

(1) P. Mouret : *Hist. de Breteuil*, p. 4.
(2) Louvet : *Hist. et Antiquites du païs de Beauvaisis*, M D C XXXI, t. I, p. 24.

croire par le récit qu'on m'en avait fait, jusqu'à ce que je sois allé moi-même sur les lieux ».

« On trouve, ajoute-t-il, dans cette vallée, des médailles romaines d'or, d'argent et de métal, depuis César jusqu'à Néron et Domitien. Il y a quinze ans, une voûte s'étant fendue, on découvrit une boutique d'apothicaire encore toute rangée.

« Il y a trois ans, on trouva une quantité de morceaux de marbre, débris de quelque temple somptueux, sans doute, et une sorte de murailles en briques longues et larges, percées de trous. On y recueillit aussi une petite statue tenant une bourse d'une main, et de l'autre montrant la terre prête à engloutir le voleur sacrilège. Cette attitude a fait naturellement penser que c'était une idole préposée à la garde du trésor d'un temple (1). »

Nous signalerons ici le dessin de restes gallo-romains trouvés à Bratuspance, et faisant partie d'une construction en mosaïque dans la collection Houbigant (2). La torsade et le trident semblent faire partie de l'ornementation d'un palais.

Le célèbre explorateur d'Anville a rendu aussi ce témoignage : « Les vieillards de Vendeuil se rappellent fort bien que, de leur temps, on a mis à jour des restes de ruines fort importantes. Elles étaient si considérables que les propriétaires des terrains les exploitaient comme de véritables carrières, avec d'autant plus d'ardeur que les pierres extraites étaient tout équarries, prêtes à poser (3). » Il rappelle aussi que le seigneur des Ruisseaux employa pendant quatre ans plusieurs ouvriers à ce mode nouveau d'extraction (4), et causa ainsi à l'archéologie des pertes sensibles, malheureusement irréparables. En effet, qui

---

(1) Manuscrit de Robert Wuyart, p. 54 et 56.
(2) Archives de l'Oise, fonds de figures.
(3) L'abbé Devic : *Notice sur Bratuspantium*, p. 39.
(4) *Ibidem*.

pourra jamais dire la quantité de matériaux enlevés par lui seul, ou charriés par d'autres propriétaires voisins? Et quand on songe que pendant près de douze cents ans les ruines du val de Saint-Denis ont été ainsi exploitées, on se demande quelle devait en être l'importance.

Les travaux de défoncement interrompus par la Terreur, de lugubre mémoire, furent repris, en 1796, par M. Davalette, ancien intendant de l'abbaye. Ce dernier découvrit d'immenses fondations de *quinze pieds d'épaisseur, composées d'assises de pierres dures, de quatre à cinq pieds carrés*, disposées sur une maçonnerie formée d'autres pierres de petit appareil, taillées et posées, comme on dit, à bain d'un mortier (1), devenu d'une dureté étonnante. Les deux côtés parallèles de cette énorme maçonnerie étaient coupés à angles droits, à des intervalles différents par d'autres fondements de quatre et cinq pieds de diamètre, sur lesquels devaient s'élever des murs de séparation. Une assez grande quantité d'ossements humains se rencontraient accumulés à droite et à gauche. M. Davalette qui n'y trouvait pas son compte, il faut croire, après avoir arraché treize à quatorze mètres de ces fondations, recouvrit le reste d'une couche de terre assez épaisse pour que la charrue pût glisser dessus (2).

A considérer la proximité de la voie romaine qui passait devant ces vestiges, ne peut-on pas, et même ne doit-on pas les regarder comme les fondations de l'une des portes d'entrée de la ville? Telle est l'opinion de P. Mouret, partagée depuis par Cambry.

S'il est vrai que l'extrémité nord des fondations se rencontrait avec la ligne du périmètre de la ville tracé par Cambry, on ne saurait douter de la destination assignée; seulement dans ce cas il faut admettre que les Romains,

---

(1) L'abbé Dovie : *loc. cit.*
(2) *Ibid. passim.*

après la conquête, remplacèrent par d'autres, les anciennes fortifications construites avec des poutres entremêlées de pierres, selon la description de César. Pour plus de solidité, ils reliaient les blocs de pierres entre eux avec des crampons de fer. P. Mourot, vers 1820, en a découvert quelques-uns au milieu de pierres énormes, qui en portaient encore les empreintes. L'abbé Devic, après avoir consacré presque huit ans (1826-1834) à se rendre compte de ruines encore apparentes, affirme que des vieillards de Vendeuil-Caply lui ont révélé l'existence, de leur temps, d'une quarantaine de puits, qui furent comblés avec des matériaux. Par contre, les caves jadis si nombreuses, mais dont les pierres avaient été plus recherchées, étaient devenues plus rares (1). Quant aux pavés des rues, qui étaient, paraît-il, magnifiques, on les a aussi arrachés successivement, et toujours pour la même raison, tant il est vrai que l'avarice de l'homme le porte à ne rien respecter. M. Devic, pour en connaître la composition, fit creuser à divers endroits, à une profondeur de 35 centimètres ; il finit par rencontrer une assise de pierres dures, rapprochées les unes des autres et posées sur un lit de marne, de gros silex et de gravier si dur que la pioche pouvait à peine le pénétrer. Ces pierres mesuraient 20 à 25 centimètres d'épaisseur, sur 50 à 60 de largeur.

La voie romaine était construite en cailloux et élevée au-dessus du niveau des terres voisines. C'est du moins ce qui fut constaté, en 1823, par M. le comte d'Allonville, préfet de la Somme.

En mai 1831, au milieu de toutes sortes de débris composés de mauvais sable, d'argile, de pierres dures, de bois presque entièrement pourri, de matières noires semblables à du charbon pulvérisé, un squelette humain de 1 mètre 95 de hauteur, debout, la partie antérieure du

---

(1) L'abbé Devic: *loc. cit.*, p. 16 et 17 (dissertation de l'année 1843).

bras droit tendue horizontalement, la main appuyée sur un bâton autrefois garni d'un fer assez large (ce qui a été reconnu à une forte teinte de rouille imprimée dans la terre), le bras gauche étendu le long du corps, est apparu aux regards de quelques ouvriers occupés à pratiquer une tranchée au pied du Catelet. Il y avait dans les déblais des morceaux d'argile à moitié cuite, dont la teinte noirâtre annonçait le voisinage de charbons (1).

En 1836, un cultivateur de Caply découvrit en labourant deux sarcophages parfaitement recouverts et en bon état. L'un contenait un squelette entier et un long instrument en forme de poignard, l'autre renfermait aussi un squelette; mais, chose remarquable, la tête avait été séparée du tronc et mise sur le côté du cadavre (2). Il est fâcheux pour l'archéologie que la disposition des corps n'ait pas été observée.

A peu de distance du même endroit, un autre cultivateur découvrit aussi, cette année-là, un puisard ou un égout encore intact, maçonné en ciment et en belles pierres. L'orifice, qui était d'un seul morceau, mesurait 40 centimètres de diamètre. Il était percé perpendiculairement au sol jusqu'à deux mètres, puis sa pente commençait en prenant la direction de la petite rivière entre Caply et Vendeuil (3).

Tels furent, en substance, les résultats des fouilles pratiquées, malheureusement bien tard, dans le val de Saint-Denis. Car (c'est de toute évidence), sur les fondements découverts, le long de ces rues qui apparaissent si multipliées, devaient s'élever des fortifications, des édifices publics, de nombreuses habitations, d'autant plus belles que leurs assises ont été trouvées plus solides, mieux maçonnées. Les puits et les caves, encore si nombreux il

---

(1) *Loc. cit.*
(2) *Ibid.*
(3) *Ibid.*

y a moins d'un siècle, le temple, la boutique de l'apothicaire encore rangée, des débris de statues, des morceaux de pierres sculptées trouvées çà et là, au milieu des ruines entremêlées de chaux, de sable, d'argile, de morceaux de bois, de pierres calcinées, noircies par l'action du feu, l'annoncent assez aux regards les moins clairvoyants. A l'occasion de son étude sur les campagnes de César dans les Gaules, l'empereur Napoléon III, en 1863, fit aussi pratiquer, par un certain nombre de soldats, des fouilles qui n'allèrent pas à l'encontre de la quasi certitude acquise sur Bratuspance.

Mais ce qui a caractérisé l'importance de cette ville, autant et plus que les ruines signalées plus haut, ce sont les objets antiques, les pièces de monnaie ou les médailles gauloises, grecques et romaines, trouvées au milieu de tant de décombres. Elles jettent un grand jour sur le passé de Bratuspantium.

III. — La numismatique du val de Saint-Denis
d'après Cambry, le chanoine Barraud et l'abbé Devic.

On l'a dit avec raison :

> Pour séparer le vrai d'avec le faux,
> Et ne confondre pas l'histoire avec la fable,
> Le secret est indubitable :
> Il faut s'en rapporter à la foi des métaux.

Ce nous sera d'autant plus facile que les métaux précieux pour l'histoire, recueillis au val de Saint-Denis, et souvent derrière le soc de la charrue, sont loin de nous faire défaut.

Dans son *Antiquité expliquée*, le célèbre P. Montfaucon, possesseur de la plus riche collection de médailles et de monnaies qui fût alors, a écrit qu'il en avait *ramassé* le plus grand nombre à Breteuil. Les musées du prince de Condé et de Sully en étaient remplis. Celui de Sully principalement était fort remarquable par les objets d'art trouvés aux environs du Catelet. Parmi eux figuraient des statuettes, des instruments de sacrifice en bronze, des cassolettes, des fibules en bronze affectant la forme de poissons, d'oiseaux avec filigranes forts légers, en partie émaillés ; des fragments de céramique, de fabrication gauloise bien évidente ; des fleurons en or et en bronze, des patères, des spatules cannelées, en argent, en bronze ; des épingles, des cuillères rondes en cuivre, des boucles de formes diverses, des anneaux ciselés, des pommeaux à tête d'hommes ou de chiens ; des ornements variés, en bronze, figurant des fleurs, des pommes de pins, des glands, des têtes de lions, disposées en forme de trépieds, des boutons, des petits animaux, des clefs, des poids en plomb, etc... (1).

Au commencement du siècle, M. Cambry et M. Barraud, si connus de tous les laboureurs de Vendeuil et de Beauvoir, possédaient également de belles collections de médailles et de monnaies ramassées (nous employons ce mot à dessein) aux mêmes endroits (2).

Parmi les médailles, les unes sont gauloises, les autres romaines, d'autres grecques, quelques-unes sont germaines ; mais de toutes, les plus nombreuses sont les gauloises. Sur celles-ci se trouvent gravées, avec des caractères bien différents, toutes les figures de quadrupèdes, de reptiles, d'oiseaux, mille objets singuliers, grotesques, mille énigmes qui nous révèlent, a écrit M. Cambry, les coutumes, les mœurs, l'imagination des habitants, les exercices auxquels ils se livraient de préférence, et aussi, ajouterons-nous, leur religion.

Chose digne d'être observée : tous les objets signalés ont un cachet de paganisme irrécusable, les cassolettes aussi bien que les fibules généralement retrouvées au fond des sarcophages, mais surtout les statuettes et les instru-

---

(1) Extrait de la *Notice* de M. Dovio.

(2) Un certain nombre des médailles de M. Barraud sont actuellement dans la collection de M. le chanoine Pihan.

ments de sacrifices. Faudrait-il en conclure qu'alors le christianisme était absolument inconnu? Evidemment non, car ce serait aller contre l'histoire, qui nous montre saint Lucien évangélisant Breteuil, à la fin du 1er siècle de l'ère chrétienne, selon les calculs les mieux établis de M. l'abbé Renet; au plus tard, suivant d'autres, vers la fin du IIIe siècle, c'est-à-dire lorsque notre ville n'était pas encore détruite. Mais, à cette dernière époque et pendant tout le cours du IVe siècle, il est à penser que le culte chrétien était loin d'être prédominant dans nos contrées où les pratiques du culte druidique étaient si chères qu'elles restèrent mélangées, à l'état de superstitions, aux exercices du culte catholique. Cela dura si longtemps que Charlemagne dut prohiber, par un capitulaire, en 791, les hommages rendus aux fontaines et aux forêts. Le concile de Lestines, au VIIIe siècle, se vit obligé de condamner les sacrifices humains accomplis dans les forêts. Il résulte même de l'étude des fouilles, si curieuses et si belles, de Hermes, faites par M. l'abbé Renet et par M. Hamard, curé de Hermes, que, dans les temps mérovingiens, de riches personnages d'origine gauloise, sans doute, plutôt que franque, suivaient encore les usages païens dans le mode de sépulture donnée à leurs morts, si ce n'est aussi dans certains usages de la vie.

Parmi les médailles d'origine gauloise, quelques-unes accusent l'enfance de l'art; d'autres, au contraire, assez nombreuses, témoignent que le manque d'artistes n'était pas si absolu que certains érudits ont bien voulu le dire.

Voici la nomenclature des monnaies et des médailles trouvées au val de Saint-Denis et classées suivant leur ordre chronologique:

I. — *Médailles gauloises.*

Sur les médailles gauloises sont gravés:
Deux chevaux cabrés l'un contre l'autre ou au galop; le cheval parfois est informe;

Un cheval entre les jambes duquel se lisent des caractères grecs, et sur une autre : vinici ;

Une tête aux cheveux fort bouclés, et, au revers, un cerf ;

Un homme à cheval, grossièrement dessiné, et, au revers, une tête de bœuf ;

Un cheval au galop, avec un chien en croupe ;

Un cheval informe et, au revers, un griffon ;

Un cheval et, au revers, un satyre à genoux ;

— — un loup ;
— — . un loup, deux sangliers et deux belettes ;
— — une arbalète ;
— — un soleil ;
— — CHEIK ;
— — CRICIR ;
— — un oiseau portant dans son bec un rameau ;

Un cheval et un arc entre les jambes du cheval ;

Une tête humaine avec un long nez, un vrai masque et, au revers, une forme assez indécise ;

Une femme accroupie et, au revers, un animal fantastique.

Comme on le voit, c'est le cheval accompagné de quadrupèdes ou d'armes qui dominent sur les médailles des Gaulois, ce qui nous indique quelle était leur grande passion pour la chasse, avec quelle ardeur ils s'y livraient, pendant que leurs femmes, comme de véritables mercenaires, suaient sang et eau pour travailler la terre et la faire produire (1). Ils avaient sur elles, comme sur leurs enfants, le droit de vie et de mort. Le mari venait-il à trépasser, le plus petit soupçon suffisait pour déterminer les parents à brûler toutes ses femmes (car il était loisible

---

(1) *Comment. de César*, liv. vi.

aux hommes d'en avoir autant qu'ils pouvaient en acheter) ou à les faire mourir au milieu des plus cruels tourments (1). Quel changement, à l'honneur de la religion chrétienne !

II. — *Médailles dites grecques.*

M. Cambry en mentionne deux, une portant une tête de Trajan, avec son inscription : JUP... A M. M.

Et une autre figurant également une tête, avec ces mots : ΣΜΙΡΝΑΙΩΝΟΣΤΑΙΟΣΣΕΒΑΣΟΙ.

Parce que certains caractères sont grecs, ce n'est pas une raison de croire à la découverte de médailles d'origine grecque, avec des têtes de Trajan, surtout lorsqu'on sait, par les *Commentaires de César*, que les Gaulois se servaient de caractères grecs.

III. — *Médailles romaines.*

Les médailles romaines sont nombreuses et, sous la dénomination de médailles romaines, on entend celles qui sont frappées au coin de la ville de Rome, les consulaires proprement dites, celles à l'effigie des empereurs et des tyrans qui ont surgi sous les différents règnes.

En voici la série :

Tête de femme. Enée porte Anchise. CÆSAR.

CÆSAR Cos. Une tête derrière laquelle on voit un *lituus augural*. Tête couronnée de laurier, CÆS. PERPETVO.

CÆSAR AVGVSTVS. S. P. Q. R. *Signis receptis.*

Au milieu : S. C. Inscription : IMP. COS. DESI. T. PONT. MAX. CÆC. AVG. Une balance sous laquelle sont les trois PNR.

M. Cambry possédait cette petite médaille, dont il faisait grand cas, la trouvant précieuse. Les suivantes sont aussi de lui.

---

(1) *Comment. de César.*

CÆSAR DIVI AUG. PRON. AVG. P. M. TR. P. IIII. P. P.
AUGUSTE. — AUGUSTUS. *Pater.*
AUGUSTUS DIVI. FIL. PAT. PATR.
AUGUSTE ET ANTOINE. Col. Nem.
REX JUBA. (Temple à huit colonnes.)
TIBÈRE. Au revers, deux colonnes, un génie sur chacune.
— TIBÈRE. Rom. et Aug.
C. JUL. CÆS. GERMANICUS.
CLAUDIUS CÆS. AUG. *Libertas.* — TIB. CLADD. CÆS. AUG. *Libertas.* S. C.
NERO..... *Decursio.* — NERO CÆS. AUG. GERM. (Une victoire).
Aucune de Galba, qui ne régna guère que neuf mois.
OTHON..... *Securitas.* P. R.
VITELLIUS IMP. CERMAN.
TITUS VESPAS. CENS. *Fides.*
TIT. FLAV. VESPAS. CENS.
IMP. A. VES. TR. P. COS. III. CENS. — *Fortunæ Reduci.* Une corne d'abondance. Sur une autre : *Jovi Victori.*
T. CÆSAR.
DOMITIANUS. AUG.
IMP. NERVA. CÆS. AUG.
Quoique cet empereur n'est guère régné plus d'un an, on a cependant trouvé *un grand nombre* de ses médailles, surtout en argent.
TRAJANUS AUG.
—.   OPTIMO PRINCIPI.
Sur d'autres, au revers, une prêtresse. Sur la plupart la colonne, avec S. P. Q. R.
Ces médailles sont assez communes en tous métaux.
HADRIANUS AUG. COS. III. *Fortunæ reduci.*
HADRIANUS AUG. C. III. P. P.
HADRIANUS REST. ORB. TER.
Une autre TELLVS. STAB.
Plusieurs autres différentes.
Les médailles de Sabine, sa femme, sont plus communes que

les siennes, mais moins variées; j'entends parler seulement de celles trouvées au val de Saint-Denis.

Antoninus Aug. Armeniacus. DIVVS ANTONINVS (autel à quatre étages).

Antoninus S. C.
— LÆTITIA AUG.
— AVG. PIVS. P. P. TR. P. XVI.

Celles de ce prince sont très nombreuses, ainsi que celles de Faustine.

M. Aurel Cæs.
Aurel. Cæs. Aug. P. F. COS. II.
Aurel. V. AUG. Armeniacus.

Celles de cet empereur et de sa femme, Annia Faustina, se trouvent assez communément, mais plutôt encore de celle-ci que de leur fille Lucile.

L. Verus Cæs. AUG. — Aurel Verus.

On en a peu trouvé de cet empereur, mais beaucoup de sa femme Lucilla Aug.

Imp. Comm. Ant. P. FEL. AVG. BRIT.

L. Ælius Aurel. Cæs. (au revers, une femme voilée, corne d'abondance). — Aurel. Comm. AVG. T. R. P. IIII (victoire ailée).

Idem (une Vénus nue).

Ses médailles se rencontrent *très nombreuses*, mais moins que celles de sa femme Crispina.

Ici se trouve encore interrompue la série de médailles des empereurs, par la même raison sans doute qu'elle l'a été à l'article Galba.

Viennent ensuite des Sept. Sev. et quelques-unes de sa première femme.

Des médailles de Dec. Claud. s. Alb. Cæs.

M. Aur. Sev. (Caracalla) en très petit nombre.

M. Aur. Ant. Bass. et de ses deux épouses.

Imp. Cæs. Sev. Alex. AUG. en argent et en bronze.

Celles de sa mère Julia Mammœa ou Mamœa se sont rencontrées aussi communément.

Maximinus (C. IUL. VER.) (en petit nombre); Paulina, son épouse.

C. M. Clod. Pupienus. AUG. (en fort petit nombre).

M. Anton. Gordianus. P. AF.

M. Jul. Philip. P. AUG. *Princ. Invent.*

Mar. Jul. Philippus. CÆS.

Des deux Philippe, père et fils, et encore de Maria Otarilla, mère de César.

C. M. Q. T. Dec. Aug., en petit bronze.

Valerianvs CÆS. *Jovi Crescenti.*

— CÆS. *Restitut. Orbis.*

C. P. LIC. Valerianus AUG.

Galienus. AUG. — Saloni Valerianus CÆS. (Le revers de cette médaille est curieux par la multiplicité des objets représentés.

Les médailles de ces deux empereurs, père et fils, sont nombreuses et variées.

POSTVMVS. P. E. AVG.

M. Aur. P. Victorinus. CÆS. (en grande quantité).

L. ÆLIANUS. AVG., compétiteur de Posthumus.

M. Cambry met au rang des médailles ramassées sur le même lieu la suivante, d'un des fils de Zénobia, femme d'Odenat.

Vabalatus... ou Valbalathus. Au revers, Aurelianus.

M. Aur. Claud. AVG. *Constantia.*

L. V. Dom. Aur. AVG. (en très petit nombre).

Plusieurs curieux en possèdent de P. Pives, Tetricus, gouverneur d'une partie des Gaules, qui fut proclamé empereur après la mort de l'usurpateur Marius, et qui régna pendant plus de cinq ans, en même temps qu'Aurélien, entre les mains duquel il se démit de l'empire.

M. Aur. Probus. AVG. *Comiti Prob.*

Probus. AVG. *Invicto Soli.*

— (Deux têtes accolées et quatre enfants.)

— *Romæ æternæ.* — (Toutes en petit cuivre.)

Ces médailles sont nombreuses et variées.

Celles de M. Aur. Carus sont en petit nombre, tandis que celles de Magnia Urbica, sa femme, sont plus communes.

M. Aur. Numerianus. AVG. *Pietas.*
— — — *Principi Invent.*
C. Val. Aur. Diocletianus. AVG.
Val. Maximianus Herculeus. AVG.
F. Val. Constantius. AVG.
C. Galer. Valerius. AVG. — C. Maximianus Nob. Cæs.

Les médailles qu'on a trouvées le plus communément au val Saint-Denis, de ces quatre empereurs, sont celles de Dioclétien et de son collègue Maximien, ce qui prouve que les ruines du village de Saint-Denis ne doivent pas être confondues avec celles de Bratuspance.

Mentionnons l'existence de quelques médailles de plusieurs tyrans qui s'élevèrent dans l'empire à cette époque et pendant un intervalle de moins de trente ans, tels que Carausius et Maxence, etc.

C. Maximinus. AVG.

Il en a été trouvé de consulaires et d'impériales de :
V. C. Constantinus. AVG.
C. Flav. Licinius AVG.
Fl. C. Constantinus (ii) AVG.
Fl. Jul. Constantius. cæs. AVG.
Fl. Jul. Constans. Cæs. AVG.

M. Cambry en possédait plusieurs de ces princes.

. . . .

Voici maintenant les médailles des impératrices et quelques autres qui n'ont pas été intercalées dans la série de pièces des empereurs :

Sabina. *Adriani.*
Sabina. AVG.
Faustina. AVG. PII. AVG. FIL.
Faustina. AVG. *Diana Lucifera.*
Faustina Annia. AVG. *Pudicitia.*
Faustina. *Ceres Augusta.*
Annia Faustina Marci.

Faustina-Jun. *Diana Lucifera.*
Faustina. (Une Vénus).
Antonia. AVG.
Marcia. Severa.
Severina. AVG. *Juno Regina.*
Severina. AVG. *Concord. militum.*
Julia Mamæa. AVGVSTI.
Julia Mamæa. AVG. *Felic. Publ.*
Julia Pia Felix. AVG.
Lucilia. AVG.
Salonina. AVG. (Buste sur un croissant).
Otacilla Severa.
Marcia Otacilla Severa.
J. C. Salonina. AVG.
Julia Galiena.
Ulp. Severina.
Crispina (ou peut-être Chrispilla). AVG.
Magnia Urbica. AVG. *Venus genitr.*
J. Constantia.

Autres.

ET. COS. DESIG.
Tête de matrone. LONGIN IV. V.
Divæ Marianæ (un paon).
Crispus Nobil (nombreuses).
Un Jupiter (un aigle).
Une fourrée (un éléphant).
Tête barbue (Dosse).
— REGVLVS.
Tête de jeune homme. CARISIVS.

Notons, en terminant cette belle nomenclature de médailles classées comme nous venons de le voir, que beaucoup d'autres n'ont pas été mentionnées, parce que leur détérioration était telle qu'il n'a pas été possible de les inventorier. Si l'on songe que les premiers collectionneurs ne furent pas le prince de Condé ou le P. Montfaucon, mais que d'autres les ont précédés sur ce terrain ouvert à tout le monde depuis des siècles, on en conclura qu'aucune ville n'a plus contribué à enrichir nos musées. Comment, après cela, nier son importance, ou ne pas admettre que Bratuspantium fut la principale forteresse des Bellovaques, dans laquelle ils se réfugièrent un jour, et transportèrent tout ce qu'ils avaient de plus précieux? D'ailleurs aucune ville, dans les environs, n'a laissé autant de *souvenirs de sa grandeur passée*, aucune n'est restée plus célèbre par ses malheurs que celle qui a donné naissance à Breteuil.

IV. — Les Commentaires de César et Bratuspantium.

D'après le récit de César lui-même, Bratuspantium, situé tout près des limites du territoire des Ambiens, faisait partie du pays des Bellovaques. Suivons le texte de ses commentaires :

« Après la défaite des Hélvètes qui de 372,000 furent réduits à 110,000, après celles d'Arioviste et des Belges sur les bords de l'Aisne, César redoutant les Bellovaques qui, au rapport de Divitiacus, l'ancien roi des Belges, étaient les plus braves et capables de mettre cent mille combattants sur pied, fondit sur eux comme la foudre. Ayant appris qu'ils s'étaient retirés avec leurs richesses dans *Bratuspantium*, il marcha droit sur cette place de guerre avec toute son armée. Il n'avait plus que cinq mille pas à franchir pour l'atteindre, lorsque les vieillards de la ville, effrayés de la déroute si complète des Belges réunis, sortirent de la ville en tendant les mains vers le vainqueur et en lui faisant comprendre qu'ils se soumettaient à lui, qu'ils ne voulaient pas combattre le peuple romain (1). »

« César, sans leur rien répondre, s'approcha encore de la ville et établit son camp tout près d'elle. Alors, du haut des murailles, spectacle touchant, les femmes et les enfants

---

(1) *Comment. de César*, L. II, chap. X, XI, XII.

unissant leurs voix à celle des vieillards, les mains jointes selon le mode usité du pays, supplièrent les Romains de de leur accorder la paix, de leur faire grâce (1). »

César hésitait, se demandant s'il ne devait pas, par une grande exécution terroriser à jamais les Gaules. Les vieillards, à genoux, plongés dans la plus cruelle anxiété, attendaient la sentence de leurs chers compatriotes lorsque Divitiacus prit la parole et dit à César : « Une alliance, une amitié fort ancienne lie les Bellovaques aux Edues; ceux-là ont été égarés; on leur a fait croire que leurs frères avaient à subir tous les genres d'affront de la part des Romains, alors ils ont rompu avec les Edues et déclaré la guerre aux Romains. Les promoteurs de cette résolution comprenant dans quel malheur ils avaient plongé leur cité se sont enfuis en Bretagne. Les Edues se joignent aux Bellovaques pour supplier César d'user envers ceux-ci de sa clémence et de sa mansuétude. En agissant de la sorte, César augmentera, aux yeux des Belges, l'autorité des Edues qui l'ont habituellement favorisé de leur concours dans les guerres et secondé de leurs ressources (2) ».

Le vainqueur se rendit aux observations du druide, pardonna à la ville, mais en exigeant la remise immédiate des armes et de 600 otages : « *His traditis omnibusque armis ex oppido collatis, (Cæsar) ab eo loco in fines Ambianorum pervenit, qui se suaque omnia sine mord dederunt.* » Les otages livrés, toutes les armes ayant été apportées de la ville, César, de cet endroit (Bratuspantium) atteignit les frontières du pays des Ambions qui se hâtèrent de se soumettre et de donner tout ce qu'ils possédaient (3) ». Remarquons que César ne parle pas ici du Sénat, comme il en parlera plus tard pour la capitale des Bellovaci.

---

(1) *Comment.*, Chap. xiii.

(2). *Ibid.*

(3) *Ibid.*, L. ii, Chap. xiii.

Nous le demandons à tout lecteur impartial, si Bratuspantium eût été le Beauvais actuel, 1° César aurait-il fait observer que les Bellovaques avaient transporté là toutes leurs richesses ? N'est-il pas naturel d'admettre que leur capitale les renfermait déjà ? Aurait-il écrit : 2° *et ab eo loco pervenit in fines Ambianorum,* « et de cet endroit il atteignit les limites des Ambiens, » si ces limites n'eussent été très rapprochées, s'il se fût alors trouvé à Cœsaromagus, Beauvais ? De plus, pour faire de Bratuspantium Cœsaromagus (Beauvais), il faut admettre une identification de noms et dire que Cœsaromagus s'est appelé Bratuspantium. Est-ce admissible *sans preuve aucune ?* Ou bien il faudrait avancer que Cœsaromagus n'existait pas et que Bratuspantium était la capitale des Bellovaques, ce qui est encore moins fondé : l'année suivante ou deux ans après, en effet, les Bellovaques qui regrettaient de n'avoir pas assez secondé Vercingétorix vaincu, hélas ! à Alésia, avaient, sous l'impulsion de l'illustre Corréus, organisé une autre formidable levée de boucliers. Corréus fut vaincu non loin du Mont-César et tué les armes à la main après la défense la plus héroïque.

César répondit aux délégués des Bellovaques qui demandaient la paix, et imputaient à Corréus, seul, la cause de la révolte (1) : « Je ne crois pas que personne parmi vous ait eu assez d'autorité pour avoir osé entreprendre de faire la guerre aux Romains, s'il n'avait été soutenu que par la populace, si les principaux citoyens et le Sénat lui-même ne l'avaient aussi voulu. » Il leur parla en ces termes, après leur avoir reproché leur opiniâtreté à persévérer dans leur résolution, après les exemples de soumission que leur avaient donnés d'autres villes (2) *pertinacissime hos ex omnibus in sententia permansisse.....*

---

(1) *Comment.,* L. VIII, chap. XXI.
(2) *Ibid.,* chap. XXII.

César aurait-il tenu ce langage s'il se fût adressé aux habitants de Bratuspantium qui s'étaient rendus ? Ne leur aurait-il pas rappelé leurs promesses, si ceux-ci eussent participé à la nouvelle prise d'armes ? Aurait-il fait allusion au Sénat si les ambassadeurs des Gaulois n'eussent été les délégués de la capitale des Bellovaques, qui, seule, pouvait avoir un Sénat? De plus, les Suessiones, d'après le récit de César lui-même, avaient sur leur territoire jusqu'à douze oppida ; est-ce que les Bellovaci plus puissants, maître d'un territoire plus grand, n'ont pas dû en avoir un certain nombre en dehors de leur capitale, parmi lesquels se trouvait Bratuspantium? (1) Donc, pour placer Bratuspance à Beauvais, pour identifier Bratuspance avec Beauvais-Cæsaromagus, il faut fausser tous les textes de César, c'est-à-dire l'histoire elle-même.

Sans entrer dans plus de détails, que peuvent donc valoir après cela les opinions de ceux qui, suivant des indices *relativement* légers, ont voulu placer Bratuspance à Grattepanche, près Ferrières, à Grandvilliers, à Royo, à Clermont, etc. jusque dans le Brabant, nonobstant le texte de César, l'importance caractéristique des ruines que nous avons essayé de décrire après tant d'autres archéologues, et enfin les enseignements les plus positifs de la numismatique ? Nous concluons que les ruines en question sont bien celles de la ville désignée par le vainqueur des Gaules sous les noms de Bratuspantium. Scaliger, Loisel, Clavier, Sanson, Ad. de Valois, Hermant, plusieurs éditeurs de César, Clarcke et Oudendorff, dom Grenier, dom Porcheron, Walckenaer, Ad. de Grattier qui disent que les termes du récit de César ne *peuvent* s'appliquer qu'à la capitale des Bellovaques ou tout au moins à leur principale forteresse (qui ne saurait être Beauvais, nous venons de le démontrer) *n'ont jamais songé*, que nous sachions, à fixer

---

(1) *Annuaire de topographie*, p. 500.

Bratuspantium à Grattepance, près Ferrières, ni à Grandvilliers ni même à Montdidier, n'en déplaise à quelques historiens modernes auxquels nous pourrions opposer encore P. Louvet, dom Mabillon dont on connait la haute compétence, Bonamy, dans ses savantes conjectures sur la position de deux anciennes villes des Gaules, le célèbre explorateur d'Anville, Cambry, dans sa *Description du département de l'Oise*, d'Allonville, Labourt, les abbés Barraud et Devic qui ont tant étudié la question, G. Desnoyers, M. l'abbé Renet dont la science historique est si appréciée, M. l'abbé L. Pihan... qui tous placent Bratuspanco près de Breteuil-en-Beauvaisis.

Fort de tous ces témoignages et des résultats des fouilles opérées, nous nous croyons en droit de maintenir notre conclusion, jusqu'au jour où de plus riches souvenirs, unis à plus de malheurs, nous seront apportés en faveur d'une autre ville des Bellovaques.

L'*Annuaire historique* pour l'année 1862, publié par la Société de l'Histoire de France, donne aussi comme plus probable l'opinion qui distingue Bratuspantium de Cœsaromagus et qui place cet *oppidum* dans le territoire dont Vendeuil et Breteuil dépendaient. « Il convient, en effet, de retrancher d'abord de la discussion toutes les localités situées sur d'autres territoires que celui de la *Civitas* des Bellovaci,..... même celle de Grattepanche (diocèse d'Amiens) à trois lieues au sud de cette ville. »

Pour cette savante Société, la question s'est surtout restreinte entre Beauvais et le territoire de Breteuil presque aussi remarquables l'un et l'autre par l'importance de ruines gallo-romaines considérables et par le nombre des monnaies gauloises et romaines qu'on y a découvertes.

Presque tous les érudits ou géographes, ajoute l'*Annuaire historique* (p. 501) ont adopté et soutenu la situation de *Brastuspantium* sur le territoire de Breteuil... Il en fournit la raison suivante qui a bien aussi sa valeur : « l'un des trois archidiaconés entre lesquels le diocèse de Beauvais était divisé de temps immémorial portait le nom d'« Archidiaconé de Breteuil » qui a dû jadis se confondre avec Vendeuil, lequel, avant le ix° siècle, était le chef lieu du *pagus Vindoilisus*. Le *pagus Vindoilisus* et le doyenné rural de Breteuil, portion notable de l'Archidiaconé du même nom, se correspondaient à peu près. L'un et l'autre indiquent l'importance et l'ancienneté de la division territoriale qui comprenait l'emplacement probable de Bratuspantium importance égale à celle des *pagi* » (1).

V. — La tradition et Bratuspantium près de Breteuil.

A tous ces arguments tirés de l'archéologie, de la numismatique et enfin des *Commentaires de César*, interprétés dans le sens le plus naturel, nous en ajouterons un dernier, fondé sur une tradition constante dont la plupart des études que nous avons compulsées, tiennent, à notre avis, trop peu de compte, mais qui milite beaucoup en faveur de notre sentiment.

Les générations qui se succédèrent depuis le sac de Bratuspance, se sont transmis la mémoire de cette ville, sous le nom défiguré de *Bransuspent*. Les auteurs du rapport adressé au prince de Condé, Louvet, le bénédictin Robert Wuyart, Sully, etc., l'affirment, déclarent à ce sujet la tradition *constante*. Après eux nous ne supposerons même pas qu'on puisse émettre un doute tant soit peu sérieux à ce sujet. Louvet trouve fort faible cette objection de « Maître Antoine Loisel » que les demeurans et ruines de la ville (de Bratuspance) n'ont pu parvenir à nous, pour ce qu'elle était close de palis : parce que outre que nous avons dit que les ruines de Brantuspance paraissent encore proche des faux-bourgs de Breteuil, c'est que, pour la ville de Beauvais avoir été formée de palis, il ne s'en suit pas que les autres du païs ne l'aient été qui restent encore. »

---

(1) *Topographie hist. de la France, Annuaire* 1862, p. 501, 2, 3.

« Au contraire, il y a une très grande apparence, parce que César, au livre septième de ses *Commentaires*, remarque que les villes et forteresses des Gaules étoient fermées de palis ou poutres de bois plantez de deux pieds en deux pieds, les entre-deux farcis ou remplis de pierres pour empêcher le feu, le tout renforcé et soutenu de grosses poutres. » Et pour achever de renverser l'opinion de Loisel si opposée à la tradition, Louvet ajoute : « C'est pourquoi Aggenus Vibicus sur Frontin remarque que certaines forêts étaient destinées et appropriées pour en tirer et appliquer le bois à l'entretenement des murailles d'icelles. Comme nous voions encore ès villes de Bulles et Gerbroy, lesquelles ont en propriété certains bois destinez pour leurs fortifications et entretenement de leurs murailles. De manière que combien que la ville de Beauvais anciennement ait été fermée de palis : ce néanmoins cela étant commun aux autres villes mon opinion demeure *en son entier* » (1).

A cette réponse péremptoire nous faisant connaître ce qu'il faut entendre par *palis*, nous ajouterons une communication extraite du manuscrit de Wuyart : « En ce siècle 1200, ce pays était encore tout bocageux, on essartait et défrichait continuellement de tous côtés, à Wauvignies (Wavignies) Hardivillers et plusieurs autres lieux, spécialement du temps de l'abbé Nicolas, en 1248 » (2).

---

(1) Louvet : *Histoire et Antiquités du païs de Beauvaisis*. Loco cit.

(2) Manuscrit abrégé, imp., par M. Combier, président du tribunal de Laon, p. 65.
Nous verrons dans le cours de cette histoire, l'impulsion extraordinaire donnée dans tous les environs à la culture par les Bénédictins de l'abbaye de Notre-Dame de Bretouil, pour montrer à notre point de vue, ce que la France doit à ces humbles religieux dont la Révolution a confisqué les biens et la maison, à l'imitation des seigneurs féodaux du IX⁰ siècle.

La tradition, on ne saurait le nier, a donc toujours été en notre faveur, et, la tradition, à notre humble avis, c'est le fil conducteur qu'il faut suivre à travers le dédale d'opinions ou d'hypothèses opposées, sous peine de faire fausse route dans la recherche de l'emplacement de Bratuspance, sous peine de le signaler là où il n'a jamais été. Cette tradition doit être d'autant plus acceptée qu'elle concorde avec les données historiques les plus sérieuses rapportées ci-dessus.

C'est dire que nous n'admettons pas le sentiment des auteurs qui veulent faire seulement remonter la tradition au XVIe siècle. En effet, si au XVIe siècle, à l'époque où les ruines de Bratuspantium avaient extérieurement disparu, cette tradition existait, combien ne devait-elle pas prévaloir, alors qu'elles apparaissaient dans toute leur majesté! (1).

VI. — Etymologie des noms de Bratuspantium et de Breteuil.

Sans aller, avec Louvet, jusqu'à voir dans le nom donné à la ville actuelle de Breteuil, le nom syncopé de Bratuspantium (vraiment la syncope nous paraît un peu trop forte), on remarquera que la racine, le radical des deux noms est le même. Au sentiment, en effet, de plusieurs étymologistes distingués, la première syllabe de *Breteuil* « Bret » n'est qu'une corruption de *brat, braft*, prononcé *breft* d'où *breft* et *bret* ». *Braft* veut dire *brave* dans le langage celtique. César l'a traduit par *brates*, et à la syllabe Bret ainsi dérivée, fut ajouté *uel* qui, en celtique toujours, signifie *eau*. *Uel* transformé naturellement en *euil* qui a eu autrefois la même signification que *uel*, a produit d'abord Bretuel ou Brethuel, comme dans les anciens actes (XIIIe siècle), puis *Breteuil*

---

(1) *Topographie* précitée, p. 500.

dont le nom veut ainsi dire *braves des eaux*, ou pays des *Braves des eaux* : c'est-à-dire précisément la même signification que Bratuspantium. Ce dernier nom, en effet, d'après Georgius Cassander « grand personnage en son temps », écrit Louvet, vient de brafstebant qui signifie lui-même bandes ou peuples très braves, « bravissima banda » en celtique, voire encore en flamand aujourd'hui. César, poursuit Cassander, « *brates* dixit, » et changea bant (banda) en *pant* auquel il ajouta *ium* pour latiniser le mot.

Nous voilà loin de l'étymologie donnée par les deux prêtres Warnier et G. Thury faisant dériver Breteuil de *œil* qui *brait* Brait-œil, véritable jeu de mots, prêtant plutôt à rire qu'à *braire*; parce que, d'après eux, les habitants de Breteuil n'auraient fait que pleurer en travaillant à élever le château !

Pour nous, avec MM. les chanoines Renet et L. Pihan, les historiens du Beauvaisis, nous acceptons, sans hésiter, la première étymologie, comme infiniment mieux fondée en raison, et aussi comme plus conforme au caractère toujours si résolu des habitants, même dans leur défaite (1).

---

(1) Leurs descendants n'ont pas dégénéré. En l'année de l'invasion de 1870, de triste mémoire, M. Gustave Levavasseur, alors maire de la ville, ne s'est-il pas vu contraint de faire rapporter d'Amiens les fusils précédemment enlevés, pour leur permettre de résister à ciel ouvert, à un corps de plus de 3,000 prussiens, qui les canonna durant près de deux heures, pendant que beaucoup d'entre eux, M. Levavasseur et les notables du pays en tête, circulaient dans les rues, ou agitaient à la mairie la question de savoir s'il fallait résister ou se rendre? Le feu éclatait çà et là, les ardoises du clocher pris comme point de mire volaient en éclats, qu'ils délibéraient encore et prenaient la résolution de se défendre, lorsque d'autres habitants, ayant compris l'inutilité, l'impossibilité de la défense allèrent, portant un mouchoir blanc au bout d'un bâton, parlementer avec l'ennemi qui cessa le feu et pénétra dans la ville, non sans essuyer encore quelques coups de fusil qui blessèrent

VII. — Destruction de Bratuspantium (406).

La ville de Bratuspance, d'abord ménagée par César pour des raisons déduites de certaines considérations politiques, était trop forte, trop menaçante pour l'être toujours impunément. A l'époque où l'empire romain se mourait lui aussi de jouissances matérielles, un peuple pour qui rien n'était sacré que ses sanguinaires divinités, qui guerroyait pour le plaisir de massacrer et de ruiner, qui ne connaissait d'autre droit que celui de la force, les Vandales, en un mot, ayant rencontré sur leur chemin la forteresse de Bratuspance qui osa leur résister, se ruèrent sur elle en masse serrée, la prirent d'assaut, en tuèrent tous les habitants qui n'avaient pas eu le temps de fuir à leur approche, l'incendièrent, la dévastèrent, la ruinèrent de fond en comble. Qui dira les luttes, les désespoirs, les horreurs de cette prise d'assaut !

à mort une des deux premières vedettes allemandes. Brotouil fut condamné à 12,000 francs d'amende, qui lui furent remis quelques jours après et à deux heures de pillage qu'il ne subit pas sans frémir.

Une marchande de nouveautés, Mme Guilluy, ne craignit pas d'aller prendre par le bras le chef prussien et lui reprocher un acte de barbarie après lui avoir montré dans quel état les obus et ses hommes avaient mis sa maison. L'officier fut si frappé de ce courage qu'il lui fit rendre la plupart des objets de literie enlevés.

Une veuve que nous ne nommerons pas, parce qu'elle nous touche de trop près, fit bravement coucher les deux soldats logés chez elle sur les armes de son mari pour ne pas les rendre et alla simplement le lendemain demander à ses garnisaires s'ils avaient bien dormi. C'est la même femme qui, au milieu des obus dont l'un lui passa devant la figure pour aller éclater chez les Religieuses du pensionnat, traversa deux ou trois rues, les mains devant les yeux, jusqu'à sa demeure. Ayant constaté qu'elle ne brûlait pas, elle revint quelques minutes après par le même chemin.

Le fait de cette destruction violente est fondé encore sur la numismatique.

Chose digne, en effet, d'être remarquée : parmi tant de médailles et de pièces de monnaie trouvées sur son emplacement, aucune ne porte une date postérieure à l'année 406, qui correspond, on le sait, à celle même de l'invasion de nos pays par les Vandales. Cette coïncidence ne constitue-t-elle pas une preuve manifeste de ce qui a été avancé par nous? ou du moins ne porte-t-elle pas à croire que c'est vers cette époque que s'accomplit le drame le plus épouvantable qui ait désolé le pays des Bellovaques? Pourquoi, dès lors, sans se soucier d'objections, de doutes après tout peu fondés, la municipalité de Breteuil, dont nous avons signalé le patriotisme, ne s'entendrait-elle pas avec les municipalités de Vendeuil-Caply et de Beauvoir pour élever sur le Catelet une pierre commémorative, surmontée de la statue d'un Vandale, la torche à la main, avec ces simples mots gravés sur le socle :

« *A la ville de Bratuspance détruite par les Vandales, vers l'année 406.* »

Ce serait, il nous semble, le meilleur moyen de fixer et de perpétuer le souvenir d'un événement à jamais mémorable, comme aussi d'empêcher de prévaloir cette légende illustrée, hélas! sur les murs du Panthéon qui fait ravager nos pays par le farouche Attila, lorsqu'il est avéré aujourd'hui qu'il n'y a jamais mis les pieds.

VIII. — La principale retraite des habitants de Bratuspantium.

Après le sac de Bratuspantium, les habitants se réfugièrent dans les bois environnants et dans les marais de Vendeuil et de Breteuil. Parmi eux un assez bon nombre étaient chrétiens, saint Lucien étant venu évangéliser Breteuil à la fin du 1er siècle. Un oratoire les groupa vers la fin du IVe siècle ou au commencement du Ve, là où fut élevée la chapelle actuelle du cimetière dit de Saint-Cyr et de Sainte-Julitte, premiers patrons de la paroisse (1).

Telle était la situation sous Syagrius, général romain, lorsque Clovis s'empara de Paris où il transporta sa résidence, tout d'abord fixée à Soissons.

---

(1) Guizot lui-même a écrit dans son *Histoire de la civilisation*, qu'au commencement du ve siècle, de grands seigneurs à peine chrétiens, d'anciens préfets des Gaules, des hommes du monde et de plaisir devenaient souvent évêques; finissaient même par y être obligés s'ils voulaient prendre part au mouvement moral de l'époque, conserver quelque importance réelle, exercer quelque influence active. L'influence des évêques eut-elle été si grande à la fin du ive siècle, si la mission de saint Lucien, dans nos pays, avait commencé seulement vers l'an 280 de l'ère chrétienne?

CHAPITRE DEUXIÈME.

Le château-fort et la première abbaye.

Description. — Origine. — Enchaînement de leur histoire.

Les Francs victorieux divisèrent le pays et en tirèrent au sort les différentes fractions, y compris les habitants dont ils firent des serfs.

A nous en rapporter à une tradition admise dans l'abbaye de Breteuil, qui veut que le roi en ait été le premier fondateur, la terre de Breteuil à l'origine aurait fait partie du domaine de la couronne; elle aurait été concédée à titre bénéficiaire d'abord, héréditaire ensuite, à l'un des ancêtres de Gilduin, en faveur de qui elle a été érigée en comté, sans autre obligation que celle du service militaire, c'est-à-dire avec des droits si grands et si bien reconnus que Philippe-Auguste dut plus tard les racheter.

Une fois investi de ce domaine, le chef franc, pour assurer ses droits, et aussi pour protéger ses hommes contre toute attaque et toute vexation, fit élever, à force de bras par les habitants de Breteuil, Tartigny et Rouvroy, à une époque difficile à préciser, mais probablement vers le IX° siècle (1), le monticule à pentes autrefois escarpées, qui domine encore la ville.

Sur le sommet il construisit un fort et entoura la motte

---

(1) C'était à l'époque où les seigneurs de Breteuil rendirent héréditaires les fonctions et la dénomination de comtes tout d'abord données par le roi à titre provisoire, ou simplement viager.

et le fort d'une épaisse terrasse (1). Puis il circonvint une certaine étendue de terre de hautes murailles percées de meurtrières, et dont les approches étaient défendues par de larges fossés en partie remplis d'eau.

Ces fossés embrassaient à *peu près* le terrain occupé aujourd'hui par les bâtiments de décharge des maisons sises à gauche de la rue de Beauvais, en allant sur cette ville ; ils se prolongeaient autour du monticule (2) jusqu'à la petite rivière qui prend sa source dans le domaine de Mme Tassart, suivaient cette rivière pour aller tomber dans l'étang de M. Le Vavasseur (Gustave). De là ils traversaient une seconde fois la Noye qui les alimentait, longeaient ensuite la rue de Paris dans la direction du ruisseau de la Fontaine, avec lequel ils se mêlaient pour aboutir au Pilori et rejoindre le marché aux herbes qu'ils remontaient en passant juste à l'endroit où sont bâties les maisons dudit marché, situées à gauche en allant vers la rue de Beauvais, près de l'ouverture de laquelle ils retrouvaient enfin le fossé d'où nous sommes partis (3).

Le château ayant été détruit à la suite de sièges et d'assauts à raconter plus loin, les seigneurs de la Maison de Roye, au XVIIe siècle, firent combler les fossés et en donnèrent l'emplacement à cens aux habitants, pour leur permettre de rebâtir leurs demeures incendiées et ruinées (4).

La terre qui servit à combler les fossés fut extraite d'un lieu alors inculte nommé le Frayer (vallis Fraheri) d'où est venu le nom de la rue du Frahier, du Frayé (5), aujourd'hui rue Notre-Dame.

L'enceinte fortifiée que nous avons décrite avait été

---

(1) Il en restait une partie en 1670 au témoignage de R. Wuyart.

(2) Sur la rue Neuve ou Tassart, se trouve un jardin faisant cuvette qui accuse encore le tracé des fossés en question.

(3) Pierre Mouret s'étend longuement sur ce point.

(4) Graves, *Statistique du canton de Breteuil*.

(5) *Ibid.*

élevée, afin de prémunir l'abbaye et aussi, en cas d'alerte ou d'attaque, en vue de ménager un refuge aux habitants de Breteuil et des environs. Elle était regardée comme presque inexpugnable ; c'est pourquoi la plupart n'hésitaient pas à s'y confier, à s'y retirer même avec tous leurs bestiaux. « Tel était parfois le nombre des familles et des animaux que la défense en était entravée » (1).

Du haut de la partie la plus élevée du donjon, le seigneur seul défenseur de la population, à une époque où les rois de France eux-mêmes étaient incapables de se défendre, découvrait tout ce qui se passait au loin. Là, jour et nuit, veillait un homme d'armes, chargé de donner l'alarme au son du cor.

Si donc le château-fort de Breteuil était le symbole de la puissance ou de la domination du seigneur, il était également pour nos ancêtres une sauvegarde et un asile assuré. Cependant, vers l'année 859, il fut pris d'assaut et démantelé par les Normands qui massacrèrent, selon leur habitude, tous ceux qui s'y étaient réfugiés et qui l'avaient défendu au péril de leur vie.

La cruauté de ces hommes du Nord et la terreur qu'ils inspirèrent furent telles que l'Eglise de Beauvais inséra dans les litanies des Saints cette invocation bien significative : *a furore Normannorum, libera nos Domine*, de la fureur des Normands, délivrez-nous, Seigneur.

Dans l'enceinte même du château-fort et à l'abri de ses épaisses murailles avait été construite une première abbaye de bénédictins qui ne fut pas respectée par les hordes normandes. Une bulle, que nous reproduisons plus loin, laisse entendre que ce monastère « *antiquitus desolatum* » (2) a été ruiné de fond en comble.

Tout porte à croire que cette maison religieuse était due à

---

(1) *Abrégé* manuscrit, p. 80.
(2) Archives de l'Oise : *Abbaye de Breteuil*, H. 1731.

la libéralité et à la piété de l'un des premiers rois de France. Du moins c'était, dit Robert Wuyart, de tradition dans l'abbaye que celle-ci avait été fondée par la Couronne. Un *committimus*, émané depuis de l'un de nos rois, le déclarait formellement.

Au surplus, les fleurs de lys qui émaillent les écussons et les sceaux, tant de l'abbé que du monastère, sont là pour attester son origine (1).

Les armes de l'abbaye étaient, en effet : *D'azur à la crosse d'argent en pal, accotée de deux fleurs de lys d'or* (2).

« La voûte du presbytère, continue notre docte bénédictin, est remplye d'une ancienne peinture en azur de fleurs de lys et entre plusieurs écussons et armoiries, les deux plus grands et principales sont deux écussons de France à fleurs de lys sans nombre ». Avant l'année 1300, jusque sous Philippe-le-Bel, l'écusson de France en avait dix ; il n'en eut désormais que trois (3). Cette peinture, d'après dom Jean Mabillon qui l'a vue, en 1694, devait remonter au delà du xive siècle ; elle serait même de l'époque de l'église, c'est-à-dire du xiiie siècle (4).

Une remarque confirme la valeur de la tradition de l'abbaye : la tombe de Guillaume Ier, abbé du monastère, mort en 1060, était parsemée de fleurs de lys (5).

Est-il nécessaire de le redire ? Tous les habitants de Bratuspance échappés à la mort, après s'être réfugiés dans les bois et les marais environnants de Saint-Cyr et de Vendeuil, se rapprochèrent peu à peu du château-fort et de l'abbaye qui leur offrait asile et protection. L'existence de

---

(1) *Abrégé* manuscrit, p. 16.

(2) *Esquisse descript. des Monuments hist. de l'Oise*, par M. le chanoine L. Pihan; p. 224.

(3) *Ibid.*

(4) *Ibid.*

(5) *Abrégé* cité, p. 16.

l'église Saint-Cyr au commencement du xi⁰ siècle, car elle est bien de cette époque, prouve seule, contre l'opinion émise par Pierre Mouret, en faveur d'une certaine agglomération d'habitants de ce côté, à une date évidemment antérieure.

Pour nous, ce furent l'ancien château des ancêtres de Gilduin et le monastère, sans doute de fondation royale, qui, en servant de point de ralliement aux anciens habitants de Brataspantium, disséminés aux environs, contribuèrent à la formation de Breteuil muni, *vers l'époque signalée*, voire même vers la fin du viii⁰ siècle, des fortifications ci-dessus décrites, à l'effet de pourvoir au remplacement devenu nécessaire de l'oppidum gaulois.

La suite de cette histoire démontrera de plus en plus le bien fondé de notre assertion.

Afin de lui donner le plus d'unité *possible*, nous ferons graviter tous les événements autour des personnages, seigneurs ou abbés, qui furent jadis la vie de Breteuil, sans dissimuler les écarts des uns et des autres ; car, hélas ! il n'y a jamais eu, il n'y aura jamais ici-bas un homme véritablement parfait.

CHAPITRE TROISIÈME.

Le comté de Breteuil.

Son origine. — Ses premiers titulaires connus. — Gilduin. — Sa religion. — Restauration de la primitive abbaye. — La bravoure de Gilduin. — Sa récompense. — Joie des habitants de Breteuil. — Il est blessé à la bataille de Bar avec l'aîné de ses fils, qui se fait religieux. — Accablé par le chagrin et les années, dégoûté du monde, Gilduin se retire dans un monastère, où il meurt bientôt. — Son épitaphe. — Ses armoiries.

Les premiers seigneurs connus de Breteuil furent aussi recommandables par la noblesse de leur extraction et leur bravoure sur les champs de bataille, que par leur piété et leurs libéralités envers leurs vassaux. Ils paraissent descendre du comte palatin Hugues de Beauvais, personnage influent s'il en fut, sous Hugues Capet, qui le nomma gouverneur de son fils (988). La riche succession de Hugues de Beauvais fut partagée (1015) entre Eudes, comte de Chartres, Roger, évêque de Beauvais et comte de Sancerre (que l'on croit frère utérin d'Eudes), et les seigneurs de Breteuil (1).

Roger, évêque de Beauvais et comte de Sancerre, ayant obtenu d'échanger (?) ce dernier comté contre celui de Beauvais, les rois de France, pour lui en substituer un autre dans le Beauvaisis, créèrent le comté de Breteuil dont devint titulaire Gilduin ou Ihiduin. Issu de Gilduin ou

---

(1) Nous le déclarons hautement : tous nos documents les plus précieux sur les seigneurs de Breteuil sont extraits de la savante étude de M. de Dion, Paris, 1881.

Ihlduin, noble danois, frère de Manassès, comte de Dammartin et probablement gendre de Roger, évêque de Beauvais, ce seigneur vivait en 1020 ; il était en même temps vicomte de Chartres, ce qui lui donna, dans l'histoire, comme une double existence (1).

« La ruine, dit P. Louvet, qu'avoient apporté les Normans aux églises et temples dédiez à Dieu, causa et incita les Chrestiens non seulement de renouveler les anciennes mais aussi d'en édifier et bastir de nouvelles : à joindre que par la réformation qui avoit esté faite en l'église une loy s'estoit ensuivie que quiconque se voudroit (2) dire comte, vicomte, baron ou chastellain, il falloit qu'il eust ville close, collège, abbaye ou prieuré conventuel, aumosnerie et maladeries, foires et marchez et certaines marques, cause pourquoy la noblesse qui de fresche et récente datte estoit devenue propriétaire des plus belles terres et seigneuries, afin d'avoir puissance et pouvoir de porter telles qualitez, commença de faire fermer ses villes, de bastir abbayes, prieurez, collèges ou autres remarques (3) ès bourgs et ès terres qu'ils luy appartenoient.

« Le comte de Breteil appelé Gilduin ou plustot Hilduin, voyant que l'église de Breteil avoit estée ruinée, tant par les Normans que par les guerres, se proposa du temps de l'évesque Druon (duquel nous avons parlé cy-dessus), de bastir et édifier l'abbaye de Breteil : ce qu'il fit en peu de temps, laquelle il enrichist de plusieurs richesses et de moyens, tant pour l'entretenement des bastiments que pour

---

(1) *Les Seigneurs de Breteuil*, par A. de Dion.

(2) Dont font mention les coustumes de Nevers, ch. I, § 2, 5. Poitou, § 51. Tours, § 59. Lodun, chap. 5, § 1.

(3) Les abbayes et prieurez de la France bastis et fondez par autres que par les rois ont commencé depuis ce temps. An 1010.

la nourriture des religieux qu'il y mit de l'ordre de Saint-Benoist : à l'imitation de la noblesse de la France, laquelle lors s'estudioit fort à décorer les églises et temples dediez à Dieu.... »

Le pape Léon IX, à la prière de Gilduin, s'empressa de reconnaître sa donation par la bulle suivante :

Leo Episcopus servus servorum Dei, omnibus Christianæ religionis cultoribus. Quia nos propitia divinitas universalem Papam et esse voluit et appellari : universalem omnibus per orbem Ecclesiis solicitudinem exhibere debemus, ut quod nostro congruit officio nostra quoque profiteatur actio, et illam studeamus curam impendere subditis, quam à nobis exigit vigilantia pastoralis, licet enim indigni, ejus tamen vice credimus fungi, cui dictum est confirma fratres tuos, et iterum super hanc petram ædificabo Ecclesiam meam. Et procul dubio constat quod infirmum et invalidum est omne, quod in Ecclesia geritur, nisi hujus authoritate sedis corroboretur. Unde non aspernanda consuetudo inolevit, ut si quis conventionem aliquam aut donationem fecerit quam in futurum prævaleri cupiat ad nostram recurrat cathedram, ubi ad sacratissimum Ecclesiæ fundamentum sedemus et inde actionis suæ robur acquirat ne alicui imbecillitati succumbat. Hujus rei gratia vir quidam nobilis ac religiosus nomine Gilduinus in partibus Galliarum præpotens et dives nostram adiit præsentiam, obsecrans ut Monasterium quoddam nomine et honore S. Dei Genitricis sacratum, quod ipse antiquitus desolatum restauraverat, nostræ præceptionis vigore fulciretur, ne quando ab impiis destruatur neve res ibi divino cultui attributas quispiam diripere audeat aut devastare. Monasterium vero illud situm est in belracina regione infra quoddam castrum ejusdem Gilduini, quod Britolum nuncupatur, ubi consilio Drogonis ejusdem regionis Episcopi, Monachos et Abbatem nomine Ebrardum constituit et quæ subter relata sunt, pro salute sua et parentum et filiorum offerens Deo, usibus eorum deputavit.

Circa predictum castrum hospites quindecim, cambas tres, inter quas unam Berengarii cum novem hospitibus, unum molendinum, unum furnum liberum sicut ipse tenebat, terram ara-

bilem quæ duobus sufficit carrucis et sylvam, vineæ arpennos 24. Ecclesiam S. Cirici cum altari et uno curticulo et teloneum et bannum et latronem et omnes consuetudines atrii ejusdem Ecclesiæ, medietatem Ecclesiæ S. Dionysii et altaris, et medietatem Ecclesiæ Sancti Martini et altaris cujusdam villæ quam dicunt Vendolium et medietatem Telonei et banni et latronis et omnium consuetudinum ad easdem Ecclesias pertinentium.

Item hospitem in Vendolio, tertiam quoque partem Ecclesiæ et altaris Sancti Petri de Bonolio cum tertia parte Telonei et banni et latronis et aliarum consuetudinum. In Allonay hospites duo et dimidium decimæ ipsius villæ. In Patronis-curte hospitem unum et duas partes decimæ ipsius villæ. In Amondi valle hospites tres, decimam de Camiaco medietatem villæ, quam nominant Proneredum et altare ipsius villæ cum consuetudinibus atrii, altare etiam cujusdam quam vocant Monasteria cum atrio.

In Cavilliaco omnia quæ ibi possidebat, hospites, terram arabilem et vineas, mancipia quoque ista, Berengerum cum uxore et infantibus, Letbertum cum uxore et infantibus suis, Villesendem cum infantibus suis et infantes Roberti.

Præterea concessit eis Vicarium et omnes consuetudines prædict. Villarum et terrarum et possessionum : ita ut etiam omnes hospites eorum ab omni consuetudine sint liberi. Et ut nullus hec res ejus nec successor neque aliquis minister ejus in domibus eorum caballos suos stabulare audeat neque lectum ad jacendum ab eis accipiat, nec captionem panis et vini, carnisque et piscis nec alicujus rei ibi habeat. Concessit etiam ut quicumque suorum hominum cujuscumque conditionis sive de propria terra sive de fisco quem de eo tenet, vel de qualibet substantia prædicta, quoquo modo augere voluerit Ecclesiam, absque ulla sui suorumque hæredum et successorum calumnia augeat.

Nos igitur denunciamus et interdicimus cunctis viventibus et victuris ne quisquam huic devotæ constitutioni vim aut calumniam inferre præsumat, nec filius, nec filia ipsius Gilduini, nec quispiam de parentela ejus, nec ullus hominum prorsus : quoniam qui hoc egerit reus erit perpetuæ mortis.

Et si quis hoc præceptum temerare non timuerit, a limine S. Matris Ecclesiæ et Christianorum consortio sequestratus velut

Etnicus et Publicanus habeatur, et post hujus vitæ decursum in exteriores projectus tenebras, ubi fletus et stridor dentium commorantur, cum Diabolo et Angelis ejus per infinita puniatur supplicia.

Datum 3 nonas Octobris per manus Petri Diaconi Bibliothecarii Cancellariæ S. Apostolicæ Sedis, anno Domini Leonis noni Papæ primo, Indictione tertia (1).

TRADUCTION DE LA BULLE DE CONFIRMATION DE LÉON IX, PAPE.

« Léon évêque, serviteur des serviteurs de Dieu, à tous les fidèles de la religion chrétienne.

« Comme il a plu à la bonté divine que nous fussions Pape universel et qualifié tel : ainsi devons-nous témoigner à toutes les églises répandues sur la terre une sollicitude universelle, afin que notre action dans le monde s'harmonise, comme il convient, avec notre charge; pour que nous nous appliquions à prendre de nos sujets le soin réclamé par la vigilance pastorale que nous croyons exercer, bien qu'indigne, à la place de Celui à qui il a été dit : « Confirme tes frères », et encore : » Sur cette pierre je bâtirai mon Eglise. » Il est évidemment hors de doute, que tout ce qui se fait dans l'Eglise est faible et invalide s'il n'est confirmé par l'autorité de ce Siège. De là vient l'établissement de la respectable coutume de recourir à notre siège, qui est de l'Eglise le fondement tout à fait sacré, lorsqu'on désire assurer la perpétuité, l'avenir d'une convention ou d'une donation faite et lui communiquer une force qui l'empêche de devenir caduque pour quelque défaut. Pour cette raison, un homme noble et religieux appelé Gilduin qui jouit dans les Gaules *d'une grande puissance et d'une*

---

(1) Louvet : *Histoire et Antiquités du pays de Beauvaisis*, liv. I, p. 568.

belle fortune, s'est présenté à Nous et nous a supplié de munir du sceau de notre reconnaissance un monastère placé sous le vocable de la Sainte-Mère-de-Dieu, consacré à son honneur, monastère anciennement ruiné qu'il avait restauré; il nous a prié de le faire pour le protéger contre toute destruction impie, contre tout vol ou pillage audacieux des objets affectés au culte. Ce monastère est situé dans le Beauvaisis, au-dessous du château-fort dudit Gilduin, connu sous le nom de Breteuil, à l'endroit même où, selon les conseils de Drogon, évêque de ce pays, ont été établis, sous le régime d'un abbé nommé Evrard, des moines auxquels il a remis et offert à Dieu pour son salut, pour celui de ses parents, de ses fils, les biens mentionnés ci-dessous.

« Aux environs du château-fort susdit, quinze hôtes trois mazures parmi lesquelles une de Béranger avec neuf hôtes, un moulin, un four libre, tel qu'il le tenait lui-même (Gilduin), une terre labourable de deux charrues, un bois, vingt-quatre arpents de vigne; l'église de Saint-Cyr avec son autel, avec un petit jardin, le tonlieu, le ban, le droit de garde, avec tous les avantages accoutumés du sanctuaire de cette église, la moitié de l'église de Saint-Denys et de l'autel, la moitié de l'église de Saint-Martin et de l'autel d'un village nommé Vendeuil, la moitié du tonlieu, du ban, du droit de garde, et de toutes les coutumes de ladite église.

« Item un hôte à Vendeuil, la troisième partie de l'église et de l'autel de Saint-Pierre de *Bonneuil*, avec la troisième partie du tonlieu, du ban, de la garde, et des autres choses accoutumées.

« A Allonay, deux hôtes et la moitié de la dime de cette localité. A Patroncourt un hôte et deux parties de la dime de cet endroit. Dans la vallée d'Amon, trois hôtes la dime « de Camiaco », la moitié du village nommé « Proneredum » (Pronleroy), l'autel de ce village avec les choses accoutumées du sanctuaire, voire même l'autel et le sanctuaire appelés le monastère (détruit).

« A Cavillon (Catillon), tout ce qu'il y possédait, hôtes, terre arable, vignes et aussi les habitants Béranger avec sa femme et ses enfants, Letbert avec sa femme et ses enfants, Villesende avec ses enfants et les enfants de Robert (1).

« Il leur a concédé en outre la vicairie et tous les droits ou coutume des villages, des terres et des possessions ci-dessus, de telle sorte que tous leurs hôtes soient affranchis de toute coutume, si bien qu'aucun de ses héritiers ou de ses successeurs ou son agent ne se permette de loger ses chevaux dans leurs maisons ou de leur prendre un lit pour coucher, et ne puisse leur réclamer ni pain, ni vin, ni viande, ni poisson ou quoi que ce soit.

« Il a même accordé que ses hommes, de quelque condition qu'ils soient, qui voudront enrichir l'église, de n'importe qu'elle manière, soit de leurs bien-fonds, soit du fixe qu'ils reçoivent de lui ou de tout autre bien puissent le faire, sans aucun empêchement venant de lui, de ses héritiers ou de ses successeurs.

« C'est pourquoi nous défendons et interdisons à tous présents et à venir, d'avoir l'audace d'attaquer cette religieuse constitution par voie de fait ou par quelque procédé injuste ; nous le défendons et l'interdisons au fils, à la fille de Gilduin lui-même, à tous ses parents, à tout homme enfin : que si quelqu'un le fait, il encourra la peine de la mort éternelle.

« Et si quelqu'un n'a pas crainte de braver cette défense,

---

(1) Pour nous, ces familles n'étaient pas vraiment assujetties au servage tel qu'il était pratiqué jadis ; c'étaient des familles inféodées à l'abbaye.

qu'il soit rejeté du giron de notre mère la sainte Eglise ; exclu de l'assemblée des chrétiens comme un païen et un publicain, et qu'à la fin de sa vie, il soit plongé dans les ténèbres extérieures, séjour permanent des pleurs et des grincements de dents, pour y être puni de supplices éternels avec le diable et ses anges.

« Donné le troisième jour des nones d'octobre, par la main de Pierre, diacre bibliothécaire de la chancellerie du Saint-Siège apostolique, la première année du règne du seigneur Léon IX, Indiction troisième.

« Ceci se recognoit encore par le discours ensuivant tiré d'un ancien cartulaire de ladite abbaye, auquel est contenuë la vie d'une partie des abbez d'icelle.

« Chy commenche comment cheste abeie fu fondée, et qui le fonda et les noms des abbez qui y ont esté.

« Premièrement Evrars fut li premiers abez de cheens que messires Geduins y mit quât il restora cheste abeie qui estoit gastée par mauvaises gens. Et refonda lis dis messire Geduins l'église de Cheens en l'onnour de madame Sainte-Marie si comme elle avoit esté devant par le conseil l'évesque Druon di Beuuvais. Et donna li devant lis Messires Geduins, sires de cheste ville, à cheste église, pour vivre l'abbé et le couvens pour cheus qui dis servirôt à tousjours deux keruees de terre et un moulin et un vivier et le bos qu'on appelle le bos de Nostre-Dame et xxIIII arpens de vingne en cheste ville et mout d'autres coses ; si comme il est contenu ou previlège que nous en avons dou Pape Lion le neuviesme que li dis messires Geduins alla quérir à Rome et fit conferrer à l'église et à tous les biès présens et avenir » (1).

Les églises avaient presqu'autant souffert que l'abbaye : les dîmes qui leur avaient été allouées, étaient devenues

---

(1) Louvet : *Hist. et antiquitez du Beauvaisis*, 1613, p. 129 et suiv.

la proie de laïques qui les donnaient à gages à des prêtres *quelconques* avec lesquels ils traitaient *ad tempus* souvent au mieux de leurs propres intérêts, c'est-à-dire en leur donnant le moins possible pour administrer les sacrements « pendant, ajoute le R. Wuyart, qu'ils employaient la différence à des usages plus que profanes » (1). C'est pour cela, « que les laïques ont eu souvent démangeaison et envie des biens ecclésiastiques, se sont souvent emparé des autels dont le revenu était destiné aux curés » (2). Les dignités ecclésiastiques elles-mêmes étaient vendues, non toujours aux plus dignes ni aux plus offrants, mais à ceux qui consentaient à remplir la charge pastorale à meilleur compte. Dieu sait quelle pouvait être la conduite et quels étaient les procédés d'un clergé ainsi recruté (3).

Pendant ce temps-là, sans doute, les bons principes, les mœurs de la population et, avec les principes et les mœurs, la tranquilité et l'union des familles entre elles s'en allaient à vau-l'eau.

Le comte de Breteuil, inspiré par Drogon, évêque de Beauvais, qui avait eu en vue de remédier à ce triste état de choses, en restaurant l'abbaye, était en conséquence convenu avec l'abbé du célèbre monastère de Cluny, d'abandonner aux nouveaux religieux le soin de l'église de Breteuil, de certaines églises et chapelles voisines.

La restauration de la vieille abbaye, le renouvellement du clergé, en raffermissant la foi dans les âmes décidèrent de l'avenir matériel et moral du pays, ouvrirent pour lui une ère de prospérité, et devinrent la source des bénédictions les plus abondantes. Aussi quel accueil ne

---

(1) *Abrégé* imp. du manusc. R. Wuyart, p. 19.

(2) *Abrégé* du manusc. de R. Wuyart, publié par M. Combier, président du tribunal de Laon, p. 19 et 20.

(3) *Ibid.*

dut pas leur faire la population au sein de laquelle le souvenir de leurs anciens services s'était transmis avec celui de leurs vertus! La donation que Gilduin fit à l'abbaye des reliques d'un saint justement vénéré, qui avait joint à la vie la plus simple le pouvoir d'opérer de nombreux prodiges, acheva de transporter les cœurs.

On sait de quel culte les restes mortels des saints étaient autrefois entourés.

Gilduin les avait rapportés du Mans, les avait reçus de son cousin, évêque de la cité, en reconnaissance d'une glorieuse campagne entreprise pour réprimer les tracasseries, les vexations du seigneur du pays. C'est du moins ce que les annales de l'abbaye nous rapportent en ces termes :

« Et si apporta cheens le dis messire Geduin le corps de Monseigneur saint Constantian don Mans la cité, que uns Evesques, qui estoit ses cousins luy donna, pour chou kil le délivra d'une moult grand vuerre, qu'il adont avoit. Ce pourroit être Avesgandus que l'histoire du Perche, livre II, chapitre VII, fait en ce temps Evesques du Mans, qui fut merveilleusement vexé par Hébert, comte de ladite ville, et qui ne pouvant résister aux forces d'iceluy, entreprit le voyage de Hiérusalem, au retour duquel il mourut à Verdun.

« Or, sainct Constantian duquel le corps a esté transporté en l'abbaye de Bretueil, où il est à présent, estoit natif du pays d'Auvergne et fleurissait du temps et règne roy de France Clotaire, premier du nom, lequel après son trespas, qui arriva le 1ᵉʳ de décembre 570. Du temps des Rois de France, Cherebert et Chilpéric, fut mis au nombre des saincts, tant à cause de sa saincteté de vie, et des miracles que Dieu a fait durant icelle et après son trespas, qu'à cause des guairissons *infinies*, qu'ont receu par luy toutes sortes de malades, comme encor reçoit ordinairement le *peuple de Beaurais*, et ceux qui de toutes parts viennent dévotement visiter ses reliques, mesmes les troublez et aliénez d'esprit. »

Gilduin s'estima si heureux de posséder ces saintes reliques, qu'il consentit à donner par reconnaissance une rente de vingt livres, somme considérable pour le temps, à prendre sur *son domaine de Clermont*, expression qui porterait à croire, au sentiment de M. de Dion lui-même, que Clermont faisait alors partie du comté de Breteuil (1).

Posséder une relique soit de Notre-Seigneur, soit de la sainte Vierge ou de quelque saint remarquable, c'était, autrefois, posséder un véritable trésor d'autant plus apprécié que de telles reliques étaient considérées comme des sauvegardes assurées contre les événements malheureux (2).

La translation et l'arrivée à Breteuil des restes précieux de Constantien donnèrent lieu à une splendide manifestation religieuse qui se renouvela tous les ans, le lundi de la Pentecôte et encore le jour de l'Ascension, jusqu'à la Révolution (3). Jamais Breteuil n'a vu et ne verra de plus belles et plus nombreuses processions. Nous regrettons d'en ajourner la description ; mais nous croyons devoir le faire pour ne pas entraver la marche de notre récit. Qu'il nous suffise d'ajouter ici avec M. Wuyart que les châsses richement ornées de saint Constantien et de saint Lyrold étaient l'objet de si grands honneurs qu'elles restaient déposées sur la table du grand autel de l'église de l'abbaye et que des gardes chargés d'éveiller les

---

(1) *Les Seigneurs de Breteuil en Beaucaisis*, par M. de Dion, p. 4.

(2) L'abbaye possédait aussi autrefois des cheveux de la sainte Vierge, des morceaux de la vraie croix et du sang desséché de Notre-Seigneur Jésus-Christ.

(3) *Abrégé* imp. cité, p. 22.

frères les veillaient la nuit » (1). D'après les leçons de matines de l'office de saint Constantien, la translation de ses reliques est arrivée en 1035, sous l'administration d'Evrard, premier abbé, institué par l'évêque Drognon, vers l'année 1029. Ce fut lui qui fit refleurir la règle de saint Benoit dans l'abbaye, et avec elle, la religion et les bonnes mœurs au sein de la population. La compagnie d'Evrard et celle de ses religieux étaient telles, pour employer des expressions de l'auteur du manuscrit, que le seigneur Gilduin ne trouvait pas de plus doux divertissement ni de récréation plus suave que de converser avec eux. »

Ce comte était à la tête de toutes les bonnes œuvres : en 1028, il avait signé avec le roi Robert une charte de confirmation donnée à l'abbaye de Colomb, dont les biens avaient été usurpés par les seigneurs de Nogent ; en 1029 il en signe une du comte Eudes, puis une autre du même comte en faveur de l'abbaye d'Epernay, en 1032. Ses fils, Harduin et Valéran, signent avec lui : « *Gilduinus vicecomes (de Chartres), Harduinus, filius ejus et alter filius Vualeranus* » (2). Sur une charte délivrée encore en 1037 par le comte Eudes, dont il fut l'inséparable ami, Gilduinus Britoliensis est appelé saint.

En cette même année, Gilduin, toujours aussi brave que pieux, suivit son seigneur le comte de Blois et de Champagne dans l'invasion de la Lorraine et il se battit avec tant de résolution à la bataille de Bar, qu'il fut blessé (3) à côté du comte Eudes qui y trouva la mort. Jamais il n'oublia cet ami, et, pour lui, nous voyons qu'il fit plusieurs fondations (4). Son fils Vualeran ou Galéran n'é-

---

(1) *Abrégé* imp. cité, p. 23.
(2) *Les Seigneurs de Breteuil*, p. 4.
(3) *Ibid.*, p. 5.
(4) *Ibid.*

chappa aussi au trépas que grâce à l'intervention de Richard, abbé de Verdun, qui le revêtit de l'habit religieux sur le champ de bataille après qu'il eut promis d'entrer en religion (1). Il tint parole et devint même abbé de Saint-Vanne de Verdun.

La *Gallia Christiana* le dépeint en ces termes : « *Homo in sæculo nobilissimus, Gelduini comitis filius qui in bello apud Bar castrum vulneratus claudicabat* » (2). Son frère nommé Hugues était devenu évêque de Langres; accusé de simonie et de fautes graves, il fut déposé au Concile de Langres, le 3 octobre 1049 (3).

Cependant, Gilduin était revenu, non à Breteuil cette fois, mais à Chartres, où il accorda, le 29 avril 1046, diverses franchises à l'abbaye de Saint-Père, de concert avec Ermeline, son épouse, et avec ses enfants (4). Le 12 mai 1048 il assistait avec tous les grands du royaume au Concile de Senlis, dans lequel, le dernier des douze comtes présents, il souscrivit un acte en faveur de l'abbaye de Saint-Médard de Soissons (5).

L'année suivante, 1049, il se rendit auprès de Léon IX qui voyageait en France, pour lui demander la confirmation de l'abbaye de Breteuil et la grâce de son fils Hugues, l'évêque de Langres déposé. Il obtint facilement la première faveur et, nous l'avons vu, dans les termes les plus flatteurs qui nous révèlent de quel crédit il jouissait dans le monde.

Il ne put malheureusement obtenir le pardon de son fils; celui-ci ne reçut du Pape l'absolution de ses crimes qu'après l'avoir suivi en prisonnier jusqu'à Rome, et encore après avoir comparu devant un nouveau Concile, nu-pieds,

---

(1) *Les Seigneurs de Breteuil*, cité p. 0.
(2) *Ibid.*
(3) *Ibid.*
(4) *Ibid.*, p. 6.
(5) *Ibid.*, p. 7.

en chemise, avec des verges à la main. Selon un auteur, il mourut à Biterne (Viterbe), pendant son retour en 1051. Selon un autre, son innocence ayant été reconnue, il devint abbé de Montiéramé et mourut en 1063 (1).

Quoiqu'il en soit, son père, accablé par ce chagrin, par celui de la mort de sa femme et de son fils Herduin, qu'il aimait tendrement, étant parvenu à un âge avancé, se décida à renoncer entièrement au monde, pour entrer au monastère de Saint-Vanne de Verdun, sur les exhortations du bienheureux Richard, abbé, et de son fils Valeran de Breteuil, entre les bras duquel, sous l'humble froc, il s'éteignit doucement dans le Seigneur, en l'année 1060, le 15 des calendes de juin, d'après l'*Histoire manuscrite de l'abbaye de Notre-Dame de Breteuil*, alors régie par Guillaume troisième abbé, successeur de Hubert (2). On croit que sa femme Emeline était la fille de Foucher de Chartres, et que ce serait elle qui aurait apporté le vicomté de Chartres dans la famille de Breteuil.

Jamais, dit Robert Wuyart, le bourg de Breteuil n'eut de plus pieux ni de plus puissant seigneur que le comte Gilduin (3). La vie du bienheureux Richard, après avoir parlé de Valeran, ajoute en effet : *Cujus pater, Gilduinus nomine, tam filii amore quam beati viri allocutione, sæculo renunciavit, et in senectute bonâ, plurimis denariis huic loco traditis, felice fine consummatus, in pace quievit* (4). Il était âgé de 80 ans. L'abbé Richard lui fit une épitaphe dont voici les trois premiers vers :

> *Post senium fessus jacet hic funere pressus*
> *Gelduinus pater, monachili schemate frater.*
> *Te, comes illustris, dirus perflorabat ignis, etc.*

---

(1) *Les seigneurs de Breteuil*, par M. de Dion, p. 9.
(2) *Ibid.*, p. 7.
(3) *Abrégé*, imp. du manuscrit, cité p. 21.
(4) *Ibid.*, p. 7.

CHAPITRE IV.

Les successeurs de Gilduin (II° degré).

Elrard ou Everard Ier.

Après la retraite à Saint-Vanne du comte Gilduin et de son fils Valeran, le comté de Breteuil revint de droit à Everard ou Evrard, le puiné (1), porté sur l'obituaire de l'abbaye de Breteuil comme étant mort le 15 mars, sans indication de l'année du décès. D'après M. de Dion, cette date flotte entre 1061, date du dernier acte connu de lui, et 1073, alors que ses fils possédaient son héritage. Sa femme, nommée Humberge, lui apporta probablement la châtellenie héréditaire de la forteresse royale du Puiset, qui fut donnée à Hugues Blavons, son troisième fils (2).

Evrard semble s'être montré un peu moins dévoué que son père à la cause de l'Eglise. Selon une notice sans date de Marmoutier, pour le déterminer à reconnaître les dons faits par son auteur à l'abbaye en question, il fallut employer les prières les plus instantes, accompagnées d'une forte somme d'argent (3).

Il avait pourtant signé avec son père l'acte de fondation de l'abbaye de Ventelay, au diocèse de Reims, vers l'an 1042. Il donna aussi *calumpniam* aux fils de Gerbert de Ymonville, son serviteur, né d'une servante de Saint-Pierre

---

(1) *Les seigneurs de Breteuil*, p. 11.
(2) *Ibid.*
(3) *Ibid.*, p. 10.

de Chartres (1). Le manuscrit de l'abbaye ne nous dit rien, si ce n'est qu'il laissa deux enfants : Robert, qui se fit religieux du monastère de Breteuil, dont il devint abbé après Olric, en 1066, et Evrard ou Elrard, dit le Moine.

M. de Dion, que nous croyons beaucoup mieux fondé, avance qu'il eut encore Hugues Blavons susmentionné; Robert ne vient qu'après ce dernier. Il aurait eu de plus trois filles dont l'une, mariée à un seigneur de Dol, en Bretagne, nommé Rudalem, donna naissance à un fils appelé du nom de son grand'père Gilduin et qui est honoré comme un saint dans le diocèse de Chartres (2).

Evrard II.

Evrard II, dit le Moine, ne fut d'abord rien moins que mondain; aussi beau de sa personne que noble et renommé par les grands du royaume, il se plongea dans l'océan du faste et de la superbe. Dieu, tout à coup, toucha son âme et celles de ses affidés. Un jour, à la grande surprise des habitants, ses compagnons et lui disparurent et s'en furent dans on ne sait quel pays, où complètement inconnus ils vécurent de la profession de charbonniers, à l'exemple de saint Foudelbaldus. Un incident assez étrange leur fit cesser le métier. Un jeune homme, vêtu d'un manteau écarlate et de bas de soie, aux longs cheveux et représentant plutôt un galant qu'un banni, se rencontrant avec eux, leur dit qu'il était le comte Evrard de Breteuil, souffrant de peines volontaires dues à ses péchés. Révoltés de cette imposture et en comprenant les dangers, Evrard et

---

(1) On appelait en latin *calumnia* l'action violente des descendants de donateurs qui entreprenaient de dépouiller avec force les églises des biens que leurs parents avaient donnés. *Calomnier* avait tout au moins alors le sens de *contester*. (Note de M. l'abbé Pihan).

(2) *Les Seigneurs de Breteuil*, p. 12.

ses jeunes compagnons se firent moines au monastère de Marmoutier (1), mais pas si vite pourtant que l'affirme R. Wuyart ; car Evrard, étant marié, ne put se consacrer à Dieu qu'après le consentement de sa femme, obtenu à grand peine, au château du Puiset par la négociation de l'abbé Barthélemy (2). « Autant Evrard avait été orgueilleux et mondain, autant il devint humble et modeste d'esprit et de corps. Jamais, dit Guibert de Nogent, il ne consentit à entrer dans un des châteaux qu'il avait autrefois possédés » (3).

Dom Martène, dans son *Histoire de Marmoutier*, publiée par l'abbé Chevalier, dit qu'il devint abbé de Saint-Calais et que plus d'une fois il usa de son influence auprès de ses parents en faveur d'établissements religieux (4). Il mourut le seizième jour des calendes d'octobre 1077, croit-on.

Dans des siècles où les fils des plus grandes familles se faisaient un honneur de revêtir l'habit religieux, ces sortes de conversions, même après de grands désordres, n'étaient pas rares. Bien plus, il fut un moment où presque tous les bénédictins de Breteuil étaient les fils des seigneurs voisins (5). Des chevaliers, des seigneurs, des soldats, des prêtres séculiers et des laïcs de conditions modestes, donnaient à l'abbaye pour être admis à en faire partie à titre de *monachi ad succurrendum*, à l'effet de participer aux bonnes œuvres du couvent et d'être inhumés soit dans son petit cimetière, soit dans les cloîtres, soit même dans l'église (6), ou du moins tous voulaient avoir leur part dans les mérites des moines.

---

(1) *Abrégé* imprimé du manuscrit de R. Wuyard, p. 26.
(2) *Les Seigneurs de Breteuil*, p. 14.
(3) *Ibid.*
(4) *Ibid.*, p. 15.
(5) Manuscrit.
(6) *Ibid.*, p. 12.

Quel effet ces conversions, ces retours à Dieu ne devaient-ils pas produire sur l'esprit des habitants !

L'Ecole de l'abbaye.

L'impression était d'autant plus efficace qu'à cette époque l'abbaye était dirigée par un abbé « si avancé dans la voie de la perfection évangélique que Dieu fit éclater sa sainteté avant et après sa mort, et que les frères de Sainte-Marthe lui donnent la qualité de bienheureux. » C'est même à l'influence de ses vertus qu'est due la fondation du prieuré de Bonneuil-les-Plessis, en 1118, et la donation de beaucoup de biens à l'école de l'abbaye.

Cet abbé s'appelait Guillaume II. Il fut l'ami de saint Yves de Chartres, qui avait été abbé de Saint-Quentin, à Beauvais, et le disciple de saint Anselme, qui « a restabli les études dans les monastères et peut-être icy aussi, par le moyen des escolliers, qu'on avait envoyé à l'Escolle de ce saint personnage qui ont, par après, fait fleurir cet abbaye, en doctrine et en piété, car il est constant qu'il y a eu des hommes très savants dans l'abbaye de Breteuil, et qui ont fort bien escript sur toutes sortes de matières, quoy que tous aient été dissipés dans la suite du temps, car présentement on trouve encore des ouvrages de ces scavants moines dans les autres abbayes, tesmoingt le manuscrit de Châalis, proche Senlis, contenant un commentaire sur l'Exode en en sept livres, fait par un appelé George, moine de cet abbaye de Breteuil « *minimus fratrum Brituliencium* (1). »

« L'abbé avait à Breteuil, le droit d'Escollaterie, d'Escollature ou d'Escollage. C'était lui qui pourvoyait à l'instruction des enfants et qui leur donnait un maître. »

Un sieur Jean Carpentier, maître ès-arts, étudiant à l'Université de Paris, étant venu tenir école à Breteuil, sans la permission de l'abbé, Thomas Avisse, celui-ci fit confir-

---

(1) *Abrégé* manuscrit cité, p. 28.

mer son droit par un arrêt en date du 14 janvier 1495 (1). Ce débat porte à croire qu'à cette date fonctionnait l'école de l'abbaye où l'on apprenait non seulement à lire, à écrire et à calculer, mais, ce qui valait pour le moins autant, à aimer Dieu et à pratiquer la vertu. Cette classe, fréquentée par les enfants des meilleures familles, se faisait dans les splendides cloîtres de l'abbaye, deux heures par jour, le matin (2).

Toutefois, vers 1560, à la suite d'un incendie qui avait consumé tous les livres, et aussi, par suite de la négligence d'un abbé commendataire, l'enseignement des sciences divines et humaines subit une éclipse à l'école de l'abbaye : des religieux eux-mêmes étaient tombés dans l'ignorance (3).

Le clerc-laïc de Breteuil, en 1275, s'appelait Johan li Wacelles. Il fonda, dans l'église de l'abbaye, une chapelle où il fut enterré sous une belle pierre tombale qui le représente avec son costume. On lit cette inscription autour de sa tête :

« Chi gist sires Johan le Vaules de Breteul, clers. »

Et sur les bords de la dalle :

« Lequel trespassa l'an de l'incarnation de Notre-Seigneur, mil CCLX et XV, le jour de Noël et a chi (ici) ostault (établi) et faire faire cheste capelerie pour chanter chacun jour de Rekiem, pour l'âme de luy et de ses anchisseurs et doibt estre desservie des moulnnes de cheens (de céant) et aussy l'ont-ils premis. — A faire prier pour l'âme (4).

Les seigneurs de Breteuil, en fondant et en favorisant le monastère, avaient donc favorisé le développement de l'instruction.

---

(1) *Abrégé* manuscrit, p. 97.
(2) *Ibid.*, p. 28.
(3) *Ibid.*, p. 120.
(4) *Ibid.*, p. 68.

Valeran Ier.

VALERAN Ier entra généreusement dans les idées de ses ancêtres. Il confirma, vers l'année 1070, les libéralités faites par son frère Evrard à Marmoutier, à qui il cédait tous les serviteurs, toutes les servantes qu'il possédait à Nantouil, ne s'en réservant absolument rien « *omnes servos et ancillas quos habebam in possessione que vocatur Nantulfi, ita ut nullum eorum aut aliquid suum retinebo mihi...* » Et ce qui nous donne une idée des mœurs de l'époque : « *Quisquis etiam ex ipsorum progenie servorum, vir sive femina, ad alia forte transierit loca, sive prope sive longe aliam inhabitet villam, vicum, castellum aut civitatem, eodem servitutis nexu obstrictus et ibi teneatur eisdem (monachis). Facta est a me ista donatio in eorumdem monachorum capitulo, anno ab Incarnatione Domini M° LXX° VII°, presidente illis reverendissimo abbate Bartholomeo, cujus manui postquam donum exinde tradidi, propria manu posui super altare ecclesiæ beati Martini...* (1)

Il donna au monastère de Saint-Martin non seulement les générations présentes, mais les générations futures, à la mode des Francs; ce qui ne veut pas dire que tous les habitants, à cette date, fussent à ce point inféodés, mais qu'ils auraient bien pu y rester sans l'influence de l'Evangile sur les cœurs de ces fiers seigneurs.

Le 27 juin 1078, Valeran fonda à Beauvais la chapelle Saint-Nicolas (2).

En janvier 1079, Galerannus de Britolio est témoin avec Ives, comte de Beaumont et autres lieux, d'un acte de Gui, évêque de Beauvais (3).

---

(1) *Les Seigneurs de Breteuil*, p. 16.
(2) *Ibid.*, p. 17.
(3) *Ibid.*

En 1085, sa signature figure à côté de celle de Philippe Ier sur une charte en faveur d'Albert, curé de Bury-en-Beauvaisis (4).

Il faut qu'il ait joué un grand rôle dans son siècle, car Orderic Vital nous le donne pour le favori de Guillaume, duc de Normandie, entre les années 1063 et 1066. Ce fut même à ses prières, jointes à celles de Simon Ier de Montfort, que Raoul de Tosny et Hugues de Grandménil durent la fin de leur exil.

Dans un acte sans date, cité par M. Mathon, Valleran est nommé comme coseigneur du château de Creil avec Hugues, comte de Clermont (1).

Il laissa trois fils :

Valeran II, qui suit;

Gautier de Breteuil, l'un des chefs de la première croisade, qui illustra tellement sa famille et son pays, qu'il mérita d'être chanté par le Tasse dans la Jérusalem délivrée. Albert d'Aix le nomme *Vuallerus, filius Vualeranni de Bretoil, castello juxta Belvacum* (2) ;

Et *Thibaut*, dit le Chevalier-Blanc, *Eques Candidus*, tué jeune en 1090, dans une des guerres qui désolèrent la Normandie, sous le règne de l'indolent duc Robert.

Valeran ou Galeran II.

VALERAN OU GALERAN II, suivit la politique éminemment civilisatrice et religieuse que nous connaissons. Il ramena le pays à Dieu, au respect de ses lois et les déshérités de la vie, à cette époque, à une condition plus heureuse. En 1119, Louis VI étant présent, il remit à Pierre de Dammartin, évêque de Beauvais, la cure de Mormaisons, près de Thieux, disparue depuis avec le village.

---

(1) *Les Seigneurs de Breteuil*, cité, p. 16.
(2) De Dion, p. 24, 25.

Voici le texte de la charte qui en fait foi :

« *Ego... Petrus Dei gratia Belvacensis Episcopus notum fieri volo tam futuris quam præsentibus quod Waleranus de Britolio præsente Domino Ludovico rege francorum reddidit mihi altare de Normesuns quod a prædecessoribus meis Episcopis in feodo tenuerat* » (1).

Bien plus, sur les conseils de saint Guillaume, abbé de Breteuil, en qui il avait la plus grande confiance, pour être véritablement juste, et restituer les avantages qu'il avait retirés de la cure, Valeran détacha de sa propriété de Bonneuil une portion de terrain suffisante pour l'entretien d'une communauté religieuse et en fit don à l'abbaye de Breteuil, à la charge par elle d'y établir un prieuré, ce qui fut aussitôt exécuté. Après quoi, Pierre de Dammartin, à la prière de Valeran, remit l'autel de Bonneuil, sauf le droit de justice de l'Église de Beauvais, aux religieux de Bonneuil, appelés dans la charte « canonici, » chanoines, en prenant ce titre dans le sens large qu'il a malheureusement perdu (2). Telle fut l'origine du prieuré de Bonneuil. Valeran confirma également la cure de Thil à l'église de Saint-Quentin de Bonneuil.

C'est à lui que le célèbre abbé Suger qui, on le sait, favorisa tant les affranchissements avec les quatre frères Guérande, racheta à grands frais les terres de Feins et de Vendrovilliers, près de Briare, en 1124, d'après D. Grenier.

Valeran eut de sa femme Judith trois enfants :

1° *Evrard* ou *Elvard III*, qui suit;

2° *Sinégonde*, mariée avant 1113 à Pierre, fils de Alice ou Adelaïde, se maria quatre fois : en secondes noces, avec Gui de Châtillon, seigneur de Montjay ; en troisièmes, avec Jean, châtelain de Noyon, et enfin avec Raoul III, comte de Soissons.

3° *Emmeline* (Cartulaire de Saint-Denis).

---

(1) De Dion, p. 24, 25.
(2) *Abrégé* manuscrit cité, p. 28.

Un sceau représente Adélaïde à cheval avec cette légende : *Sigillum Adelaïdis. filiæ. comitis. Roberti* (1). De Galeran de Breteuil elle eut deux filles :

1º *Alice*, dame de Breteuil, mariée à *Raoul, comte de Clermont*, en 1163 qui se montra avec son mari l'amie et la bienfaitrice de Breteuil ;

2º *Mathilde*, dame d'Ailly-sur-Noye et de Tartigny, qui épousa Simon de Clermont, frère du connétable.

En attendant l'entrée d'Alice dans l'illustre maison de Clermont, qui devait inaugurer pour l'abbaye et pour le pays une ère de prospérité, celle-là eut, sous Evrard III et sous Galeran, son successeur, à soutenir une de ces luttes qui se présentèrent assez souvent, contre les prétentions accentuées de Wilgerus, seigneur de Noëraz (Noyers). Celui-ci revendiquait la terre de Buchenval, qui lui avait été donnée. Guarin ou Garin (1132) eut recours à l'évêque de Beauvais ; le prélat excommunia Wilgerus, qui en tomba malade. Sur le point de mourir, il reconnut sa faute et réclama l'absolution, et s'engagea à laisser les religieux de Breteuil jouir paisiblement de l'abbaye, leur demandant pour toute grâce de prendre l'habit et aussi l'abandon de deux muids de blé et un muid d'avoine en faveur de sa petite fille, ce qui lui fut octroyé, non sans quelques difficultés faites par le Père abbé Walterus, en vue d'éprouver sa vocation.

Cette chétive réserve en faveur de sa petite-fille indique que les seigneurs même alors n'étaient pas toujours riches, témoin encore le pauvre seigneur de Hardivilliers, que la misère, en 1214, avait obligé de vendre son bien à l'abbaye, laquelle se vit tenue, par une sentence d'Evrard, official de Beauvais, de lui assurer, durant toute sa vie, 15 sols parisis chaque année pour se vêtir (2). Pour satisfaire à

---

(1) M. de Dion : *Les Seigneurs de Breteuil*, p. 24.
(2) *Abrégé* du manuscrit, p. 51.

la croisade, le châtelain de Breteuil lui-même, Ingelrans, dut vendre sa maison 100 livres à l'abbé Nicolas, vu « que pour toute solde, on y avait que la rémission des péchés. »

Wilgerus étant mort peu de temps après, Simon de Hailly ou Sailly réclama, à son tour, la terre de Bucamp, si fort et si bien, sous la gestion dudit abbé (1150 environ), qu'il fallut, pour avoir la paix, donner 60 sols de la monnaie de Beauvais. A ce compte, Simon de Hailly consentit, ce qui était le serment usité en ce temps là, à mettre sa main dans celle de Johan, archidiacre, en présence de Henry de France et de tous les chanoines du chapitre de Saint-Pierre de Beauvais (1).

L'abbé Wautiers fut heureusement consolé de ce petit mécompte par des donations de terres et de bois à défricher, faites par Gervais, seigneur de Châteauneuf, et par Sinégonde, sa femme, morte peu après sans enfants (2).

Galeran mourut vers l'an 1138, six ou sept ans après la mort du saint abbé Guillaume II, qui fut inhumé devant l'autel de Saint-Jean. Avec le souvenir de ses belles vertus, ce vertueux abbé laissa celui de sa charité en fondant sur sa mense, déjà séparée de celle des autres religieux, une aumône de pain et de viande pour le jour de son obit (3).

Une remarque s'impose ici : avec quel entrain la religion ne dut-elle pas être pratiquée à cette époque où tous prêtres et seigneurs la favorisaient de tout leur pouvoir!

Everard III.

EVERARD III (1138 à 1148) commença par ne pas édifier ses vassaux en épousant, contre la défense de l'Eglise, sa

---

(1) *Abrégé* du manuscrit, p. 32.
(2) M. de Dion : *Les Seigneurs de Breteuil*, p. 10.
(3) *Abrégé* imp. du manuscrit, p. 30. M. de Dion, p. 21.

parente, Basilie ou Béatrice, fille de Thomas de Marle et de Ide de Hainaut, dont il eut quatre enfants :

Valeran III, qui suit;

Everard, qui céda, en 1168, à l'abbaye de Saint-Lucien de Beauvais, le fief de Mormaison, qu'il tenait de son frère Hugues;

Hugues, seigneur de Crèvecœur, châtelain de Breteuil en 1170;

Ingelrand, nommé seulement en 1139. C'est cette branche qui forma la famille des châtelains de Breteuil.

« Pendant de longues années, Everard refusa de rompre son mariage; mais en 1130, la ruine de son beau-père, Thomas de Marle, qui perdit la vie dans sa révolte contre Louis VI, le détermina enfin à renvoyer Basilie pour en épouser une autre de la famille de Bulles, sans doute, appelée Judith, qui fut mère d'*Ermengarde*, fondatrice de l'abbaye de Froidmont, et mourut après avoir donné le jour à *Manassès*, dit de Bulles, seigneur de Blanc-Fossé, mort sans postérité, et dont Aimée, dame de Breteuil, sa nièce, fut héritière (1). »

En 1136, Everard qui avait décidément dans les veines du sang de l'ancien seigneur féodal, se vit excommunier par Eudes, évêque de Beauvais, pour avoir enlevé aux moines de Saint-Lucien de Beauvais la terre du Bois d'Eslus (de l'Ecu), qu'il se décida à rendre un an après (2).

Cependant, Basilie de Marle vivait toujours : secondée par son frère, le fameux Enguerrand de Coucy, elle faisait l'impossible pour rentrer dans ses droits d'épouse. Pour lui échapper, le seigneur de Breteuil prit, en 1143, le chemin de Jérusalem, en passant par Rome, où il soumit au pape Célestin le procès qui fut renvoyé aux évêques d'Arras et de Cambrai (3).

---

(1) M. de Dion : *Les Seigneurs de Breteuil*, p. 21 et 22.
(2) *Ibid.*
(3) *Ibid.*, p. 21.

Le procès était encore pendant lorsque, le jour de Pâques, 31 mars 1146, Everard, qui voulait, il faut croire, expier ses égarements, prit la croix à Vezelay le même jour que Louis VII. Il se battit si vaillamment à Laodicée qu'il s'y fit tuer, au grand regret de Louis VII, qui annonça sa mort et celle de plusieurs autres seigneurs dans les termes les plus douloureux. Il fut pleuré par toute l'armée des croisés.

Valeran ou Galeran III.

VALERAN OU GALERAN III, qui succéda à son père en 1146, épousa Holdeburge ou Hildeburge, fille de Béatrice et dame d'Ailly-sur-Noye et de Tartigny, dont il eut deux filles, *Alice* et *Mathilde*, qui signèrent avec leur mère, dans l'église de la Bienheureuse Marie de Breteuil, une donation d'un muid de blé à l'église de Saint-Martin de Ruricourt, et dont la charte fut placée sur l'autel par Valeran III, du consentement encore de son frère Hugues de Crève-cœur (1).

Le 24 juin 1156, Holdeburge à ses derniers moments, sur le conseil de Béatrice, sa mère, et avec le consentement de son mari, donna au prieuré de Wariville le péage de Hermes sur le Thérain, qui formait sa dot (2).

Valeran mourut vers 1162, peu après son second mariage avec Alice de Dreux, fille de Havise d'Evreux, épouse de Robert de France.

Les chartes accusent déjà à cette époque la déchéance de l'ancien comté de Breteuil : elles nous montrent que les qualités de seigneur, de vicomte et de châtelain de Breteuil appartenaient à trois personnages différents.

C'en est fait de la période la plus brillante, la plus che-

---

(1) M. de Dion : *Les Seigneurs de Breteuil*, p. 23.
(2) *Ibid.*

valeresque de l'histoire de Breteuil. L'étoile de l'antique château-fort des Gilduin, des Évrard, des Gautier, des Valeran a pâli. Un instant encore, durant la terrible guerre de Cent ans, nous la verrons reparaître et briller même quelque peu sous les Montmorency; mais ce sera pour disparaître à jamais, du moins à l'horizon de notre pays.

CHAPITRE V.

État social des habitants du XIe siècle au XIIIe.

Les droits du seigneur à l'origine. — Les commencements de leur transformation signalés dans nos archives et dans le manuscrit de Robert Wuyart. — Topographie du pays aux XIe et XIIe siècles.

Avant d'arriver à cette seconde période de notre histoire, il nous a paru juste de montrer le revers de la médaille, le mauvais côté de l'époque féodale, en établissant quel était le pouvoir exercé par les anciens seigneurs, son principe, son origine, et partant quelle était : 1° la situation des habitants jusqu'en l'année 1224, date, nous l'avons dit, de la concession de franchises relativement considérables, et 2° quelle était la topographie du pays.

En vertu de ce principe admis, importé par les Francs que la terre conquise appartenait aux vainqueurs avec tout ce qu'elle porte ou renferme, les chefs Francs étaient devenus les seigneurs ou les maîtres absolus de tout : hommes, animaux, terres, cours d'eau, pêcheries, étangs, marais, pâtis, communs, voiries, bois, landes, aulnaies, jardins, maisons, lieux et autres droits et devoirs, comme on disait; tout, en un mot, leur était assujetti, jusqu'au droit de se marier, attendu que leurs hommes n'étaient jamais majeurs. Les seigneurs de Breteuil, ceux du moins des XIe, XIIe et XIIIe siècles, abusèrent-ils souvent de leur puissance? Se montrèrent-ils avares de leurs biens? Nous l'avons vu par toutes leurs chartes de donations reproduites à dessein et par les sentiments religieux qu'ils manifestèrent. Nous avons lieu cependant de croire que le pauvre serf a du bien souffrir à l'époque de l'anarchie féodale dans les IX⁰ et X⁰ siècles, avant le règne réparateur de Gilduin et de ses successeurs.

Voici d'ailleurs, d'après nos archives, quel était, dans les XI⁰, XII⁰ et XIII⁰ siècles, l'état social des habitants de Breteuil et des environs.

En tête de la population marchaient d'abord les seigneurs suzerains que nous avons vus à l'œuvre, puis les détenteurs de portions de terres affranchies ou anoblies moyennant finance, mais toujours mouvantes de la seigneurie. Le domaine de l'abbaye elle-même, ses trois brasseries, ses bois, tout ce qu'elle possédait dans le comté, le fief de Bessonne, situé à la sortie de Breteuil, entre la rue des Morts, le chemin de Paillart et la rue basse Saint-Cyr (40 arpents), la terre dite de Sorens, sise près du château-fort, la terre de l'hospice (emplacement actuel du Jeu de Paume), la terre de Saint-Cyr qu'il ne faut pas oublier à cause de son rôle dans la vie du pays, et quelques autres portions de terre assuraient à leurs possesseurs certains droits supérieurs seigneuriaux.

Du fief de l'abbaye relevaient, à la fin du XI⁰ siècle, nous l'avons vu, vingt-quatre maisons libres, un four libre, deux charrues de terre, vingt-quatre arpents de vignes, différents autels de paroisse, l'église de Saint-Cyr avec l'autel et les redevances du parvis, la dîme et le charroi (tractus), l'église de Saint-Jean, autrefois chapelle, avec la terre spécifiée pour le labour de deux charrues; 60 sous par an, en monnaie de Beauvais, sur le travers et la redevance que le seigneur de Breteuil réclamait de cette église sur neuf jardins et demi; un moulin, un vivier et la redîme (donnée au XII⁰ siècle) de tous les moulins de Breteuil; une vigne, une redevance que payaient les hôtes des religieux au *maire* de Breteuil, pour leurs chevaux et ânes, le péage sur les marchandises portées à dos d'homme, le droit de mouture libre par les religieux au moulin du Hamel (Bonnet rouge), la moitié des fours et du fourrage de la ville de Breteuil, et plus tard, beaucoup d'autres biens sur d'autres paroisses et prieurés, concédés sous certaines clauses et conditions plus ou moins onéreuses.

Le fief La Bessonne.

Le fief de *La Bessonne* consistait aussi en droit de haute, moyenne et basse justice, en censives en argent, grains, volailles, lods et ventes, sur des maisons et héritages basse rue Saint-Cyr, rue du Loup, rue des Moines et sur des terres à Vendeuil, lieudit le Clos-Patin. Les religieux qui l'avaient possédé antérieurement le rachetèrent 40 livres tournois le 12 août 1500, à Agnès Roussel, veuve de Pierre Béchon. « Il renfermait un clos de vignes appelé le Petit Clos de l'Abbaye, où était bâtie une petite maison sur laquelle l'abbé était tenu d'entretenir un *closier* ou concierge à grands gages, supérieur même au produit du clos, attendu qu'ordinairement la plupart des vignes étaient gelées. Il était affermé, en 1600, 1 écu 4 sous de cens, et 8 écus et 2 chapons de rente, plus chaque année un coquet de verjus contenant vingt pots. C'est là que se trouvait le pressoir banal à vin du temps qu'on faisait du vin à Breteuil (1). Ce pressoir, à la fin du xiv° siècle, était tombé en ruine, pour n'y avoir de vignes de présent au dit bourg de Breteuil autres que le petit clos de l'Abbaye. »

Jacques Letenneur, bailli de la chevalerie de Breteuil et des terres et seigneuries de l'abbaye, en jouissait en 1638, à charge de 64 sous et 2 chapons de cens (2). En 1408, dans la reconnaissance de la vente qui en fut faite à Isabelle Dugard, par Jean Vendeuil, écuyer, et par Jean Cornu, il fut spécifié qu'elle sera ajournée aux plaids de l'abbaye, et tenue d'envoyer un procureur pour desservir le fief, juger avec ses pairs et contribuer aux frais (3).

---

(1) *Abbaye de Breteuil*, H. I, 780, L., Arch. de l'Oise.
(2) *Ibid.*, H, I, 705, Liasse.
(3) *Ibid.*, H. I, 702, L.

Fief de Saint-Cyr.

La terre de Saint-Cyr était aussi un véritable fief qui comportait le titre de vicomté avec l'exercice de droits vraiment seigneuriaux sur des maisons, héritages et terres rue Saint-Cyr. Dans les archives de l'Oise, nous avons trouvé les noms de plusieurs seigneurs appelés de Saint-Cyr. « Il y a, dit R. Wuyart, à une portée de mousquet au-dessous de la Noie, un pont connu encore sous le nom du pont de la Vicomté. »

On connaîtrait même le nom du fondateur de l'église du fief de Saint-Cyr, d'après le rapport adressé au prince de Condé, en 1674, par Warnier, curé de Breteuil et par Georges, prêtre habitué. Cette église, dédiée à saint Cyr et sainte Julitte, n'était en sa première fondation qu'une chapelle érigée par Erembuge ou Trembuge, vicomte de Breteuil « dans une prairie située vis-à-vis de son ke-lieu (chef-lieu), où s'allaient jouer ordinairement les serviteurs de sa maison. Ledit vicomte l'ayant dottée de plusieurs terres, dixmes et revenus, donna ladite chapelle avec ses appartenances à l'abbé et couvent de ladite abbaye, avec sa prairie, à la charge qu'un desdits religieux célébrerait en ladite chapelle tous les dimanches de l'année à perpétuité, sauf au jour de Pâques, une messe à basse voix avec bénédiction de l'eau, et au jour de la fête de saint Cyr et sainte Julitte, célébrerait solennellement les premières et deuxièmes vêpres, la messe à haulte voix, avec diacre, sous-diacre et chantres, ayant ledit seigneur une dévotion particulière audit martyr, laquelle chapelle fut fondée et bâtie en l'an 1100, ce que lesdits religieux ont continué jusqu'à ce que l'église de Saint-Jean-Baptiste a été construite (1). »

Ce récit, que nous nous sommes fait un devoir de repro-

---

(1) *Abrégé* du manuscrit cité, p. 10.

duire, parce qu'il semble préciser les conditions de la donation de la chapelle de Saint-Cyr à l'abbaye, a toutefois le grave défaut de ne pas concorder, non-seulement avec la version beaucoup plus ancienne de la restauration de l'abbaye, mais avec l'acte précité de confirmation, aux termes duquel Gilduin a donné, vers l'année 1035, l'église de Saint-Cyr aux nouveaux bénédictins.

Tout porte à croire que les dimensions de l'église de Gilduin durent être plus considérables que celles de la chapelle actuelle.

Les deux prêtres Warnier et Georges se sont aussi mépris en écrivant que le service divin cessa d'être célébré à Saint-Cyr après l'édification de l'église Saint-Jean-Baptiste: Aussi bien R. Wuyart dit positivement dans son manuscrit « que ce service fut continué jusqu'à notre temps (1670), que par l'autorité de Mme la duchesse de Sully cette messe se dit maintenant en l'église Saint-Jean et s'appelle la messe de Saint-Cyr » (1).

Si, au xie siècle, une église paroissiale autre que celle de Saint-Cyr eut existé à Breteuil, Gilduin, qui confia aux religieux la régénération morale du pays, ne la leur aurait-il pas aussi donnée ? Ne l'aurait-il pas au moins mentionnée dans l'acte de confirmation reproduit plus haut ? Qui peut en douter ?

Quoi qu'il en soit, du temps même de R. Wuyart on voyait encore les ruines du manoir du sire de Saint-Cyr et les murs écroulés de son enclos. La clôture du fief Bessonne est toujours debout, en grande partie du moins. La nomenclature des autres fiefs offrirait peu d'intérêt.

Après la classe des seigneurs *fieffés*, venait celle des bourgeois qui apparurent au xiiie siècle, après la concession de premières franchises faite au pays en 1224 par Amicie de Breteuil et par Gauthier de Risnel.

---

(1) *Abrégé* impr. p. 35.

La troisième classe se composait des possesseurs de petits héritages qu'ils auraient pu affranchir, en payant une fois pour toutes un capital proportionné au cens annuel dont ils étaient frappés. Il faut toutefois conclure de nos archives (1) que cette classe d'habitants était alors moins largement représentée qu'au xvie et au xviie siècle. Elle l'était pourtant : le partage accompli à peu près à cette époque des terres de Breteuil, deux rachats de cens opérés dans le cours du xiie siècle, l'un par Jean Molet, moyennant 46 sous parisis, en échange d'un cens annuel de 6 sous parisis et deux chapons dus sur une maison sise dans le quartier Saint-Cyr (2), l'annoncent. Alice de Vendeuil avait aussi dans le même quartier une maison frappée d'un cens de 5 sous (3).

Des exemples démontrent encore que, le plus souvent, les cens étaient payables en nature. Jean de Bernielle, maître apothicaire, fait aveu, en 1568, d'un journal de terre sis au bas du chemin de Saint-Cyr, à charge d'une demi-mine d'avoine et d'un demi-chapon (4).

D'un autre côté, Pierre Pillon, lieutenant de la seigneurie d'Esquennoy, fait aveu à l'abbaye de deux journaux de terre, situés au Val-Saint-Pierre, moyennant deux mines de grain moins un picotin (1632) (5).

Quant aux novales ou terres à défricher, elles ne payaient tout d'abord aucune dîme, mais seulement un droit de cens en argent, soit 6 livres pour soixante-quinze verges, ou encore 12 sols pour huit verges, au bout de la rue du Friez. Un édit du roi, daté de 1768, prescrivit même l'exemption de la dîme pour les défrichements. Nicolas

---

(1) Archives de l'Oise, H. 1757 jusqu'à 1009.

(2) *Ibid.* B. 1753.

(3) Archives de l'Oise : *Abbaye de Breteuil*, H. 1753.

(4) *Ibid.*, H. 1763.

(5) *Ibid.*, H. 1632.

Vaconsin et François Dutilleul, manouvriers, obtinrent cinq cent quarante-trois verges de terre tenant au bois Plantis, en 1769, pour un cens annuel de 6 deniers avec exemption de la dîme pendant dix ans (1).

Les plus grandes familles de Breteuil, que nous pourrions citer, tenaient leurs biens à cens soit des seigneurs, soit de l'abbaye. Reconnaissons-le, c'était un moyen facile d'acquérir qui n'existe plus. Un habitant n'ayant que ses bras et pas un sou de capital, pouvait acheter une terre ou une maison à cens, rachetable et transmissible à ses descendants. Faut-il le faire observer ? Ce mode d'acquisition sans argent comptant, beaucoup plus fréquent après les misères causées par les guerres de la Ligue, constituait un véritable crédit foncier, à la portée de tous ; il fut le principe de beaucoup de petites fortunes.

Le droit seigneurial le plus lourd était celui du redécime des moulins, qui consistait « en ce que tous les vingtièmes jours les religieux avaient la faculté de prendre le grain qu'on employait pour moudre le pain, et cela depuis le plus petit jour jusqu'au soir. » Comme on ne pouvait moudre le dimanche, ce jour ne comptait pas. Cependant, tout compte fait par les économistes, ou les historiens, la valeur de tous les anciens droits n'égalait pas la somme des impôts actuels réunis.

La quatrième classe d'habitants aux XIe et XIIe siècles se recrutait parmi les personnes qualifiées du titre d'*hôtes*. Les hôtes, à cette époque, étaient-ils des serfs proprement dits, ne travaillant que pour le seigneur, sans en recevoir aucun salaire ? Nous avons lieu de ne pas le croire, généralement parlant, à nous en rapporter à plusieurs documents justificatifs de nos archives départementales, que nous devons citer pour établir la vérité de ce que nous avançons.

---

(1) Archives de l'Oise, *Abbaye de Breteuil*, II. 1757.

Dans la notification signée de Raoul, comte de Clermont, d'un partage entre l'abbaye de Breteuil et Roger de Pronleroy, il est convenu que « si les hostes de l'abbaye requièrent le champarteur du seigneur ou réciproquement, de venir lever le champart sur *leurs récoltes*, et, si le champarteur refuse, la récolte pourra cependant demeurer une nuit dans les champs; mais le lendemain, si le champarteur, de nouveau requis, refuse encore, *le laboureur* pourra conduire sa récolte chez lui et la redevance qu'il doit dans la grange de son seigneur ». Il est aussi spécifié que la carrière sera commune. « Que, si un débat vient à s'élever entre l'abbaye et le seigneur ou entre leurs hôtes, on se réunira à l'orme près du four de Pronleroy, pour apaiser le désaccord, et, si un accord ne peut intervenir entre eux, la cause sera portée devant le seigneur de Breteuil, qui est le seigneur du fief. »

D'après la même liasse, les religieux de Breteuil cèdent à Wautier Morels, de Pronleroy, *leur hôte*, *résidant* sur leur terre, un bois sis entre Pronleroy et Cressonsacq « Cressonessart », pour le défricher, et quatre mines et demie d'un essart défriché à Pronleroy par Emeline, le tout contenant dix muids de terre, à la verge de La Neuville-le-Roy..., à charge de payer chaque année aux religieux vingt muids de grain, moitié froment, moitié avoine, à la mesure des greniers de l'abbaye de Breteuil, à raison de trois mines de grain par mine de terre... et il leur sera payé 5 deniers de cens pour chaque mine de terre (1).

Il résulte de ces deux documents que les hôtes de l'abbaye à Pronleroy, et sans doute d'ailleurs, étaient des colons, des fermiers, défrichant, cultivant les terres qui leur avaient été concédées à des conditions discutées. Bien plus, la terre était non seulement concédée au chef de famille nommé, à Wautier, mais encore à ses héri-

---

(1) Arch. de l'Oise : *Ab. de Breteuil*, H. I, 8°8, Pronleroy.

tiers : il est, en effet, déclaré dans l'acte de cession que si Wautier ou ses héritiers laissaient cette terre inculte, les religieux de Breteuil pourraient saisir leurs biens, et les conserver *jusqu'à ce que cette terre soit remise en état* (1). Telle était la condition des hôtes ou des vilains d'autrefois. En réalité donc, ils possédaient à des conditions déterminées, et si bien que, dans un censement de Manassès de Conti, seigneur de Wavignies en 1189, il est déclaré que les vavasseurs et les vilains pourront vendre, engager ou aumôner leurs biens à l'abbaye, sans qu'ils puissent en être empêchés par ledit seigneur (2).

Nous avons vu toutefois que les hôtes ne pouvaient changer d'exploitations (ville) sans l'agrément du seigneur. Mais, n'étaient-ils pas les premiers intéressés à continuer à bénéficier des terres cultivées et améliorées par leurs ancêtres ? Le vavasseur était dans la hiérarchie sociale un peu supérieur à l'hôte. Quelques vavasseurs, comme celui de Saint-André de Farinville, devinrent même fort riches. Les baux passés comme ci-dessus au xvie siècle, en faveur de laboureurs de Wavignies et d'ailleurs, qui ne sont plus nommés des hôtes ni des vavasseurs, ne se comptent plus aux archives de l'Oise, dans la série H, abbaye de Breteuil.

Néanmoins, dans l'abbaye, il y avait encore au xiiie siècle des hôtes appelés inféodés, c'est-à-dire qui travaillaient au profit de celle-ci, uniquement pour la nourriture, le vêtement et le logement. Pour ceux-ci l'abbaye était un refuge assuré contre la misère, contre la famine.

Les hôtes inféodés étaient d'ailleurs en nombre bien inférieur aux non inféodés qui, avec la nourriture et le logement, recevaient un salaire : ce que prouve le trait suivant.

En 1240, l'abbé Mathieu avait pris à son service et au

---

(1) Arch. de l'Oise, H. I, 887, Pronleroy.
(2) *Ibid*. I, 908, Wavignies.

service de l'abbaye, *et cela à vie*, un des hôtes de l'abbaye le plus intelligent, appelé Herbert, qualifié du titre de *soudoier*, ou encore homme suivant l'abbé, moyennant quatre pains du couvent par semaine « et tres grisetos », chaque jour une écuelle de pois du couvent ; à huit fêtes de l'année le pain et le vin seulement ; à Noël, de chacun des hôtes de l'abbaye de Breteuil « *exceptis quibusdam feodalis*, excepté, remarquons les mots, *certains* ou *quelques féodés* », 1 denier ou un pain de valeur égale ; au temps de la moisson, depuis la première gerbe jusqu'à la fin du dimage, chaque nuit, un quartier d'avoine, une chandelle », *et unum waretum reschie* (peut-être une charette de vesces) ; chaque semaine de la moisson, quatorze petits pains et deux fromages ordinaires ; de plus, chaque année seize mines de blé et dix-huit mines d'avoine et un droit d'usage dans les bois des moines. En échange, Herbert devait, pendant toute la moisson, charrier avec son cheval les dîmes de l'abbaye, accompagner avec son propre cheval l'abbé dans ses excursions chaque jour de l'année, et lui servir de domestique » (1).

A la fin de l'année 1250, Herbert, qui était sans doute déjà vieux, ayant fait à l'abbé Mathieu la remise de tous ses gages, en reçut en échange « deux muids et demi de blé moytiers, et deux muids et demi d'avoine » qu'il tiendra de l'abbaye ainsi que sa maison et ses dépendances *sans aucune charge* (2). Après sa mort cette rente en nature fut convertie en argent, par 60 sous parisis, au profit de sa femme (3).

L'abbaye avait du reste, pour assurer sa prospérité, la bonne culture des terres, un personnel parfaitement composé.

---

(1) Arch. de l'Oise, H. I, 711, *Breteuil*.
(2) *Ibid.*
(3) *Ibid.* I, 751.

En dehors des religieux proprement dits, il y avait des frères convers de quatre sortes. Les premiers s'appelaient, selon l'obituaire, *conversus*; les seconds *monachus conversus*; les troisièmes, *monachus ad succurendum*; les quatrièmes, *monachus conversus ad succurrendum*. « Pour l'intelligence de ceci et la distinction parfaite de tous ces convers, il faut, dit Wuyart, avoir recours aux anciennes pratiques de nos monastères. La plupart des religieux étaient élevés dans les couvents, dès leur plus tendre jeunesse après laquelle eux et leurs parents demandaient à être reçus religieux pour leur corps (pour échapper aux soucis de la vie dans le monde). Pour distinguer ces jeunes gens de ceux qui avaient vécu dans le siècle, on appelait ces tard venus des convers, *conversi*, du mot latin *convertere*, se convertir, fondé sur la raison que ceux qui avaient déjà vescu dans le siècle d'une vie assez licenciée semblaient se convertir, entrant en religion pour une vie nouvelle.

« Les premiers qui ne s'appelaient que convers étaient des familles entières et des personnes qui se donnaient au service du monastère, sans prendre l'habit religieux, pour servir en tout ce dont on les trouverait capables, soit dans les fermes ou ailleurs, en qualité de serviteurs ou servantes. On les employait aux travaux les plus ordinaires et les plus grossiers. Les hommes s'occupaient de la culture des terres, des chevaux, bois, semences, dépouilles, et tout le reste qui est de l'emploi d'un paysan; les femmes, de la basse-cour, les bestiaux, bœufs, moutons, volailles, etc. Ils ne recevaient aucun gage. Mais ils étaient nourris et entretenus aux dépens de l'abbaye.

« Ils n'étaient soumis à aucune austérité, mais ils participaient à toutes les bonnes œuvres. A leur mort on les plaçait sur l'obituaire et on les nommait au jour de leur décès aussi bien femmes que hommes, pour faire ressouvenir les religieux de prier Dieu pour eux. Les moines convers (*monachus et conversus*) étaient des personnes qui se présentaient tard à la religion et sans avoir ordre ni étude qui les rendissent capables de recevoir les ordres. Un seul, dans l'obituaire, (qu'est-il devenu ?) est appelé *monachus conversus professus*, moine profez. Ils portaient un espèce d'habit religieux sans, néanmoins, faire profession solennelle. Ils prenaient garde à tout le temporel et avaient la direction des *conversi*, l'intendance et le commandement de tout, sous la dépendance néanmoins du cellérier et de l'abbé. »

La vie autrefois était si difficile, si exposée, le pauvre habitant des campagnes se sentait si isolé, à raison de la faiblesse du pouvoir royal, qu'il était heureux de se donner pour vivre un peu tranquille. C'est au point que lors de la promulgation de la première charte royale d'affranchissement, il a fallu contraindre par des amendes un certain nombre de serfs à en profiter. Il n'y avait qu'un seul moyen de les affranchir véritablement, c'était, selon les *conseils formels* de l'*Église*, de leur donner « une terre, une vigne et une maison avec de légers droits de cens, comme le firent nos seigneurs et nos religieux. » Tout le monde devait y gagner, la civilisation surtout, par l'effet du relèvement moral de l'individu et de la famille. La liberté politique elle-même devait, avec le temps, être le corollaire de cette heureuse transformation, de ce premier affranchissement.

« Les convers appelés *monachus ad succurendum* étaient des personnes de toutes conditions admises à l'état de moines pour seconder le monastère. On y comptait des religieux d'un autre couvent, des chevaliers, des seigneurs voisins, des soldats, des prêtres séculiers et des laïcs de modestes conditions. Ils ne devaient pas demeurer au monastère et n'étaient à proprement parler que des associés au monastère qui leur donnait des lettres gracieuses pour participer à toutes ses bonnes œuvres. De leur côté, ils supportaient les intérêts de l'abbaye de tout leur pouvoir, soit de leur temporel en cas de nécessité soit de leur crédit et autorité. A leur décès on les enterrait avec quelques cérémonies particulières. » (1)

Dans l'abbaye de Breteuil comme dans plusieurs autres du même ordre, les religieux y étaient confiés de très bonne heure, dès l'âge de sept à huit ans, à la direction du père Maître, sous la conduite duquel ils demeuraient jusqu'à ce qu'ils fussent dans les ordres sacrés ou profès. Jusque-là ils étaient toujours appelés novices et pour être admis en cette qualité il fallait gratifier l'abbaye de quelque donation et offrande de bienvenue.

Cinquième classe d'habitants. — Les serfs ou esclaves qui composaient jadis la plus grande partie de la société étaient, aux xi⁰ et xii⁰ siècles, relativement fort peu nombreux, grâce à l'action continue du christianisme; cependant il y en avait encore puisque, nous l'avons remarqué, Gilduin fit en 1035 cadeau à l'abbaye de deux familles qualifiées de ce titre, mais dont les droits étaient spécifiés et sauvegardés.

C'est avec ce personnel si bien organisé, que nous allons bientôt voir l'abbé Alvrède, principalement secondé d'ailleurs par Raoul, comte de Clermont, et par Alice, son épouse qui aima beaucoup Breteuil, fonder le berceau de son illustre famille, opérer presque des prodiges à la fin du xii⁰ siècle et au commencement du xiii⁰.

Avant d'envisager cette phrase nouvelle de l'histoire de notre ville, nous croyons devoir en esquisser la topographie antérieure à l'époque de l'abbé Alvrède.

L'absence de documents historiques ne permet pas de se faire une idée exacte de la vue de Breteuil avant le xi⁰ siècle, ou avant la destruction du château et de la première abbaye. Cependant nous ne résisterons pas au désir de reproduire ici un passage du récit de Jean Warnier et Georges, qui conserve sa saveur antique. « L'église de l'abbaye fust bastie, avancent les deux prêtres de Breteuil, dans

---

(1) Manuscrit de R. Wuyard, *abrégé* imprimé, p. 12, 43

l'enclos du château, ayant un cimetière à l'entour... Pour son antiquité, nous n'avons pu savoir le temps de la fondation, mais considérant la grandeur d'icelle, nous pouvons dire qu'elle a été construite dans le temps que Charle le Maître ôtant les dixmes aux évêques pour récompenser la noblesse qui l'avait secondé à chasser et défaire 400,000 sarrazins, et que les dixmes de l'abbaye ayant été données au seigneur du château qui avait combattu vaillamment, celui-ci alors fit démolir la petite église, faisant construire celle qu'y est de présent, pour pouvoir contenir les habitants et paroissiens des villages dont il percevait les dixmes... de sorte que la multitude était si grande, que nous avons lu en un ancien manuscrit que les offrandes au jour de Pasques montaient ordinairement à 80 et 100 livres. »

« Depuis la fondation de laquelle, jusqu'à environ l'an 900, elle fut desservie par deux prêtres qui célébraient ce service divin et administraient les sacrements, tant audit Breteuil qu'aux villages susdits ».

« Or l'empereur Othon étant entré en France contre Lothaire, roy de France, son armée ayant pris logement en ce quartier, ses soldats s'offrirent de prendre le château où s'étaient réfugiés tous les habitants des villages circonvoisins avec leurs meubles et bestiaux, mais il fut si bien défendu qu'il repoussa les ennemis, lesquels, pour se venger mirent le feu à l'église. Mais les habitants dudit Breteuil, à l'assistance dudit seigneur, restaurèrent le chœur de ceste église, laissant le reste en ruines jusqu'à environ 1100 que le comte Gilduin, seigneur dudit Breteuil et comte de Clermont le restaura ». (1)

Tout cela est très glorieux pour le pays qui aurait ainsi repoussé tout seul, l'armée de l'empereur Othon dont les soldats comme *par mode de passe temps*, se seraient offerts à prendre le château-fort de Breteuil; toutefois ce récit qui a

---

(1) *Histoire de Breteuil*, par P. Mouret, p. 4.

l'air de nier l'existence, sous Charlemagne, de l'église paroissiale de Saint-Cyr, n'est-il pas quelque peu fantaisiste, par trop contraire à la tradition ? (1)

Mais, objectera le lecteur, s'il y eut un jour tant d'héritages du côté de Saint-Cyr, qu'y avait-il aux environs de l'église paroissiale actuelle, où s'aligne, maintenant la grande rue? Il y avait là une prairie, émaillée de fleurs au printemps, sans doute facile à inonder pour garantir de ce côté les approches du château dont la porte principale avec pont-levis, meurtrières et créneaux se dressait près du pilori actuel, voisin de la maison de M. Gérard (2). Non loin de là était élevée une modeste chapelle dédiée à saint Jean-Baptiste dans laquelle un bénédictin venait célébrer les saints mystères pour les habitants de cette partie appelée, en 1249, le quartier du châtelain (3). Cela n'empêchait pas le châtelain d'avoir sa chapelle dans l'enceinte même de la seigneuriale demeure (4).

Le dessin d'une vue que nous croyons avoir été prise vers l'année 1600 et qui figure en tête de certains exemplaires de l'histoire de P. Mouret, nous représente l'emplacement de la grand'rue encore vide de maisons et le château-fort démantelé, accompagné seulement sur la droite, en allant vers la rue de Beauvais, de quelques habitations à toitures assez basses, couvertes en tuiles. Il y avait alors d'autres demeures, mais qui se trouvaient ou masquées par la motte du château, ou trop éloignées d'elle pour avoir pu être comprises dans la perspective du dessinateur.

Il est question dans nos plus anciennes archives du département (5) des rues suivantes : du Loup, du Sac où

---

(1) Voir *Monuments historiques*, par M. l'abbé Pihan, p. 225.
(2) *Abrégé* du manuscrit de R. Wuyart, p. 35.
(3) *Progrès de l'Oise*. Tablettes d'histoire locale, 1860.
(4) Manuscrit de R. Wuyart, p. 36
(5) Fonds de l'abbaye de Breteuil *passim*.

était établi Charles de Maricourt cordonnier en vieux, du Hamel (Bonnet-Rouge), du bout de Vendeuil, du Viel Marché, d'Aube et souvent de la rue de Saint-Cyr et de son cimetière dont les souvenirs feront sans cesse vibrer l'âme des habitants de Breteuil qui aiment toujours à venir prier et espérer là où leurs ancêtres, après avoir eux-mêmes espéré et prié, dorment leur sommeil de mort en les attendant.

Nous l'avons dit déjà, l'abbaye avait son cimetière distinct de celui de Saint-Cyr et de beaucoup plus petit (5). Le quartier du châtelain eut d'ailleurs aussi le sien, autour de la chapelle de Saint-Jean-Baptiste qui fut plus tard l'église paroissiale, la seule qui subsiste aujourd'hui.

---

(1) Fonds de l'abbaye de Breteuil, *passim*.

CHAPITRE SIXIÈME.

Déplacement de Breteuil.

Le comte de Clermont. — Alice de Breteuil, dame de Breteuil. — L'abbé Mathieu. Construction de l'église Saint-Jean. — L'abbé Laurent. — Dédicace de l'église Saint-Jean.

Pendant une période de tranquillité relative, les habitants de Saint-Cyr attirés, sans doute, par l'avantage d'une situation plus saine, par la faculté de pouvoir s'établir auprès du château sur des terrains donnés à cens et aussi, croyons-nous, par la solennité et la beauté des offices célébrés dans l'église de l'abbaye où il y avait « deux serpentistes qui tenaient lieu d'orgue, » avaient, en partie, délaissé le quartier de Saint-Cyr afin de se rapprocher de Saint-Jean. Lorsque, pour employer les expressions de R. Wuyart « *une partie de Breteuil* se fut ainsi approchée du château et de l'abbaye, » (1) l'agrandissement de la chapelle dédiée au précurseur du Messie ou mieux la construction d'une église s'imposa (2).

L'abbé Raoul II, Radulfus, 1156, toujours à nous en rapporter à notre précieux manuscrit, le comprit.

Le projet de la construction d'une église devenait alors d'autant plus réalisable que le seigneur de Breteuil était Raoul, l'illustre comte et connétable de Clermont, le même qui prit la croix en 1189, à la prédication de Guillaume, archevêque de Tyr. Il avait épousé Alice, dame de Breteuil,

---

(1) Manuscrit de R. Wuyart, *abrégé* imprimé p. 35.

(2) C'est aussi l'opinion de M. le chanoine L. Pihan que le bourg de Breteuil avoisinait jadis l'église de Saint-Cyr. (*Loco citato.*)

fille de Raoul, comte de Soissons et d'Alice de Dreux, dame de Breteuil (1).

Alice et Raoul de Clermont, animés tous deux des sentiments les plus religieux et les plus généreux, entrèrent volontiers dans les vues de l'abbé Raoul II, Alice surtout, qui manifesta pendant toute sa vie une grande affection pour son pays natal. (2) Les générosités succédèrent aux générosités; l'évêque de Beauvais, la noblesse des environs, tous, a écrit Jean Warnier « contribuèrent d'une grande affection à l'édification de ce temple. »

L'église de l'abbaye, à laquelle tous les pays environnants s'intéressèrent, reconstruite à cette époque, dans des proportions qui laissent entendre qu'elle était destinée à recevoir non seulement les fidèles de Breteuil, mais encore ceux des villages les plus rapprochés, à l'occasion de certaines grandes fêtes ou d'un pèlerinage, sous l'impulsion donnée par Raoul et par son épouse, s'éleva si rapidement qu'elle put être consacrée le 25 mai 1164 par l'évêque de Beauvais, Barthélemy, peu de temps après son retour du concile de Tours. Le clergé, le comte et la comtesse de Clermont et toute leur noblesse avaient été invités à cette cérémonie qui fut splendide (3). Toute la population, revêtue de ses plus beaux habits de fête, précédée du clergé, se rendit au devant du prélat; il fut reçu au milieu d'acclamations générales. Après avoir dédié à Dieu le temple devant abriter tant de générations, l'évêque de Beauvais y officia pontificalement et administra le sacrement de confirmation à un grand nombre de personnes (4).

A l'occasion de cette solennité, et afin d'en consacrer le

---

(1) M. de Dion : *Les Seigneurs de Breteuil*, p. 21 et 25.

(2) *Histoire de Breteuil*, manuscrit imprimé, p 35.

(3) Manuscrit cité p. 35.

(4) *Histoire du diocèse de Beauvais*. Delettre, p. 1:5. t. I.

souvenir, le comte de Clermont transféra à l'abbaye de Breteuil plusieurs redevances et affranchit de *toute servitude* deux chefs de famille, nommés Frémond ou Frémaux et Moger, eux et tous leurs descendants à perpétuité.

Pour n'avoir pas à y revenir, nous croyons devoir, en nous servant de tous les documents disséminés dans le cours du manuscrit de R. Wuyart, rappeler l'archéologie de l'église en question ; ce sera par là même donner une idée de plus en plus complète de l'ancien Breteuil.

Orientée de l'est à l'ouest, elle était séparée du monastère par un cimetière « large seulement de dix pieds, comprenant..... de long du côté du midi, depuis la croisée de l'église, inclusivement, jusqu'au bout de la nef. » C'est le cimetière qui servait à enterrer les morts de Tartigny, de Rouvroy et de Saint-Jean jusqu'au temps de l'abbé Mathieu ; depuis, jusqu'au xvie siècle, il fut réservé à la sépulture des donateurs qui la réclamaient en cet endroit. Une petite porte avait été ménagée sur ce cimetière, en vue de permettre au prêtre officiant d'aller chaque dimanche, bénir les tombes des bienfaiteurs de l'abbaye.

Le cloître communiquait avec l'église par la quatrième travée du côté de l'évangile (1).

Le plan de l'église présente la forme d'une croix ayant trois branches à peu près égales formées par le chœur à pans coupés et les transepts rectangulaires. La nef a deux bas côtés étroits, le tout construit en maçonnerie de pierre de taille bien appareillée. Cette nef était divisée en huit travées éclairées à l'étage supérieur par des fenêtres à plein cintre, reliées entre elles par des archivoltes en forme de boudin.

Chaque travée des collatéraux était séparée extérieure-

---

(1) Voir la vue de l'église et de l'abbaye dans *La France chrétienne et monastique,* par Peigné-Delacourt.

ment et soutenue par un contre-fort plus saillant que large, atteignant à peine la retraite du mur et présentant tantôt deux, tantôt trois retraites en larmier. Les ouvertures offrent les mêmes caractères du style roman que les fenêtres supérieures ; celles du transept sont au nombre de trois, placées symétriquement, également à plein cintre et d'une grande simplicité.

A l'intérieur, les voûtes étaient sans doute en berceau et retombaient sur des colonnes à chapitaux romans.

Primitivement le chœur était carré, mais il a été reconstruit vers la fin du xive siècle et présentait cinq fenêtres géminées surmontées d'un trèfle à quatre feuilles. Le clocher central, carré de plan, mesurait environ 30 mètres de haut. A l'extérieur, il se composait de deux étages présentant sur chaque face, inférieurement cinq baies de fenêtres à plein cintre entourée d'une moulure simple. Les colonnettes de ces arcades avaient un chapiteau sculpté ; au-dessus, quatre baies seulement accouplées deux à deux et laissant une surface pleine au milieu. Au couronnement, une corniche ornée de corbeaux supportait un toit plat, peu proportionné, si l'on en juge par un dessin ancien.

La sonnerie de l'abbaye était composée de six cloches. Elles furent refondues en 1548 par Thomas du Moust, vicaire général des bénéfices du prince, cardinal Hippolyte d'Est, et nommées *Hypolite, Constantiane, Marie Magdelaine, Barbe, Anna et Marie*. On les baptisa le 30 mai 1548. Cette dernière portait les armes de Ferrare. C'était la plus grosse cloche. Elle fut encore refondue en 1670, par l'évêque de Châlons, abbé de Breteuil. Sur Constantiane, on avait figuré un saint Constantien et un cavalier qui terrassait un dragon foulé aux pieds du cheval, avec cette inscription : « Constantien était un saint de renom. Je tiens de lui Constantiane nom 1548. »

Barbe, refondue par l'évêque de Châlons, abbé de Breteuil, en 1648, portait ces mots : « Barbe je suis nommée, me veul y nommer quend de mon nom aucun vouldra parler. » (1)

Dans l'une de ces cloches, le cardinal de Ferraro aurait fait jeter, selon la tradition, un boisseau d'écus au moment de la fonte. Le fait est que le son était si argentin qu'on l'entendait à deux lieux de distance. Les habitants l'appelaient la tarente.

« Outre ces cloches appelées *Signa*, il y en avait une autre nommée *Scala* qui servait à éveiller les frères dans le dortoir ou à appeler les religieux au chœur, pour dire l'office de Notre-Dame, pour aller au chapitre après prime. » Ce dernier signal à l'usage du prieur claustral seul était un instrument en bois du genre de celui qui était nommé *tablette*. (2) A l'intérieur de l'église, en 1574, on comptait douze autels désignés comme il suit : « Notre-Dame, Saint-Constantien, Saint-Pierre, Saint-Nicolas, Sainte-Marguerite, Saint-Eloy, Saint-Jacques, Saint-Eustache, Saint-Jean l'évangéliste, la Magdeleine, du sépulcre qui était derrière l'autel de Notre-Dame de Beaussault et Sainte-Barbe. » (3) Primitivement, il n'y avait qu'un seul autel. Ce n'est qu'après la restauration de l'abbaye, et quand tous les religieux furent prêtres, qu'on dressa ces autels de tous côtés contre les murailles.

Le grand autel était sans gradins au-dessus, étant bordé d'un rétable de bois doré représentant les mystères de la Passion, sur lequel reposait la châsse de saint Constantien d'un côté, et celle de saint Lysold, Roy, de l'autre côté. « Cette table de bois doré (1485), dit Wuyart, a coûté plus qu'elle n'est belle. Les figures de bois font pitié à regarder. Tout autour de cet autel éclatant de dorure il y avait des colonnes en cuivre brillant, fort bien travail-

---

(1) Manuscrit *abrégé*, p. 111.
(2) *Ibid.* p. 107.
(3) **Manuscrit** cité p. 123, 101, 121.

lées, sur chacune desquelles était un ange portant un des instruments de la Passion d'une main et de l'autre un chandelier muni de son cierge, de telle sorte que l'autel constituait un mémorial du sacrifice du calvaire » (1). Ce fut l'abbé Le Mareschal (1499) qui le commanda.

Le Saint-Sacrement était suspendu à la crosse de l'abbé, au-dessus de l'autel, les tabernacles n'ayant été construits qu'en 1625 ou en 1630. La crosse portait, dans le cours du XVIe siècle, les armes de l'abbé Hippolyte d'Est.

Un grand rideau dissimulait tout l'autel, qu'on découvrait aux veilles des « bonnes fêtes. » Pendant l'Avent et le Carême, selon les solennités, le célébrant de la grand'messe et le diacre étaient cachés sous le rideau, qu'on n'ouvrait que pour l'élévation.

Il y avait aussi de très belles tapisseries et des rideaux qu'on mettait la veille des fêtes solennelles (2).

« Un grand et admirable candélabre en cuivre traversait tout le presbytère de l'église, en sorte qu'il joint aux deux murailles, et le tronc qui est dans le milieu s'élève à la hauteur de trente pieds ou environ, au bout duquel il est une Notre-Dame de cuivre tenant son petit Jésus dans ses bras et la lune faite en croissant, sous ses pieds, avec des rayons tout autour de la Notre-Dame. Au milieu sont les images de saint Constantien et de saint Claude. » Il fut fabriqué, vers 1586, en Allemagne. La voûte du presbytère « fut parsemée » aussi plus tard aux armes de Guillaume de Beaussault, d'Amélia de Muret et encore aux armes des autres bienfaiteurs.

Le lutrin placé au milieu du chœur était tout en cuivre ; il représentait un aigle : c'était aussi l'œuvre des Allemands. L'église fut carrelée vers l'année 1499, en carreaux de terre cuite incrustés aux armes de l'abbé Jehan Le

---

(1) Manuscrité cité, p. 123 101, 121.
(2) *Ibid.*

Mareschal : on les reconnaît aux trois marteaux. Aux piliers des coins l'abbé Wericus ou Verrie, en 1291, y fit graver beaucoup de fleurs de lys et des tours avec des églises. Les armes figurèrent au milieu du haut de la chapelle de Notre-Dame et à la voûte de ladite chapelle avec sa crosse. Lui-même était peint au naturel sur un vitrail.

» La nef fut lambrissée en l'an de grâce 1410 par Dompierre Nicolle Carbel de Bretheuil ». Le même abbé orna le chœur de stalles neuves et ouvragées par Pierre Gillon. Que sont-elles donc devenues ?

« Le chef de saint Constantien était renfermé dans un reliquaire d'argent doré qui représentait un chef également d'argent doré, parsemé de pierres précieuses. Trois autres reliquaires en argent en forme de bras contenaient les ossements du saint. » L'encensoir était aussi en argent doré ainsi que la crosse abbatiale enrichie de pierreries d'une grande valeur. Il y avait en outre deux croix tout en argent pour les grandes processions, ainsi que des dalmatiques du plus grand prix. Les bénédictins, on le voit, n'avaient rien ménagé pour donner au culte le plus grand éclat, aussi leurs offices étaient-ils très courus. Deux serpents qui servaient d'orgue « y produisaient le plus bel effet. »

L'église de l'abbaye renfermait les tombes de beaucoup de seigneurs et de dames qui s'y étaient fait enterrer, en fondant des obits ou en la gratifiant de quelque donation avantageuse. Parmi ces sépultures, les plus remarquables étaient celles 1° de Simon d'Argies, effigé et gravé sur la pierre, en façon de chevalier avec ces paroles (en gothique) en haut de sa tombe : « Sire Simons, li chatelain de Berteuil. Dieu aie l'âme de ly. Amen ; » 2° de Wilgeries de Noëraz (Nourard) ; 3° d'un enfant de sept ans, de la famille de Wandegnies (Wavignies), qui demeurait vers Saint-Just. « Ici gist Guillaume fiex de sire Witase de Wandegnies. Diex en nait l'âme. Amen. » (Fin du xie siècle). « Echi, gist, medime Porenele, dame iadis du Quesnacel, qui fut famme dec Mathieu du Quesneel et trépassa (1200). » 4° de

Climenche de Myrot, inhumée dans une bière de cuir très fort (1337). Cette bière, ouverte en 1644, ne renfermait plus que deux tresses de cheveux avec de la cendre 5° de Hugues de Montmorency. Sur sa tombe toute simple était écrit : « Cy gist très hault et très puissant seigneur, Monseigneur Hue de Montmorency, jadis seigneur de Beaussault et de Breteuil, qui trépassa le second jour du mois de mars de l'an de grâce 1404. Priez Dieu pour son âme » (1).

Les tombes de plusieurs abbés n'étaient pas moins frappantes, ces abbés y étaient représentés couchés, avec un serpent effigié sous leurs pieds, le bout de la crosse posant sur la tête. La plus belle était celle de Nicolas Corbel, aujourd'hui dressée dans la propriété de Mme Tassart, contre le talus qui domine la source d'un petit cours d'eau !

Nicolas Corbel avait été inhumé sous le trésor des reliques avec cette inscription : *Hic jacet Nicolhas Corbel, abbas, istius ecclesie, qui fuerat abbas de Morolio qui migravit ad XPM anno DNI M° CCCC et orate pro AIA eius. Ipse reformavit feretrum Sancti Constantiani et cathedras in choro*. Sa devise était : *Mater Dei memento mei*.

Voici l'épitaphe de Guillaume le Moine, successeur de Nicolas Corbel, inhumé dans le chœur : « Cy gist révérend Père en Dieu, Domp Guillaume le Moisne en son vivant, abbé de céans, lequel trépassa l'an de grâce MCCCC XLV, le XVIII jour de mars. Priez pour lui et pour tous les trépassez. »

Le tombeau d'airain de l'abbé Thomas portait l'inscription suivante : « *In Christo venerabilis pater et honorabilis pastor, appellatus Avisse, quondam præfectus in hujus loci abbatem, hic est sepultus post mortem quæ tantum illum contrivit, quantum dies suos tinnuit* 1495 » (2).

---

(1) *Abrégé* manuscrit *passim*.

(2) Abbé Pihan : *Monuments historiques de l'Oise*, p. 232.

La tombe d'Etienne François II (1322), avec celle du Bienheureux Guillaume était de la part des habitants l'objet d'une certaine vénération. Ils tenaient, par tradition, que quelque merveille était arrivée à la tombe de cette abbé Etienne, « qui aurait paru hors de terre élevée, rapportant à cecy ce que cette tombe est ébréchée par un coin, parce que on a été obligé de verser dans cette tombe quantité de plomb fondu ; je m'en rapporte à ce qui est dit » (1).

Après ces tombes venaient : 1° celle de Jehan Capperon, prieur, avec cette épitaphe composée par D. Robert Amands, en 1553.

    Cy gist frère Jehan Capperon
    De Jumièges religieux,
    Qui en son temps fut assez bon
    Lorsqu'il vivait dedans Bretheux ;
    Mais qui ne fut tant rigoureux
    Que sa charge le méritoit,
    Dont en la fin fort langoureux
    Fina ses jours selon le Droit.

2° Celle de Michel Glénard :

    Cy gist Michel Glénard
    Qui pour son temps a tant gléné
    Que par son sens et son bon art
    A gardé main d'estre damné.
    Mais après qu'il fut gouverné
    Par un mal que ses hayneulx
    Lui brassèrent, a terminé
    Les ans et jours dedans Breteulx. 1551 (2).

3° Celle de Charles le Pesant et dont voici la curieuse épitaphe :

    Je qui Pesant me suis nommé
    Réformateur bien renommé

---

(1) *Abrégé* cité, p. 75.
(2) *Ibid.*, p. 110.

> Ayant conduit heureusement,
> Aussi réduit plus saintement,
> Religieux trop difformez
> Vivant ce jour heureusement
> Et servant Dieu dévotement.
> Il est bien vray, je le confesse,
> Que toute cette bonne adresse,
> Attribuer on ne doit pas
> A moi, sinon que par compas :
> Car de tout bien Dieu est autheur.
> Mais j'étais l'administrateur,
> Six monastères régissant,
> En l'un desquels ja languissant
> Par dure et longue maladie,
> Enfin, par mort trop estourdie
> Dégénéré suis (non sans grand deuil)
> Mort estendu dedans Bretheuil.

Cette curieuse église a été vendue, hélas ! et démolie pendant la Révolution. Avec l'église ont aussi disparu les nombreuses tombes qu'elle renfermait, car nous sommes loin de les avoir toutes rappelées, et en même temps que les tombes, les cendres de toutes les familles les plus distinguées et les plus anciennes de Breteuil et des environs. Quelle pitié de ne pas même laisser les morts dans l'*in pace* du repos !

La dédicace de l'église de l'abbaye eut lieu sous « le bon abbé Raoul II, lequel, après beaucoup de travaux, fut contraint de subir le plus grand de tous les travaux, c'est-à-dire la mort qu'il subit en 1164, » selon les mémoires les plus fidèles.

De concert avec les seigneurs de Breteuil, qui favorisaient la prospérité du bourg autant que celle de l'abbaye parce qu'elle devait, selon leurs vues, être l'âme et la vie du pays, Raoul avait travaillé à l'agrandissement, à la transformation en église de la chapelle Saint-Jean, autour de laquelle les habitants continuaient à se grouper, au détriment de la grande rue de Saint-Cyr. Il le devait à raison des dîmes champêtres dont il jouissait. A l'occasion de la dédicace du nouvel édifice, en 1164, la noblesse des environs, Raoul ou Radulphe, et Alice son épouse, revenus à Breteuil pour prendre part à cette fête qui était un évènement dans la vie du pays, voulurent en consacrer le souvenir par un nouveau bienfait; ils firent don à l'abbaye de tous les fours de la vallée de Breteuil, qu'il ne faut pas confondre, ajoute Wuyart, « avec les fours *de Bretheuil* », ce qui semble bien indiquer que la vallée ou le bas du Breteuil actuel, le Hamel, etc..., étaient alors considérés comme de simples écarts de Breteuil. On regardait alors comme parties intégrantes de Breteuil la rue du Viel-Marché, la rue d'Aube, la rue du Loup, la rue des Moines, du Sac, *plus tard* la rue Grande et la rue du *Frayer*, etc. Les rues du *viel* Marché, vers le moulin des Moines, la rue d'Aube étaient, d'après un cahier des censives de la seigneurie, les rues les plus populeuses, voire même au XVIe siècle. Le fief et le quartier de l'Hôtel-Dieu sont aussi donnés comme sis en dehors de Breteuil, au XVe siècle, « *apud oppidum Brituliense* » (1). Il n'est pas encore question, à cette époque, de la rue des Morts.

Raoul et Alice accordèrent de plus, à cette occasion, la liberté à deux hôtes inféodés appelés Vermendus et Macherus de Falminlier (2).

Au fond de la nouvelle église figurait un vitrail provenant peut-être de la chapelle primitive, parce qu'il avait été donné par Valéran, seigneur de Breteuil. Il représentait Jésus-Christ au jardin des Oliviers, et portait cette inscription : « Messire Valéran, le vicomte, a donné cette verrière et soixante florins d'argent. Priez Dieu pour l'âme de luy. »

Le style des fonts baptismaux actuels représentant une belle cuve en pierre, soutenue par des colonnes trappues,

---

(1) Pouillé du Chapitre de Beauvais, Archives de l'Oise.
(2) Manuscrit cité, p. 37.

accuse le xii° siècle. De cette époque datent aussi une fenêtre et une corniche, du côté sud, formée d'une suite d'arcatures à plein cintre avec corbeaux et modillons à masques.

Le reste de l'église a été remanié à différentes époques, à la suite de grands malheurs à relater ici.

Le premier est un incendie qui, en 1171, sous l'abbé Laurent, deuxième abbé, détruisit le dortoir, le cloître et d'autres bâtiments du monastère. Pendant cet incendie, on remarqua « un pigeon blanc qui s'opposait aux flammes lesquelles semblaient s'aller jeter sur l'église. » La mémoire de ce prodige, attribué à la protection de saint Constantien, a été conservée par une peinture autrefois déposée au trésor de l'abbaye (1).

L'abbé Laurent, que le sinistre avait profondément découragé, donna sa démission en 1177, après avoir réglé, à l'amiable, en présence de Pierre de Clermont, moine de Breteuil, et de la communauté, un différend survenu entre l'abbaye et Renauld, châtelain de Breteuil, relativement aux eaux du moulin des moines qui inondaient les terres voisines appartenant audit châtelain (2).

---

(1) Manuscrit cité, p. 37.
    Ibid.

CHAPITRE SEPTIÈME.

Le développement de la culture de l'abbaye.

L'abbé Alvrède. — Son heureuse influence sur le comte et la comtesse de Clermont, sur les seigneurs environnants et sur les habitants. — Défrichements de bois à la Warde, à Maisoncelle-Tuilerie. — Concessions conditionnelles de terres. — Occupations des bénédictins. — Le froment des hosties. — La guerre du Vermandois. — Mort de la comtesse Alice de Breteuil. — La chapelle de Tartigny. — Mort de l'abbé Alvrède. — Ses obsèques. — Deux beaux souvenirs. — Les sceaux de Raoul, d'Alice et de l'abbé.

Après la démission de l'abbé Laurent, qui ne paraît avoir laissé que peu de regrets, le Chapitre élut à sa place un profès du monastère, jeune encore, mais doué d'une intelligence extraordinaire, d'une vertu rare. Son caractère charmant gagnait tous les cœurs de ceux qui l'approchaient, à ce point que le comte de Clermont, Raoul, qui allait souvent à Breteuil, « s'était lié avec lui d'une étroite amitié » (1). Il ne plaisait pas moins à toute la noblesse des environs et au pays.

Pour tout dire, en un mot, ce profès était si accompli qu'il fut préféré à *Pierre de Clermont*, religieux de la même abbaye et proche parent de Raoul et de Renauld, alors châtelain de Breteuil (2), chevalier encore relativement puissant.

Ce bienvenu de tous, d'origine anglaise, avait été élevé

---

(1) Abrégé manuscrit, p. 38.

(2) *Ibid.*

dans le monastère, comme presque tous les religieux d'ailleurs ; il se nommait Alvaredus ou Alvredus, Alvrède.

L'administration ne s'annonça jamais sous de si belles espérances ; jamais non plus espérances ne furent mieux réalisées. Nombreuses, nous allons le voir, furent les offres et les acceptations de terres, de bois à défricher ou encore de biens à faire valoir moyennant redevances ou droits de fermages : et ce fut heureux, car, après le dernier incendie, la situation financière de l'abbaye était grave, si grave que l'abbé Alvrède ne suffit pas à la rétablir entièrement. Ce n'était pas tout, en effet, d'avoir sous ses ordres un personnel nombreux pour exploiter les terres ; il fallait le sustenter, le loger, l'entretenir, et, comme la plupart des employés n'étaient plus serfs proprement dits, il fallait les payer. Heureusement l'abbé Alvrède obtint de son ami le comte de Clermont le privilège le plus précieux, celui de *don*, c'est-à-dire la faculté de recevoir toutes les donations de biens relevant du comte et de traiter avec les donateurs comme il l'entendrait, moyennant, bien entendu, l'acquit du droit de mouvance, et encore la faculté de traiter avec tous selon ses idées, ce que personne ne pouvait faire sans avoir obtenu, au préalable, le consentement du comte (1).

Les seigneurs, libres désormais de traiter avec l'abbaye au gré de leurs désirs, ne se firent pas faute de le faire : les uns, comme Hugues et Raoul de la Garde (Warde) ou Bégon de Fransures, en donnant les dîmes d'Oursel-Maison ou se désaisissant de dîmes enlevées à la pauvre église, et ce par crainte des jugements de Dieu, 1171 à 1191 (2) ; les autres, comme Segalon de la Garde-Mauger, en vendant à l'abbaye tout ce qu'il tenait d'elle, à l'exception d'un courtil donné en hommage, pour se procurer 9 livres 10 sous de monnaie

---

(1) Abrégé manuscrit, p. 38.
(2) Archives de l'Oise, H. 1,802.

beauvaisienne (1); d'autres, comme Anselme du Plessis, seigneur de Goocourt (terroir de la Warde), en concédant des bois à défricher et à marner avec l'avantage pour l'abbaye de la moitié des récoltes et du champart (2); d'autres, en donnant pour assurer la perpétuité de certaines fondations, comme Bernard, seigneur d'Angivillers, ce qui lui appartenait à « Pruneredo » Pronleroy, sauf l'autel, le cimetière, toute la dîme et 12 deniers de monnaie beauvaisienne dus à l'abbaye par Bernard pour le repos de l'âme de Béatrice, sa mère, sauf également sa maison fortifiée « *cum munitione* » (3). Dans cet accord notifié par Raoul et signé par Hugues de Breteuil, Wautier de Paillart, Wautier de Chepoix, Eustache « de Helli » Aimeri et Hugues de Plainval, Pierre d'Ansauvillers, Mathieu de Fransures, Bégon, son fils, Wautier de Reuil, Wermond, son frère, Renauld, châtelain, Ascelin de Gannes, Girard de Boutenangle, Pierre de Fay, Hugues de Farivillers, il est spécifié que chacune des parties aura sa grange franche *de toutes coutumes*, un chemin suffisant pour le passage des charrettes, ses terres et ses récoltes franches de tout terrage et de toute coutume, ses champarteurs, mais procédant ensemble. (1180) (4).

Rappelons-le encore afin de faire bien ressortir le rôle de notre abbaye : d'autres seigneurs donnèrent leurs terres à l'abbé Alfrède en se réservant une partie des récoltes ou un nombre relatif de muids de grain pour s'en faire des rentes. C'est ainsi qu'en 1188 Simon de Garmegni donna à l'abbaye de Breteuil tout ce qu'il possédait au terroir de Wawignies, dans les terres mouvant d'Haimon Fageth sur le fief de Rogon de La Tournelle, tant en champart, don

---

(1) Archives de l'Oise, H. 1,802.
(2) *Ibid.*
(3) *Ibid.*, liasse 887.
(4) *Ibid.*

et justice, qu'en bois, moyennant une *pension* de dix muids de grain, moitié avoine, moitié froment, à la mesure de Saint-Just, à prendre dans la grange de l'abbaye, à Wavignies. Notification en fut faite par Raoul, comte de Clermont (1). Hugues de Plainville, du consentement d'Hugues de Fouquerolles, d'Haimon, son gendre, et des enfants d'Hugues de Plainville, en présence de Wautier de Paillart, de Jean du Mont, de Roger de La Ville, « advocatus de Harissart », de Baudoin de Wavignies et de Baudoin de Bucamp, donna aussi à l'abbaye plusieurs mines de terre, à Wavignies, mais à charge de le gratifier en retour du tiers de la récolte, 1188.

Hugues de Fouquerolles, qui notifia cette transaction, appelle Hugues de Plainville *son homme « hominem suum »*.

Manassès de Conti, en 1189, qui accusa aussi tout ce qui lui appartenait à Wavignies, venant de sa femme, bois, terres, redevances et justice, pour lesquels les religieux ne paieront ni don, ni message et ne répondront devant aucune justice, le fit contre un fermage de quatorze muids de grain (2).

D'autres fois, les donations avaient pour objet une simple cession de champart dû par l'abbaye elle-même, ou encore de grain à prendre, à titre onéreux ou gratuit, de la nature des cessions qui furent faites, vers 1190, par Bernard de Moutiers.

En général, les donations pures et simples étaient relativement rares ; il y en eut même de si onéreuses qu'elles durent être abandonnées, par exemple celle qui fut faite en 1187, par Jean du Mont, du fief de Sorens, sis près l'église de Saint-Cyr, avec les récoltes, le champart, le don, le message et la dîme, à condition de lui remettre, chaque année, excepté en cas de dévastation par la guerre, cas

---

(1) Archives de l'Oise, *ibid.*, liasse 908.
(2) *Ibid.* H. 1,908.

souvent prévu, hélas ! dix muids de grain de rente dont sept en avoine et trois en froment (1).

L'abbé Alvarède, qui eut lieu de s'en repentir, accepta même, vers 1180, la terre de Maisoncelle-Tuilerie, la portion du moins possédée par le comte Raoul, avec un grand bois à défricher, un terrain mis hors *justice laïque*, pour bâtir une ferme, à condition de partager les récoltes dont les religieux, toutefois, auraient la paille lorsqu'ils les charrieraient dans leur grange. C'est aujourd'hui la ferme de la Grange.

Raoul ayant bien voulu reconnaître que ces bons religieux avaient cette fois fait un marché de dupes, voulut bien consentir à payer la moitié de la semence (2), ce qui n'empêcha pas l'abandon du fief au xiv° siècle (3). Ordinairement les bénédictins étaient plus prudents : ils se réservaient au contrat le droit de résiliation, s'ils venaient à n'y pas trouver leur compte. En vertu d'un privilège qui leur avait été octroyé par Alexandre IV, ils usaient de la même réserve, en cas de vente de leur part, c'est-à-dire qu'ils se réservaient la faculté de rentrer dans le bien aliéné, moyennant le remboursement de la somme versée (4). On voit par là quelle était alors l'autorité des papes en France.

La plupart de leurs biens provinrent des essartements et des défrichements de bois qui furent vraiment considérables, quand ils ne provinrent pas de leurs propres acquisitions. Pour les apprécier, il faut se rappeler toujours, d'après le récit de notre bénédictin, qu'aux xi° et xii° siècles, les alentours de « Vuragnies, de Hardivilliers et autres lieux » étaient encore couverts de bois, défrichés depuis

---

(1) Archives de l'Oise (Sorens.), II. 1,808

(2) *Ibid.*, II. liasse 1,861.

(3) *Ibid.*

(4) M. Combier. *Abrégé* manuscrit, p. 56.

par les religieux de Breteuil. Elle est donc bien empreinte de vérité cette phrase que nous extrayons du manuscrit de l'abbaye : « si des particuliers ont fait des dons à notre abbaye, si des gentilshommes en s'y faisant moines y ont apporté des héritages, le reste de ses biens provient aux religieux de leurs soins, de leurs sueurs, de leurs épargnes », biens que la Révolution leur a enlevés depuis contre toute justice.

Toutefois, il faut encore le dire, ils étaient fortement encouragés à ces défrichements ou *essartements* par les avantages qui leur étaient accordés, comme de ne payer la dîme à personne sur les novales défrichées à leurs dépens ou de leurs propres mains, de jouir du droit de pâturage pour leurs bestiaux, de plusieurs moulins, de certains cours d'eau créés par eux et du droit de pêcherie (1).

Ces privilèges temporels, joints à d'autres spirituels dont nous ajournons la mention pour ne pas troubler l'ordre de notre récit, leur furent principalement accordés ou simplement confirmés par les papes, par Alexandre IV surtout, qui mit l'abbaye sous la protection de saint Pierre et de la sainte Vierge (2). Faisons-le observer, en protégeant ainsi l'ordre des bénédictins qui défrichèrent les deux tiers de la France, les papes travaillèrent à sa prospérité agricole et contribuèrent beaucoup à sa fortune.

C'est seulement justice de le reconnaître : ils contribuèrent tout spécialement à la fortune de nos environs et en particulier de notre bourg. Si, en effet, malgré l'impulsion donnée un jour par eux, par nos religieux à la culture, les années de disette étaient encore, paraît-il, assez nombreuses autrefois, trop nombreuses, hélas ! si parfois les habitants mouraient presque de faim à ces époques où la circulation était loin d'être aussi facile qu'aujourd'hui, com-

---

(1) M. Combier : *Abrégé* manuscrit, p. 98.
(2) *Les Seigneurs de Breteuil*, p. 25.

ment auraient-ils vécu sans tous les défrichements de l'abbaye, sans l'essor donné par elle à la culture? Jamais, pour nous, Breteuil et les environs n'apprécieront trop tout ce qu'ils lui doivent, aussi bien au point de vue moral qu'au point de vue temporel. Jamais même ils n'apprécieront assez combien nos anciens rois et nos anciens seigneurs furent sagement inspirés en établissant au cœur du pays des religieux bénédictins.

La suite de cette étude le démontrera encore plus d'une fois.

Mais, dira-t-on, comment faisaient-ils pour suffire à tant de soins et participer aux exercices spirituels auxquels ils étaient assujettis? C'est là le secret de cet ordre si célèbre, que nous allons essayer de dévoiler. Il résidait dans le bon emploi de leur temps, consacré à la prière et au travail; sous ce rapport, ils étaient modèles.

« Même, dit Wuyart, aux plus grandes fêtes, lesquelles *tombent dans l'Avent* (1), ils disaient l'office de la férie, celui de Notre-Dame et celui de la feste tous entiers, excepté quelquefois qu'on tranchait quelque chose des petites heures, et aux vespres on faisait toujours les commémoraisons, après le *Benedicamus Domino*. Quelquefois encore, je remarque qu'on faisait l'office de tous les saints. Assez souvent, aux dimanches, on commençait matines par les quinze psaumes graduels. »

On appelait psaumes familiers le psaume *Deus in adjutorium*, le psaume *Voce med...*, qui se terminait par l'antienne *Salvator mundi* et l'oraison *Fac nos quæsumus*. Matines se commençaient *à minuit*. C'est pourquoi laudes, qui se joignaient immédiatement aux matines, étant achevées, on trouvait encore quelque temps pour se reposer

---

(1) En raison de la multiplicité des offices, l'abbé Alvrède décida que l'office quotidien de Notre-Dame serait omis aux grandes fêtes qui tombaient dans l'Avent.

dans le dortoir, où l'on devait retourner à cet effet après matines.

Puis le prieur ayant donné le signal avec la *scala*, dont nous avons parlé plus haut, tous descendaient au cloître et allaient au lavoir du réfectoire, « qui estoit dans le cloistre, selon les anciennes coutumes de notre ordre, et chacun s'étant lavé, tous faisoient la procession autour du cloistre, avant que d'entrer en l'église ; puis on disoit trois oraisons et on disoit prime, pendant laquelle ceux des prestres qui vouloient dire la messe la disoient, et après prime on alloit au dortoir prendre la chaussure du jour ; puis on venoit chanter la messe matinale. De là on alloit au cloistre s'asseoir sur des bancs de pierre qui sont contre l'église, selon l'ordre de sa profession et réception, le prieur tenant toujours la première place ; dans lequel lieu on s'occupoit en silence à la lecture et à l'escripture. De là vient l'exact silence qui se gardoit en nos cloistres, où personne n'entroit que par permission de l'abbé ou du prieur et, pour lors, ils étoient obligés de dire *verbum ædificationis* aux frères (un mot d'édification).

« On parloit fort rarement, selon la règle, et lorsqu'il y avoit permission, on se retiroit en des parloirs à côté du chapitre » (1).

Telle était, à l'époque de leur ferveur, à l'époque que nous examinons, la vie de nos religieux, vie angélique s'il en fut jamais. Beaucoup d'exercices spirituels avaient lieu la nuit ou le matin, les jours ordinaires de la semaine. Le reste, ou à peu près le reste du temps, ils vaquaient chacun à leurs obligations : l'infirmier au service des malades, le sacristain prenait soin de l'église et des ornements, le cuisinier (et dans le principe ils l'étaient à tour de rôle) de la cuisine, le cellerier, l'abbé veillaient sur les moines convers, lesquels prenaient garde à tout le temporel, diri-

---

(1) Manuscrit cité p. 16.

geaient les *hospites*, c'est-à-dire les hôtes, les familles qui s'étaient données au service du monastère et dont nous avons parlé. Le même ordre existait dans chacune de leurs fermes, où ils avaient placé les moines convers les plus intelligents pour en diriger le personnel. Les comptes étaient tenus par un trésorier qui recevait, à la fin du xvi⁰ siècle, deux cents livres de cire des fermiers de l'abbaye pour ses émoluments (1).

L'abbé ou le cellerier ne manquait pas, d'ailleurs, de s'y rendre souvent, « car, continue Wuyart, jusqu'au temps de la décadence, l'abbé présidait à tout » (2).

Quelle activité! Quels exemples pour le pays! Combien ne devait il pas en être impressionné, alors surtout qu'ils venaient de religieux distingués par leur naissance, ayant renoncé à toutes les espérances du siècle afin de servir Dieu et travailler au salut de leurs frères en Jésus-Christ! Pour prendre l'habit, en effet, il fallait être d'une conduite honorable, libre de toute servitude, de toute attache dans le monde et exempt de toute censure ecclésiastique.

L'abbé Alvarède dut demander à Urbain IV, mais comme un privilège, de recevoir à l'habit religieux les personnes sujettes à l'interdit commun provenant du schisme causé dans l'Eglise par l'antipape Jean, du temps d'Alexandre III, tant il redoutait d'aller contre les vues de l'Eglise (3).

Quelle noblesse d'âme encore! Quel esprit de foi cette réserve n'annonce-t-elle pas chez nos religieux ? Aussi bien avec quelle piété était traité dans leur église tout ce qui, de près ou de loin, touchait au Sacrement de l'Autel, à

---

(1) Manuscrit La Mothe-Villebret.

(2) Manuscrit cité, p. 45.

(3) L'abbé Jean Carpentier était le fils du châtelain de Breteuil. Il légua deux muids de grain de rente à son abbaye, à prendre sur une terre à Saint-Denis, qui est maintenant Beauvoir. (La Mothe-V. et quatre manuscrits.)

Notre-Seigneur, dans l'Eucharistie! Nous pouvons en produire ici un touchant exemple.

Le comte de Clermont et Alice de Breteuil avaient tenu à honneur de donner à leur monastère deux muids de blé spécialement destiné à faire des hosties. Les grains du froment le plus pur étaient triés, *un à un*, par les religieux qui les portaient ensuite à leur moulin, en grande cérémonie. Au milieu de la procession apparaissait aux regards de tous la riche châsse de saint Constantien, sur les reliques duquel le meunier, après avoir reçu le blé avec le plus grand respect, jurait « de ne commettre aucune fraude ». Le lendemain, la procession allait chercher la farine, qu'elle rapportait en chantant des psaumes adaptés à la circonstance.

La confection des hosties avait toujours lieu le matin, avec un respect encore plus religieux. Par le contrat de donation des deux muids de froment, passé entre le comte de Clermont et l'abbé Alvarède, il était même défendu, sous peine d'excommunication, d'en distraire la plus petite partie pour un usage profane. C'est en souvenir des belles cérémonies que nous avons rappelées qu'à Breteuil ces pains d'autel, même non consacrés, furent longtemps traités avec le plus grand respect et placés dans les armoires comme des gages de protection. Il n'y a pas bien longtemps qu'ils étaient encore portés par les officiers de l'Eglise dans les maisons. Nous ne pouvons même nous souvenir sans nous sentir ému de l'empressement et du respect avec lequel nous avons vu les recevoir une mère qui n'est plus!

C'est par ces moyens, par le culte dont était entouré tout ce qui avait trait à la religion que les âmes étaient pénétrées, dès l'enfance, des sentiments de la plus tendre piété, qu'elles en étaient comme embaumées. C'est ainsi qu'on les élevait vers Dieu, dans des régions supérieures que la laïcisation moderne ne comprend même pas.

Pendant que l'abbé Altarède travaillait avec tant de

succès à la prospérité de son abbaye et du pays, pour la plus grande gloire de la Religion et de son ordre, la gestion seigneuriale de Raoul, comte de Clermont, fut marquée par un événement qui eut un long et triste retentissement dans les siècles suivants et fut même la cause première de grands malheurs pour Breteuil et pour toutes les localités environnantes. En voici le motif :

Le comte de Flandre, Philippe d'Alsace, fils aîné de Thierri, comte de Flandre, avait épousé, en 1156, Elisabeth de Vermandois. Elle n'avait que six ans lorsque ses fiançailles furent célébrées à Beauvais. Par crainte de perdre en cas de mort de sa femme les terres qu'elle lui avait apportées en dot et celles qu'elle avait héritées de Raoul son frère, comte de Vermandois, à savoir le Vermandois et le comté de Montdidier dont mouvait le château-fort de Breteuil, il se fit donner par son épouse les biens en question ; il prit même soin de faire confirmer cette donation par Louis le Jeune et par Philippe-Auguste encore mineur.

Elisabeth de Vermandois étant morte sans enfants à Arras, le samedi-saint de 1182, Aliénor sa sœur, mariée au comte de Beaumont, revendiqua dans ladite donation les biens dont elle se regardait comme dépouillée par sa sœur. Philippe-Auguste, redoutant la puissance que cette donation conférait au comte de Flandre, dans lequel il voyait un voisin dangereux pour la couronne, engagea plusieurs de ses vassaux, entre autres le comte Raoul de Clermont, à qui il promit assistance, à lui refuser l'hommage-lige, à le lui dénier pour son château de Breteuil, ce qu'il fit.

La guerre devenue inévitable, Philippe-Auguste, pour secourir ses alliés, attaqua le comte de Flandre, qui envahit, de son côté, les terres du roi, dans le mois de décembre de l'année 1183 ; il s'avança jusque sous les murs de Noyon, en ravageant tout sur son passage ; car tels étaient alors les usages de la guerre, que pour réduire son adversaire, on dévastait ses terres, on massacrait ses hommes et même les femmes et les enfants.

De Noyon, le comte de Flandre se dirigea, de concert avec Baudoin de Hainaut son allié, sur Montdidier et sur Breteuil, lorsqu'il apprit que le roi de France se disposait à pénétrer dans le Valois. A cette nouvelle, il confia la garde de Montdidier et des pays environnants à Baudoin pendant qu'il se portait sur Pierrefonds, à la rencontre de Philippe-Auguste.

Le comte de Hainaut qui n'avait plus aucun adversaire sérieux devant lui se mit à ravager les terres du comte de Clermont, peu satisfait de la tournure que prenait la guerre. Baudoin, dit l'abréviation de Jacques de Guise, « ardoit et brisoit tout le pays de Saint-Juste qui estoit l'ung des chasteaulx de Momagnais, l'evesque de Beauvais et à toute la terre de Bertœil, menoit-il une très dure et forte guerre à cause du comte de Flandres » (1).

Afin d'en finir par une action décisive, Baudoin ayant réuni ses forces à celles de son allié se porta au-devant de Philippe-Auguste. Des conférences tenues à La Grange-Saint-Arnould, entre Senlis et Crépy, amenèrent, vers les fêtes de Noël 1183, la conclusion d'une trêve, dont Baudoin profita pour retourner dans son pays. Le comte de Flandre passa cet hiver à Montdidier.

D'après M. de Beauvillé, la guerre qui avait duré cinq semaines coûta cent cinquante marcs d'argent et infiniment plus à tous les pauvres pays traversés par les armées, à Breteuil et à l'abbaye de Notre-Dame de ce nom.

Entre deux adversaires d'une humeur également belliqueuse, la trêve ne fut pas de longue durée : le comte de Flandre ayant refusé d'accepter la proposition faite par le roi d'Angleterre pour le roi de France de se contenter de la jouissance viagère des biens d'Elisabeth de Vermandois, la guerre recommença plus acharnée que jamais.

---

(1) De Beauvillé : *Histoire de Montdidier* t. 1, p. 75 et suivantes. Voir aussi *Histoire de Saint-Just-en-Chaussée*, par M. le chanoine L. Pihan.

Baudoin de Hainaut, à l'appel du comte de Flandre, revint renforcer celui-ci à la tête de quatre-vingts chevaliers accompagnés d'autant de serviteurs également montés. Ici laissons parler Monstrelet :

« Il se logea pour le mieulx en une ville qui est assez près de Mondidier, nommée Favrelles. A doncq le comte de Flandres s'en reposant en la dicte ville de Mondidier, le comte Baudoin de Hainaut à tous ses gens et aucuns Flamans, tenoit les champs, gastoit et ardoit de tous costés et n'épargnoit point de chevaucher par froit temps et pluvieux dont il recepvoit souvent moult de meschiefs. Tant fist-il qu'il brusla toute la terre du roi qui est entre Compiègne et Beauvais, entre lesquels il brusla Neufville le Roy qui est au pays de Beauvoisis dont se fust grand dommage. »

Philippe-Auguste de son côté chercha, mais en vain, à s'emparer de Montdidier. Breteuil tenait toujours pour le roi. Sur ce (1184) intervint une nouvelle proposition du roi d'Angleterre qui fut encore repoussée par le comte de Flandre. La bataille allait s'engager à Boves, près Amiens, lorsque le comte de Flandre qui craignit sans doute de la perdre, vint trouver Philippe-Auguste dans son camp et lui proposa de lui remettre une partie du domaine qu'il tenait du chef de sa femme(1), *inter ea castella quæ reddidit eminebant Monsdesiderii*, Montdidier et ses mouvances... en ne se réservant que la jouissance des villes de Péronne, Ham et Saint-Quentin jusqu'à sa mort arrivée en 1192.

Dès lors Breteuil fut délié de l'hommage-lige envers les comtes de Flandre, hommage qui avait été carrément refusé l'année précédente par Raoul de Clermont.

Le roi de France qui ne s'était pas constitué le champion d'Aliénor pour l'unique plaisir de l'être, se fit céder par cette comtesse un grand nombre de seigneuries, afin de s'indemniser des frais de la guerre. La propriété de

---

(1) De Beauvillé, p. 78, 80.

Péronne, Roye et Montdidier avec leurs dépendances, fut achetée 13,000 livres, en 1190.

Nous avons dit la propriété, car il paraît certain que le roi exerçait son autorité sur lesdites villes à la suite de l'accord intervenu entre lui et Philippe de Flandre à Boves. A la somme de 13,000 livres s'ajouta la remise d'un droit de rachat que la comtesse devait à Philippe-Auguste; elle se réserva une rente annuelle de 200 livres de monnaie noire sur la ville de Roye et une autre de 50 marcs d'argent, poids de Troyes, sur celle de Péronne.

La convention était subordonnée à la condition réalisée que Aliénor n'aurait pas d'enfants.

La guerre avec les comtes des Flandres était à peine terminée que Raoul de Clermont, entraîné par son humeur belliqueuse et par son amour pour le Christ, quitta tout pour voler à la conquête et à la défense des Lieux-Saints; car les chevaliers de l'époque ne savaient pas ce que c'était que de goûter le repos au sein de leurs châteaux, véritables forteresses avec leurs énormes portes à herse et à pont-levis, surmontées de têtes de loups ou de sangliers, avec leurs épaisses murailles crénelées, percées en biais de jours étroits, suffisant à peine pour éclairer de grandes salles aux parois dénudées auxquelles appendaient le haubert, le gambeson, le heaume, l'écu, l'épée et la lame du chevalier près de la masse d'armes et du poignard de miséricorde.

Raoul, après s'être battu comme un lion, finit par trouver, sous les murs de Saint-Jean-d'Acre, en juillet 1191 (1), la mort qu'il avait tant de fois donnée à d'autres.

Avec lui s'est éteinte la première race des comtes de Clermont.

Sa veuve, Alice de Breteuil, douloureusement affectée, seule au sein de son donjon, placée sous la sauvegarde de

---

(1) *Les Seigneurs de Breteuil*, p. 25.

la foi et du serment consacré par l'Eglise, se livra plus que jamais aux exercices de la piété et de la charité; elle recommanda aux prières de tous les couvents dont elle était la bienfaitrice titrée, l'âme de son cher défunt. Afin d'avoir une part dans les prières et les bonnes œuvres de l'abbaye de Breteuil, elle ajouta à toutes ses faveurs le droit de pêcherie (1) dans toutes les eaux qui lui appartenaient à Paillard, à La Faloise, pour être exercé deux jours avant les huit principales fêtes de l'année: Noël, Pâques, Pentecoste, Purification, Annonciation, Assomption, Nativité de la Sainte-Vierge et saint Constantien (2).

Dans la charte de donation se trouve mentionné un seigneur de Saint-Cyr, ce qui prouve que cette portion de Breteuil n'était plus comme au XI° siècle sous la domination directe des seigneurs de Breteuil.

Alice, toujours animée de la foi la plus vive en Dieu, en la reversibilité des mérites, exprima le désir d'être inhumée dans la chapelle de ses chères bénédictines de Variville, qu'elle avait aussi toujours protégées. L'âme pénétrée des sentiments de la foi la plus vive, elle rendit le dernier soupir vers l'année 1195 (3).

La religion, on peut le dire, avait fait d'elle une personne accomplie pour le bonheur de ses nombreux vassaux qu'elle paraît avoir aimés beaucoup.

Sa belle-sœur Mathilde d'Ailly « de Celiacos » (4), dame de *Tartigny*, épouse de Simon de Clermont, voulut aussi laisser un souvenir à l'abbaye de Breteuil : elle l'avantagea de la pêcherie du vivier du *fauché*.

Ce fut elle qui fonda à Tartigny, avec la permission de l'abbé et des religieux patrons du lieu, une chapelle tombée

---

(1) *Les Seigneurs de Breteuil*, p. 25.
(2) *Abrégé* manuscrit, p. 39.
(3) *Les Seigneurs* précités, p. 25.
(4) Archives de l'Oise, série H. I, 718.

depuis en ruine, entre Beauvoir et Tartigny, dans un champ ou plutôt dans un cimetière qui lui était cher, il faut croire, et où certain nombre de sarcophages, ceux de ses ancêtres peut-être, ont été découverts vers la fin du xviie siècle (1).

Elle avait bâti cette chapelle du consentement de Gautier, curé de Tartigny, qui avec Rouvroy avait été érigée en cure depuis que la paroisse de Breteuil s'était éloignée de l'église de Saint-Cyr. D'après la charte les oblations de sept fêtes, savoir : Noël, la Purification, le Vendredi-Saint, Pâques, la Pentecôte, la Saint-Martin, la Toussaint, revenaient au curé qui les partageait aux deux fêtes de Saint-Éloi, laissant en totalité au chapelain le reste des oblations de l'année. Pour l'en dédommager, Mathilde lui fit cadeau d'une pièce de terre, partie en vignes, partie en labour, contenant quatre mines de semences (2), 1202. Il avait en outre les deux tiers des dîmes de Tartigny, détachées alors de celles de Breteuil. L'autre tiers fut donné par Raoul, en 1212, à l'abbaye de Saint-Just, contre des biens sis à Ars.

Après une longue et sainte vie, l'abbé Alvarède rendit aussi son âme à Dieu, la même année 1202, suivant le manuscrit de l'abbaye.

Les dernières années de l'abbé Alvarède furent marquées par un beau trait qui révèle la bonté de son cœur et la hauteur de ses vues : pour perpétrer et consacrer le souvenir de l'amitié qui avait autrefois uni saint Constantien et saint Frambald, patron de la collégiale de Saint-Frambourg de Senlis, il proposa aux chanoines de Saint-Frambourg, ce qu'ils acceptèrent volontiers, de mettre en commun leurs prières et leurs bonnes œuvres. L'abbaye de Breteuil s'engagea, en conséquence, à célébrer le grand office

---

(1) *Abrégé* Combier manuscrit, p. 40.
(2) Delettre : *Histoire du diocèse;* t. i, p. 200.

de saint Frambald et la collégiale celui de saint Constantien (1).

La bonté divine, toujours libérale, signala aussi ses jours par des prodiges attribués à la vertu de saint Constantien : un tourbillon de vent ayant renversé la maçonnerie et les maçons occupés à relever le clocher de l'abbaye, ceux-ci n'en souffrirent aucun dommage (2). Le « bon abbé » pour conserver le souvenir de cette merveille décida que, chaque année, à pareil jour, l'aumône serait donnée à trois pauvres (3).

Les obsèques de l'abbé Alvarède.

L'abbé Alvarède « fut fort regretté de ses religieux et des externes. Il y out a ses obsèques une affluence considérable. La plus grande partie de la noblesse y assista et on donna à l'offrande cent sous en mailles et deniers » (4).

« Et ce ne fut pas sans sujet qu'on le regrettait ce bon abbé, car depuis, il ne s'en est pas trouvé de semblables à lui en piété et en force d'esprit. C'est pourquoi nous voyons dans la suite beaucoup de mal » (5), sans doute parce que les religieux entraînés par les soins à donner à leurs nombreuses exploitations se lancèrent trop dans le courant des affaires du monde. Ils y ont hélas! tout perdu, car en perdant l'esprit de discipline, de recueillement et de piété, ils ont ruiné la vie même du monastère ; ils sont tombés dans la froideur et l'indifférence que le monde se pardonne facilement tous les jours, mais que, par suite d'une certaine inconséquence, il reproche amèrement à des religieux.

---

(1) Delettre : *Histoire du diocèse*, p. 202.

(2) *Abrégé* cité, p 47. — Les ouvriers gagnaient alors un liard par jour.

(3) *Ibid.*

(4) Manuscrit, p. 47.

(5) *Ibid.*

Armes de Raoul de Clermont.

Le sceau de Raoul, comte de Clermont, était rond, du module de nos pièces de cinq francs en argent ; son dessin primitif le figure à cheval, la tête de face, agitant de la main droite une espèce de poignard, celui de miséricorde, peut-être, tenant de la main gauche les rênes d'un coursier qui veut être fringant et un petit bouclier en losange. Au-dessus de sa tête une croix grecque et pour légende :

S. RAOVL P. S. COMITIS CLARMTIS (1).

Si le sceau d'Alice ressemblait à celui de Catalina ou Catherine, sa fille, il était en cire verte représentant une dame tenant une fleur ou un oiseau (2).

Sa terre ou seigneurie de Breteuil, il est temps de le dire, comprenaient les quatre châtellenies de Breteuil, Bonneuil, Catheux et Francastel. Elle relevait de la salle de Montdidier et, dans sa mouvance, avait dix-sept villages (3). Alice pouvait donc très bien associer le titre de dame de Breteuil à celui de comtesse de Clermont ; et puis elle devait tenir à cette terre, à ce pays de ses aïeux, certainement l'aimer comme on aime toujours les lieux qui vous ont vu naître.

Le sceau de l'abbé de Notre-Dame de Breteuil affecte un ovale prononcé ; il figure de face un abbé revêtu de ses ornements, la crosse et la mitre à la main. Son attitude est délicieuse de simplicité et de modestie (4).

---

(1) *Abrégé* manuscrit imprimé. (Planches.)
(2) M. de Dion : *Les Seigneurs de Breteuil*, p. 27.
(3) Graves : *Précis statistique du canton de Breteuil.*
(4) *Abrégé* manuscrit cité. (Planches.)

CHAPITRE HUITIÈME.

Nouvelles libéralités des seigneurs de Breteuil.

Catherine ou Catalina comtesse de Clermont, dame de Breteuil, et Louis, comte de Blois et de Chartres (1190). — Thibault, comte de Blois (1205), comte de Clermont et seigneur de Breteuil de 1213 à 1218. — Donation du Quesnoy (Esquennoy) aux templiers. — Sceau de Catherine de Blois. — Sa mort.

Les successeurs d'Alice ne firent guère que passer, mais en faisant aussi du bien au pays, en s'y intéressant. Catalina ou Catherine, sa fille, comtesse de Clermont et dame de Breteuil (1), est dite mariée à Louis de Blois dans un acte de Raoul son père, de 1190, confirmant à l'abbaye de Breteuil la terre de Maisoncelle (2); son mariage, d'après M. Garnier, aurait eu lieu avant 1184 (3). La nouvelle dame de Breteuil et le comte de Blois se montrèrent aussi favorables à l'abbaye en confirmant les chartes qui lui avaient été octroyées par leurs prédécesseurs.

Dans une charte de 1200, elle donne au prieuré de Variville (4), en souvenir de sa mère, le rouage de la seigneurie de Breteuil, ce qui ne dut pas faire plaisir à nos bénédictins, bien qu'ils en eussent un sur leur terre. Avec Catherine, la seigneurie de Breteuil se disloque de

---

(1) M. de Dion : *Les Seigneurs de Breteuil*, p. 26.

(2) *Ibid.* d'après collection Moreau, t. LXXXI fol. 40.

(3) *Ibid.*

(4) *Ibid.*

plus en plus : tout ce qu'elle possédait à Sainte-Eusoye de la châtellenie de Breteuil est accensé aux moines de Chaalis (1), la terre de Francastel est octroyée à l'Hôtel-Dieu de Beauvais pour l'âme de son père le comte Raoul « *pro remedio animæ patris mei Radulfii* » et pour celle de sa mère Alice (2). Il serait difficile, superflu même d'énumérer toutes les chartes de bienfaisance relatées dans la riche collection Moreau, dues à la foi, à la piété de Catherine et de Louis de Blois. Raoul leur père, de vénérée mémoire, avait donné à l'Hôtel-Dieu de Beauvais la permission de ramasser le bois mort dans le bois d'Escus ; ils la confirmèrent, le 25 janvier 1202, avec leurs enfants Thibaut, Raoul et Jeanne qu'ils initiaient de la sorte à la pratique des bonnes œuvres, selon un usage conservé dans les grandes familles des Montmorency et des de Maistre. Mathilde, leur sœur, était sans doute encore trop jeune pour signer, si elle n'était déjà morte.

Aussi brave que ses ancêtres, Louis de Blois se croisa, 1203, à l'appel de Foulques de Neuilly, contribua à la prise de Constantinople, reçut en récompense Nicée et la Bithynie. Il périt, les armes à la main, le 15 avril 1205, à la bataille d'Andrinople, livrée aux Bulgares (3).

Catherine de Breteuil eut encore la douleur de perdre ses trois filles. « Son fils Thibaut succéda aussi à son père dans tous ses biens ; mais sa mère conserva jusqu'à sa mort la jouissance du comté de Clermont et de la châtellenie de Breteuil qui lui étaient propres (4), la seigneurie du lieu ayant sans doute été divisée, à la mort d'Alice.

---

(1) M. de Dion : *Les Seigneurs de Breteuil*, p. 26. — D'après collection Moreau, t. LXXXI, fol. 40.

(2) *Ibid.*

(3) *Histoire et description du département de l'Oise*, par MM. A. Debauve et E. Roussel, archiviste. — Canton de Clermont, p. 78

(4) *Ibid.* M. de Dion cité, p. 27, 28.

Le reste de sa vie, Catherine le passa comme l'avait passé sa vénérable mère : en 1208, elle fonda au château de La Neuville-en-Hez, une chapelle dédiée à sainte Catherine, fondation qui fut confirmée depuis par une charte royale de 1258 (3). En avril 1211, elle ratifia une donation de Philippe de Noyers aux lépreux de Beauvais (4). D'un autre côté, pour empêcher l'affaiblissement de son comté menacé par les fortifications du célèbre Philippe de Dreux, évêque de Beauvais, qui s'illustra à la bataille de Bouvines avec Guérin, évêque nommé de Senlis, l'ordonnateur de la victoire de ce nom, 1214, elle ne craignit pas, vers 1211, de déclarer la guerre à l'évêque qui vit son manoir de Brosles démantelé par Renaud de Dammartin. Ce fait nous révèle et la puissance des seigneurs féodaux encore au commencement du XIIIe siècle et l'importance du château-fort de Breteuil à cette époque (5).

En février 1211, elle donna aux frères de la milice du temple sa villa du Quesnois près Breteuil « pour le remède de l'âme de son très cher mari, le comte Louis, de bonne mémoire, de son âme ; de celles de son bien cher père Raoul ou Radulphe, et de sa mère Adelicie, avec l'approbation élogieuse de son fils Théobald ».

« *Ego Catharina Blesensis et Claromontensis comitissa, notum facio præsentibus pariter et futuris quod pro remedio anime karissimi viri mei bone memorie Ludovici comitis et mee, et karissimi patris mei Radulfi, et matris mee Adelicie, laudante et concedente Theobaldo filio meo, dedi et concessi in perpetuam eleemosinam militie templi fratribus, ad subventionem jerosolimitane, villam meam, que dicitur Quesniez, juxta Britolium .... Actum Castroregni, anno gratie M*°

---

(1) *Histoire et description du département de l'Oise*. — M. de Dion cité, p. 27, 28.

(4) *Ibid*.

(5) *Ibid*.

ducentesimo undecimo, data per manum Terrici cancellarii, mense februario».

Le sceau ogival lié à un parchemin de 13 centimètres sur 10, est en cire verte de 80 millimètres de hauteur.

La comtesse, debout, tient une tige de fleurs de la main droite et un oiseau de la gauche, avec cette légende :

Sigill: KATERINE: BLESSEM[SIS: ET CLA]ROMONTIS: COMITISSE.

« Au contre-sceau, écu parti à dextre, d'une bande accompagnée de six merlettes; à sénestre de cinq gerbes en croix » (1).

On est porté à croire que cette comtesse mourut vers l'année 1212, après avoir conservé jusqu'à la fin la jouissance du comté de Clermont et de la châtellenie de Breteuil.

---

(1) Archives nationales, carton S. 5215, nº 8. — M. de Dion, cité p. 27, 28.

CHAPITRE NEUVIÈME.

Les premières franchises de Breteuil.

Thibaut de Blois. — Le partage de ses domaines entre les collatéraux. — Rachat de la terre de Breteuil par le roi. — Amicie de Breteuil. — Jean Briard. — Gauthier de Risnel. — Les dernières fondations d'Amicie. — Les premiers successeurs de l'abbé Alvarède. — Le pauvre seigneur d'Hardivilliers. — Une bonne élection d'abbé.

Après Catherine, le comté de Clermont avec la châtellenie de Breteuil passa à son fils unique Thibaut de Blois, dit le Jeune... La lèpre ou la peste dont il était, dit-on, atteint, ne lui permit guère de s'occuper de la gestion de ses Etats. De concert pourtant avec sa première femme il confirma à l'abbaye de Chaalis tous les dons que ses prédécesseurs et leurs parents avaient faits à cette abbaye (1).

Il mourut sans postérité, en 1218, après avoir gratifié de donations certains établissements religieux, notamment de la terre de Francastel l'Hôtel-Dieu de Beauvais. Sur son bouclier semé de croisettes ou d'arabesques, on voit la bande coticée de Champagne; et sur l'écu du contre-sceau six gerbes en orle, qui, suivant M. de Dion, « *pourraient bien être les armes de Breteuil.* »

Le riche héritage de Thibaut fut partagé entre les collatéraux : une tante de Thibaut, Marguerite, mariée à Gautier d'Avesnes, devint comtesse de Blois; Elisabeth, sœur de Marguerite, apporta à son mari, Sulpice d'Amboise, le comté de Chartres. Pour le comté de Clermont, il y eut partage entre Raoul de Clermont, seigneur d'Ailly, fils de Simon

---

(1) *Histoire et description* cit., p. 78.

et de Mathilde ou Mahaut de Bretouil (seconde femme de Thibaut); Gui le Bouteiller de Senlis et Robert de la Tournelle, qui avaient l'un et l'autre pour mère une Clermont, sœur de Simon; enfin Mahaut, fille de Renaud II de Clermont, comtesse de Dammartin, grande-tante de Thibaut (1).

D'après la savante étude de M. le comte de Luçay sur le comté de Clermont, Philippe-Auguste, jaloux d'augmenter le pouvoir royal au détriment des grands vassaux trop souvent armés contre la couronne, racheta le droit de chacun des héritiers afin de rester maître du beau comté de Clermont. « Raoul de Clermont reçut du trésor royal une somme de 4,000 livres pour la cession de ses droits tant sur le comté de Clermont que sur la châtellenie de Breteuil » (2).

En voici la quittance :

« Pour cheste quictation... Mons. li roys Loys quicta à moy le rachat de l'eschaete de l'amission de le dame de Bretuel, de la terre de Bretuel et des apartenanches d'ichelle, tant fiez comme domaines, dou fief de Mons. le roy mouvans, quant à Mons. le roy apartient, se je ara vestu après le amission devant dite... Chaumont, 1223, au mois de novembre. » (Bibliothèque nationale, manuscrit français, n° 4663, f. 112, v°) (3).

La châtellenie de Breteuil revint, sauf quelques conditions envers le roi, et dont le détail est encore inconnu, à Amicie, fille de Valeran III et d'Alice de Dreux, vers l'année 1228 (4).

Amicie de Breteuil, d'après les calculs approximatifs de M. de Dion, basés sur l'année du mariage d'Alice de Dreux, et de Valeran III, mort vers 1163, devait avoir 55 à 57 ans,

---

(1) M. de Dion cité, p. 29.
(2) *Ibid.*
(3) *Revue historique et nobiliaire*, 1876, p. 306.
(4) M. de Dion cité, p. 30.

lorsqu'elle devint dame de Breteuil. Son premier mari, Baudoin du Donjon, avec lequel elle fit, en 1201, une donation à l'abbaye de Saint-Denis, étant mort sans lui laisser d'enfants, elle se remaria avec Jean Briard, seigneur du fief de la Ferté, dans la châtellenie de Montlhéry. Elle en eut deux filles, *Clémence*, dame de Breteuil, mariée à Simon de Beausault, et *Jeanne*, dame de Catheux et de Breteuil en partie, épouse de Simon de Dargies (1).

L'origine de la famille de Jean Briard est peu connue.

Amicie, de concert avec son époux, continua les traditions de sa famille, en se montrant bonne pour les pauvres et pour les maisons religieuses qui les secouraient.

Les membres de cette famille (au xiiie siècle), comptent parmi les bienfaiteurs de Saint-Spire de Corbeil, Jean Briard, en 1276, et Ferri Briard, chevalier, en 1277, sires de Villepescle, qui portaient sur leurs sceaux un écu fascé d'hermines et d'un émail inconnu (2).

En 1218-1219, Jean Briard et Amicie confirment une charte, en faveur de l'Hôtel-Dieu de Beauvais, de Raoul de Noyers, son parent : *Ego Johannes Briars miles, dominus Brituliensis, et Amicia, uxor mea*. En mars 1219, ils donnent en aumône, sur le livre des Évangiles, leur terre de Halines à l'abbaye de Froidmont : *Et Amicia, domina Britulii, de cujus hereditate est ipsa terra, obtulit elemosinam super librum evangeliorum de ecclesia de Fresmont* (3).

Philippe-Auguste, qui confirma ce don en qualité de suzerain, appelle Amicie de Breteuil « *sa chère cousine* » *dilecta consanguinea nostra* (4). Louis VI, le grand-père de Philippe-Auguste, était le bisaïeul d'Amicie, par où, dirait

---

(1) M. de Dion cité, p. 30, 31, 32.

(2) *Ibid.*

(3) *Ibid.*

(4) *Ibid.*

un vieil historien, on peut apercevoir le rang, la haute lignée de *la famille de Breteuil.*

Jean Briard étant mort presque aussitôt après avoir accordé aux Frères-Prêcheurs de Saint-Romain des dîmes à Villiers, près de la Ferté, 1219, à la condition exécutée que ceux-ci céderaient leur maison de Villiers pour y établir un couvent de Cisterciens qui prit le nom de Villiers-la-Joie, Amicie supplia Pierre, archevêque de Sens, d'approuver cette cession. Pour son âme et pour celles de ses deux premiers maris, elle donna à l'abbaye de Froidmont une terre rachetée à Jean, *vicomte* de Breteuil (1).

Nous avons rappelé la plupart des donations de nos anciens seigneurs pour faire connaître quel était le grand esprit de charité de l'époque où ils vivaient. La maladrerie et l'Hôtel-Dieu, dont nous ferons plus loin l'historique, datent de ce temps.

Amicie, restée veuve pendant quelques années, continua le cours de ses libéralités : elle en gratifia son cher prieuré de Varivilie et l'abbaye de Froidmont, 1220 ; elle confirma tous ses dons en août 1221.

« En mars de la même année, elle donna à l'abbaye de Chaalis vingt sous de rente sur Hardivilliers ». A la charte de donation pendait un sceau sur cordon de soie rouge et jaune, représentant une dame debout en grand manteau, ayant le bras droit le long du corps et le gauche sur la poitrine.

Son contre-sceau était un écu bandé de trois pièces.

Elle confirme également en ces termes le don de la terre du Quesnay aux Templiers, le 9 juin 1222 :

« *Universis Christi fidelibus ad quos presens carta pervenerit A..., domina Britolii, salutem in Domino. Noverit universitas quod cum inspectis diligenter et plenius intellectis litteris et autenticis bone memorie..., neptis mee,*

---

(1) M. de Dion cité, p. 30, 31, 32.

Blesensis quondam et Claromontensis comitisse, ex eorum tenore michi constiterit evidenter ipsam dedisse et concessisse in puram et perpetuam elemosinam Deo et fratribus milities templi Salomonici villam suam de Cheineiz sitam juxta Britolium. Actum anno Domini M° CC° VICESIMO SECUNDO, *mense junio, die veneris proxima ante festum sancti Barnabe.* »
Elle y ajouta, le même jour, le bois de Hallencourt, sous la réserve du droit d'usage accordé aux religieuses de Bellefontaine par Catherine, sa mère (1).

Le sceau ogival, de 80 millimètres de haut, reproduit une dame debout, vue de face, la robe serrée par une ceinture dont le pendant descend presque jusqu'aux pieds, avec manteau d'hermine dont elle tient un pan de la main droite et l'attache de la main gauche; la coiffure est carrée :

† SIGILLVM. AMICIE. DOMINE. BRETOLII.
Sceau de Amicie, dame de Breteuil

Contre-sceau : Ecu fascé de six pièces :
† *sigillum. secretum. meum* ⁸

Le cœur d'Amicie était d'une générosité incomparable pour Dieu et pour les malheureux. Après avoir donné la terre de Beauvoir (août 1222) aux moines de Froidmont, à ceux de Villiers deux muids de terre sis à Maisoncelle, elle confirma, en juillet 1223, en sa qualité d'héritière de son oncle Manassès, seigneur de Bulles et de Blancfossé, la concession faite par lui à l'Hôtel-Dieu de Beauvais de quatre muids de grains sur la terre de Blancfossé, approuva celle de Bernard de Paillart à l'abbaye de Beaupré et fit cadeau à son clerc Onfroi d'un muid de terre à Blancfossé (2). Elle se remaria pour la troisième fois avec

---

(1) Orig. arch. nat., S. 5215. Extrait des *Seigneurs de Breteuil*, par M. de Dion.

(2) Les *Seigneurs de Breteuil*, p. 33-34. Nous nous sommes dispensé de reproduire les chartes y relatives, qui ne cadraient pas assez avec notre sujet.

Galterus de Risnel (Gautier de Risnel), à l'âge de plus de 60 ans ; mais ce ne fut pas pour longtemps, car, en janvier 1225, Gautier de Risnel ayant pris l'engagement de suivre Louis VIII dans son expédition contre les Albigeois, y trouva la mort.

« Sur son sceau il est représenté à cheval, portant un lion sur son bouclier :

† SIGILLVM. GALTERI. DE RISNEL.

Le contre-sceau, à l'écu au lion ne porte aucune légende » (1).

Si courte qu'ait été l'union de Gautier avec Amicie, elle fut infiniment profitable à Breteuil : en 1224, d'accord évidemment avec Amicie qui avait désiré, avant de mourir, couronner tous ses bienfaits et ceux de ses illustres ancêtres par une faveur plus grande que toutes les autres, de Risnel élargit le cercle jusque-là encore si restreint de la liberté des habitants, en leur accordant des franchises et en les déclarant exemptés de toutes taxes seigneuriales extraordinaires (2).

Cette concession si légitime, que nous serions tentés de regarder comme insignifiante avec nos idées, fut pour nos ancêtres une petite révolution sociale, un nouveau pas, un grand pas vers la liberté : ils cessèrent dès lors d'être taillables et corvéables à merci. S'ils restèrent assujettis encore à certaines corvées, c'était à des corvées qui intéressaient la seigneurie et le pays lui-même. Dès lors leur situation vis-à-vis de leur seigneur fut définie ; ils purent avoir des intérêts communs gérés par une représentation dite de communauté, dont les membres élus portèrent le titre d'échevins.

Dès lors aussi les habitants eurent la liberté de quitter le bourg lorsqu'ils n'avaient commis aucun forfait, ou après

---

(1) M. de Dion cité, p. 31.
(2) M. Graves, *Histoire du canton de Breteuil.*

s'être « amendés » avant leur départ. Les cas de meurtre, de trahison, trouvaille de trésor, incendie, homicide, rapt et vol étaient exceptés, pour ceux du moins qui ne pouvaient fournir caution.

Le premier membre de la communauté avait le titre de maire.

Au corps de la communauté étaient adjointes les corporations de métiers qui nous ont paru, dans les archives de l'Oise, ne former qu'un seul corps durant les xviie et xviiie siècles.

Quel en était le nombre avant le xviie siècle? Nous ne saurions le dire en l'absence de tout document. Mais, à raisonner par analogie, il y a tout lieu de croire que primitivement le nombre des échevins, réduit à trois à partir du xviie siècle, au témoignage des archives de l'abbaye (1). fut de huit ou de six au moins. Les libertés de cette institution donnèrent lieu à des débats passionnés qui seront rappelés plus loin.

Sans vouloir rien préjuger, nous concluons dès à présent que l'année 1224 est pour Breteuil une date mémorable entre toutes, telle, à nos yeux, qu'elle mériterait d'être gravée en lettres d'or au frontispice de la mairie avec les noms d'Amicie de Breteuil et de Gautier de Risnel.

A cette époque, la seigneurie de Breteuil, y compris la terre de Francastel, qui en dépendait encore, était évaluée à 600 livrées de terre (2).

Après la mort de Gautier de Risnel, le châtelain de Breteuil fut Raoul qui fit aussi, en septembre 1226, aux Templiers une donation confirmée dans le même mois par Amicie.

Cette dame si distinguée, d'une piété si éclairée, dut alors être contristée par la tournure que prenait la di-

---

(1) Archives de l'abbaye, *passim*.
(2) M. de Dion cité, p. 34.

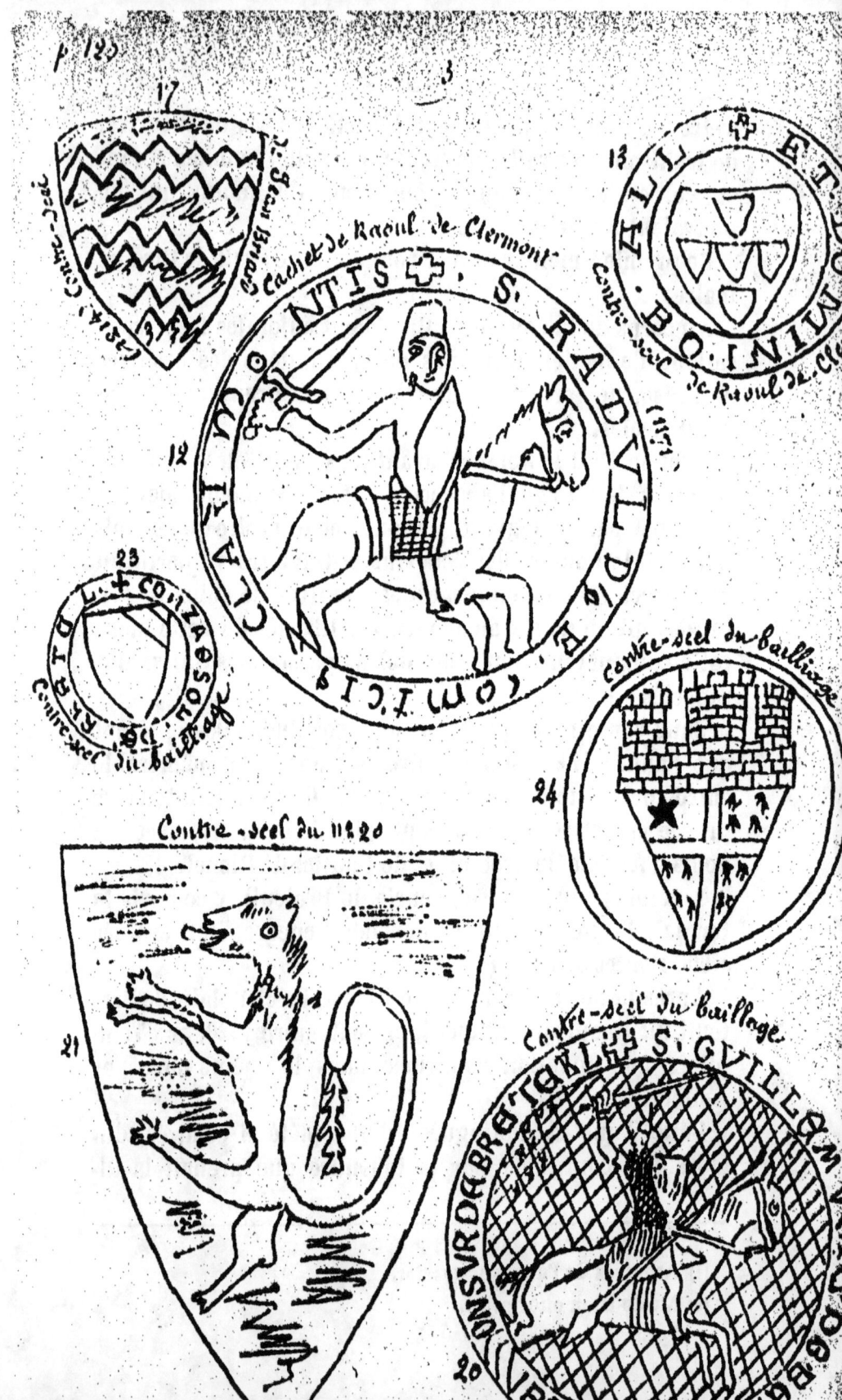

p 120

17 — Contre-sceel (1315)

3

13 — Contre-sceel de Raoul de Clermont

12 — Cachet de Raoul de Clermont (1177)

23 — Contre-sceel du bailliage

24 — Contre-sceel du bailliage

21 — Contre-sceel du n° 20

20 — Contre-sceel du bailliage

rection imprimée à sa chère abbaye de Notre-Dame de Breteuil.

Son treizième abbé, Thorestan, l'ancien aumônier que le digne abbé Alvarède avait désigné sur son lit de mort pour successeur et qui avait été acclamé tel, en conséquence, par les religieux, ne répondit pas du tout aux espérances conçues de lui. Il laissa « tout aller en décadence » pour employer les expressions de notre manuscrit, à ce point qu'il se vit obligé de donner sa démission au bout de trois ans seulement.

« Cet abbé étoist, parait-il, ignorant et adonné à sa bousche, en sorte que ses religieux qui l'aimaient, parait-il, comme la colique, disaient (par hyperbole) qu'il mangeait bien 25 harengs à son diner (1) ». Il fit pourtant une bonne affaire pour le couvent : il acheta 14 livres parisis au seigneur de Hardivilliers, tombé dans l'indigence, sa terre de Berloy; celui-ci, toutefois, ayant réclamé quelques années plus tard d'Evrard, official de Beauvais, fit condamner l'abbé « à lui bailler, pendant toute sa vie, la somme de 15 sols parisis pour se vestir » nonobstant des prétentions plus élevées (2).

L'abbé Regnault de Farinville, qui succéda, en 1206, à Thorestan, ne se montra pas meilleur administrateur que lui : par l'imprudence de ses gens, il laissa même incendier le monastère, la veille de l'Assomption, alors que tout le monde était dans l'église. Personne ne périt heureusement, mais presque tout le monastère fut brûlé. Après avoir rebâti le dortoir seulement et le logis abbatial, et « fait beaucoup de dettes qui sont les ruines des maisons, l'abbé Regnault, convaincu de son incapacité, se démit aussi et se retira comme Thorestan à Saint-Aubin (1214) ». Dieu sait le peu de bien que ces deux derniers abbés firent au pays

---

(1) *Abrégé* manuscrit, p. 18.
(2) *Ibid.*

qui avait naturellement les yeux ouverts sur ses supérieurs ecclésiastiques, aussi bien que sur ses seigneurs, pour en observer et parfois pour en imiter les travers plutôt que les vertus dont les bénédictins de Breteuil ont laissé de si beaux exemples. Ce fut l'abbé Regnault qui ordonna que les frères souperaient la veille des cinq grandes fêtes de l'année, *à cause de la fatigue des offices*; car les jours de jeûne on ne prenait rien au soir, sinon quelquefois *un verre de boisson !*

« Les religieux (toujours fidèles à l'esprit de leur vocation), se voyant assez mal pour le spirituel et le temporel par la faute de la conduite et mauvaise économie de leur abbé (1), voulant voir si la conduite d'un abbé qui ne serait pas de leur corps et chapitre ne réussirait pas mieux, eslurent en le place de Regnault de Farinville, dom Martin pour lors prieur de Bules ou Bugles, qui est un membre de l'abbaye de Viergery » (2).

Le nouvel abbé, en effet, remit de l'ordre dans l'administration du monastère; il obtint même quelques donations ou confirmations de biens, notamment d'Amicie de Breteuil et de Jean de Briard, qui ne demandaient, nous l'avons dit, qu'à être secondés dans leurs bonnes intentions.

« A la mort de Martin, arrivée vers l'année 1226, les religieux de céans, voyans peut-être que l'abbé Martin avait assez bien réussi dans le gouvernement et l'économie de leur abbaye, voulurent chercher encore un second abbé hors de leur cloistre. C'est, ce semble, pour cette raison qu'ils élurent Mathieu pour succéder au défunt. Avant son élection il était moine et chambrier de Clugny. En effet, leur dessein réussit, car cet abbé est un de ceux qui ont mieux fait en cette abbaye (3). »

---

(1) *Abrégé* manuscrit, p. 49, 50.
(2) *Ibid.*, p. 51.
(3) *Ibid.*, p. 52.

Amicie de Breteuil mourut, selon toutes les apparences, l'année même de l'élection de l'abbé Mathieu, dans le courant d'octobre, et non le 28 août comme le mentionne l'obituaire de l'abbaye de Beaupré, pour cette raison majeure qu'elle est nommée comme ayant confirmé, en septembre 1226, une donation faite aux Templiers par Raoul, châtelain de Breteuil. Le sceau assez fruste qui pend à l'original est en cire verte sur lacs de soie rouge. Sa légende est illisible. Il représente une dame debout. L'écu du contre-sceau paraît n'avoir porté que deux fasces (1).

Amicie n'ayant eu d'enfants que de son second mari, Jean Briard, avec elle finit la branche aînée de la famille de Breteuil, de cette famille à jamais célèbre qui s'illustra sur tant de champs de bataille de l'époque. Ce fut elle qui contribua le plus à la prospérité du pays et de l'abbaye de Breteuil.

(1) M. de Dion cité, p. 31.

CHAPITRE DIXIÈME.

L'influence de l'abbaye.

Ses droits et ses privilèges : 1° au point de vue religieux ; 2° au point de vue temporel. — Ses charges.

Après avoir signalé immédiatement, en faisant connaître leurs faits et gestes, le rôle des seigneurs de Breteuil dans les XIe, XIIe et XIIIe siècles, nous croyons devoir faire ressortir l'influence morale et religieuse exercée par les bénédictins sur les destinées de notre bourg, afin d'en recomposer la vie, autant que possible.

Comme celle des seigneurs, elle était en raison directe de leurs possessions temporelles et surtout de leurs droits ecclésiastiques. Or, leurs possessions temporelles dont nous parlons tout d'abord étaient relativement considérables et comportaient même l'exercice d'une véritable puissance :

A Breteuil, ils possédaient, nous l'avons vu, le domaine de l'abbaye qu'ils agrandirent successivement au moyen de nombreuses acquisitions faites à des particuliers qui étaient venus s'établir dans l'enceinte fortifiée du château ; au fief de Saint-Cyr ils avaient joint celui de la Bessonne, qui lui donnait des droits sur plusieurs habitations du haut de Breteuil, celui de Sorens ; dans les environs ils possédaient des fiefs ou des terres fieffées à Bacouel, à Bonvillers, à Bonneuil-les-Plessis, à Campremy, à Coullemelle, au Crocq, à Dargies, à Flers, à Francastel, « *aux us et coutumes* » *dou chatel de Brethueil*, 1270, à Beauvoir, à Francières, à Hardivilliers, à Merlos, à Montiers, à Fléchy, à Pronleroy, à Hodenc-l'Évêque, à la Warde, à Maisoncelle-Tuilerie, la moitié d'Oursel-Maison « revenus, forfaits, terres, puits, hôtes, bois, chemins et toutes coutumes », à Paillart, à Puits-la-Vallée, à Rouvroy « sujets, prés, bois, terres, eaux, amendes », à Troussencourt « champarts censives valant 140 écus en 1589, plus un fief », à Villers-Vicomte, etc... (1). Leurs droits de tonlieu et d'étalage sur leurs terres furent hautement proclamés, en 1413, contre les officiers du seigneur de Breteuil (2). Ils possédèrent longtemps la terre et seigneurie de Vendeuil qu'ils vendirent, en 1647, à Pierre Loisel, seigneur de Vernemont, et celle des Ruisseaux acquise en 1620 par M. de Gouy, sieur d'Arsy.

Pierre d'Hardivilliers leur avait donné le droit d'hommage sur Villers (3) en 1227.

Ils avaient aussi des maisons à Amiens, à Beauvais, où ils se retiraient en cas de nécessité.

L'administration de ces biens, des fiefs surtout dont ils possédaient les hôtes appelés plus tard sujets, la perception ou l'ajournement des censives nécessitaient l'emploi d'officiers ou sergents pour maintenir l'ordre, l'établissement d'un tribunal composé d'un bailli, d'un prévôt, d'un greffier, de sergents. De ce tribunal, ou mieux de cette justice, relevaient tous les cas prévus par les coutumes qui survenaient sur les terres fieffées de l'abbaye. Le prévôt de l'abbaye de Breteuil, qui était un religieux, disposait de deux sergents dont les insignes étaient une verge blanche et une épée suspendue au côté. Ils faisaient non seulement la police des terres de l'abbaye, mais ils signifiaient et exécutaient les sentences judiciaires... faisaient les ajournements de créances qu'il fallait renouveler chaque année, pour interrompre la prescription. Nous en avons vu qui furent renouvelées pendant neuf ans avant l'ordonnance d'une saisie.

Les jugements de la justice de l'abbaye étaient loin d'être

---

(1) Archives de l'Oise : *Abbaye de Breteuil,* II. *passim.*
(2) *Ibid.*
(3) La Mothe, v. p. 7.

définitifs ; même avant l'institution des bailliages, ou en appelait au roi et surtout à l'officialité diocésaine. Les hôtes inféodés trouvaient toujours protection dans l'Eglise et dans le roi, lorsque celui-ci venait à être informé de quelque criante injustice (1).

La justice était rendue gratuitement. Nous avons cru voir toutefois que les bénéfices de la charge de prévôt pouvaient fort bien compenser ses dépenses.

Voici, en effet, quels étaient ses droits reconnus, même en 1415, par l'abbé Nicolas Corbel et approuvés par le chapitre : « Il avait les menues dîmes de Bretheuil, la moitié des offrandes et oblations de la paroisse de l'église Saint-Jean qui se font en vingt et un jours, puis en un an ; un clerc et deux chevaux avec foin et avoine pour y ceux; les clefs de la porte d'ycelle église; tel vin et telle viande comme à M. l'abbé; deux bougies et deux chandelles de cire pour aspointer ses chevaux ; tout ou parties de certaines amendes ; 20 sols sur 20 livres ; 100 sols sur 100 livres ; les houppes des chênes et autres bois abattus; une chambre séparée où, quand il y va à cause de son office, il a sa pitance et celle de son clerc. Il ne dit la messe qu'à sa dévotion. Il visite les maisons et les fermes à leurs dépens. Il doit aller à cheval le jour de la Pentecôte, à la procession d'icelle église un chapeau de roses *affulé* et ses deux sergents avec lui ; il doit aller à la ville de Flers, le jour de saint Pierre d'été, à cause d'une terre tenue de la ''te église, chaussé d'éperons et affulé d'un chapeau de boutons. Il avait en outre quelques autres petits droits sur les chandelles, les marchands, les ramiers et bois qui demeurent à labourer ; il doit enfin, la nuit de la Pentecôte, aller garder avec ses sergents, et le bailli, l'église de Breteuil » (2).

---

(1) Coutumes.
(2) Manuscrit cité, p. 96.

Grande était l'influence que valait aux yeux des habitants l'exercice du pouvoir judiciaire sur leurs propres terres par nos bénédictins, qui le pratiquaient d'ailleurs à tous les degrés à l'instar des plus grands seigneurs. Comme eux, ils connaissaient des redevances seigneuriales, des matières personnelles jusqu'à la somme de 60 sols, et des infractions légères aux règlements de police ; ils décidaient en première instance toutes les actions civiles, réelles, personnelles et mixtes, infligeaient des amendes dont la plus élevée ne pouvait excéder 75 sols ; ils avaient le droit de glaive, c'est-à-dire de punir les délits graves ; en un mot, ils possédaient les droits de basse, moyenne et haute justice (1).

Grâce à la bonne coutume, l'application de la loi n'était pas, on le voit, arbitraire, mais parfaitement réglementée.

Primitivement, les amendes formaient la base principale de tous les jugements, voire même de ceux qui étaient rendus contre les assassins, lesquels étaient condamnés en raison de la qualité ou de la profession de la victime : chez les Francs-Saliens et Ripuaires, le *wehrgeld* ou composition à payer était de 1,800 sols (solidi) pour le meurtre d'un barbare libre, de 900 sols pour un évêque, de 600 pour un homme *in truste regia*, de 500 pour un diacre, de 400 pour un sous-diacre, de 200 pour un clerc, de 150 pour un esclave bon ouvrier en or, pour l'intendant d'un domaine du roi, de 100 pour un homme de condition moyenne, de 45 pour un serf, de 40 pour un berger de 80 moutons, pour un maréchal, pour un charron, pour un orfèvre, etc. (2).

Ces pénalités, à la suite sans doute de la multiplication des crimes, furent singulièrement aggravées dans le cours des siècles qui suivirent la conquête des Francs, elles furent remplacées pour les crimes et les délits regardés

---

(1) G. Desjardins, le *Beauvaisis*, etc., *en 1780*, p. 1-j.
(2) Guizot. *Essais sur l'Histoire de France*, p. 135.

comme graves, par la pendaison et même par le supplice du feu et depuis par l'échafaud considéré comme plus adapté à la douceur de nos mœurs, parce qu'il est plus expéditif, moins douloureux, dit-on.

Néanmoins, les amendes continuèrent à fournir la matière des jugements d'une importance secondaire, peut-être parce qu'elles avaient l'avantage d'épargner à nos seigneurs la peine de loger et de nourrir les délinquants. Les bénédictins avaient leur geôle comme le seigneur avait la sienne.

Les seigneurs-religieux de Breteuil abusèrent-ils antérieurement, comme certains seigneurs encore plus barbares que chrétiens, de leur puissance judiciaire, d'autant plus redoutables qu'ils étaient à la fois juges et exécuteurs ? Nous sommes porté à le croire d'autant moins qu'ils étaient en réalité les champions de l'Église catholique, adversaire déclarée de la tyrannie féodale qu'elle foudroyait de ses excommunications jadis heureusement si redoutées.

L'histoire nous a conservé seulement le souvenir du supplice d'une femme condamnée, en 1504, à être brûlée vive près des Fourches patibulaires de l'abbaye, plantées au Hamel sur la route de Paris. La sentence d'ailleurs, confirmée par la cour du Parlement, fut exécutée par les habitants eux-mêmes qui firent monter la victime sur le bûcher. Son crime resté inconnu était sans doute, a écrit un historien, « de la nature de ceux qui méritent un éternel oubli » (1). La justice de l'abbaye était si réputée que la même année, un jeune homme de Vauchelles qui avait été condamné, pour avoir défloré une jeune fille, à 50 francs d'abord par l'officialité de Noyon, à 40 par le métropolitain, fut renvoyé par le légat du pape auquel en avait appelé une troisième fois, devant l'abbé Blancpain, alors abbé.

Le prestige que conférait à l'abbaye l'exercice de tous

---

(1) *Tabl.* cit.

ses droits seigneuriaux nous a, pourtant, paru surpassé par celui de tous leurs pouvoirs, de tous leurs droits ecclésiastiques, droits et pouvoirs que nous allons énumérer pour en donner une idée à nos lecteurs :

Aux bénédictins de Breteuil appartinrent le village de *Saint-Denis* (Beauvoir) avec l'église et la dîme; l'église de *Vendeuil* avec le parvis, la dîme et les redevances de l'église, à l'exception de celles des hôtes, de l'autel et de trois jardins; la moitié du lieu d'*Autreville*; la moitié du lieu de *Pronleroy*, l'autel et les redevances du parvis, les dîmes grosses et menues, la moitié du cens du village, la terre pour le labour d'une charrue avec le terrage et une rente de 4 livres de monnaie de Provins, due par le co-seigneur de Pronleroy; à Montiers, la moitié du bois, le parvis et les menues dîmes, la moitié de la dîme champêtre avec le charroi et plusieurs terres, la terre de *Bocunval* (Bacouel ?), avec la dîme et le terrage, e en outre la terre pour le labour de deux charrues, l'autel et le parvis de *Wavignies*, la dîme des jardins et des champs, moins la sixième gerbe; la moitié du fief de Régnard-Capon avec le terrage, des jardins, vingt-cinq muids de terre, le tout provenant de la donation de Pierre Fageth (faite à certaines conditions); le tiers de la terre de Jozon de Wavignies avec deux muids de terre en plus; vingt mines de terre de Hugues de « Bliscans » et la dîme de toute la terre de *Sainte-Eusoye*; trois muids et deux mines de terre de Wigier, son frère (qui s'était fait religieux sous Raoul); toute la terre avec le terrage, que Baudoin-le-Bas tenait à Wavignies dans le fief de Jozon; le charroi de toute la dîme de Wavignies; la terre appelée « Campus Huboldi »; la terre de Budin de Warty, avec le terrage qu'il avait à Wavignies; l'autel *de Noyers*, avec le parvis et les hôtes, la moitié des grosses dîmes et de toutes les menues dîmes, et plusieurs terres; l'église de *Villers*, avec le parvis et les hôtes, la dîme et le charroi; la moitié d'*Oursel-Maison* en bois et terres, avec le tiers de la dîme, une petite ferme et ses dépendances, avec la largeur de quarante pieds de bois autour du domaine ; la moitié du bois « de Fesca », le droit de mouture au moulin de Saint-Denis ; à *Bonneuil*, le tiers de la dîme des jardins et le neuvième de la dîme des champs ; à *Puits*, un muid de froment de rente ; à *Villers*, près Catenoy, un arpent de vignes et sept mines de terre ; à *Nointel*, dix mines de terre, des vignes dans le clos de Thibaud Dupuis, huit setiers de vins à prendre sur la vigne qui est dans l'alleu, la moitié du vin « in Bullipot » ; à *Autreville*, des hôtes, un muid de terre avec le terrage, et des vignes ; à *Breuil*, un jardin et des hôtes ; à *Baillecul* ; des vignes et les dîmes du vin et du blé, un muid de vin de cens et deux mines d'avoine ; à *Liancourt*, deux arpents de vigne, moins un quartier, et le pré de Richard et de sa femme ; à *Hardivilliers*, une dîme et le libre charroi du vin des religieux, sans paiement du droit de travers dans le comté de Clermont ; tout ce que les religieux de Saint-Martin-des-Champs possédaient à Hardivilliers en terre, dîme et fief ; à *Hermes*, un hôte et des vignes ; à *Clermont*, près du chêne, un arpent de vigne ; l'autel de Saint-André de Golencourt, avec le parvis et les menues dîmes, les deux tiers des grosses dîmes avec le charroi et des hôtes ; à *Francastel*, la dîme et le charroi au terroir « trium Cisternarum » ; à *Bonvillers*, toute la dîme ; la moitié de *Walecourt* » en terre et en bois ; « apud Serolum » la dîme et le charroi ; à *Ansauvillers*, une terre labourable, la dîme et le bois d'Ansauvillers, 1164 (1).

En 1129, Jean de Saint André et sa femme vendirent à l'abbé et aux religieux de Breteuil ce qui leur appartenait dans les grosses dîmes de Saint-André (2).

Une bulle du pape Alexandre IV, par laquelle il prend l'abbaye de Breteuil sous sa protection, spécifie également des dîmes ou redevances en 1259, à Cormeilles, Blancfossé, Fléchy, Esquennoy, Paillart, Troussures, Flers, Francastel,

---

(1) Archives de l'Oise, H. 1723, *abbaye de Breteuil*.
(2) *Ibid.*

Troussencourt, « Businucourt » Hédencourt, Campremy, La Hérelle, Chepoix, Gannes, Mory, Bacouel, Merles, La Faloise, la Warde-Mauger, Saulchoy, La Bruyère, Hallivillers, etc.

Bien que la charte confirmative suivante soit de l'an 1105, sous l'abbé Raoul Ier, nous avons cru devoir la réunir à la précédente, pour donner une vue d'ensemble de tous les biens de l'abbaye de Breteuil dans le cours du xiie siècle, partant de leurs nombreuses relations.

D'après cette charte de Geoffroi, évêque d'Amiens, les religieux de Breteuil possédaient l'autel de *Saint-Aubin*, le parvis et toute la dîme; le tiers des menues dîmes de *Harissart*, l'autel et le parvis de Moreuil, avec la dîme des jardins, les menues dîmes, et les deux tiers du blé de la dîme; l'autel « *de Boolcurte* » (1) avec *un hôte* qui lui appartient (lisez dans ce cas un serf); le tiers de l'autel « *de Serpentis villaris* », et les deux tiers de la menue dîme des merrains; l'autel de « Fleeems » et le parvis « de Bosuncurte » avec la terre qui en dépend : l'autel d'*Epagny*, avec le parvis, la dîme et la terre qui en dépend; l'autel de *Sourdon* avec le parvis, les menues dîmes et la dîme de la guède; l'autel et le parvis de Courcelles, avec les menues dîmes; l'autel « de Bursicurte », avec le parvis, les menues dîmes et la dîme de la guède; l'autel et le parvis « de Rosait », avec les quatre cinquièmes de la dîme; un *hôte dans le parvis de Villers*; — Dans l'étendue de l'archidiaconé de Ponthieu : l'église de Saint-Pierre avec le parvis, de « Belcinovilla »; l'église de Saint-Christophe de Mareuil, avec son parvis; l'église et le parvis de Saint-Martin de Villers; l'église de Saint-Eloi « de *Nemastron* »; les deux tiers de la dîme « de Simercurte »; le sixième de la dîme « de *Mitignio* »; le tiers de la dîme « de *Barunna* »; le

---

(1) Les villages dont les noms sont placés entre guillemets, sont des villages qui ont changé de nom ou qui ont disparu.

sixième de la dîme « de *Brais* » ; les deux tiers de la dîme d'une charrue du seigneur de *Mareuil*; toute la dîme des moulins de ce seigneur et tout le blé qui est apporté de sa maison ou dans son grenier ; l'autel et le parvis de Saint-Aubin avec toute la dîme qui en dépend. De plus l'évêque réclame des religieux de Breteuil pour les cens synodaux qui sont payés par les autres églises ; le prieuré de Saint-Aubin ne paie que six deniers. — Fait dans le chapitre de l'église d'Amiens, la seconde année de l'épiscopat de Geoffroi, sous le règne de Philippe, Enguerrand, étant consul d'Amiens « *consule ambianensi* », en présence de : Foulques, archidiacre; Enguerrand, archidiacre; Raoul, abbé, et rédigé par Gunfrid, chancelier, 1005 (1).

L'origine de toutes ces dîmes remontait à la plus haute antiquité; elles remplacèrent les oblations et les offrandes de pain ou de vin, faites par les premiers fidèles en vue d'assurer aux ministres des autels des moyens d'existence. Serait-il téméraire d'avancer qu'autrefois, la chrétienté appelée de Breteuil était composée de toutes les églises dont les dîmes appartenaient à l'abbaye?

La dîme de Gaulnes (Gannes) fut achetée en 1295 par l'abbé Verry de la dame du lieu (2).

En la même année, il acquit pour 30 livres 12 muids de grain sur la grange de *Visegneux* de Pierre Dauffry et de Marie Depuis (3).

Dans les siècles de foi, loin de chercher à rendre difficile, impossible même l'exercice de la religion chrétienne qui était la vie du pays, le foyer des intelligences, les mieux partagés des dons de la fortune n'hésitaient pas à s'imposer des sacrifices parfois considérables pour en fa-

---

(1) Archives de l'Oise, H. 1752.

(2) La Mothe, v. p. 13.

(3) *Ibid.*

voriser l'extension, comme pour participer aux mérites des bénédictins.

En mars 1258, *Johans de Ruissiaux*, de Beauvoir, assura une rente d'un demi-muid de blé sur une pièce de terre, pour avoir une part dans les bénéfices spirituels de l'abbaye, et droit à sa mort « à une sépulture et dras comme à un moyne ».

L'église de l'abbaye avait des biens propres : *Climenche de Muret*, veuve d'Evrard de Montmorency, pour fonder sa chapelle appelée Notre-Dame de Beaussault, où elle fut inhumée « dans un caveau sur lequel figurait une petite pierre d'environ un pied et demi de longueur sur un pied de large, l'avait dotée de 12 muids de blé mesure de la ville de Breteuil... pris à toujours par chacun an sur les moulins d'Oiginel et du Hamel, plus de 2 autres muids tirés près du meilleur sur l'abbaye de Breteuil ; plus de 7 journaux de terre sur une pièce de terre que ladite dame avait tenante au-dessus de ladite ville vers Caply. La messe dite par son chapelain était celle de 6 heures du matin »(1).

Quant à Le Waccel, il avait légué pour sa chapelle Saint-Pierre 21 journaux de terre, sis dans un canton près de Bonneuil nommé le *Routil* et depuis la terre de la *pitance* (2).

Nous nous en tenons aux citations précédemment reproduites ; car nous ne saurions rappeler tous les legs faits à l'abbaye dans le cours des siècles. Ceux que nous avons mentionnés suffisent bien, d'ailleurs, pour signaler quel était alors l'esprit des habitants les mieux posés de Breteuil des environs.

Les obligations de l'abbaye.

A la possession de tous les avantages temporels énumérés plus haut, correspondaient des obligations souvent

---

(1) La Mothe, v. p. 13.
(2) *Ibid.*

fort lourdes, comme celles de desservir ou de faire desservir les églises auxquelles les biens avaient été affectés, partant de loger, de sustenter, d'entretenir le prêtre chargé du service religieux, de venir en aide aux malheureux, de pourvoir à l'instruction. Nos bénédictins devaient en outre entretenir la partie de l'église qui leur appartenait, la reconstruire au besoin, au prorata des dîmes perçues, la fournir d'ornements, de vases sacrés, de livres, de cierges, etc... Le parlement était là pour les y contraindre quand il le fallait, en ordonnant la saisie des dîmes, par des arrêts qu'il nous serait facile de produire, témoin l'arrêt rendu le 16 mai 1676 (1) au sujet du chœur de l'église de Gannes « qui ordonne que les réparations du chœur de l'église de Gannes seront faites par les religieux de Breteuil, comme gros décimateurs, et que dans le cas où leur dîme ne suffirait pas le surplus serait à la charge du seigneur et du châtelain, à raison de leur dîme inféodée (2) ».

Ce que l'abbaye devait aux paroisses environnantes, elle le devait également, et à plus forte raison, à Breteuil. Nous aimons à penser qu'elle remplit fidèlement ses devoirs, de concert avec le châtelain, autant du moins que les circonstances qui furent parfois bien tristes le leur permirent.

Les religieux étaient d'ailleurs tenus aux réparations de nos églises, en raison de leur titre de gros décimateurs de la paroisse. Or, le domaine de l'abbaye, avec les grosses et menues dîmes, les censives et les prairies, fut affermé 900 livres, aux charges ordinaires, à Jean Leclerc, en 1654 (3). Après avoir vu ce qu'ils firent pour nos églises, pour la culture, d'accord avec les sei-

---

(1) Archives de l'Oise, *Abbaye de Breteuil*, H. 1718.

(2) Il existait déjà alors, fondée en l'église de Gannes, une chapelle dite de Breuil-le-Vert, 1516.

(3) Arch. cit., H. 1,756. La dîme était perçue sur trois mille journaux de terre divisés en vingt et un cantons.

gneurs que nous avons nommés, nous verrons ce qu'ils firent dans la suite « pour le pays lui-même ».

Robert Wuyart et la tradition nous ont conservé quelques souvenirs de leur charité pour les pauvres :

La veille de la Purification, dit Wuyart, il se trouvait habituellement « tant de monde de toutes sortes d'âges de Breteuil et villages circonvoisins que la cour de l'abbaye était presque pleine et que quelques-uns y ont été en danger d'être étouffés. A chacun des pauvres on donnait un pain et un hareng, » en les faisant entrer un à un par une porte et sortir par l'autre. Les harengs provenaient d'un droit sur le pont de Pecquigny, dû à l'abbé par le seigneur de Sainsaullieu qui avait échangé ce droit contre celui de 3 deniers de censives dû à l'abbaye par les maisons du village (1).

L'honorable M. Pringuet, ancien horloger à Breteuil, décédé depuis vingt ans environ, nous a raconté qu'il avait vu distribuer des soupes et du sel (alors fort cher) à de nombreux pauvres par les bénédictins dont il fut l'enfant de chœur.

Ils étaient donc restés fidèles aux bonnes traditions de leur maison, alors qu'eux-mêmes, à cette époque, se trouvaient *réduits à un état assez précaire* (2).

Qui ne connaît, d'ailleurs, les subsides extraordinaires qu'ils durent se résigner à donner durant longtemps, sous forme de dons gratuits, toutes les fois que des circonstances malheureuses (et combien ne furent-elles pas fréquentes dans le cours des siècles !) vinrent augmenter les charges publiques? Ce fut au point que le clergé de France en 1775, loin de trouver un avantage dans ses immunités, se vit obligé de représenter à la Majesté royale que ceux qui le

---

(1) Manuscrit cité, p. 57.

(2) Aussi la crainte de la disparition de cette bienfaisante Maison surexcita-t-elle tous les esprits, au XVIIIe siècle.

composaient supportaient de plus fortes charges que les sujets des différents Etats du royaume (1). Tout n'était donc pas profit dans la possession de leurs domaines, voire même de celui de Breteuil. C'est si vrai qu'en 1422, nos religieux renoncèrent d'eux-mêmes à la possession du fief de *Sorens* qu'ils tenaient du comte Raoul et d'Alice depuis 1187 (2).

De plus, il leur fallait compter eux-mêmes avec les années mauvaises, avec les calamités, avec toutes les guerres possibles, avec leurs dévastations... Lorsque les demeures des pauvres habitants de Breteuil avaient été incendiées, leurs champs ravagés, leurs bestiaux tués, quelles dîmes, quels champarts pouvait-on en exiger? Non seulement les religieux devaient se passer du produit ordinaire de ces droits, mais sous peine de voir leur seigneurie et leurs terres déchoir, tomber à rien, ils devaient venir au secours des malheureuses victimes; ils devaient même leur accorder des faveurs exceptionnelles, réduire les conditions premières pour les déterminer à recommencer de cultiver; ils y furent même contraints parfois.

Combien de fois n'aurons-nous pas à constater les largesses dont nos pauvres ancêtres, réduits au dénûment le plus complet, furent l'objet de la part de nos humbles religieux, si souvent ridiculisés de nos jours par ceux qui ne connaissent pas ou qui ne savent pas apprécier leurs services passés!

---

(1) Procès verbal de l'assemblée générale du clergé de France en l'année 1775. Paris, in-folio, p. 50.

(2) Archives de l'Oise, H. Liasse 1898.

CHAPITRE ONZIÈME.

Mode d'administration et puissance des seigneurs de Breteuil à partir du XIIIe siècle.

Ancienne législation. — Impôts d'autrefois. — Loi « salique. »

Si religieux, si généreux même que se soient montrés les premiers seigneurs connus de Breteuil, il n'en est pas moins vrai que la concentration de tous les pouvoirs administratifs et judiciaires entre leurs mains, assujettissait trop les habitants pour que ceux-ci pussent trouver leur administration aimable. Son siège avait d'ailleurs le tort immense de n'avoir pas le prestige de l'éloignement, s'il avait celui du *decorum*. Les agissements d'un souverain qui peut contrôler à chaque instant les faits et gestes de ses sujets, deviennent vite odieux, pour cette raison qu'ils se produisent avec trop de promptitude, qu'ils peuvent être souvent empreints de l'esprit de partialité. Nous en avons donné des preuves sans réplique, et puis l'obligation où nos ancêtres étaient d'épouser les querelles féodales ne devait guère leur aller. A partir du xiiie siècle, ou plutôt à partir de la création des baillis royaux chargés d'administrer le domaine royal et de contrôler les justices seigneuriales, desquelles il fut plus facile d'en appeler, le pouvoir des seigneurs de Breteuil nous est apparu moins omnipotent, moins tyranique, sans cesser toutefois d'être encore puissant. Il le fut même assez, voire au xve et au xviie siècle, pour tenir en suspens l'action, les décisions de la justice prévôtale elle-même. En janvier 1327, les religieux ayant osé se complaindre du préjudice causé à leur droit de fournage par Evrard de Montmorency et Clémence de Muret, Guillaume, seigneur de Mouy, accepta comme arbitre, ajourna le prononcé de son jugement jusqu'à la Pentecôte. Des prorogations successives de 1399 à 1417, furent ainsi accordées par Huc et par Jean de Montmorency au meunier du moulin d'Orgissel, qui avait aussi violé le droit de fournage des bénédictins.

La dernière prorogation de trois années est accordée « pour ce que de présent on ne peut bonnement visiter plusieurs lettres et adcors qui ont ja pièce esté fais, pour les grans guerres et occupations qui sont en ce royaulme ». En 1413, sur des lettres royaux obtenues par les religieux de Breteuil, victimes encore de la violation de leur droit de pêche dans tout le cours de l'eau au-dessus du moulin d'Orgissel jusqu'à la pêcherie du vicomte de Breteuil, ils furent maintenus dans les possessions et saisines réclamées par eux, et, en cas d'opposition, « attendu que, pour la nouvelleté, la connaissance, par prévention appartient au roi ou à ses officiers, et que Jean de Montmorency, est grand seigneur et puissant *en son pays*, et tellement que contre luy les complaignans ne y pourroient ou oseroient faire poursuite, » les opposants sont ajournés par devant les gens des requêtes du palais (1). Seulement, remarquons-le, la cause de ces ajournements judiciaires, était évidemment la crainte d'une décision prévôtale contraire aux prétentions des gens du seigneur.

Les droits de fournage, de pêcherie, de prélement, des droits de tonlieu donnèrent assez souvent sujet à des contestations déplorables qui durent porter atteinte au prestige religieux des bénédictins.

Les baillis jugeaient en vertu de l'ancienne coutume du Vermandois, qui fut révisée en 1567 par Christophe de Thon. Cette coutume comportait 273 articles. D'après elle, le mari et la femme étaient rendus responsables des dettes contractées avant le mariage, pour les fiefs nobles, duchés, marquisats et comtés, l'aîné héritait de tout, sauf d'un cin-

---

(1) Archives, *abbaye de Breteuil*, H. 1727.

quième, dans les héritages roturiers ; les puînés, lorsqu'ils étaient plusieurs, avaient droit seulement à la moitié des biens ; l'aîné recevait les deux tiers s'il n'y avait que deux enfants (art. 181, 182). Tous les actes passés par devant notaire emportaient hypothèque (1).

Le revenu du bailli qui était choisi parmi les personnages les plus distingués, provenait, dans des proportions fixées, des exploits, des amendes, des forfaitures et des confiscations de biens des champions vaincus en duel ou des filles de mauvaise vie, des droits d'aubaine, de mairie, de bâtardise, de déshérence, de formariage, de main-morte, des fermages de métairies, des forêts, bois, vignes, censives, des redevances et dîmes seigneuriales, des rentes ou cens, argent, rachats, reliefs, droit de gîte et aussi, disons-le, des présents qu'on ne manquait pas de lui faire à l'occasion des procès, pourvu, toutefois, qu'ils ne fussent pas en argent (2). Le bailli de Montdidier s'attira un jour, en 1290, une grosse affaire pour avoir été regardé comme s'étant laissé corrompre (v. g.) par un cierge en cire du poids de 60 livres qu'il avait accepté de l'abbé Mathieu de Breteuil (3).

Disons maintenant dans quelle proportion les terres et les maisons de Breteuil étaient censivées. Autant que nous avons pu en juger en parcourant un cueilloir de 1672, les terres étaient censivées plus généralement en avoine, dans la proportion d'un quartier d'avoine pour un quartier de bonne terre. La dîme, qui variait beaucoup, était en moyenne de 5 pour cent. Le champart exigé exigé était de 6 gerbes sur cent (4).

---

(1) Voir la Coutume très curieuse.
(2) *Histoire de Montdidier*, cité, de Beauvillé, t. III.
(3) *Ibid.*
(4) Nous avons trouvé sur Hardivilliers des dîmes à la cinquantième gerbe. En principe, elles variaient sur les terres de l'abbaye, à raison de la qualité de la terre.

Quant aux maisons, elles étaient taxées en argent, en avoine, voire en quarts ou en tiers de chapon.

Ainsi Ambroise Levielle, en 1672, « pour une maison où il demeure rue du Vieil Marché tenant d'un côté à Pierre Belette, d'un bout aux murs de l'abbaye, doit neuf deniers et quartier et demye d'avoine et deux quarts de poulle. Et pour sa grange, 4 deniers.

« Gille Belette pour une maison, masure et jardin... un quartier et demye d'avoine, deux quarts de poulle.

« Et pour sa grange qui fut à Cir Mouret... 4 deniers, obolle, trois picotins d'avesne et demi poulle.

« François Thomas, à cause de sa femme pour une maison séant au vieil marché, 4 sols un denier, obolle au jour saint Remy.

« Gille Dufour pour une partie d'héritage venant de Pierre Frémaux au Vieil Marché, seize deniers au jour saint Remy.

« Jean Bertoux pour une moitié de maison, deux sols six deniers.

« Regnault Darras, boucher, pour la moitié d'une maison, un quartier d'avesne et un quart de poulle blanche (1). »

Le cueilloir d'où nous avons extrait ces citations contient cent soixante-douze articles vraiment curieux, instructifs. De la fixité des droits de cens payés en argent, résulta avec le temps une amodiation considérable, à raison de la différence de valeur d'un denier sous Charlemagne et un denier sous Louis XV, époque où le pain s'est vendu 2 et 3 sols la livre, tandis que sous Charlemagne un denier suffisait pour en acheter 24 livres (2).

L'impôt le plus lourd, beaucoup plus que celui de la taxe royale qui n'a guère dépassé 1 livre 10 sols pour les petits ménages, pendant des siècles, était l'impôt sur le sel, établi

---

(1) Archives de l'Oise, *abbaye de Breteuil*, H. 1778.

(2) Capitulaires de Charlemagne. Il était même défendu de le vendre plus cher.

par Philippe-le-Bel, et régularisé, en 1342 par la création des greniers à sel, spécialement du grenier à sel de Montdidier à l'avantage de cette ville favorisée d'un droit d'octroi de 6 sols par minot, en 1553, de 16 sols en 1614 (1). » Fort heureusement la vente du sel étant volontaire dans le gouvernement des trois villes, les habitants n'étaient pas taxés comme ailleurs, en raison de la consommation présumée nécessaire par ménage, mais en raison de l'achat qu'ils en faisaient, ce qui ne les empêchait pas d'appeler *loi salique*, la loi de Philippe-le-Bel.

Au point de vue des finances royales, Breteuil releva de la généralité d'Amiens et de l'élection de Montdidier à partir de 1555 (2).

Les *élus* connaissaient des affaires des aides, des impôts sur les vins, denrées, grains, bois, draps, solde des gens de guerre, des chevaux d'artillerie, des comptes des fabriques, des réparations d'églises, des chemins, des ponts des péages, des routes, des tailles, des subsides du roi,... tous droits dont le produit se montait pour l'élection de Montdidier à 9,900 livres au XVe siècle. (De Beauvillé.) Nous n'avons pas parlé des charges de nos anciens seigneurs, qui étaient les mêmes que celles des seigneurs bénédictins, aggravées, toutefois, de l'obligation d'aller se faire tuer sur tous les champs de bataille pour l'honneur et la défense de la patrie. Dieu sait s'ils manquèrent jamais à ce devoir, s'ils ne se montrèrent pas toujours les plus valeureux parmi

---

(1) M. de Beauvillé, t. III. Breteuil n'obtint que plus tard un grenier à sel.

(2) La généralité comportait six élections. Le nom d'élection fut donné à cette juridiction administrative parce que, sous saint Louis, les membres chargés d'opérer la répartition des impôts étaient *élus par les communes*. La taille de l'élection de Montdidier, composée de cent quatre-vingt-deux paroisses, s'éleva à 231,710 en 1683; à 269,715 en 1753; à 705,000 livres en 1788, non compris les 72,000 livres du rachat des corvées.

les plus nobles chevaliers ! Nous devons dire, toutefois, en terminant cet aperçu sur la puissance de nos anciens seigneurs, que depuis l'année 1224, « les actions de bailli seigneurial et de maire de Breteuil ont toujours été jugées incompatibles, à nous en rapporter à un mémoire célèbre des habitants eux-mêmes, qui sera reproduit plus loin. La déclaration formelle de cette incompatibilité achève d'établir d'établir les situations aux regards les moins clairvoyants ».

CHAPITRE DOUZIÈME.

L'église Saint-Jean et celle de l'abbaye.

L'élection de l'abbé Mathieu. — L'église de Saint-Jean rendue paroissiale. — Les réserves faites par les bénédictins de Breteuil à ce sujet. — La procession du lundi de la Pentecôte. — Les honneurs rendus à l'abbé par le clergé de Breteuil à cette occasion. — Les privilèges de l'église de l'abbaye. — La reconstruction de l'abbaye.

De l'année 1227 à l'année 1240, il se passa à Breteuil des événements qui surexcitèrent le pays, étant considéré les nombreuses relations en quelque sorte forcées qu'il avait surtout alors avec l'abbaye.

Le premier événement fut l'élection du successeur de l'abbé Martin.

Une élection d'abbé dans ce temps-là était une grave affaire, qui passionnait les esprits pour le moins autant que l'élection d'un maire ou même d'un député à notre époque, à raison de l'influence considérable que devait exercer l'élu, ou des relations temporelles et spirituelles de la plupart des habitants avec lui ; aussi on peut le dire, dès que la cloche connue de tous annonçait la réunion du chapitre, se portaient-ils sur la petite place qui était devant la porte principale du monastère ; tous s'agitaient, parlaient, cherchaient à deviner quel serait le nouvel abbé. Ils s'en occupaient même huit jours à l'avance, dès que l'élection était affichée aux portes de l'abbaye et de l'église Saint-Jean (1).

Le pays se trouvait d'ailleurs représenté au chapitre par

---

(1) Manuscrit cité, p. 10.

trois de ses plus notables habitants et par trois notaires (1) auxquels on adjoignait d'autres personnes du dehors. Les notaires et les témoins étaient là pour rédiger fidèlement tout ce qui devait se passer « pour céler les choses qui devaient être célées, communiquer ce qui devait être communiqué et donner les écritures à qui il appartiendrait. »

Lorsque l'autorisation de procéder à l'élection fut obtenue de l'évêque de Beauvais, les religieux, au jour indiqué, firent la sainte communion, puis avec chapes, reliques, croix, cierges et encens, ils firent la procession autour des cloîtres en présence des assistants et des curieux. Le prieur célébra ensuite solennellement la messe du Saint-Esprit après laquelle il fit sonner la petite cloche destinée à assembler le chapitre et les religieux deux à deux, et en chantant le répons de la Sainte-Trinité se rendirent processionnellement audit chapitre.

Après lecture de la permission accordée par l'évêque, les affiches collées aux portes furent enlevées. Le prieur appela tous ceux qui prétendaient à l'élection, ce à quoi personne ne répondit; il fit ensuite l'appel des capitulants qui répondirent tour à tour *adsum*. Les incapables, c'est-à-dire les interdits, les suspens, les excommuniés ayant été avertis que leurs voix ne compteraient pas, les capitulaires prêtèrent devant le prieur serment d'élire le religieux qui serait le plus utile au monastère. Alors « la personne la plus savante et la mieux disante » adressa une exhortation qui fut suivie du *Veni Creator* entonné par le prieur. Après cette prière, comme les bénédictins avaient trois modes d'élection, appelés « la voix du Saint-Esprit, le compromis limité et le scrutin », le prieur les invita à choisir le mode qu'ils préféraient.

Le scrutin adopté, trois scrutateurs qui prêtèrent ser-

---

(1) Manuscrit cité, p. 10.

ment de recevoir les votes et de les proclamer hautement furent choisis.

À ce moment solennel les notaires et les témoins se retirèrent dans un coin du chapitre, mais sous les regards des capitulaires « pour examiner les suffrages de chacun des trois scrutateurs. Puis ceux-ci adjurèrent de nommer la personne la plus capable et celle-ci de le nommer à son tour et ainsi successivement. » Le compte des voix fait, il se trouva que ce fut un religieux étranger au couvent, appelé Mathieu, qui réunit le plus de suffrages; car, dit le manuscrit cité si souvent, « c'était une sainte et louable coutume de nos monastères et églises cathédrales de ne s'astreindre d'élire toujours un de la maison pour leur prélat, mais d'aller chercher les hommes les plus vertueux et capables en quelque lieu esloigné fussent-ils... ce qui fait veoir que les brigues ne régnaient pas encore dans les chapitres et élections... » (1).

L'élection proclamée bonne et valable, les membres du chapitre nommèrent deux d'entre eux pour aller solliciter le consentement de l'élu et aussi pour faire ratifier son élection par l'évêque (2).

Un religieux fut ensuite chargé d'annoncer l'élection aux habitants; ceux-ci en furent sans doute pour leurs commentaires. L'abbé Mathieu, qui était un simple moine et un chambrier de Cluny, leur était parfaitement inconnu.

Il fut installé, selon la coutume, quelque temps après, au milieu des plus grandes acclamations, au son de toutes les cloches et porté par les religieux, au chant du *Te Deum*, dans le chœur de l'église de l'abbaye d'abord, et de là « dans la chaise abbatiale. »

---

(1) Manuscrit cité, p. 15.

(2) La réponse de l'élu qui acceptait, au consentement donné était celle-ci : *Nolens volens et volens nolens, dictæ electioni de me factæ consentio*, « de crainte, disait-il auparavant, de sembler résister à Dieu et à Notre-Dame. »

Un discours fut aussitôt après adressé au peuple pour déclarer que l'élection avait été régulièrement faite et pour louer les qualités et les vertus de l'élu (1).

Nous en avons dit assez pour montrer l'esprit d'une élection, les précautions dont elle était entourée et à quel genre de manifestations elle donnait lieu.

Combien pompeuse aussi était la cérémonie de l'installation ! A quelle fête, à quel beau fou de joie devait-elle fournir l'occasion ! A combien encore de danses en rond, au son de quelque vieille musette ! Assurément, le soir de ce beau jour la petite chaumière devait être plus gaie, le repas un peu plus copieux, surtout si le nouvel abbé s'était montré généreux, s'il avait fait la remise de certains vieux cens, de quelque peine infligée, accordé quelque indulgence. Car, croyez-le bien, chers lecteurs, on s'est amusé de tout temps ; seulement, soit dit sans vous offenser, pour employer l'expression des bonnes vieilles gens, les amusements d'autrefois étaient d'autant plus simples que les mœurs l'étaient davantage.

L'abbé Mathieu se montra dès son arrivée ce qu'il devait être, un administrateur aux idées grandes et généreuses, libérales, trop même, paraît-il, pour le régime essentiellement pénitent du monastère, car, « après avoir introduit et donné du lart au couvent, ce qu'il appelle aumosne, il fit encore pis peu après, ayant changé le lart en mouton... Cette lésion d'abstinence s'augmenta (même) de telle façon, qu'on y en remarqua plus que dans l'Eglise universelle, ce qu'un mémoire de l'abbaye lui reproche amèrement en disant : Voilà une aumosne bien cruelle, puisqu'elle tua et fit mourir la discipline régulière » (2).

L'abbé s'était sans doute déterminé à procurer cette espèce d'aumône pour remédier aux mauvais effets pro-

---

(1) Manuscrit cité, p. 99.
(2) Ibid.

duits sur toutes les santés des religieux par des rigueurs vraiment immodérées introduites dans la discipline, en 1233, par les abbés de Citeaux et de Prémontré. Ces rigueurs furent telles, en effet, que le pape Alexandre IV, en 1255, crut devoir accorder aux abbés le privilège d'en dispenser et aussi bien des censures encourues par ceux qui ne s'y étaient pas assujettis.

Mais laissons là ce détail de la vie bénédictine pour signaler tout ce que fit l'abbé Mathieu en faveur de Breteuil, les relations en quelque sorte forcées des habitants avec les religieux qui tenaient alors avec les seigneurs le haut du pavé, à l'instar des plus riches de nos jours.

L'abbé Mathieu, d'après un mémoire de l'abbaye, fit non pas bâtir, comme le rapporte Louvet, mais rééditier, agrandir l'église de Saint-Jean en y accolant une seconde nef et un second chœur dans le même style, ou à peu près, la partie primitive de l'église qu'on a voulu utiliser et qui resta dédiée à saint Jean, tandis que l'autre côté construit sans doute, en grande partie, par l'abbé Mathieu, en sa qualité de gros décimateur, fut consacré à la patronne du couvent, à Notre-Dame.

Les deux portions de l'édifice (et c'est ce qui explique la singulière distribution de l'église de Breteuil) étaient distribuées chacune à son curé différent. Pour plus d'accord, les deux curés exerçaient chacun six mois de l'année, à tour de rôle. Celui qui n'était pas de semestre servait de diacre à l'autre.

A la mort de maître Adrien de La Morlière, titulaire de l'église ou du côté Notre-Dame, celle-ci fut réunie au côté ou mieux à l'église Saint-Jean, du consentement de maître Mathieu, curé de Saint-Jean, qui s'engagea, pour lui et pour ses successeurs : 1º à acquitter les charges de l'église Notre-Dame ; 2º à fournir chaque année à un vicaire nommé seulement chapelain de Notre-Dame, 150 livres en quatre paiements égaux, et deux cents fagots. Le vicaire avait, en outre, droit aux bénéfices des fondations, aux casuels (1).

Chose curieuse : la cure de Saint-Cyr était aussi divisée en deux portions ; nouvelle preuve de son importance autrefois. Les curés de la deuxième portion furent Pierre Fortin en 1521, Philippe de Rouveroy en 1528, Jean de Gannes en 1545, Martin Warnier en 1561 (2).

Le patron des églises de Breteuil, *ad decimam 24 livres*, était l'abbé de Breteuil (3).

Du montant de cette dîme, on peut conclure que nos églises n'étaient pas riches en biens-fonds du moins.

L'agrandissement en question, qui équivalait presque à la réédification de l'église avait été nécessité par le fait du déplacement continuel de la population qui avait alors à peu près quitté « la vallée de Saint-Cyr pour la vallée de l'abbaye du château de *Saint-Jean* », et aussi par le désir qu'éprouvait l'abbé Mathieu de rendre la vie de ses religieux plus intérieure « pour que, dit Wuyart, n'estans distraits et estans déchargés de l'administration des saints sacrements, ils eussent plus grande commodité de s'adonner au divin service et à la vie contemplative. »

Cet abbé, qui était pleinement entré dans les vues des Souverains Pontifes, choisit et présenta à l'évêque de Beauvais deux prêtres séculiers qui prirent ou plutôt qui reçurent le titre de vicaires perpétuels et non celui de curés, attendu que les religieux de l'abbaye entendaient être les curés sinon de fait, au moins de droit des églises de Saint-Jean et de Saint-Cyr. A cet effet, ils poussèrent la précaution jusqu'à stipuler expressément pour eux l'exercice, à certaines fêtes, de droits curiaux assez consi-

---

(1) G. *officialité de Beauvais*. — *Cure de Breteuil*. Archives de l'Oise.

(2) *Ibid.*

(3) Pouillé du chapitre de Beauvais.

dérables, jusqu'à exiger de la part des vicaires perpétuels et des fidèles de Breteuil, voire de villages voisins, des actes assez fréquents de déférences honorifiques que nous devons mentionner, non seulement pour signaler les relations des bénédictins avec Breteuil, mais encore le crédit dont ils jouissaient.

Ils s'étaient réservé le droit de faire célébrer la grand'messe dans ces églises par trois religieux, aux fêtes de Saint-Cyr et de Saint-Jean; aux jours de l'Annonciation et de l'Immaculée-Conception, les curés des deux paroisses étaient tenus de dire la messe à sept heures, de partir à huit heures, avec le peuple, pour se rendre en l'église de l'abbaye et assister à la procession et à la prédication qui se faisaient de neuf à dix; le lendemain de Pâques, ils devaient toujours avec les habitants venir chercher les religieux en l'église de l'abbaye pour aller ensemble à la procession générale à la chapelle de Saint-Sauveur où la messe était chantée par les religieux; de même, le jour de Saint-Marc, pour aller en procession à l'église de Saint-Cyr où ils devaient entendre la grand'messe célébrée toujours par un religieux. « Les vicaires perpétuels étaient encore obligés à aller quérir les religieux les jours des Rogations pour les processions des Rogations qui se faisaient aux églises de Vendeuil, Saint-Cyr ou de l'Hôtel-Dieu et encore, le jour de l'Ascension et le lendemain de la Pentecôte, pour aller à la procession où se portait la châsse des reliques de Saint-Constantien. » C'étaient les religieux qui présidaient la procession de l'octave du Saint-Sacrement, autour du bourg; les curés des deux paroisses étaient tenus d'y assister. De plus, aux religieux invités à quelque enterrement, était réservé l'honneur de lever le corps, de faire les cérémonies, mais sans pouvoir prétendre à aucun droit. Comme les Saintes Huiles étaient conservées à l'église de Saint-Jean, lorsqu'un religieux tombait malade les curés étaient astreints à les apporter en l'église de l'abbaye et à les poser sur l'autel où le prieur ou un religieux venait les prendre pour administrer le malade (1).

Parmi les fêtes dont les religieux s'étaient réservé la célébration, celle à laquelle ils paraissaient avoir le plus tenu, et celle que Breteuil aimait aussi tout particulièrement, c'est la fête de l'Immaculée-Conception qui, selon une tradition constante, fut célébrée la première fois en France, dans l'abbaye même de Notre-Dame de Breteuil, en 1203. Le rite était celui des fêtes les plus solennelles. Breteuil a toujours eu, du reste, la plus grande confiance en la sainte Vierge.

Nous pouvons le dire maintenant avec la certitude d'être compris de nos chers compatriotes, ceux qui donnèrent le plus d'importance à Breteuil, qui y attirèrent le plus de monde, qui en firent un centre d'activité, d'administration, relativement considérable, plus considérable même que de nos jours, furent les bénédictins. Huit prieurés dépendaient de leur abbaye : Saint-Martin de la Faloise, Saint-Clément de Demuin, Saint-Christophe de Moreuil, Saint-Nicolas de Bonneuil, Saint-Aubin de Harponval, Saint-Nicolas de Merles, Notre-Dame de Pierrepont, Notre-Dame de Courcelles (2), et pendant un certain nombre d'années la célèbre abbaye de Chaalis, près Senlis.

Aux abbés de Notre-Dame de Breteuil, appartenait le droit de patronage et de nomination, non seulement aux cures de Saint-Cyr et de Saint-Jean, mais à celles de Cormeilles, de Blancfossé, de Fléchy « Flesches », d'Oursel-Maison, d'Esquennoy « Lesquuisnois », du Quesnel, « Les Quesniez », de Paillart, de Fransures, de Flers, de Vendeuil, de Saint-Denis de Beauvoir, de Noyers, du Chaussoy, de la Faloise, de la Warde, de Villers-Vicomte, d'Hardivillers,

---

(1) Archives de l'Oise, H. 1720. Registre In 4° paginé.

(2) *Ibid.*, Abbaye de Breteuil, H. 1725.

de Salmaisons (village disparu), de Hédencourt, de Saint Jean de Campremy, de Wavignies, d'Ansauvillers, de Bonvillers, de Gourdon (Sourdon), de Pronleroy, de Rouvroy, de Rozoy, de Tartigny, de Troussencourt, de Francastel, de Pierrepont, et des chapelles de Farinville, de Mortemer, et de Saint-Nicolas de Mézières-en-Santerre (1).

L'archidiaconé de Breteuil, l'un des trois archidiaconés du diocèse de Beauvais, comprenait les doyennés de Pont-Sainte-Maxence, de Coudun, de Breteuil, une paroisse du canton de Nivillers, trois du canton de Clermont, treize de celui de Froissy, une du canton de Maignelay, en tout 46 paroisses, sans compter 5 vicariats, 19 chapelles, une commanderie, Saint-Pantaléon d'Esquennoy, et 5 établissements hospitaliers (2).

Le monastère fut gratifié de nombreuses indulgences par Martin V, en faveur de ceux qui visitaient l'église de Breteuil au temps de la Pentecôte; on donna permission aux religieux : 1° d'officier dans leur église, en temps d'interdit, « les portes closes, les excommuniés et les interdits exclus, sans qu'on puisse sonner les cloches, ni chanter et à condition que les religieux eux-mêmes n'auront pas motivé l'interdit », (1259, bulle d'Alexandre IV); 2° d'enterrer dans l'abbaye les personnes qui y auront choisi leur sépulture et « de recevoir le Saint-Chrême, et les Saintes-Huiles, la consécration des autels et églises et les ordres, pourvu que l'évêque soit de la communion catholique et romaine et donne ces choses sans fraude, aux religieux de céans; défense de bâtir, sans la permission de l'abbaye, chapelle ou oratoire dans l'étendue de la paroisse des religieux de céans et sans le consentement de l'évêque; exemption de toutes les exactions que les archevêques, évêques, archidiacres, etc., avaient coutume de lever sur elle; défense de

---

(1) Archives de l'Oise, *Abbaye de Breteuil*, H. 1718.
(2) Géographie historique et physique précitée.

nommer les abbés autrement qu'à l'élection; donation d'immunités aux groupes de l'abbaye, avec défense d'y mettre le feu, d'y voler, d'y faire violence aux personnes, permission de racheter les biens aliénés »; permission d'Innocent IV de chanter le *Gloria* et l'*Ite missa est*, le jour de Saint-Constantien, en Avent, 1230; excommunication par Jules III contre les voleurs du trésor de l'abbaye, 1554; indulgence d'Innocent X, pour le jour de l'Assomption, 1649; indulgences d'Urbain VIII, 1632, d'Innocent XI, 1683; lettres de Boniface VIII défendant de molester les religieux dans leurs biens, etc., car nous n'avons pas signalé toutes les faveurs spirituelles dont ils furent l'objet dans le cours des siècles. Les défenses étaient toutes sous peine d'excommunication.

Quel prestige, quelle attraction tous ces privilèges, joints à la haute situation acquise par les bénédictins, ne devaient-ils pas exercer dans ces âges de foi où la piété envers Dieu était réputée la première des vertus ! Combien le bourg, qui en était le centre et la vie, devait apparaître grand aux yeux des environs, avec les belles et vastes constructions qui le distinguaient des autres villes environnantes !

Il y avait un jour dans l'année où nos religieux se plaisaient à déployer aux regards de tous leur puissance relative : c'était le lundi de la Pentecôte à l'occasion d'une immense procession en l'honneur du grand saint Constantien.

De nombreuses volées des cloches de Breteuil et des villages voisins, auxquels succédaient les carillons les plus variés, annonçaient au loin la fête et la procession du lendemain, et cela, jusque fort avant dans la nuit; un balcon orné des plus riches draperies était dressé devant la porte principale de l'abbaye, pour recevoir la châsse de saint Constantien et la présenter à la vénération des fidèles trop nombreux pour pouvoir entrer dans l'église de l'abbaye (1);

---

(1) M. Delettre, *loco cit.*, p. 200.

l'autel sur lequel elle se trouvait toujours placée et entourée d'honneurs, était naturellement plus décoré que jamais. Dès la veille, la châsse du XIII⁰ siècle, transportée solennellement à l'église de Saint-Jean, y était gardée par le prévôt, assisté de ses deux sergents. A minuit, à l'heure des Matines, l'église, l'autel de saint Constantien surtout s'illuminaient de mille feux (1). Le jour à peine levé, les cloches recommençaient à jeter dans les airs leurs joyeuses volées. Sur les neuf heures, arrivaient toutes les paroisses voisines, qui se dirigeaient en chantant, vers l'église indiquée où stationnait déjà une foule nombreuse. Après les vêpres, au son des cloches, des carillons, des fifres et du tambour, commençait le défilé de la procession au milieu des rues du bourg qui se remplissaient de pèlerins en atours de couleurs voyantes, selon le goût du temps.

L'abbé revêtu aussi des plus précieux ornements, sa riche crosse de plus de 4,000 livres tournois (2), à la main, mitre en tête, la présidait en marchant le premier de tous, précédé de la croix; les prieurs des monastères dépendant de l'abbaye, distingués par leurs insignes, les religieux avec leurs belles couronnes de cheveux et leurs éclatantes dalmatiques, le suivaient. Après eux, venaient les paroisses, avec leurs plus belles bannières, les bâtons de confréries et des cierges enrubanés; les processions de Saint-Cyr et de Saint-Jean marchaient les premières. Tel fut, jusqu'au XVII⁰ siècle, l'ordre de cette cérémonie.

La châsse, portée par quatre religieux parés d'aubes de mousseline blanche, dominait tout cet ensemble. Devant elle, marchait, à cheval, le prévôt de l'abbaye, un religieux, *d'un chapeau de roses affulé*; ses sergents, la verge blanche à la main, l'épée passée à la ceinture, l'assistaient; tous les autres sergents de l'abbaye « pour la conduite et sûreté

---

(1) Tradition locale.
(2) *Tablettes d'histoire locale.*

de l'abbé, escortaient la procession, suivant une ancienne coutume (1) »; ils portaient tous la verge blanche et l'épée. « Au cas qu'ils manquassent à la procession, ils étaient obligés de payer 10 sols à l'abbé; ils devaient aussi assister aux vêpres après-midi et payer ensuite 20 sous parisis pour relief de leur fief. Le sergent de Fléchy, l'abbé de Moreuil ayant voulu se dispenser de venir, durent transiger et se soumettre à l'abbé, et arriver ainsi chaque année, le lundi de la Pentecôte, faire obédience en l'abbaye de Breteuil et lui donner 10 sous, en reconnaissance de ce que l'abbaye de Moreuil est un membre issu de celle de Breteuil (2). »

Les maires ou sergents figuraient en nombre à cette procession, car il y en avait un à la tête chaque fief, quelque peu considérable. Ils continuèrent encore à s'y montrer nombreux, même après l'aliénation forcée de plusieurs desdits fiefs, pour cette raison que, dans l'acte de cession la clause que le sergent du fief serait toujours obligé d'y assister, était toujours insérée, afin de soutenir aux yeux de la population le prestige du monastère. De plus, en cas d'exécution criminelle en la justice de l'abbaye, tous lesdits maires étaient obligés de pourvoir aux frais.

Mais continuons notre récit :

Pendant que les cloches sonnaient, que les fifres *fifraient*, que les tambours battaient, que le prévôt qui attirait tous les regards, avec son chapeau de roses, se pavanait sur son cheval, les chantres auxquels la nombreuse assistance s'unissait, chantaient toutes les hymnes, les psaumes prévus au répertoire, la prose surtout de saint Constantien qui était entraînante (3).

---

(1) *Abrégé* manuscrit, p. 116.

(2) Archives de l'Oise, *Abbaye de Breteuil*, H. 1719.

(3) *Office de saint Constantien* (chanté encore durant notre siècle dans l'église de Breteuil avec permission de M⁹ʳ Demandolx, du 19 octobre 1800).

Nous avons vu, dans notre enfance, les derniers frères de la Con-

Comme elle renferme la vie du saint connue de peu de personnes aujourd'hui, nous sommes heureux de la donner sous la forme d'un cantique, qu'on pourrait chanter sur l'air connu : *Marchons aux combats, à la gloire.*

Le refrain du cantique est tiré de l'hymne des premières vêpres de saint Constantien (1).

Refrain.

De ton patron, chante la gloire,
Baise les restes précieux,
Breteuil, célèbre sa mémoire,
Dis son triomphe dans les cieux.

Prose.

S'unissant aux concerts des anges,
Qu'à l'envi le peuple chrétien

---

frérie de Saint-Constantien, avec leurs gros cierges enrubanés et extraordinaires, avec la tresse de cheveux ornée aussi d'un ruban qui sautillait à ravir au moindre mouvement de tête. Ces confréries sont maintenant remplacées par des associations ténébreuses créées pour anéantir l'esprit religieux.

(1) HYMNE DES PREMIÈRES VÊPRES DE SAINT CONSTANTIEN.

Constantiano plaude, Britullum,
Et ossa pronis frontibus osculans,
Dic æmulo cantu triumphum
Lucida quo petit astra victor.

PROSE

Constantiani laudibus	*Mundi pompam timens, fugit,*
Cœli resultet regia;	*Sacro quietus otio;*
Dum æmulis concentibus	*Vitamque segregem cupit,*
Hunc tollimus ad sidera.	*Pio duce Maximino.*
Illustri natus sanguine,	*Quantis in solitudine*
Totum Deo se subjicit;	*Cœli flagrat ardoribus!*
Mox et favente numine,	*Vili jacens in stramine,*
Res paternas deserit.	*Quot illud rigat fletibus!*

Redise et chante les louanges
De l'illustre Constantien.

  De ton patron, etc.

Moins fier de sa haute naissance
Que d'être soumis au Seigneur,
Riche, il embrasse l'indigence,
Tant la grâce a touché son cœur !

Dans la retraite, par la fuite
D'un monde dangereux et vain,
Il se range sous la conduite
Du pieux abbé Maximin.

Quand son cœur dans la solitude
Brûlait des célestes ardeurs,
Sur sa couche modeste et rude
Combien ses yeux versaient de pleurs.

Christi, movente præsule,
Egenis verbum prædicat ;
Sacro sed auctus ordine,
Quam ampla messis emicat !

Beneficus in pauperes,
Rudes benigne suscipit :
Mentes terret indociles,
Sic cunctis unus sufficit.

Quos peccatorum vinculis
Exemit, exemplo fovet ;
Hæc obfirmat prodigus,
Quæ verbo potens edocet.

Dic, Clotari, rex Galliæ,
Quanta sit ejus gratia.
Tibi certa victoriæ
Futuræ dat indicia.

Quantus est ! cujus admotus
Languor a corpore fugit ;
Maligni cedunt spiritus,
Docilis et flamma stetit.

Munus ad olla suscitat
Luce functos ; linguá mutum,
Et die cæcos recreat ;
In quo tanta vis signorum.

At tot fractum laboribus
Corona de cælo vocat ;
Datum sat terris ; cælibus
Beatis se consociat.

Terrá Deus non patitur
Corpus diu quiescere ;
Prodigus ostenditur
Sepulcrum venerabile.

Quibus gaudet Britulium,
Ad ossa, cives surgite ;
Sit illis decus debitum,
Et oscula defigite.

Constantiano, filios
E cælo bonus aspice ;
Et illis fac liberos
Optatá frui requie.

      Amen.

Le décorant de la prêtrise
L'évêque l'envoie aux petits
Afin qu'il les évangélise;
Oh! qu'il produira d'heureux fruits.

Pour le pauvre large et facile,
Pour l'ignorant affable et doux,
Il dompte le cœur indocile.
Il est le serviteur de tous.

Par son exemple, il fortifie
Ceux dont il détruit les péchés :
Par ses miracles il appuie
Les dogmes qu'il leur a prêchés.

A toi surtout, ô roi Clotaire,
De nous redire son crédit,
Quand tu remportas dans la guerre
Le succès qu'il t'avait prédit.

Il commande à la maladie,
Met en fuite l'esprit malin;
Aux ravages de l'incendie
Sa main puissante met un frein.

Puis aux morts la vie est rendue,
Le don de la parole aux muets;
L'aveugle recouvre la vue;
De son pouvoir tels sont les traits.

Ses travaux brisant sa carrière,
La palme l'attend dans les cieux;
Il a fait assez pour la terre,
Il va se joindre aux bienheureux.

Dieu ne veut point que son corps reste
Dans le tombeau caché longtemps,
Il l'exalte et le manifeste
Par des prodiges éclatants.

Breteuil, ses restes sont ta gloire;
Approche de ces ossements,
Vénère leur sainte mémoire,
Offre leur les embrassements.

> Grand saint, sensible à nos prières,
> Sur tes fils abaisse les yeux,
> Fais qu'affranchis de nos misères,
> Nous goûtions le repos des cieux (1).

Le religieux cortège, après avoir aussi parcouru toutes les rues du bourg, se dirigeait vers l'église de l'abbaye où la châsse était déposée sur la balustrade que nous avons décrite et livrée à la vénération des fidèles.

Qu'est devenue cette splendide fête? Qu'est devenu le culte du grand saint, si aimé de nos ancêtres, qu'ils ont tant célébré et qu'il a bénis et protégés? Hélas! c'est à peine s'il est aujourd'hui connu, s'il se rencontre encore quelques hommes de bonne volonté pour porter ses restes précieux!

De la magnifique procession d'autrefois, il reste comme souvenir une grande foire, à l'occasion de laquelle on mange, on boit, on danse, on rit, on trafique surtout, sans penser à la fête qui lui a donné naissance. Et on appelle cela le progrès! matériel, tant qu'on voudra, moral et religieux, moins que jamais.

Voici comment la foire en question s'établit : les marchands forains, attirés par l'affluence des pèlerins, venaient étaler leurs marchandises, comestibles et autres, sur des tréteaux, en payant à l'abbaye un droit qu'ils ne pouvaient refuser sous peine d'une amende de 5 sols, ou de la confiscation de leurs bibelots (2). A la suite des marchands vinrent les joueurs de cornemuse, de violon, qui accompagnèrent d'abord quelque vieille complainte, puis quelque chansonnette inoffensive qui dégénéra facilement. Les danses vinrent, de plus en *plus savantes*, disons de plus en plus libres; les transactions furent plus nombreuses, fini-

---

(1) La prose de saint Constantien a été traduite en vers français par M. l'abbé Désesquelle, curé de Montjavoult.

(2) Manuscrit cité p. 53.

rent même par absorber presque tout le temps consacré à la procession, ou à peu près. La Révolution fit le reste.

En dehors de ces grands marchés, il y avait chaque semaine, deux petits marchés, l'un, le vendredi pour les légumes, comestibles, qui eut lieu longtemps au moulin des moines, appelé pour cela dans nos archives de l'Oise le « vieil marché » et plus tard le marché de la *Feuillée*. Les dimes du marché du moulin des Moines furent affermées en 1687, 300 livres, avec la maison du collecteur, par « scientifique homme », Jules César de la Porte, vicaire-général du cardinal de Sainte-Croix, abbé commandataire de Breteuil (1).

C'est ainsi, croyons-nous, que les dimes des jardins se trouvaient acquittées à la fin, moyennant une redevance fixe en argent.

L'autre marché, celui du seigneur alors, avait lieu sur son domaine, le mercredi, pour les graines et les denrées.

Ces marchés fonctionnaient bien avant l'année 1561, quoi qu'en disent les *Tablettes d'histoire locale* que nous avons déjà citées. Seulement, en ladite année, les foires furent déclarées de par le roi, franches de tous droits, nonobstant toutes les oppositions des villes de Montdidier et de Clermont, qui craignirent que ces grands marchés ne nuisissent aux leurs.

Nous avons même tout lieu de le croire, c'est à raison des processions que le marché de la Pentecôte et aussi bien ceux de la Chandeleur, des fêtes de sainte Catherine et de saint Constantien, devinrent des marchés fort considérables auxquels, pour mériter le nom de foires, il ne manquait que les franchises royales.

Une procession, qui attira aussi beaucoup de monde jusqu'à la Révolution, est celle qui se faisait chaque année, le lundi de Pâques, à la chapelle de Saint-Sauveur au

---

(1) Communication de M. Roussel, archiviste de l'Oise.

village de Bozandeur, près de Breteuil. Les bénédictins y avaient le privilège de chanter les premiers la messe et de recevoir les offrandes. Une année, le curé d'une paroisse de l'abbaye, arrivé premier avec sa procession, ayant commencé sa messe avant la leur, se vit assez brutalement chassé de l'autel par les sergents et peu après condamné en justice : 1° à ne plus jamais se mêler des affaires de l'abbaye; 2° à ne pénétrer dans la chapelle qu'après le départ de leur procession. Les bénédictins, à la longue, avaient perdu tant de privilèges, qu'ils se montraient excessivement jaloux de ceux qui leur restaient.

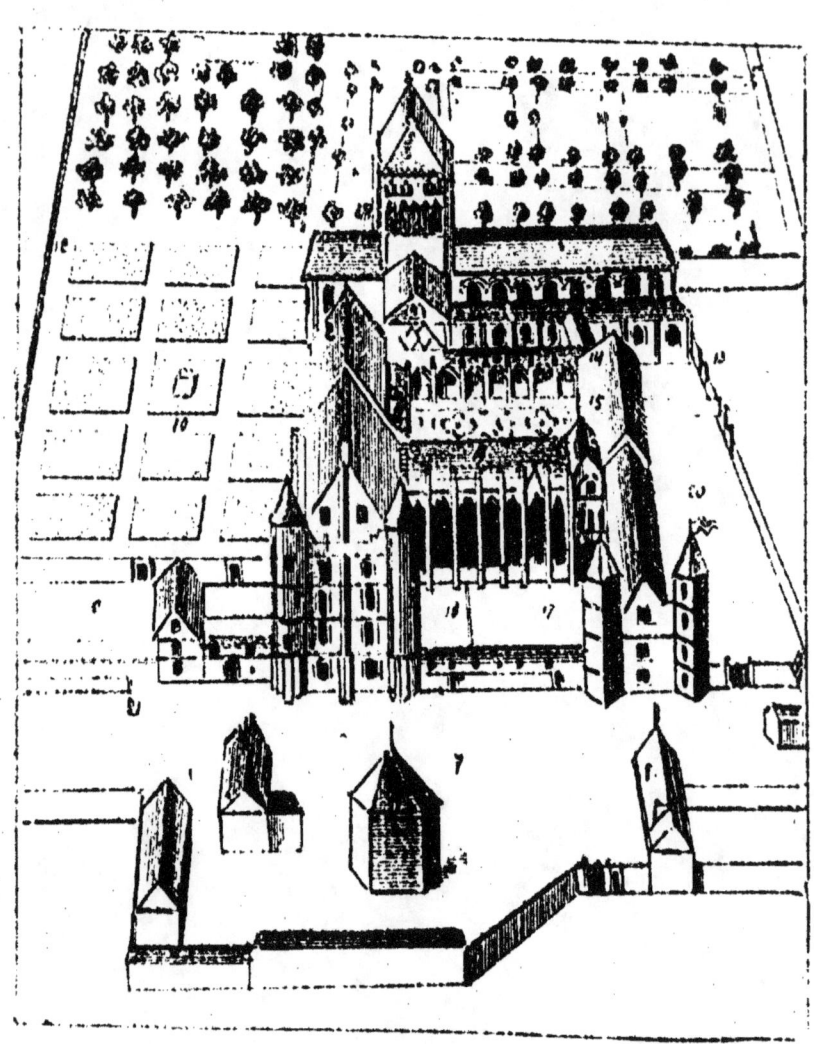

VUE DE L'ABBAYE DE BRETEUIL EN BEAUVAISIS
A LA FIN DU XIIIe SIÈCLE
(D'après le *Monasticon gallicanum* de Peigné-Delacourt.)

CHAPITRE TREIZIÈME.

L'abbaye et le châtelain de Breteuil au XIII° siècle.

L'église de Tartigny et de Rouvroy-les-Merles. — La réédification de l'abbaye. — Sa description. — Défrichement de la terre d'Esquennoy. — Le châtelain de Breteuil. — Ses violences. — Leur réparation. — Le scel de la dame d'Argies, femme du châtelain de Breteuil.

Lorsque les chrétiens de Tartigny et de Rouvroy-les-Merles relevaient de l'église de Saint-Cyr d'abord, de celle de l'abbaye ensuite, ils étaient obligés de venir assister à leurs offices. Tartigny, nous l'avons dit, en avait déjà été séparé pour former une paroisse avec Rouvroy. L'abbé Mathieu toujours pour les raisons connues détacha encore Rouvroy de Tartigny en le dotant d'une église. Et, comme il affectionnait beaucoup cette partie du pays de Breteuil, il se fit construire à Merles une belle demeure appelée longtemps le logis abbatial; il y fit même élever une tour opposée au château-fort de Folleville, en vue évidemment de barrer le chemin de ce côté aux hommes d'armes d'ennemis longtemps redoutés de tous leurs voisins, à cause de leurs déprédations et même de leurs dévastations.

Cependant le monastère de Breteuil, brûlé sous Renault de Farenville, continuait à offrir aux regards attristés de lamentables ruines. Sur les conseils de l'abbé de Cluny, l'abbé Mathieu résolut de lui rendre son ancien lustre et même de le reconstruire plus beau que jamais, dans de plus vastes proportions. Un plan, dont la reproduction est due à M. Peigné-Delacourt, permet de se rendre compte de l'effet admirable que devait présenter à l'œil l'ensemble de tous les bâtiments de ce magnifique monastère, l'orgueil alors, on peut le dire, du pays.

Le plan représente l'abbaye avec son immense jardin potager dressé en quinze fractions rectangulaires, séparées par de larges allées ombragées d'arbres parfaitement alignées, également distancées et taillées sous des formes différentes, qui semblent se mirer dans de jolies pièces d'eau parmi lesquelles on en distingue une plus grande. La pisciculture, on le sait, était bien connue des moines, et cette connaissance leur était d'autant plus nécessaire que leurs jours d'abstinence étaient plus nombreux et la marée plus rare à cette époque.

Voici la description du monastère faite par M. Viollet-le-Duc, dont personne n'ignore la haute compétence.

« L'abbaye de Sainte-Marie de Breteuil comprenait un vaste bâtiment flanqué de quatre tourelles et crénelé, qui pouvait, au besoin, se défendre. Son rez-de-chaussée renfermait les cuisines et leurs dépendances. Le premier étage contenait le dortoir des *hôtes* du monastère ; le second une grande infirmerie; le troisième des magasins de provisions, et le quatrième, sous le comble, un grenier pour les grains !

« Un escalier latéral passant à travers les contre-forts et couvert en appentis, s'élevait jusqu'au second étage, les tourelles d'angles possédaient en outre des escaliers à vis communiquant d'un étage à l'autre.

« Ce bâtiment n'était voûté qu'au rez-de-chaussée et sur les combles ; il était divisé par un rang de piliers dans sa longueur. Des contre-forts latéraux maintenaient la poussée des voûtes.

« A l'extérieur se voyait le pignon auquel est adossée la grande cheminée de la cuisine. Un contre-fort triangulaire avec éperons, donnait de la force à ce mur pignon au droit du tuyau de la cheminée.

« A l'intérieur, la dernière travée de la salle est occupée par la cheminée dont le tuyau s'élève entre deux arcs, avec des ouvertures extérieures communiquant par une travée à des ventouses destinées à activer le feu posé sur des grilles relevées et à établir un courant d'air suffisant pour entraîner la fumée dans le tuyau central. L'escalier latéral monte jusqu'au second étage à travers les contre-forts, augmente de saillie pour le laisser passer. Les fenêtres du troisième étage servant de magasins sont percées dans le pignon au niveau du sol intérieur, afin de faciliter le montage des objets emmagasinés par des poulies et des poternes extérieures. Il en est de même des portes percées à niveau du sol du grenier. Les murs latéraux, épais, maintenaient à l'intérieur une température égale ; l'accès des étages pouvait se faire facilement au moyen de fenêtres ouvertes sur les quatre faces du bâtiment isolé de toutes parts. Les contre-forts enserrant les murs évitaient tout chaînage transversal, et cela d'autant mieux que souvent le nu des murs à l'intérieur était posé en surplomb d'un étage à l'autre. C'était là un moyen souvent employé pour faire tendre les murs à s'incliner du dehors en dedans, et c'est, en effet, un excellent principe de construction lorsqu'on peut donner à la base des murs assez d'épaisseur pour ne pas craindre un éboulement.

« A chaque étage les piles sont munies d'un chapiteau saillant seulement au droit des poutres, et ils avaient eu grand soin de donner aux murs des retraites en saillies, les unes sur les autres à l'intérieur et de bâtir les murs au moyen de grandes pierres à l'extérieur et à l'intérieur de petites pierres basses » (1).

Tous ces magnifiques travaux, après lesquels l'ouvrier attendait souvent pour procurer à sa famille le morceau de pain nécessaire avec le liard qu'il gagnait par jour, ont réjoui tous les cœurs, communiqué au bourg une vie nouvelle pendant un certain nombre d'années ; car leur exécution ne fut pas si rapide que l'auteur de notre manuscrit a l'air de le supposer. Il appert même du

---

(1) Viollet-le-Duc, t. IV, p. 283, *Dictionnaire raisonné*.

style de la chapelle abbatiale que celle-ci ne fut terminée qu'au XVIe siècle. A l'occasion de ces reconstructions, des indulgences étaient accordées à tous ceux qui y prêtaient la main ou qui y concouraient, ne fut-ce que par l'aumône d'un *méré*.

Ce mot pourrait, dit Wuyart, venir du mot *mereau*, qui signifie une petite pièce de plomb donnée aux manœuvres pour voir combien ils ont gagné à leur journée, car on leur en donne un chaque fois qu'ils passent (1). »

Il n'était pas rare à cette époque, paraît-il, de voir des personnes de haute lignée s'atteler avec les personnes du peuple et tirer avec elles un petit chariot chargé de quelque grosse pierre, pour faire une œuvre agréable à Dieu et gagner une indulgence.

L'abbé Mathieu ayant obtenu des templiers, à qui elle avait été donnée par Amicie de Breteuil, la permission de défricher la terre du Quesnelz ou Chesneltz, d'où « Esquenelz, Esquenois », selon la prononciation du jour, à des conditions déterminées, avec la faculté d'enlever tous les chênes nécessaires à la réédification de son monastère. D'une pierre il avait fait deux coups : il s'était procuré, à proximité, d'excellents matériaux et avait créé un nouveau centre d'exploitation agricole facile, qui allait donner naissance à l'un des plus beaux villages des environs.

Les religieux savaient tirer un parti excellent de tout, des hommes et des choses, non moins que des circonstances : on ne peut qu'admirer la sagesse qui présidait presque toujours à l'administration du monastère et de ses biens jusque vers le milieu du XIIIe siècle.

La ferme du Quesnois fut exploitée par des convers et des

---

(1) Un liard valait alors plus de 3 francs de notre monnaie. Du temps de Charlemagne on achetait vingt-quatre livres de pain avec 1 denier (Capitulaires).

converses jusqu'à la fin du xv⁰ siècle (1). Elle fut alors sécularisée et puis vendue, à la suite de tristes événements.

Des splendides constructions attribuées à l'abbé Mathieu, il ne reste plus guère que deux tours encadrant une jolie chapelle classée, depuis peu d'années, parmi les monuments historiques, grâce à l'intervention de l'honorable M. Gustave Le Vavasseur, ancien député.

M. Charles Bazin, dans les *Annales archéologiques* de Didron (2), nous en a donné une description que nous avons à cœur de faire connaître à nos compatriotes, pour qu'ils puissent tous bien apprécier le génie d'un des plus beaux siècles de notre histoire et la valeur d'une des plus grandes richesses artistiques du département :

« Une petite porte masquée dans l'un des angles de la base, y donne accès, trois ogives accolées et percées dans la muraille plate du fond l'éclairent. Les vitraux étaient de couleur, les murs étaient couverts de personnages à fresques, les voûtes peintes, et aux arceaux s'accrochaient des écussons revêtus de leurs émaux. L'or, le vermillon, le bleu d'azur illuminaient les bouquets de feuilles des clefs de voûtes et deux des chapiteaux. Toutes ces richesses n'existent plus qu'à l'état de vestiges et de lambeaux aux angles des draperies, aux nervures des feuillages.

« Les sculptures que les documents historiques semblent reporter au commencement du xiii⁰ siècle... paraissent à l'archéologue d'une époque un peu postérieure. En tout cas, elles sont du meilleur ciseau.

« Le marteau a mutilé la plupart des scènes tirées de la vie des saints qui décoraient les culs-de-lampes tenant lieu de chapiteaux pour recevoir la retombée des voûtes. L'humidité a écaillé les peintures à fresques qui animaient

---

(1) Manuscrit p. 57.
(2) *Annales archéologiques de Didron* (1850), t. x, p. 18.

les murailles de personnages ; qui faisaient briller aux arceaux des voûtes les émaux des écussons ; qui illuminaient d'or, de vermillon et d'azur les bouquets de feuilles appendus aux clefs de voûtes ou accrochées aux chapiteaux. Le vent a défoncé les vitraux peints ; la place qu'ils occupaient n'est plus indiquée que par des débris insignifiants.

« En ajoutant à ces richesses mutilées le peu qui est resté intact, c'est-à-dire un agneau de Dieu portant la croix de la résurrection, des figures enfeuillagées et des feuilles de lierre en couronne sculptées aux clefs de voûtes, on se rend compte de la beauté primitive de cette chapelle.

« Mais, à côté de la pureté de ciseau du sculpteur, on découvre des imperfections de l'architecte. Les voûtes sont, en effet, trop basses pour donner de la légèreté au monument : elles ne sont qu'à cinq mètres du sol. A l'œil, le plan de la chapelle est un carré long. A la mesure il donne 10 m. 90 de longueur, 4 m. 54 c. de large à l'une de ses extrémités, celle du chevet ; et 4 m. à l'autre, celle de la base. C'est la disposition des anciennes dalles tumulaires : la base moins large que le sommet.

« Après avoir contemplé la splendeur des voûtes et la richesse des murailles, l'œil descend au carrelage de cette chapelle, et s'y arrête avec complaisance. Ce carrelage, du XIVe siècle, est formé de carreaux en terre cuite émaillée, disposés d'une façon singulière. Des bandes longitudinales et transversales le divisent en rectangles de longueurs différentes et de dessins variés. On serait tenté de croire, à la vue de cet agencement, qu'il remplace les dalles funèbres de nos églises ; que chaque rectangle délimite la place occupée par chaque cercueil ; on a soulevé le pavé en plusieurs endroits et il n'a pas été trouvé trace de cercueils. Auraient-ils été enlevés précédemment ? On ne sait.

« Des pavés à fond rouge et à dessins jaunes alternent, en général, avec d'autres d'un brun ou vert foncé. Mais, sans parler des fleurs de lis, des rinceaux et fleurons que figure l'émail jaune, il est bon de faire remarquer que les pavés eux-mêmes sont découpés suivant des modèles variés, dont l'assemblage produit souvent le plus heureux effet.

« Ce sont des figures géométriques (cercles entrelacés, damiers, losanges), des rinceaux, des broderies réticulées et festonnées, des fleurs de lys héraldiques, des animaux affrontés (lions, oiseaux, lézards), des lettres (AΩ) des personnages lourds se tenant par la main, teintés alternativement de rouge et de jaune pâle, de vert bouteille. La similitude que l'on surprend aisément entre ces débris suppose l'existence dans nos pays de quelque centre de fabrication. Les émaux de ce pavage sont en grande partie enlevés...

« Ils composaient, à l'époque de leur splendeur, un tapis aux couleurs vives, qui devait couvrir primitivement la chapelle entière, mais aujourd'hui tronqué et réduit en tout sens. Il en est de ce carrelage comme de ces anciennes tapisseries qu'on rencontre d'ordinaire déshéritées de leurs bordures...

« Sur les pavés isolés (de l'époque primitive) on trouve soit des oiseaux becquetant les fleurs, soit des fleurs de lis, inscrites dans un cercle perlé, soit des feuilles symétriquement disposées sur un rectangle de terre cuite et dont la forme est celle de nos briques actuelles. Ce rectangle est divisé par une rainure médiane et qui simule la juxtaposition de deux carreaux, ou bien ce sont quatre carreaux placés à côté les uns des autres. Chaque quartier comprend trois personnages se donnant la main, ce qui compose une ronde de douze individus, jaquette au vent, qui tourbillonnent d'une manière fort animée.

« L'ensemble du carrelage émaillé parait être, à voir ces bandes longitudinales et transversales qui le divisent en rectangles de longueurs différentes et de dessins variés, une imitation de ces pierres tombales de différentes grandeurs qui s'alignent encore aujourd'hui dans un certain nombre d'églises et s'arrêtent irrégulièrement au milieu d'un pavage uni.

« Des pavés, à fond rouge et à dessins jaunes, alternent

d'ordinaire avec d'autres d'un brun ou vert foncé uni. L'émail jaune décrit des fleurs de lis, des rinceaux et des fleurons variés de forme et de grandeur. Mais ce qu'il est plus curieux d'observer et ce qu'il serait surtout bon d'imiter, ce sont les figures très nombreuses suivant lesquelles sont découpés les pavés, de manière à présenter par leur simple assemblage une mosaïque du meilleur goût, composée de losanges, damiers, cercles entrelacés, broderies reticulées et festonnées avec une grande délicatesse.

« En même temps que ces compartiments varient de forme, ils changent de dimension. Leur épaisseur est invariable, elle n'est que de deux centimètres. La face qui touche le sol est unie ; elle n'a pas d'encoches pour happer le mortier. La terre est l'argile du pays, qui est fort ordinaire... Nous regrettons bien de n'avoir pu donner la vue intérieure de cette chapelle, difficile à photographier.

« La chapelle abbatiale qui renferme pour sculpture et pour pavage les précieux restes que nous venons de désigner, a immédiatement au-dessous d'elle, de plain-pied avec le sol, un local dont on ne connaît pas bien la destination primitive, et qui reproduit exactement la chapelle même, quant aux trois dimensions de longueur, largeur, hauteur ; mais l'ornementation en est moins riche et moins soignée. Cette disposition d'une chapelle superposée à une autre semble donner au monument entier un caractère de chapelle funéraire que la forme du carrelage aurait pu faire déjà supposer. Ce n'est cependant qu'un indice sans preuve. On a même soulevé le pavage et aucune trace de sépulture n'est apparue. »

Pendant que l'abbaye de Breteuil, sous la direction et l'impulsion de ses abbés, secondés par le meilleur des personnels, s'embellissait, se développait, la seigneurie, à la suite de trop nombreuses mutations dont chacune nécessitait un droit royal de rachat, perdait sans cesse de sa valeur. Le droit de rachat en question était en effet fort onéreux ; à la mort d'Amicie, lisons-nous dans M. de

Dion (1), ses deux filles, conjointement avec leurs maris, durent, pour le rachat des droits féodaux, verser dans le trésor royal, 3,000 livres, somme équivalente à plus de 150,000 francs de notre monnaie, et pour le paiement de laquelle nous inclinons à croire, toujours avec M. de Dion, que les seigneurs de Breteuil ou des environs simulaient des ventes au monastère qui leur avançait l'argent nécessaire.

L'acte justificatif du rachat de la seigneurie de Breteuil, publié dans les Layettes du trésor des Chartes, n° 1829, est ainsi conçu :

« *Simon de Bellosaltu, Clementia uxor ejus et Johanna de Argies, notum faciunt se cum domino rege super rachato terre Britholii de dicto rege morentis, per tria nullia librarum parisiensium* (trois mille livres parisis payables en trois termes), *tribus terminis solvendarum, finavisse, salvis pactionibus quas Amicia domina Britholii cum domino rege inde facerat* (pour sauvegarder le pacte y relatif fait par Amicie, dame de Breteuil, avec le seigneur roi).

« *Actum Parisiis, anno Domini M° CC° vicesimo sexto mense novembri* (2) ».

Le prix de ce rachat indique le produit des droits féodaux de la seigneurie, mais réparti sur un nombre d'années indéterminées.

Le roi, qui avait racheté Clermont et Breteuil en 1223, 4,000 livres une fois versées, n'avait donc pas fait une vilaine affaire; elle était d'autant meilleure qu'elle lui en avait assuré les fortifications.

Le droit féodal se prélevait en partie du moins sur toutes les mutations, ventes opérées sur les terres mouvantes de la seigneurie. Les mutations étaient passibles de 1 livre 8 deniers (3) pour livre.

Donnons ici la composition de la seigneurie au XIII° siècle:

---

(1) M. de Dion cité, p. 35.
(2) *Ibid.*
(3) Archives de l'Oise, ab. H. 1836.

La seigneurie de Breteuil comportait, en 1233, dix-huit fiefs et hauts justiciers : 1° l'abbaye de Notre-Dame de Breteuil qui avait le fief de la Bessonne, son bailli distinct, autre que celui du seigneur du bourg et, de plus, d'autres droits seigneuriaux sur plusieurs maisons ; 2° les religieux de l'Hôtel-Dieu de Breteuil ; 3° les religieux célestins d'Amiens ; 4° le sieur de Vendeuil, à cause de son fief d'Esbuquernel ; 5° le sieur de Freton, à cause de son fief qui relève du Temple ; 6° le sieur de l'Estoille ; 7° le seigneur de Crèvecœur ; 8° le sieur de Bacouël (qui fut vendu, en 1575, 653 livres 15 sous au procureur de messire Jean de Paillart, chevalier de l'ordre du roi, gentilhomme ordinaire de sa chambre, seigneur de Choqueuse, Bonvillers, Bacouel, Fay, Foucaucourt, Estrée, Ambraille, Cempuis et Fleury) (1) ; 9° le sieur de Tartigny ; 10° le sieur Douville ; 11° le sieur de Varmoise, à cause de son fief de Boulainvillers ; 12° le sieur de Troussencourt ; 13° le sieur de Martinville ; 14° le sieur Deslirants ; 15° le sieur d'Américourt ; 16° le sieur de la Frette ; 17° le sieur de la Morlière d'Amiens, à cause du Cornet-d'Or ; 18° le fief Saint-Jacques (2).

Ebeillaux, Ebeilleux, nom dérivé du mot Yèble, Hièble ; autrefois : Ièble, du latin *Ebulus* qui veut dire sureau, et de *Yeuse* ; autrefois : *ieu-ze*, du latin *Ilex-icis*, nom vulgaire du chêne vert, formait un fief distinct de la seigneurie de Breteuil (3).

Ebeillaux constituait comme Saint-Cyr un fief mouvant de la seigneurie de Breteuil, qui l'aliéna, avec la foi et l'hommage, à une époque indéterminée, mais antérieure au XI° siècle.

---

(1) Archives de l'Oise, H. 1835.

(2) Manuscrit cité, p. 55.

(3) Extrait des documents historiques de feu M. Pourcelle-Darras, qui nous ont été récemment communiqués par Mme Pourcelle-Darras, de Breteuil.

Amicie de Breteuil l'ayant racheté, vers 1220, en donna la seigneurie à l'abbaye de Froidmont, qui la revendit, le 19 avril 1660, à M. de Barentin, riche et puissant seigneur d'Hardivillers, président au grand conseil du roi (1).

Ebeillaux, aujourd'hui hameau de cinq à six maisons, sans nul souvenir d'un édifice religieux connu, ne paraît guère avoir été plus habité autrefois (2).

Le châtelain de Breteuil en 1223, le sieur d'Argies ou de Dargies se vanta, rapporte un mémoire, de pouvoir entrer dans l'abbaye quand bon lui semblerait, à cause de ses droits de châtelain. Il s'y rendit donc un soir, après souper, suivi de son fils. L'abbé leur ayant refusé la porte, d'Argies, épris d'une violente colère, frappa l'abbé et blessa le prévôt. Les religieux, accourus au secours de leurs supérieurs, mirent d'Argies et son fils hors du monastère. « Le lendemain matin, l'abbé et le prévôt furent amenés sanglants devant la reine Blanche, qui, touchée de compassion à ce spectacle presque inouï de son temps, condamna le seigneur à faire amende honorable. L'abbé profita de cette circonstance pour dire qu'il ne voulait plus, dans la crainte d'un nouveau et semblable traitement, avoir aucun droit féodal relevant du seigneur d'Argies, mais seulement du roi (3). » D'Argies fut tout d'abord condamné à faire amende honorable ainsi que son fils.

Pour la réparation de son acte de violence, et aussi sans doute afin d'obtenir la levée de la peine si redoutée alors de l'excommunication, le châtelain de Breteuil, du consentement de sa femme et de ses enfants, donna à l'abbaye tout le domaine de Haliguiler (4), (Hallivillers peut-être.) Il donna encore à l'abbaye, en 1231, la *seigneurie* d'une

---

(1) Graves : *Précis statistique du canton de Breteuil*, p. 63.
(2) *Ibid.*
(3) Manuscrit cité, p. 51.
(4) *Ibid.*

maison et d'un manoir, que l'abbé Mathieu avait achetés de Firmin Le Turier, mais à condition que cette maison et le manoir seraient renfermés dans la clôture de l'abbaye (1). Cette véritable graciouseté de la part de Simon de Dargies ne fut guère imitée dans les siècles suivants par les seigneurs de Breteuil. De Dargies se montra ainsi aussi franc dans sa réconciliation qu'il avait été violent un jour, et par cette conduite il a manifesté le véritable caractère, la noblesse d'âme du chevalier de l'époque. Le scel de la dame d'Argies représente une femme à cheval, la couronne en tête (2).

L'auteur du manuscrit de l'abbaye, qui reproche à Simon d'Argies de s'intituler à tort seigneur de Breteuil à cette époque, doit s'être mépris, car il l'était réellement, à moitié du moins, du chef de sa femme Jeanne, dame de Catheu, fille de Jean Briard, devenu l'époux, on se le rappelle, d'Amicie de Breteuil.

M. de Dion, d'ailleurs, donne positivement Jeanne de Catheu comme dame de Breteuil en partie. Clémence, sa sœur aînée, mariée à Simon de Beausault, l'était de l'autre partie (3). Simon de Dargies était d'une famille du Beauvaisis; vassal du comté de Clermont, il tenait encore, sous Philippe-Auguste, de la châtellenie royale de Montdidier, la huitième partie de Bulles et Villiers-sur-Roie (4).

Quant à Simon de Beausault il était d'une riche famille normande qui possédait Formerie, Beausac et Saint-Maurice, près Neufchâtel (5).

Simon de Dargies jouit conjointement de la seigneurie

---

(1) Archives de l'Oise cit., H. 1719.

(2) Manuscrit cité.

(3) M. de Dion, cité p. 31.

(4) *Historiens de France*, t. XXIII, 656, 7.

(5) *Ibid.*, 272, 639, 681.

de Breteuil jusqu'à sa mort, qui arriva on ne sait positivement en quelle année.

Wuyart avança timidement que ce fut le 4 novembre 1231. Cela est peu probable, à s'en rapporter : 1° à un mémoire de l'abbaye qui mentionne Simon de Dargies comme ayant suivi saint Louis à la conquête de la Terre-Sainte, et 2° à une charte dans laquelle il est cité comme confirmant, vers 1257, un don de deux muids de froment de rente laissés à l'abbaye de Beaupré par son oncle feu Raoul, comte de Clermont, et dix muids de blé donnés par son cousin Raoul, chevalier, fils du précédent (1). Dans cette charte il se dit seigneur de Breteuil, tandis que dans un acte donné en juin 1246 à l'abbaye de Froidmont, de concert avec Renaud son fils, il signe seulement chevalier et seigneur de Dargies (2).

M. de Dion le donne comme seigneur de Breteuil, conjointement avec Guillaume Ier de Beausault, d'après dom Grenier, depuis l'année 1231 jusqu'à l'année 1262.

L'endroit de sa mort est aussi peu certain : selon M. de Dion, il mourut dans l'abbaye de Beaupré revêtu de la robe monacale. On revendique, en faveur de son sentiment, le fait de l'inhumation dans le même lieu de la dame de Dargies, ainsi mentionnée dans l'obituaire de Beaupré : *Nonis martii obiit Johanna venerabilis domina de Dargies et dimidie partis castellanie de Britolio.*

Robert Wuyart, de son côté, le fait mourir, mais à une date impossible (4 novembre 1231), à Breteuil « où il fut, dit-il, inhumé dans l'église de l'abbaye, dans la muraille, à coté de l'Evangile du grand autel, où il fut effigié et gravé sur pierre de tombe, en façon de chevalier (avec l'inscription précédemment reproduite). Il porte un écusson sur la

---

(1) Moreau, collection, t. CLXXVII, fol. 137, reproduit par M. de Dion.

(2) *Ibid.*, t. CLXI, fol. 25.

cuisse et deux autres sur ses épaules en forme de bannière. Cette place honorable lui fut donnée comme bienfaiteur et non comme fondateur de l'abbaye. »

Il laissa deux fils : Renaud qui lui succéda et Jean qui se fit moine à Beaupré (1).

Renaud, d'après la collection Moreau, Simon de Dargies, selon Brussel, vendit, en 1261, sa moitié de ladite terre de Breteuil à Guillaume de Beausault, qui dut payer au roi 2 marcs d'or pour droits de transmission (2).

Il paraît toujours certain qu'un Dargies était encore seigneur de Breteuil en partie, en 1249 ; car, à cette date, le châtelain de Breteuil dut demander au seigneur de Dargies la permission de vendre une partie de bois qu'il tenait de lui à Breteuil, pour satisfaire à sa croisade.

Guillaume Ier de Beausault, enorgueilli lui aussi de sa puissance seigneuriale, ne craignit pas non plus de troubler l'abbaye dans la jouissance de ses pâturages de Wavignies : il alla jusqu'à maltraiter ses valets, jusqu'à lui enlever ses bestiaux. L'abbé Mathieu, que nous avons depuis vu à l'œuvre, n'hésita pas à dénoncer ces nouvelles violences au garde du roi à Beauvais, à Nicolas Arrode, qui condamna bel et bien le seigneur de Breteuil à 200 cents livres d'amende pour avoir troublé les moines dans un droit de pâture à « Vuavigny » (3). L'usage était alors de laisser pâturer dehors les bestiaux presque toute l'année, sinon toute l'année, sans trop se soucier du fumier de l'étable, qui était si peu abondant que presque tous les baux ne portaient l'obligation de fumer qu'une fois tous les neuf ou douze ans. C'est assez dire que la culture était loin d'être aussi intensive que de nos jours (4). Quoi qu'il en soit, le cheva-

---

(1) Manuscrit cité, p. 56.

(2) M. de Dion, cité, p. 37.

(3) *Historiens de France*, t. xxiii, 272. Extrait de M. de Dion.

(4) Archives de l'Oise, cit., *passim*.

lier de Beausault apprit à son tour et à ses dépens que le temps de violenter impunément le monde était passé, qu'au dessus de la justice seigneuriale il y avait la justice royale, avec laquelle seigneurs et châtelains de Breteuil devront désormais toujours compter, grâce aux institutions de Philippe-Auguste et aux établissements de saint Louis, lesquels doivent être, on le sait, considérés comme l'avènement d'une législation uniforme et régulière dans notre beau pays de France.

Guillaume Ier survécut près de trente-huit ans à l'abbé Mathieu, car il ne mourut qu'en 1278. Il laissa une fille appelée Clémence et un fils encore mineur qui prit son nom et dont le roi eut la garde, pour lequel il présenta à Guillaume, archevêque de Rouen, Jehan de la Fontaine, à la cure de Neufchâtel : *Rex presentavit Guillelmo, archiepiscopo, Johannem de Fonte, ratione balli seu gardae Guillelmi de Bellosaltu, domicelli* (1). Guillaume avait été marié deux fois, la première à Amitia (2), la seconde à Éléonore ou Éliénor, on ne sait de quelle famille.

Clémence épousa Henri de Muret, seigneur de Chérisy, qui vivait en 1262 et 1301 (3).

Le sceau équestre de Guillaume Ier, porte pour légende :

† S. WILAVME DE BEAVSAT.

Sur son bouclier et sur l'écu du contre-sceau est un lion sur un semé de billettes. Le lion n'y figure pas toujours dans la même position : tantôt, son attitude est simple, naturelle ; tantôt, il rampe contourné sur un champ d'hermine ; parfois il court. Dans la position ordinaire, il est ou il n'est pas couronné.

---

(1) *Hist. de France*, t. XXIII; 272.

(2) Manuscrit cité, p. 66.

(3) M. de Dion, cité, p. 38.

La légende du lion couronné est :
> *Secretum meum michi*;

Du lion courant : .
> CONTRAS. GVILLELMI DE BELLO SALTV;

Du lion encore courant mais sur un sceau armorié :
> † S. GVILLELMI. DE. BELLO. SALTV. MILIT.
> DNI. BRITVL II (1).

Sous les différentes attitudes du lion, Guillaume 1er a-t-il voulu représenter les diverses phases de sa vie? Qui sait? Mais, comme le lion, il se montra généreux, à ses moments, rarement toutefois à l'égard de l'abbaye de Breteuil. En revanche, à nous en rapporter à l'histoire connue qui pourrait bien être incomplète, les abbés de Saint-Lucien, près Beauvais, et de Saint-Germer-de-Flay, 1257, et les chapelains de la chapelle du château ont eu à se féliciter de sa générosité : aux premiers il donna le gruage des bois de Fay; à son chapelain « une maison de Falloise, qui s'appelait Petrus de Turna, et à ses successeurs une rente perpétuelle de 40 sols pour le remède de son âme, de celle de ses prédécesseurs » (2). Il est encore signalé par M. de Dion pour avoir scellé un amortissement, en 1247, en faveur de l'Hôtel-Dieu de Beauvais.

Nous le dirons en finissant ce chapitre : la chapelle du château, fondée par les comtes de Breteuil, était dédiée à saint Ansbert (3). Elle devait être abondamment pourvue de biens. Le droit de patronage et de nomination appartenait au seigneur. Le duc de Sully, le grand ministre d'Henri IV, vicomte de Breteuil, présenta pour chapelain, en 1578,

---

(1) M. de Dion cité p. 39.

(2) Manuscrit cité p. 60.

(3) Officialité de Breteuil, cité.

Vue d'une partie de l'ancienne abbaye de Breteuil.

maître Pierre de La Vergne, *tanquam sufficientem, capacem et idoneum ad dictam capellam obtinendum, regendum*, comme suffisamment capable, digne d'obtenir et propre à régir la chapelle (1).

En dehors des églises Saint-Cyr et Saint-Jean, il y avait, au xv° siècle, *l'église* de l'Hôtel-Dieu, dédiée à saint Nicolas, deux petites *chapelettes*, sur le chemin du cimetière. L'une d'elle renfermait un *ecce homo*. Une chapelle en bois exista aussi vers le haut de la rue du Loup, à l'entrée du chemin du Trou-du-Loup (2). La chapelle de la rue du Frayer, dédiée à Notre-Dame de Délivrance, reconstruite actuellement sur un plan beaucoup plus beau que l'ancien, grâce à des générosités particulières connues de Dieu, fut vendue, comme les autres, à démolir dans les trois mois, pendant la Révolution, peu de temps après sa reconstruction en pierre de taille. Elle était alors élevée sur un terrain de plus d'un arpent, dont jouit en dernier lieu M° Adrien de La Morlière, qui en était aussi le chapelain (3). Les trois ou quatre maisons qui se trouvaient par derrière relevaient de l'abbaye ; cela prouve que la chapelle aura été bâtie sur une terre donnée jadis aux bénédictins. Elle était le but d'un pèlerinage à la Nativité. Signalons aussi, mais dans l'église Saint-Jean, une chapelle fort honorée, dite de Notre-Dame de Saint-Antoine, dont les quêtes, tant pour la chapelle que pour les trépassés, entraient pour quatre articles dans le budget de la fabrique (4).

---

(1) Officialité de Breteuil, cité.

(2) Arch. de l'Oise. Ancien plan sans nom. Elle était dédiée à saint Marcoul.

(3) *Ibid.*

(4) Official., cité.

Vue d'une partie de l'ancienne abbaye de Breteuil.

CHAPITRE QUATORZIÈME.

Seigneurs et abbés de Breteuil au XIVᵉ siècle.

Guillaume II de Beaussault, Evrard de Montmorency et Jehan de Montmorency. — Nouvelles contestations. — Le luxe des seigneurs et des religieux de Breteuil. — Des cloîtres de l'abbaye.

A Guillaume Iᵉʳ de Beaussault succéda, jeune encore, Guillaume II, vers l'année 1283. Il n'était alors qu'écuyer ; c'est du moins en cette qualité qu'il acquiesça à une requête de Jean de Montel, cardinal de Sainte-Cécile, et de son frère, l'abbé de Saint-Lucien de Beauvais, qui avaient sollicité de lui des droits réservés de garenne sur des bois de cette abbaye : « *Guillaume de Beausaut, esquier, sires de Breteul* » (1).

Son sceau armorié porte un écu au lion courant sur champ d'hermine, avec cette légende :

† S. WILLEMI. DE. BELLOSALTV. DNI. DE BRETOLIO.
ARMIGERI.

Même écu au contre-sceau :

† S. WILL. DE. BIAVSAT.

Il était chevalier en 1294, comme le témoignent des chartes : « Jo Guillaume de Beausaut, chevalier, sires de Bethuels, fais savoir à tous chieus qui ces présentes lettres verront et orront, etc. » (2).

C'était encore un haut et puissant seigneur : l'affaiblissement de la seigneurie, à la suite de partages, ne l'empê-

---

(1) Moreau, t. CCVI, fol. 177, d'après arch. de Saint-Lucien.
(2) *Ibid.*, t. CCXII, f. 2 1.

chait pas d'être le seigneur dominant. Aux titres de seigneur de Breteuil et de Beausseault, il joignit même celui de comte de Clermont jusque vers 1300, c'est-à-dire jusqu'à l'année de la cession du comté de ce nom à Louis de Bourbon (1).

Il doit donc être regardé comme l'héritier de nos seigneurs primitifs, nommés *patrons* par les habitants qui leur étaient si intimement liés, dans le principe, qu'ils ne pouvaient les quitter que dans les cas prévus par les capitulaires : d'attentat à leur vie, de violences exercées avec un bâton ou de déshonneur infligé à leurs femmes ou à leurs filles (2).

D'après dom Grenier, Guillaume II épousa Jeanne de Muret, dont il eut une fille nommée Clémence ou Climenche de Muret. M. de Dion dit qu'il est plus probable que « Clémence de Muret était sa nièce, fille de sa sœur Clémence de Beaussault et de Henri de Muret, et qu'elle lui succéda à défaut d'hoirs directs » (3). Nous nous rangeons à son avis, comme toujours.

Vers l'année 1305, Clémence de Muret épousa Evrard de Montmorency, fille de Mathieu de Montmorency, grand échanson de France, seigneur de Conflans-Sainte-Honorine, veuf en premières noces de Jeanne de Longueval. Le changement de maître ne paraît avoir modifié en rien la condition des vassaux : Evrard leur confirma même, en juin 1310, les franchises que leur avait accordées Gautier de Bisnel. Cette nouvelle consécration des droits des habitants, par un seigneur assez puissant encore pour les leur confisquer, mérite d'être remarquée (4), à cette date surtout où, dit Wuyart, « des séculiers et même des clercs pre-

---

(1) Manuscrit cit.
(2) Capit. *Caroli Magni*, A. 813.
(3) De Dion cit., p. 39.
(4) Graves : *Cant. de Breteuil*.

naient cette liberté, que voulant avoir quelque chose du bien de l'abbaye, ils ne cessaient d'en molester les religieux, les convers qui demeuraient dans les fermes ; quelquefois aussi de ravir et de retenir les animaux, les prenant dans les fermes, et, tout cela de leur propre et prime autorité, sans être avoués de justice, sans ombre de quelque petite difficulté qu'ils avoient par ensemble, et ne cessaient leurs vexations qu'ils n'eussent obligé par leurs mauvais traitements les abbé et religieux de leur accorder à tort ou à droit » (1).

Evrard de Montmorency, lui-même, avait laissé ébrancher des arbres dans la neuve rue de Francastel, où les bénédictins exerçaient les droits de haute, moyenne et basse justice « et avoient le droit *d'y faire couperet.* »

Les droits immémoriaux de l'abbaye furent assez longtemps constatés « jusqu'à ce que les officiers d'Evrard ayant exercé encore acte de justice sur quelques personnes qui s'étaient battues dans la rue et le seigneur ayant fait couper des arbres sur le chemin de Franc-Castel à Breteuil, » l'abbé Pierre du Quaisnel, en 1331, forma complainte au sujet d'usurpation et de « desaisaine » (2). Deux arbitres, avec faculté de s'en adjoindre un troisième, avaient reçu, en 1323, injonction de terminer l'affaire dans l'espace de huit mois. « 200 livres de dédit étaient stipulés moitié applicables au roy, moitié à la partie qui résilierait. »

L'affaire et le compromis ayant été rompus le 3 avril suivant, à la mort de Pierre du Quaisnel, Guillaume de Disjon, le nouvel abbé, passa avec les mêmes arbitres un nouveau compromis qui aboutit si lentement que, ni

---

(1) Manuscrit cit.

(2) L'abbé Pierre du Quesnelle, de l'ancienne maison du Quesnelle, près Saint-Just, avait été donné par ses parents à l'abbaye, peu de temps après sa naissance ; nourri et élevé par la nourrice du couvent. (Manuscrit.)

Evrard de Montmorency, ni l'abbé de Disjon n'en virent l'issue (1). L'affaire ne fut terminée qu'en 1334 par Jehan Ier de Montmorency, par une reconnaissance, hélas! bien tardive des droits de l'abbaye, conformément à des conventions produites, jurées par Hugues de Crèvecœur, en 1230, sur les autels de Notre-Dame de Breteuil et de Saint-Constantien. L'arbre ou les arbres saisis étaient restés pendant tout ce laps de temps couchés dans la rue! Que devaient-ils valoir à la fin? Il n'en fallait pas moins pour que les religieux obtinssent gain de cause.

Les seigneurs de Breteuil étaient, on le voit, excessivement susceptibles à l'endroit de leurs droits seigneuriaux : L'abbé Jehan ayant eu, en ce temps-là, le malheur de *lever* le corps d'une jeune fille nommée Margotte le Bosquillon, qui s'était noyée près du moulin d'Orgissel, « dans les eaux de la justice du seigneur de Breteuil, s'attira une grosse affaire : tout le monde se récria, et on admira beaucoup la générosité de Jehan de Montmorency qui, réserve faite de ses droits, voulut qu'on ne donnât aucune suite au procès intenté » (2).

Jehan Ier de Montmorency habitait le château de Breteuil où il reçut le roi Philippe-le-Bel, son parent. C'est même de ce château que ce roi donna commission au bailli de Senlis de se transporter à Beauvais, à l'effet de s'interposer, au nom du roi, entre les communiers de cette ville révoltés et l'évêque, avec ordre à celui-ci de retirer sa défense d'approvisionner ladite ville, attendu qu'il la considérait comme attentatoire à son autorité souveraine.

L'intervention royale ayant provoqué une nouvelle collision à Beauvais, le bailli de Senlis fit jeter en prison le

---

(1) Manuscrit cité, p. 77.

(2) Arch. de l'ab. cit., II. 1873.

maire de la commune et le bailli de l'évêque, après quoi les parties finirent par s'arranger (1).

Dans la lutte si vive, survenue entre Philippe-le-Bel et le pape Boniface VIII, à propos de la subordination, *ratione peccati*, à raison du péché, du pouvoir temporel au pouvoir spirituel, les bénédictins de Breteuil se mirent du côté du roi, dans l'assemblée tenue à Paris le 11 février 1302 (2). Ils commencèrent ainsi à changer de maître, pour leur malheur. Nous le verrons bientôt : le pouvoir civil tendait de plus en plus, sinon à absorber totalement le pouvoir religieux, du moins à le diminuer, afin de le diriger selon les vues de sa politique. Remarquons-le : c'est toujours l'Etat qui, sous le prétexte d'assurer l'ordre, une liberté civile et religieuse plus grande, veut être le maître absolu de tout, régir les âmes elles-mêmes à la place de l'Eglise, au nom d'une prétendue liberté de conscience. La conséquence forcée, au xiv° siècle, a été, l'affaiblissement de la puissance spirituelle, et, avec elle, l'affaiblissement de la foi, de la charité, dont le corollaire obligé fut la décadence des mœurs et des institutions chrétiennes.

Evrard de Montmorency, marié à Jeanne de Tournelle, mourut, selon Moréri, en 1337, jeune encore, puisque Jehan de Montmorency lui succéda étant encore mineur. Sous lui, le château-fort de Breteuil fut reconstruit, ou peut-être sous son fils, à nous en rapporter à leurs armes qui étaient autrefois *sculptées* sur la porte du château (3).

Comme le témoignent assez leurs sceaux armoriés : à partir de cette époque, nos seigneurs, devenus moins chrétiens, affichèrent un plus grand orgueil, un mépris plus prononcé de leurs vassaux ; donnèrent dans un luxe

---

(1) Delettre, *Hist. du diocèse*.

(2) *Ibid.*

(3) De Dion cit., p. 40.

effréné pour le temps : quand ils n'avaient pas leur armure, ils étaient revêtus d'une pelisse relevée de riches fourrures, au-dessous de laquelle se voyait une robe étroite et blasonnée qui se modelait sur le corps d'une façon assez indécente. Leurs chaussures étaient terminées par de longues cornes de deux pieds et plus parfois, qui se rattachaient au genou par des chaînes d'or et d'argent. Leurs toques étaient chargées de plumes de diverses couleurs, leurs cheveux tressés allaient, dit Pétrarque, « de ci, de là, par derrière, comme la queue d'un animal, » sur le front ils étaient retapés, comme ceux des femmes, avec des épingles à tête d'ivoire.

Leurs dames portaient sur la peau un linge très fin, des robes montantes ornées de dentelles, ornées à droite des armes de leur mari, à gauche de celles de leur famille. Elles laissaient leur chevelure flotter en longues tresses sur leurs épaules, ou bien elles la relevaient en forme de pyramides d'où pendaient des voiles, des banderolles, des ailes. Un instant, les pyramides s'élevèrent si haut qu'il fallut élargir et exhausser les portes pour ménager un passage assez large à la noble châtelaine, qui ne songeait plus guère à aller s'ensevelir dans un monastère, à l'exemple de ses aïeules de pieuse mémoire. Leurs chevaux eux-mêmes étaient richement caparaçonnés ; rien n'égalait la magnificence de leurs chasses, de leurs tournois et de leurs repas, annoncés au son du cor du haut du donjon (1).

Quoique retenus par leurs vœux, nos bénédictins, devenus eux aussi de véritables seigneurs, suivirent de loin sans doute ce triste courant. La richesse, cet écueil de la vertu, commença à leur enfler le cœur. Les abbés eurent dès lors une mense, des appartements quasi princiers, distincts de la mense et des appartements des religieux qu'ils finirent par regarder du haut de leur grandeur; que

---

(1) Certains seigneurs avaient des meutes de seize cents chiens.

dis-je? par abandonner ou à peu près à eux-mêmes, en leur laissant pour souvenir après leur mort quelque *pitance* annuelle ou perpétuelle prélevée sur leur mense (1), ce qui fut un malheur, même pour le pays.

Les religieux finirent par posséder sans grand remords de conscience, témoin l'un d'eux qui donna, en 1332, au monastère « huit gobelets en argent qui valaient bien 34 écus », sous la condition d'une messe annuelle du Saint-Esprit pendant sa vie, et de *Requiem* après sa mort (2).

Dès la fin du XIIIe siècle les bénédictins allaient à la chasse : en 1296, Guillaume de Beaussault Ier, ayant échangé avec eux un droit de pêche à deux nacelles et à deux trémails dans tous ses viviers, la redécime sur les moulins du seigneur de Breteuil, des sieurs de Falloise, Paillart... le travers des cethers et des brouettes de Saint-Nicolas..., contre sa terre de Promperoy avec justice, garenne..., stipula que les religieux ne pourraient chasser « dans la garenne proche d'un bois cédé, ny y laisser chasser leurs chiens. »

Au commencement du XIVe siècle, l'abbaye de Breteuil était arrivée à l'apogée de sa puissance avec l'abbé Werricus ou Verris, vingt et unième abbé. Nonobstant les droits fiscaux imposés par Philippe-le-Bel, en 1294, sur tous les biens acquis ou échangés par l'abbaye depuis quarante-huit ans (3), l'abbé Werricus put faire construire les trois côtés du cloître et la chapelle de Notre-Dame, en 1300.

Les cloîtres, dit P. Mouret, qui les avait vus dans son enfance, « formoient une très belle et très grande galerie en carré, avec un jardin au milieu. Cette galerie couverte, avec de petits piliers en pierres dures, garnis de superbes et délicates sculptures, faisoit l'admiration de tous les connois-

---

(1) Manuscrit cité, p. 71.

(2) *Ibid.*

(3) *Ibid.*

seurs. On pouvoit dire : quels beaux cloîtres il y avoit à l'abbaye de Breteuil » (1). Elle était magnifique, n'est-il pas vrai? la première école de notre bourg ! Pourquoi faut-il que cette galerie ait été démolie ! Elle serait aujourd'hui avec la chapelle l'une des plus rares curiosités archéologiques du département (2). Si, du moins, on avait eu la pensée d'en conserver quelques débris !

En 1313, le sceau ogival de l'abbaye mesurait 78 millimètres. Il figurait la Vierge assise sur un pliant à têtes de loup, couronnée, portant au cou un collier de perles où pendait un bijou rectangulaire, tenant de la main droite un sceptre fleurdelysé, l'enfant Jésus sur ses genoux (3).

Le cachet du doyenné de Breteuil (sceau ogival de 42 millimètres) représentait un dragon avec une queue se terminant en rinceaux ; autour cette inscription : *S. Decani Christianitatis Britolii*. Sceau du doyen de la chrétienté de Breteuil (4).

---

(1) *Histoire de Breteuil*, p. 19.

(2) Il ne nous est rien resté qui puisse nous donner une idée de l'architecture de la chapelle du château, dont la fondation consistait en 100 écus d'argent, 4 muids de vin et 10 écus pour chaque muid et 1 muid de blé « à *deux deniers près du bon*, à prendre sur la recette de Francastel. »

(3) Manuscrit cité.

(4) *Ibid.*

DEUXIÈME PARTIE.

CHAPITRE QUINZIÈME.

Jean II de Montmorency (1337-1373).

Triste situation du pays. — Assemblée des nobles et des alliés à Montdidier. — Assemblée des délégués des bourgs et des villes. — Dévastation du pays. — Les Jacques à Breteuil. — Leurs exploits.

Nous avons cru voir, dans l'histoire de Breteuil, trois périodes distinctes : à la première, que nous avons appelée féodale ou chevaleresque, se rattachent la construction du château-fort, la fondation de l'abbaye, le développement de la culture, les premières libertés locales de Breteuil, son accroissement successif et aussi sa tranquillité relative pendant près de quatre siècles qui ne furent guère troublés que par la guerre assez courte, dite de Flandre.

Avec la seconde période, que nous faisons partir de l'année 1338, s'ouvre l'ère de la décadence de la puissance seigneuriale et de l'influence abbatiale, une série de malheurs inouïs et successifs, desquels sortit, contre tout espoir, une nouvelle civilisation, une prospérité et des libertés plus grandes.

La troisième période est caractérisée par l'anéantissement complet, et facile à prévoir, du régime féodal.

Nous allons, pour l'instant, raconter les événements relatifs à la deuxième période, en entrant dans les détails propres à intéresser le plus nos lecteurs.

La terrible guerre de cent ans avait été déclarée. Vaincue à Crécy, en 1346, la France et nos pays les premiers étaient menacés d'une formidable invasion !

Dans cette extrémité, Philippe VI convoqua, dans la ville de Montdidier, les Etats des pays de Vermandois et de Beauvaisis pour s'entendre « sur certaines grosses besongnes touchans Nous et eulx sur le fait de nos présentes guerres et pour ce que les choses et besongnes sont grosses et hastives et desirent bref et hastif conseil... Sachiés, écrivit-il aux nobles et aux abbés, que s'il y en a aucuns défaillans, nous en serions très mal contens et volons que chascun en droit say qui requis soira par vertu de ces présentes lettres au porteur de ces présentes du jour et lieu que ces lettres vous auront été présentées ou réponses que feites en aura cascun en soi.

« Donné à Amiens le xv° jour septembre l'an de grâce mcccxlvii sous notre secret.

« Par le roy,

« Verrière. »

Une lettre fut aussi adressée à toutes les communes, bourgs et villes pour les engager à joindre leur concours à celui de la noblesse et du clergé. Quelques subsides bien insuffisants furent alors votés à grand peine.

Les calamités n'ayant fait que s'accroître après la perte de la bataille de Poitiers, 1356, dans laquelle périt ou fut faite prisonnière la plus grande partie de la noblesse qui marchait sous les étendards du roi de France, les villes et les bourgs, réduits à eux-mêmes, durent aviser à leur conservation. Des délégués du tiers-ordre de Noyon, Laon, Chauny, Montdidier, Roye, Nesles, Clermont, *Breteuil*... s'assemblèrent, à Roye d'abord, à Noyon ensuite, pour délibérer sur les moyens à prendre dans l'intérêt de la défense du pays. On se contenta d'exprimer des désirs sans rien conclure, faute d'avoir pu s'entendre.

Il avait été seulement accordé au roi, dans le Vermandois, 6 deniers pour livre, payables par le vendeur d'objets de toute nature, et encore à la condition que les habitants seraient disposés de servir à *l'ost* (armée) du roi, excepté pour l'arrière-ban (1).

On n'est pas plus brave! Mais, patience! ils seront bientôt forcés de le devenir.

A Montdidier, l'imposition consistait dans le droit de prendre pour chaque lot de vin vendu à la broche (1 litre 27 centilitres) 2 deniers et dessous 1 maille parisis (2).

En 1357, des bandes composées d'aventuriers, la veille encore au service de la France ou de l'Angleterre, se répandirent dans nos campagnes et même dans les petites villes qu'ils se mirent à piller.

Froissart raconte comme il suit leurs exploits, qui ne nous révèlent que trop la barbarie des mœurs à cette époque.

« A voir dire et raconter c'estoit grand merveille de ce qu'ils faisoient : ils espioient, telle fois estoit, et bien souvent une bonne ville ou un bon chastel, une journée ou deux loin ; et puis s'assembloient vingt ou trente brigands et s'en alloient, tant de jour que de nuit par voies couvertes, que ils entroient dans cette ville ou en ce chastel que espié avoient, droit sur le pont du jour, et boutoient le feu, qui vouloient ardoir leur ville : si s'enfuyoient qui mieux mieux, et ces brigands brisoient maisons, coffres, et escrins, et prenoient quand ils trouvoient, puis s'en alloient leurs chemins, chargés de pillage... Et devenoient les uns si riches, par espécial ceux qui se faisoient maistres et capitaines... que il y en avoit de tels qui avoient bien la finance de soixante mille escus ».

Quant aux gens de la campagne, ils leur extorquaient leur argent à force de menaces, et, en cas de refus, les

---

(1) De Beauvillé cit., t. II, p. 523.

(2) *Ibid.*, p. 116 a.

massacraient, incendiaient leurs récoltes, coupaient par le pied les arbres et les vignes, égorgeaient même les vieillards et les enfants. Les habitants, pour leur échapper, se réfugiaient partout où ils pouvaient. D'un autre côté, les seigneurs qui avaient été faits prisonniers en si grand nombre exigeaient de leurs vassaux le paiement de leur rançon, les pressuraient à cet effet et, une fois revenus, comme la puissance royale n'était plus assez forte pour les réprimer, ils pillaient aussi les pauvres paysans et, ajoutant le dédain aux vexations, ils les appelaient les Jacques, du nom de la modeste jaque ou jaquette que le peuple portait alors.

Il n'en fallait pas tant pour surexciter des Picards à l'âme fière, à la tête de feu. Ayant relevé fièrement le gant qui leur avait été donné, ils transformèrent en un mot d'ordre le nom qui leur avait été donné, résolus à prouver que les Jacques étaient capables de mettre à la raison les plus vaillants chevaliers. Ils élurent, en conséquence, pour roi un paysan des environs de Clermont, auxquels ils donnèrent eux-mêmes le nom de Jacques Bonhomme, et ils s'engagèrent à le suivre et à lui obéir en toutes choses.

Tout d'abord, dit Froissart, « ne furent mie cent hommes les premiers ». Mais ils furent vite organisés en compagnies, sous la conduite de Jean Oursel, de Pont-Sainte-Maxence; de Philippe le Bosquillon, d'Avrigny; de Simon Doublet, de Grandvilliers; de Guillaume Caillet, et surtout du grand Ferré, de Rivecourt. Presque tous les villages de la vallée de l'Oise se donnèrent à eux; le château-fort de Breteuil fut emporté par eux nous ne savons trop comment, mais, sans doute, par surprise ou par la connivence des habitants. De Breteuil, les Jacques rayonnèrent dans tous les environs « sanz nulle armeure forsque de bastons ferrez et de cousteaux. Honnis, disaient-ils, soit cil (celui) par qui il demourra que tous les gentilz hommes ne soient destruis! Une grant quantité d'habitants et leur capitaine assemblez à Breteuil firent mander Frémy Houdrier, dit le

boucher de la Uarde-Mauger, sur peine de corps et de biens ;
il pour doubte deulx ala (à Bretueil) fut requis daler avecques eulx ardoir plusieurs maisons des diz nobles en disant
que se il ny aloit, lon li arderoit toutes ses maisons à cause
de sa feme qui est noble et quand il vint et sost (sut) leur
volente (volonté) si deshordonnée et qu'il ne les povait retraire (empêcher) il suppa (soupa) avecques ledict capitaine
et aucuns de sa compagnie et paia leur escot afin qu'il
se peust départir d'eulx, ce qu'il fist tantôt. Après en
senala en sa maison a la dicte Uarde et emmena sa dicte
feme à Fransures accompagniez daucuns de ses amis pour
le défendre et garder de son povoir a la quelle maison les
diz capitaine et habitants de Bretueil vindrent le lendemain
devant diner et avaient ce jour avisé et gastée la maison
de sire de Brabancon et disaient qu'il arderait avec toutes
les maisons du dict... de par sa femme si el naloit avecques
eulx, liquel par sauconduit saparu et parla à eulx pour
doubte qu'il ne le meissent à mort et qu'il n'ardissent ses
dictes maisons et si tost comme eulx le teinrent, eulx le
menerent maugre ly a la maison d'un chevalier sire de la
dicte ville de Fransures et lardirent en sa présence et sitot
comme eulx se départirent dicelle ville... senala... » Le
seigneur de la Warde en fut quitte pour la peur (1).

Les Jacques tuèrent Raoul de Clermont et Noël, frère de
Maugoubert, à Saint-Leu de Seranz (d'Esserent), avec plusieurs autres chevaliers qui avaient voulu les combattre.

« Ils ardirent et détruisirent au païs de Beauvaisis et
environ Corbie et Amiens et à Montdidier plus de soixante
maisons bonnes et forts chasteaux... ils roboient et
ardoient et occioient tous les gentilhommes qu'ils trouvoient et efforceoient toutes dames et pucelles. Et partout
là où ils venoient leur nombre croissoit, car chacun de
leur semblance les suivoit... et multiplièrent tant qu'ils

---

(1) M. de Beauvillé cité, pièces justificatives, p. 524, t. III.

furent bien six mille. Si que chascuns chevaliers, dames, escuiers, leurs fames et leurs enfans les fuioient, et en en portoient les dames et les demoiselles, leurs enfans, dix ou vingt lieuues loing où ils povoient garantir... Je n'oseroye escrire les horribles faits et inconvenables qu'ils faisoient aux dames... Mais entre les autres désordenances et villainz faitz, ils tuèrent un chevalier et boustèrent en un hastier, et tournèrent au feu et le rostirent au feu, voiant la dame et ses enfants. Après les en voirent faire mangier par force, et puis les tuèrent et les firent mourir de male mort » (1).

La noblesse était dans la stupeur. Tous les châteaux de la maison de Montmorency furent rasés. Jamais insurrection ne fut plus formidable.

Les Jacques ravagèrent, en se comportant de la sorte, le Noyounais, le Laonnois et le Soissonnois. Presque toutes les campagnes de l'Ile-de-France demeurèrent sans habitants. Comme les Jacques agissaient en véritables brigands déchaînés, s'en prenaient indistinctement à tous les partis, ils ameutèrent contre eux non seulement les chevaliers, mais tous les hommes d'ordre : une espèce de battue générale, qui en purgea le pays, fut organisée contre eux. Après avoir pris Senlis par surprise, ils allèrent, au nombre de plus de sept mille, se faire massacrer dans les rues de Meaux, ou le captal de Buch les avait laissés entrer à dessein. De son côté le roi de Navarre, allié aux Anglais, dispersait la bande de Guillaume Caillet, à qui il faisait trancher la tête. La bande de Bosquillon (celle de Breteuil), montra plus de résolution et d'audace que les autres : elle se porta sur Clermont et tenta, mais en vain, de s'en rendre maîtresse. Cette folle tentative causa sa ruine et celle des habitants d'Avrigny, pays natal de Boquillon. Les Navarrais, qui les soutinrent d'abord, avaient fini par les lâcher, par les combattre.

---

(1) Froissart.

Les chevaliers qui défendaient la ville, au nombre de six cents, soutenus par deux mille autres combattants, étonnés, effrayés même de voir Guillaume Calo les attendre avec ses hommes rangés en bon ordre près d'Avrigny, et tous décidés à vaincre ou à mourir, firent mander Guillaume sous prétexte de traiter, de conclure la paix. Calo, confiant dans la parole donnée, était à peine entré dans la ville qu'il fut saisi et jeté en prison. Les défenseurs de Clermont fondirent ensuite comme la foudre sur les Jacques privés de leur chef et en massacrèrent le plus grand nombre ; puis ils tombèrent sur le village d'Avrigny et le livrèrent aux flammes. Quant à la population, réfugiée dans le bois, elle y périt en grande partie de faim et de misère.

Le roi de Navarre, après sa triste victoire, fit trancher la tête à l'infortuné Calo qu'il avait auparavant, dit-on, couronné avec un trépied rougi au feu (1). Pouvait-on commettre une plus lâche cruauté ! Elle fut hautement blâmée par le roi.

Les habitants de Breteuil, pour éviter le sort d'Avrigny, n'eurent plus qu'à demander grâce, à l'exemple de la ville de Montdidier, qui rejeta tout sur l'impossibilité où elle s'était trouvée de résister (2).

Ils l'obtinrent facilement du dauphin, depuis Charles V, dit le Sage, qui fit même publier une amnistie entière en faveur des Jacques qui déposeraient les armes. L'abbé le Flament, qui était loin d'être sympathique aux habitants à cause de son nom et de son peu de générosité, avait dû se retirer à Amiens avec les trésors de l'abbaye.

Le grand Ferré, que nous allons bientôt revoir à l'œuvre contre les Anglais cette fois, fut lui-même l'objet de la clémence royale.

---

(1) *Le canton de Clermont*, par MM. Roussel, archiviste de l'Oise, et Deboves.

(2) Voir dans M. de Beauvillé la longue requête y relative.

Ainsi se termina ce premier assaut livré à la noblesse, assaut qui n'aurait sans doute jamais été donné, si les châtelains se fussent toujours montrés, à l'instar de leurs aïeux, la providence des pauvres. Chose curieuse : nous voyons de nos jours éclater la même querelle, non entre les seigneurs et le peuple, mais entre les ouvriers et les patrons ou les capitalistes, qui sont les seigneurs du jour ! Comment finira-t-elle ? Dieu seul le sait.

CHAPITRE SEIZIÈME.

Les Navarrais à Breteuil.

Incendie de Breteuil. — Nouveau déplacement d'une grande partie de la population vers Saint-Cyr. — Retraite des bénédictins à Amiens.

L'anéantissement de la Jacquerie ne mit pas un terme aux maux de notre pays : déjà, en 1356, les Navarrais, alliés aux Anglais victorieux, maîtres d'une bonne partie de la Picardie, « contraignoient mallement ceux de Montdidier, d'Arras, de Péronne, d'Amiens et tout le pays de Picardie selon la rivière Somme. » Le château-fort de Breteuil était tombé entre leurs mains, à la suite sans doute de quelque surprise (1), car, dit Froissart, « quand ils avoient advisés un chastel ou une forteresse ne doutoient point de l'avoir. Si chevauchoient moult souvent en une nuit trente lieues et venoient sur un pays en nul doute; et aussi excloient et embloient les chasteaux et forteresses par le royaume de France et prenoient aussi à l'ajourner les chevaliers et les dames et damoiselles en leurs lits et les rançonnoient et prenoient aucune fois tout le bien et puis les boutoient hers de leurs maisons. »

Une de leurs places fortes des environs était le « chastel de la Hérielle (La Hérelle), où se tenoit Jehan de Pequigny, pycart qui estoit bon Navarrois », si entreprenant qu'il tenta un jour de surprendre Amiens. Ayant été repoussé, il se vengea en brûlant trois mille maisons dans les fau-

---

(1) Graves cité.

bourgs (1). Il se signala par d'autres exploits non moins tristes.

C'est assez dire à quels hommes Breteuil et les environs eurent affaire, ce qu'ils durent en souffrir.

Pour échapper à la mort, ils étaient obligés de se réfugier dans les bois ou dans les souterrains du genre de ceux qui existent à Paillart, sous la butte Lamotte; à Villers-le-Vicomte, au lieu nommé le Fort; à Mory (2), dans le cimetière; à Fléchy, dans la rue Blanche; à Bonneuil, à Bonvillers, etc.

Graves avance qu'en ladite année 1356 le roi Jean forma le siège de Breteuil, que de son camp il fit même expédier des lettres de non-préjudice le 18 novembre, en faveur de l'évêque de Laon, par vingt hommes d'armes qui servaient dans l'armée aux frais du prélat (3).

Le roi Jean de Bohème prit-il la place? Nous avons lieu d'en douter ou, s'il l'a prise, elle aura été reprise ensuite, par les Anglais, qui l'ont rendue à la paix de Brétigny. La paix de Brétigny n'ayant pas été ratifiée, la guerre recommença en 1369. Ennemi des grandes batailles qui pouvaient entraîner de grands désastres, Charles V ordonna à ses

---

(1) Jean de Pequegny, dit Froissart, « trépassa assez merveilleusement au chastel de la Hérielle si, comme on dit, il fust étranglé de son chambellan. » Il était devenu chatelain de Milly par suite de son alliance avec Jeanne de Milly. Voir le récit de ses tristes exploits dans la savante étude de M. l'abbé Renet sur la châtellenie de Milly.

(2) Une fosse du cimetière de Mory s'étant effondrée au moment d'une inhumation donna occasion à la découverte de deux petits souterrains circulaires de trois mètres de diamètre communiquant entre eux par une porte fort basse. Des bancs taillés dans le calcaire, rendus lisses à force d'usage, règnent autour de chacun d'eux. Ils étaient éclairés et aérés par une fort petite ouverture pratiquée au milieu de la voûte. Nous les avons visités dans le temps que nous étions curé de La Hérelle, 1862.

(3) Graves cité.

capitaines de se contenter de faire le plus de mal possible aux Anglais.

Il nous est impossible de rappeler tous les combats qui ont pu se livrer aux environs de Breteuil ; nous savons seulement qu'en 1429, le fameux Lahire, qui illustra nos pays, occupait la place de Breteuil reprise aux Anglais quelques années auparavant. Il y tenait à raison de la proximité de l'ancienne chaussée qui conduisait de Paris à Amiens, en passant près de Tartigny. De là, en effet, il pouvait protéger ses convois ou harceler ceux de l'ennemi (1). Il était protégé par la tour de Vendeuil, qui était comme un ouvrage avancé du château lui-même, construit en vue d'en défendre l'approche du côté le plus accessible. Mais arrêtons-nous, pour ne pas anticiper sur les événements.

En 1360, un véritable désastre vint assombrir tout à fait le bourg, « le feu s'étant pris à Breteuil, auprès de l'église, environ les onze heures du soir, par l'impétuosité des vents qu'il faisait. Or, la dite église, pour être environnée de plusieurs maisons, granges, étables et autres édifices, fût aussi arsie et brûla n'ayant pu sauver que les coffres de l'église et quelques pièces d'ornements. Fut le corps de la ville aussi arsi et brulé ; les habitants, versant des larmes et des gémissements, furent contraints d'aller au service en la chapelle de Saint-Cyr, ne le pouvant célébrer en l'église de l'abbaye, étant les portes de la basse-cour toujours fermées et gardées par la crainte des Anglais. » Nos ancêtres, qui finirent par redouter la proximité des châteaux-forts, ou plutôt des ennemis qu'ils attiraient, se réfugiaient toujours vers Saint-Cyr.

« Sa chapelle ne se trouvant pas assez grande pour contenir tout le peuple, on s'avisa de rompre la muraille, tant d'un côté que de l'autre, y laissant des mêmes murailles, des piliers, pour y faire des enceintes et aussi

---

(1) De Beauvillé.

agrandir ladite chapelle, comme le tout se voit artificiellement fait. Puis, on érigea deux autels au bout desdites enceintes, avec encore un pupitre pour servir de cloison au chœur. On y fit longuement le service divin, où le seigneur châtelain, avec sa noblesse, assistaient tellement que, par le laps de temps, les paroissiens prirent pour leur patron de fête et festins saint Cyr et sainte Julitte, et le jour de saint Jean-Baptiste, leur principal patron, ils allaient visiter son chef en la ville d'Amiens, qu'on y avait apporté nouvellement, ce qui s'est entretenu jusqu'aujourd'hui » (1). Jean Warnier, qui a commis une grosse erreur en faisant remonter à Charlemagne la construction de la dernière église de l'abbaye, construite au XII° siècle, en commet ici une seconde en donnant au culte de Saint-Jean la priorité sur celui de Saint-Cyr. Il oublie, ou il n'a pas su que l'église de Saint-Jean n'était encore qu'une simple chapelle en 1164.

P. Mouret, qui copie Warnier, fait aussi partir de cette époque (1360) la construction des habitations des rues de Saint-Cyr, basse et haute, comme si, encore une fois, l'existence d'une église à Saint-Cyr, à la fin du X° siècle, et sans doute antérieurement, ne devait pas naturellement porter à croire à une certaine agglomération de ce côté, à l'existence d'une grosse portion du Breteuil primitif.

Notre assertion est d'autant plus vraie qu'au dire d'un grand nombre d'archéologues, nous le répétons, la chapelle actuelle de Saint-Cyr n'est qu'un des bas côtés d'une église beaucoup plus grande, bien connue des villages environnants. Le lecteur nous pardonnera de revenir sur cette question, qui est pour nous capitale, à la considérer au point de vue des origines chrétiennes de Breteuil. L'église de l'abbaye, voire même celle qui a été détruite par les Normands, n'a pu être la première construite dans un pays évangélisé par saint Lucien.

---

(1) Récit de Jean Wuarnier.

Notre étude sur Saint-Cyr serait incomplète si nous ne donnions ici la description succincte de son antique chapelle.

Archéologie de la chapelle Saint-Cyr.

La chapelle de Saint-Cyr et de Sainte-Julitte est de forme rectangulaire. Le chœur, dit M. Graves, voûté à plein-ceintre, est décoré de gros boudins descendant sur des colonnes engagées, à gros chapiteaux chargés de sculptures variées. Au fond, il est éclairé par trois fenêtres très étroites, à plein-ceintre également, et par deux petits œils-de-bœuf pratiqués au-dessus. De chaque côté se trouve une fenêtre du même style que celles du fond. Cette architecture franchement romane, qui semble dater du XIe, voire même du Xe siècle, a été évidemment rajeunie lors d'une restauration récente, due à la générosité de M. Charles Pinchot; car aujourd'hui les voûtes affectent quelque peu la forme ogivale; les boudins paraissent plus dégagés qu'autrefois.

Pour conserver à cette chapelle son antique cachet, l'architecte ne devait-il pas se borner à remplacer les pierres défectueuses et à refaire les joints, au lieu de recouvrir intérieurement les murs d'une si large couche d'un enduit qui finira par se détacher sous l'action de l'humidité, si dur et si bien employé qu'il ait été ? Nous nous contentons de poser la question.

Au dessus de la porte d'entrée, remaniée depuis moins d'un siècle, on remarque une sculpture comme engagée dans la muraille, figurant trois religieuses du tiers-ordre de Saint-François, à genoux, dans l'attitude de la prière. P. Mouret veut que ces trois religieuses rappellent les trois filles, religieuses, ma foi, et du tiers-ordre, de Jean Vaillant, dont il fait, bien à tort, un héros (1); car Jean

---

(1) P. Mouret.

Vaillant, qui vivait en 1672, était tout simplement un des notables du bourg choisi pour administrer l'Hôtel-Dieu. C'est sans doute lui qui a fait encadrer là ce morceau de sculpture qui porte le cachet d'une certaine antiquité, d'où la légende a pris naissance.

Le long du mur du haut du cimetière, à l'intérieur, étaient aussi sculptées des scènes représentant des cavaliers, des hommes d'armes foulant aux pieds de leurs chevaux ou égorgeant des femmes et des enfants, des guerriers agitant leurs armes pour les protéger. Elles ont été détruites lors de la réparation dudit mur, faite en 1821, par Raphaël, maître maçon (1).

« Et, ajoute P. Mouret, indigné, dans un temps et un siècle de lumière!!! »

Qui donc tenait la chandelle?

Nous l'avons vu, lors des événements malheureux dont le pays fut le théâtre, les bénédictins de Breteuil avaient pris la précaution de se retirer en leur hôtel, à Amiens, avec leur trésor, c'est-à-dire avec les reliques de saint Constantien et le chef de saint Jean. Ces reliques étaient si chères à tous les habitants qu'ils ne reculaient pas devant les fatigues d'un voyage pour aller les vénérer à Amiens.

Ce n'était pas, en effet, l'abbé Jacques Le Flamment qui devait les attirer, car il n'était guère aimable; ils l'avaient même surnommé *le Maurais* à cause de son esprit de chicane, qui lui fit traduire en justice deux fermiers pour avoir laissé pourrir deux muids de blé et aussi parce qu'il se refusait à contribuer, comme il le devait, à la restauration de l'église Saint-Jean qui resta longtemps en ruine. Il avait aussi fait prononcer la peine de bannissement contre le bâtard Routy qui s'était, il faut le dire aussi bien, trop souvent donné le tort de le vexer publiquement.

---

(1) P. Mouret cit.

Le prieur de Moreuil éprouva aussi les effets de la sévérité de l'abbé de Breteuil. Il avait obtenu du Saint-Siège qu'il se réservât la nomination de son successeur : au lieu donc d'élire, conformément à l'usage consacré par une convention, un moine de l'abbaye de Breteuil, le chapitre du prieuré de Moreuil avait élu abbé Nicolas, un de ses religieux.

L'abbé Le Flamment réclama aussitôt, et, fort de son droit, réussit à obtenir du pape qu'à l'avenir, il serait respecté.

Wuyart, religieux de Saint-Maur, dont les appréciations sont toujours si sévères pour les bénédictins de Cluny, de Breteuil, dit, pour le louanger, « qu'il aimait fort le ménage » de l'abbaye. Nous le croyons sans peine.

L'abbé Le Flamment avait eu pour prédécesseur, en 1344, Louis de Soorhy, de Sorcy ou de Sorias, dont la curieuse élection défraya longtemps toutes les conversations. Ce religieux, qui était fort simple, était venu à l'élection avec une besace dans laquelle il mettait habituellement son bréviaire. En le voyant ainsi entrer, chacun de sourire en se regardant malicieusement, et de se dire : en voilà un qui ne sera pas élu abbé. Il le fut pourtant, et au premier tour, ceux qui briguaient le plus les suffrages lui ayant donné leur voix pour la perdre.

« Ainsi, conclut l'auteur de notre manuscrit, Dieu se sert de toutes sortes de voies pour établir, quand il lui plaît, les simples et les pauvres dans les trônes ».

Après la mort de Jacques Le Flamment, arrivée en 1383, survint dans le mode d'élection des abbés une révolution qui eut des conséquences assez fâcheuses, non seulement pour l'abbaye, mais pour Breteuil : les religieux perdirent le droit d'élection qui passa au pape et du pape au roi de France par le concordat de François Iᵉʳ. Alors commença la série de ces abbés commendataires qui n'avaient souvent d'abbé que le nom, qui même ne vinrent jamais visiter leur abbaye, se contentant de l'exploiter, au grand détriment des intérêts matériels et religieux du pays. Le premier ainsi élu par l'archevêque de Reims, cardinal d'Ambien, à qui le pape avait donné l'abbaye, fut Pierre de Chaumont contre Nicolas d'Auffoy, nommé du vivant de Le Flamment. Pierre de Chaumont, qui ne se souciait guère de venir à Breteuil, nomma prieur un saint homme, P. de la Touche, qui se fit bientôt chartreux.

« Le bon pasteur et abbé Pierre de Chaumont a écrit ironiquement Wuyart, voyant qu'il n'avait personne pour administrer son abbaye, fust constraints d'y prendre lui-même le soin de l'administration ; mais comme il avait en horreur de faire son séjour dans Bretheuil, éloigné du grand monde qu'il aimait passionnément, il arrêta sa demeure dans Beauvais, jusqu'à ce que le nepveu du cardinal d'Ambien (l'archevêque de Reims) le contraignit de se retirer en son abbaye à Bretheuil, où il demeura quelque peu ; et il s'en alla tout après à Paris, emportant avec soi tout ce qu'il y avoit de prétieux en l'abbaye, etc. »... (1).

Ce récit si peu édifiant fait par un religieux qui avait le bon sens de faire la part de tout, de discerner le saint abbé de l'indigne, de ne pas rendre Dieu responsable des vices de celui-ci, a le mérite d'éclaircir un point de notre histoire encore assez dans l'ombre : il nous révèle que du temps de Pierre de Chaumont (1383 à 1417) les habitants et les religieux revenus d'Amiens jouissaient d'une tranquillité *relative*. Nous disons *relative* pour cette raison qu'en 1417 la solution d'une difficulté, d'un procès, fut ajournée « parce que les chartes des religieux avaient été mises en sureté, à cause des soldats qui étaient fréquemment dans le bourg » (2), ce qui veut dire que l'on était alors sur le qui-vive, toujours sur ses gardes, toujours prêt à se réfugier dans une ville fortifiée, Breteuil n'offrant plus

---

(1) Manuscrit cité, p. 82 et 83.
(2) *Ibid.*

sans doute une assez grande sécurité.

A l'époque visée pourtant, les seigneurs-chevaliers qui s'étaient divisés, à la vue des dévastations causées par les Bourguignons, avaient fini par s'unir et par les traquer comme des bêtes fauves, sans pitié et sans merci. Aussitôt qu'ils les prenaient, ils les pendaient : « Aucuns grands arbres, a écrit Froissart, en étoient merveilleusement chargés et bordés. » (1416).

Le seigneur de Breteuil, Hugues de Montmorency, qui avait, lui, toujours été pour le roi, était un des chevaliers qui se distinguèrent le plus par leur bravoure. Les habitants paraissent l'avoir tenu en grande et haute estime et même en affection. Ils devaient, par malheur, payer bien cher et plus d'une fois les exploits de leurs héroïques défenseurs, les guerres d'alors n'étant presque toujours qu'une suite de prises et de reprises de châteaux-forts suivies de représailles terribles.

Tel était, hélas ! le mode de guerroyer de ce temps-là.

CHAPITRE DIX-SEPTIEME.

Les Anglais assiègent Breteuil.

Mort de Hugues de Montmorency, 1404. — Ses obsèques. — Un incident y relatif. — Jean III de Montmorency. — Dévastation des Armagnacs et des Bourguignons. — Les Anglo-Bourguignons. — Mort de Jean III de Montmorency, 1424. — La Hire et Blanchefort à Breteuil. — Siège et prise de Breteuil.

Le 2 mars 1404, Breteuil fit une perte bien sensible en la personne de Hugues de Montmorency, qui mourut dans les sentiments de la foi la plus vive en Dieu et en ses promesses. On l'appelait ordinairement M. de Beaussault, et il se disait tel « parce que Bretheuil était tombé deux fois en quenouille et Baussault une seule fois ». Son service funèbre n'eut lieu que le 20 mars suivant. Selon le désir qu'il en avait exprimé, il fut inhumé dans l'église de l'abbaye.

L'abbé Nicolas Corbel, le successeur de P. de Chaumont, mort assez malheureusement à Saint-Pharon où il avait été exilé, voulut faire les funérailles les plus solennelles à l'un des plus grands seigneurs du jour. Il invita Pierre de Savoisy, évêque de Beauvais, à venir à Breteuil les présider et à célébrer pontificalement la messe.

Toute la noblesse des environs se trouva à la cérémonie, et telle fut la foule, que l'église de l'abbaye ne put la contenir. Tous les assistants furent, à cette occasion, admis, à l'offertoire, au baisement de l'anneau, autrement dit à l'offrande de l'évêque; le chapelain de Sa Grandeur recevait l'offrande qu'il plaisait à chacun de faire.

La cérémonie terminée, le trésorier du couvent, qui s'attendait à en encaisser le produit, fut grandement désappointé lorsqu'il vit sur son départ le prélat qui ne soufflait mot du petit trésor. Il communiqua aussitôt à voix basse ses appréhensions à quelques personnes qui en parlèrent discrètement à d'autres : une sourde rumeur circula dans le monastère, à propos du procédé épiscopal ; bientôt ce fut une affaire d'Etat qu'il fallut soumettre à des arbitres pour éviter le scandale d'un procès.

Robert de Hellande et Guillaume de Saveuse, constitués juges amiables de l'affaire, décidèrent que *seules* les offrandes faites au doigt de l'évêque pendant la messe lui appartenaient, et non les autres oblations tels que le luminaire et le drap mortuaire qui devait être fort beau.

Dans les inhumations de curés, ces objets revenaient au doyen rural avec une paire de draps, la meilleure couverture, un oreiller, un surplis et une aumusse, si le défunt la portait. De plus, si le défunt avait fait un legs à son église, le doyen avait droit à sa valeur (1).

Les religieux de Breteuil, pour que jamais évêque ne puisse se prévaloir du précédent, firent signer par Pierre de Savoisy une déclaration par-devant le bailly d'Amiens, par laquelle l'évêque ne prétendait avoir d'autres droits, en l'église de l'abbaye qui était privilégiée, que celui des offrandes à lui faites lors des obsèques de Hugues de Montmorency (2).

Jehan III de Montmorency résidait ordinairement à Breteuil dans ce temps. Il eut même aussi quelques que-

---

(1) M. Delettre, *Histoire du diocèse*, t. II, p. 520. Le doyen rural de Breteuil était alors, depuis plus de trente ans Robert Prévôt, curé d'Hardivillers, prêtre d'une grande éloquence.

(2) Archives citées, II. 1718.

relles dans lesquelles il reconnut à la fin franchement son tort au sujet du droit « d'estallage des religieux de *ricieux* sur leurs vins et aussi de l'exercice de son droit de tonnelier qui lui assurait un droit sur toutes les denrées *wuardées*, convoyés et autres, vendues à Bretheuil. »

Regnault de Vignemont, ami du seigneur de Moustiers (Moutier), à qui l'abbé Corbel réclama contre la violation de ses droits de justice dans la seigneurie, en lui envoyant le prévôt avec ses deux sergents munis de la verge blanche, se montra moins accommodant : Regnault de Vignemont, autorisé *ad hoc*, arracha les verges des mains des sergents, les rompit et les jeta à terre « avec des paroles hautaines et pleines de menaces, jurant et proférant des serments qu'il les frapperait s'ils revenaient jamais. » Ils s'en allèrent. Ce brave seigneur s'était aussi trompé d'époque, car il fut bel et bien condamné par le tribunal *des hommes du fief*, duquel il en appela auprès de R. de Sauchoy, son beau-père, alors bailli, qui lui donna gain de cause (1).

Pour pouvoir se défendre contre les seigneurs, il fallait avoir bec et ongles acérés.

Nous avons cru ces détails nécessaires, d'abord parce qu'ils sont caractéristiques et ensuite parce qu'ils établissent encore qu'elle était, dans les premières années du xv° siècle, la situation du bourg.

La tranquillité y était si peu assurée, que les chartes des religieux avaient été mises en sûreté, à cause des soldats qui étaient fréquemment dans le bourg, 1410 (2).

Antérieurement, en 1411, les Armagnacs s'étant répandus

---

(1) Le prieur de l'abbaye de Moreuil, secondé par l'abbé Corbel, obtint de son côté gain de cause contre les habitants du bourg, qui avaient fiché dans l'église du prieuré « un grand tronc, haut de trois pieds, hors de terre, bandé, ferré et fermant et s'ouvrant ». (Manuscrit cité.)

(2) On sait le terrible rôle que jouèrent à cette époque les bouchers de Paris et les Mallotins.

dans le Beauvaisis, le Vermandois et le Cambrésis, y avaient commis les plus grands crimes, porté la désolation : les vignes, les arbres furent coupés, les maisons et les forêts livrées aux flammes, les habitants égorgés ou traînés à la suite de l'armée comme un vil troupeau, les femmes et les jeunes filles livrées à une soldatesque effrénée. Breteuil fut pris peu après et ruiné par Jean-sans-Peur, duc de Bourgogne, vainqueur des Armagnacs, qui alla avec son armée à Beauvais, qui le reçut sur ses belles promesses, et de là à Gisors. Jean de Poix, René de Sorel, Jacques de Fosseuse, gouverneur de l'Artois, à la tête de bandes armées, recommencèrent ensuite à ravager le pays; ils étaient alliés à Jean Bertrand, boucher de Saint-Denis, Perrin, trompette, et Jean d'Aubigny, qui commandaient d'autres bandes plus petites appelées *bégaux* (1).

De leur côté, les nobles, profitant de l'affaiblissement de la puissance royale représentée par un roi en démence, Charles VI, écrasaient les gens d'église et le menu peuple; les prévôts et les officiers du roi n'osaient exercer leurs fonctions; aucun marchand ne se risquait au dehors de crainte d'être tué ou rançonné (2). Montdidier, à bout de misères, trompé aussi par les promesses fallacieuses du fléau de la France, du duc de Bourgogne, lui ouvrit ses portes. Pont-Sainte-Maxence, Laon, Plessis-de-Roye, Noyon, Péronne suivirent son exemple.

En 1420, Guillaume le Moine, abbé, avait dû, à son tour, s'enfuir à Amiens, et « pour en éviter la perte il avait emporté les reliques de saint Constancien, qu'il déposa dans une maison de Saint-Martin-ès-Cloître. Il avait constitué le prévot Jehan Papin, gouverneur en son absence » (3).

Les autres religieux, en abandonnant leur abbaye et les

---

(1) De Beauvillé, cité, t. 1, p. 132.

(2) *Ibid.*

(3) Manuscrit cité, p. 88.

malheureux habitants obligés souvent de se réfugier dans l'enceinte du château, avaient sans doute craint de la voir livrer au pillage; ils avaient eu confiance aussi dans les Anglais, alliés aux Bourguignons, qui avaient eu la politique de déclarer partout qu'ils ne toucheraient ni aux abbayes, ni aux églises. Les événements qui se succédaient avec une effrayante rapidité vinrent les détromper cruellement, attendu que le château de Breteuil qui avait été repris, tenait alors pour la France.

Blanchefort et La Hire, qui s'en étaient emparés, prirent occasion du départ de l'abbé, se saisirent de tout le temporel de l'abbaye et ruinèrent tous les environs pour enlever à l'ennemi tout moyen de se ravitailler. Entendu toujours avec Pothon de Sainte-Treille (Xaintrailles qui occupait Carmigny, Guerbigny, en Santerre), Blanchefort et La Hire faisaient des excursions jusque dans ce pays, et cela nonobstant la présence des Anglais qui avaient, pour les contenir, reconstruit le château de Provinlieu, près Froissy, malgré même la présence des Bourguignons qui occupaient, de leur côté, Montdidier (1).

Blanchefort et La Hire (surnom qui lui fut donné et qui voulait dire *colère*) étaient, on le voit, deux capitaines qui s'étaient jetés bravement dans la mêlée, au milieu des ennemis de la France dont ils étaient entourés, pour les harceler sans cesse et rendre leurs ravitaillements sinon impossibles, du moins difficiles, selon l'ancienne tactique adoptée par Charles V, qui finit par anéantir en détail des armées de cent mille Anglais. Si ses capitaines ruinaient le pays, c'était sans doute dans ce but. Pour eux, la France passait avant tout.

Jean III de Montmorency, qui avait épousé Jeanne d'Harcourt de Normandie, combattit quelque temps aux côtés de La Hire et de Blanchefort avec les plus braves

---

(1) De Beauvillé.

d'entre les habitants que la misère avaient exaspérés (1). Jean III fut tué à la bataille de Verneuil, en 1424.

« Un jour, le duc de Bethfort, passant par la chaussée qui conduit d'Amiens à Paris, dite chaussée des Anglais, par ce que ce sont eux qui l'ont faite, La Hire et son compagnon firent une sortie et s'emparèrent de son argenterie » (2). Le moment était mal choisi, car « le duc était alors à Tartigny avec une forte armée. A cette nouvelle, il revint sur ses pas et assiégea le château rempli de paysans et de bestiaux, qui embarrassaient la défense et faisaient, dit La Mothe-Villebret, si grand bruit, pleurs et lamentations, qu'après quelques instants l'ennemi entra dedans (3). » D'après un autre auteur, le siège dura huit jours. Le capitaine commandant le château, le voyant sur le point d'être pris d'assaut, capitula.

Il rendit sa vaisselle au duc et sortit avec armes et bagages. Cette honorable capitulation prouve seule que La Hire et Blanchefort s'étaient bien défendus et même qu'ils auraient encore pu tenir. L'Anglais mit le feu aux quatre coins du château et de Breteuil, qui fut brûlé avec l'église Saint-Jean. L'abbaye aurait été épargnée (4). D'après La Mothe-Villebret et M. Graves, Breteuil fut assiégé en 1420, non par le duc de Bethfort en personne, mais par un de ses capitaines nommé Martagot » (5).

R. Wuyart, qui ajoute que le château-fort fut alors rasé, a été évidemment induit en erreur, ce que nous allons bientôt démontrer. Le brave La Hire ne s'était pas découragé en quittant Breteuil ; il était allé tout aussitôt

---

(1) Graves cité, p. 5).

(2) Manuscrit cité.

(3) La Motte-Villebret

(4) Manuscrit cité.

(5) Graves.

surprendre et emporter le château de Boves (1), d'où il recommença à faire une guerre acharnée aux Anglais et aux habitants d'Amiens qui tenaient pour eux, forcément sans doute, avec nos religieux qui s'étaient réfugiés dans la ville.

Avant de partir, les soldats de La Hire, indignés des relations de ces derniers avec leurs ennemis, avaient brûlé l'abbaye.

Un autre jour, ils avaient fait prisonnier l'abbé Guillaume. Le moine, qui ne recouvra la liberté qu'après avoir versé entre les mains du capitaine six 20 florins d'or (2).

Pour ceux qui seraient par trop surpris de voir nos bénédictins, d'ordinaire si Français, passés dans le camp ennemi, nous dirons qu'à la suite du couronnement, à Paris, d'Edouard, roi d'Angleterre, en qualité de roi de France, beaucoup de Français, de chevaliers même s'étaient ralliés à sa cause.

---

(1) Graves, cité.
(2) Manuscrit cité, p. 67.

CHAPITRE DIX-HUITIÈME.

Reprise de Breteuil par La Hire.

Catherine de Montmorency et Mathieu V de Roie, 1424. — Nouveaux exploits de ce capitaine. — Un beau fait d'armes. — Reprise de Breteuil par Hector de Loueuse. — Démantèlement du château. — Son déclassement.

A la mort de Jean III de Montmorency, Catherine de Montmorency, sa sœur, la seule qui fut encore vivante, veuve de Laurent de Sainte-Beuve, hérita la seigneurie de Breteuil qu'elle fit passer dans l'illustre maison de Roye, par son mariage, en 1424, avec Mathieu V de Roye, veuf lui-même de Marguerite de Ghistelles.

Si Mathieu de Roye ne combattit pas à Breteuil, le récit suivant prouve qu'il dut seconder de son mieux La Hire et Blanchefort, en attirant les ennemis du côté de Roye.

La situation de nos deux capitaines était grave, car, en 1422, ils étaient entourés d'ennemis qui occupaient presque tout le pays, depuis Paris jusqu'à la Somme. Ils ne craignirent pas, néanmoins, de les défier, de les braver en s'emparant de nouveau de Breteuil, afin de pouvoir, de là, inquiéter plus facilement les Anglais, obligés, pour communiquer avec Paris dont ils étaient les maîtres, de suivre la chaussée qui passe entre Breteuil et Tartigny, non loin de ce dernier village (1). Breteuil devait encore une fois payer cher leur audace. Charles VII, dont la cause un instant désespérée avait été si providentiellement relevée par l'immortelle Jeanne d'Arc, avait, par des lettres en date du 10 avril 1431, donné l'ordre d'augmenter les défenses de la

---

(1) Graves cité, p. 3.

place de Breteuil et d'y loger trente hommes d'armes avec quarante hommes de trait, au total deux cent quatre-vingts hommes, attendu qu'à cette époque leur homme d'armes représentait huit combattants : « scavoir l'homme d'armes, le coustéllier à cheval, deux archers, deux couleuvriniers et deux piqueuries à pié » (1).

Des mesures pareilles furent prises alors pour les forteresses de Beauvais, Senlis, Creil, Chantilly, La Neuville-en-Hez, Mouy, Pont-Sainte-Maxence, Gournay-sur-Aronde, Remy, qui formaient, vers le nord, la ligne de défense du royaume.

Il ne faut pas demander si cet effectif était augmenté au besoin de tous les hommes de bonne volonté, voire même des femmes, témoin Jeanne-Hachette au siège de Beauvais.

Blanchefort continua jusqu'en 1434 à harceler l'ennemi, à le ruiner en détail.

Un brillant fait d'armes accompli par Pothon de Sainte-Treille, à qui Blanchefort donnait toujours la main, savait principalement éviter les Bourguignons alliés jusqu'alors, on le sait, aux Anglais.

Citons le trait pour donner une idée des guerres et du Français du temps : C'était en 1430, Pothon de Sainte-Treille occupait Carmigny, en Santerre, d'où il ne cessait, à l'imitation de Blanchefort, de harceler les Bourguignons. « Les Bourguignons, dit Monstrelet, prindrent a donc leur chemin à aller à Carmigny en plusieurs trouppeaux, sans eux mettre en ordonnance de bataille ne envoyer leurs coureurs devant eux... Et a donc vint dessus eux de la ville de Roye dont il estoit capitaine Gérard, bastar de Brimeu a tout environ quarante combattans. Or chevauchèrent les dessus dits l'un assez près de l'autre jusqu'à une ville nommée Bouchoire. Si trouvèrent en leur chemin plusieurs lièvres après lesquels fut fait grand desroy de courre et de

---

(1) *Mémoires* d'Olivier de La Marche.

huer, et n'avoient a donc point lesdits capitaines de regard d'entretenir ne rassembler leurs gens ainsi qu'ils devoient ; et aussi la plus grande partie d'iceux n'avoient point tout leur harnois sur eux. — Pour laquelle négligence il leur advint villainement ; car ce propre jour Pothon de Sainte-Treille estoit venu du matin au dit lieu de Carmigny. Et là a tant de ses gens qu'il trouva audit chastel comme à tous ceux qu'ils avoient amenez... et povoit avoir environ douze cens combattans dont la plus grande partie estoient droites gens de guerre, expers et esprouvez en armes : a tous lesquels il print son chemin droit vers Lyhons en Santerre et si fait sagement chevaucher aucuns de ses coureurs devant pour descouvrir et enquérir nouvelles de ses ennemis ; lesquels venus exprès de la dicte ville de Bouchoire ouyrent crier et aperceurent l'estat et ordonnance de leurs dicts adversaires. Et partant sans délay et en grand diligence retournèrent devers leurs capitaines auxquels ils nomèrent ce qu'ils avoient ouy et veu. Sur lequel Pothon dessus dit fait incontinent habiller ses gens en tous points et moult (beaucoup) soubdainement les mena et conduit devers ses ennemis dessus dits en leur admonestant que chacun s'acquetast en droit soy feit bon devoir de combattre leurs ennemis ; lesquels ennemis estoient très petitement préparez pour batailler. Et pourtant Pothon et ses gens venans sur eux d'un vouloir soudain en grand bruit et roideur avant qu'ils se peussent mettre en ordonnance, les eust tantost esparpillez et mis en grand desroy (désarroi); et furent la plus grande partie portez jus de fers de lances de leurs chevaux. Toutes fois les capitaines avec aucuns de leurs gens se rassemblèrent à l'estendart de messire Thomas Kiriel et commencèrent a eux, en deffense vigoureusement, mais ce rien mettre ne leur vallut ; car comme dit est, greigneur partie (une grande partie) de leurs gens estoient desja tournez a grand meschef et a grand deroy fuyant en plusieurs et divers lieux pour eux sauver. Pourquoi en assez brief terme ceux qui estoient demourez sur les champs furent tournez a décon-

furent morts et prins et sans un seul remède ; desquels morts furent les principaux Jacques de Helly, Anthoine de Vienne et avec eux de cinquante à soixante tant Bourguignons comme Anglais. Et avec eux furent prins de quatre-vingts à cens... » (1).

Blanchefort, à la nouvelle de ce succès, vole à Compiègne, où, d'accord avec le maréchal de Boussach, le comte de Vendôme, Guillaume de Flavy, Pothon de Xaintrailles, il projette d'aller attaquer les Bourguignons à Roye. Le duc de Bourgogne, qui avait choisi une bonne position, leur offrit la bataille, mais comme les armées étaient séparées par des marais qui ne leur permettaient pas de s'approcher facilement, tout se borna à des escarmouches à la suite desquelles les Français profitèrent de la nuit pour se retirer à Compiègne (2).

Blanchefort les quitta bientôt pour retourner à Breteuil, d'où il recommença sa guerre de partisans.

Sa situation, toutefois, devenait de plus en plus critique : Montdidier, Amiens appartenaient aux Bourguignons ; Clermont avait été surpris et emporté par Jean de Luxembourg.

Philippe de Saveuse, que les ravages des Français affamaient dans Montdidier, résolut, d'accord avec le comte d'Etampes, d'en finir avec toutes les places des environs qui le tenaient en échec : à l'aide de troupes nombreuses et aguerries, il attaqua et prit Moreuil, Ressons, Mortemer (3).

Pendant ce temps, Hector de Saveuse avait assiégé et emporté Breteuil, en 1434 et non 1437, après une vive résistance contrariée par le grand nombre de personnes qui s'étaient réfugiées dans l'enceinte du château (4). C'est bien trop dire, toutefois, que cette résistance a duré un an.

Pour être tranquille de ce côté, Hector de Saveuse ruina

---

(1) Monstrelet.
(2) De Beauvillé.
(3) *Ibid.*
(4) Manuscrit Wuyart cit.

complètement l'enceinte du château et le fort qui le couronnait. A cet effet, le comte d'Etampes fit venir un grand nombre d'ouvriers des environs d'Amiens et de Corbie. Il ne faut donc pas s'étonner, avec P. Mouret, qu'on ait eu assez vite raison de nos fortifications.

La tour de Vendeuil ne trouva pas grâce devant les démolisseurs. C'est, du moins, de ce temps que date sa disparition.

Le comte d'Etampes, toutefois, ne démentela pas encore si bien le château-fort de Breteuil, qu'il n'offrît plus aucun moyen de résistance entre les mains d'un capitaine aussi audacieux que La Hire; on y avait même laissé une centaine d'hommes pour en garder la porte principale qui avait été épargnée. La Hire, qui convoitait toujours ce poste, après s'être emparé de Clermont par surprise, se présenta inopinément devant les restes du château dont il se rendit facilement maître.

Pendant trois mois encore, il harcela de cet endroit les Bourguignons. Survint alors une mortalité effrayante qui donna à réfléchir aux deux partis : sur les offres de Charles VII, faites pour détacher les Bourguignons des Anglais, qui se trouvaient eux aussi assez mal de la guerre, une trêve fut conclue, en vertu de laquelle les parties convinrent, entre autres choses, voire plus importantes, que moyennant une somme d'argent qui fut levée sur les bourgeois d'Amiens, le château-fort de Breteuil serait complètement rasé. La Hire n'a donc ni trahi son roi, ni livré le château; celui-ci a été tout simplement sacrifié à la paix, avec quelques autres. L'auteur des *Antiquités de Breteuil* avance qu'il ne fut jamais rebâti, parce que durant le mariage de « damoiselle » Charlotte, fille unique de Jehan III de Montmorency, parut un édit du roi défendant de reconstruire les châteaux démolis durant la guerre.

Soit que l'édit du roi n'ait pas reçu son entière exécution, soit que le château ait été quelque peu remis en état de défense, nous devons le dire dès maintenant : ces **deux** dernières données historiques, qui impliquent la destruction complète de notre château-fort, sont contredites par le rôle bien secondaire, sans doute, que nous lui verrons encore jouer pendant les guerres de la Ligue.

Ajoutons aussi qu'il est bien douteux que Jean III de Montmorency ait laissé une fille qui aurait été appelée Charlotte. D'après Moreri et dom Grenier, il serait mort sans postérité, ne laissant pour héritière que Catherine, la seule de ses sœurs encore vivante.

Il paraît bien établi, que c'est de cette époque que date l'abandon de la vallée de Saint-Cyr, qui commence à se repeupler.

L'antique moulin d'Orgissel a dû tressaillir jusque dans ses fondements, à l'apparition d'une usine à gaz et d'un café, qui sont, on le sait, les amis inséparables de la civilisation moderne.

CHAPITRE DIX-NEUVIÈME.

Etat de Breteuil et des environs après la guerre de Cent ans.

Jean de Roye. — Nouvelles calamités. — Antoine de Roye et Catherine de Roucy. Biens donnés à cens.

Mathieu de Roye ou mieux de Roie, mourut en 1443 et Catherine de Montmorency en 1454, laissant pour héritier Jean de Roie, seigneur de Busanci, chambellan du roi, qui succéda, en 1463, à Gui, son frère consanguin, dans la seigneurie de Roie (1).

Le rôle qu'il joua à Breteuil fut si effacé que nos auteurs favoris n'en parlent pas. Qu'y aurait-il fait d'ailleurs ? Le bourg, après la guerre de Cent ans, voire vingt ans après, n'était plus que l'ombre de lui-même : il ne comptait pas plus de 80 feux (2). « Beauvoir en avait 8; Troussencourt, 9; Tartegnies, 16; Hardiviller, 28; Hedencourt, 12; La Hérolle, 30; Ansauvillers, 50; Blancfossé, 12; Wavegnies, 14; Vendeuil, 28; Esquennoy, 28; Villers-le-Vicomte, 24; Saint-Just, 40; Saint-Martin-au-Bos, 8; Sains, 30; Rocquencourt et Le Plessier, 22; Maignelers, 10; Gannes, 40; Froissy-la-Ville, 10; Froissy-le-Moustier, 10; Ferriers, 28; Espaielles, 20; Le Plessier-lez-Saint-Juste, 6; Neufville-le-Roi, 40; Mory et Maucry, 12; Maisonchelles, 12; Demuin et Courchelles, 16; Rouvray-les-Merles, 6; Sourmaisons, 8; Tricot, 80; Ploiron, 22; Paillart, 40; Rollot, 32; Sorel, 6; Neufville-le-Roy, 40; Neuve-Rue-Desseur-Maissons, 30;

---

(1) M. de Dion cité, p. 41.
(2) *Ibid.*

Granviller, 8 ; Dommelier, 6 ; Catheux, 24 ; Dempierres (Dempiron), 18 ; Caply, 10 ; Liouvillers, 4 ; Mortemer, 12 ; Moustiers (Moutiers), 13 ; Noyers, 44 ; Plinval, 15 ; Thieux, 14 ; Faloize, 40 ; Plainville, 12 (1469). Bonneuil, qui comptait 160 feux, était, avec Montigny, le village, disons mieux, le bourg le plus peuplé de tous les environs (1).

A quoi Bonneuil dût-il la conservation de sa population ? Est-ce à son fameux souterrain de Siramont, qui comportait autant de cellules que de ménages (150) ? C'est à croire. Peut-être aussi que Montigny fut préservé par son château-fort.

Mais qu'ajouter aux chiffres si éloquents de dépopulation que nous venons de produire ? Seuls, n'en disent-ils pas assez ?

Que si telle était la situation de notre pays en 1469, c'est-à-dire après quelques années d'un repos relatif, combien plus triste ne devait-il pas être immédiatement après le départ des Anglais (1449-1450), avant, hélas, les nouvelles luttes de Louis XI et de Charles le Téméraire, qui allaient le plonger de nouveau dans la consternation, de 1471 à 1475.

Ces guerres, a écrit Wuyart, « avoient mis les terres et autres biens de l'abbaye en grande diminution et non-valeur. Les tenanciers avaient déserté et leurs maisons étoient tombés en ruines » (2).

Il devait en être de même évidemment de toutes les propriétés, pour les mêmes raisons. Les archives de l'abbaye en fournissent quelques preuves sans réplique. Nous disons quelques preuves, car les baux passés à cette époque furent excessivement rares. Nous avons vu le fief de Merles avec tous les droits seigneuriaux, affermé 8 livres parisis, en 1446 !

---

(1) De Beauvillé, t. III. Pièces justificatives.
(2) Manuscrit cité.

Deux vignes sises à Bethencourt, l'une de trente-huit verges et l'autre de trente, sises au lieu dit le Châtelet, furent baillées en rente, en 1453, pour deux deniers parisis de cens (1). Un journal de terre de moyenne qualité, chargé d'un droit de champart d'une gerbe seulement sur soixante-douze, n'était affermé qu'un sol parisis par an (2). Jamais les droits, les intérêts des pauvres habitants ne furent plus sacrifiés à l'orgueil, à l'ambition des souverains, qui continuaient à se regarder comme les maîtres absolus de tout.

Et dire que c'était toujours à recommencer!

Les souverains, les seigneurs étaient, à la fin, devenus aussi *besongnieux* que les particuliers; Philippe, duc de Bourgogne, pour soutenir la guerre, avait été obligé d'aliéner, de céder au comte d'Etampes Péronne, Montdidier et Roye avec toutes leurs châtellenies, contre un prêt d'argent de 300,000 écus.

Le comte de Charolais, quelque temps après, jaloux de l'extension que prenait la puissance du comte d'Etampes, héritier depuis peu des comtés de Rethel et de Nevers, prétendit que la cession des dites villes et châtellenies faite par son père était nulle pour n'avoir pas été consentie par lui, *seul et unique héritier* de la maison de Bourgogne.

Louis XI, peut-être le roi le plus habile du monde, qui devait donner un si grand essor à l'autorité royale, étant monté sur le trône, le seconda en vue d'arriver, un jour ou l'autre, à supplanter le duc de Bourgogne dans la possession des villes dites de la Somme, qu'il convoitait pour éloigner l'ennemi de Paris, son objectif perpétuel, et donner à la France, toujours jalousée, une frontière capable d'une certaine résistance. Ces grandes vues devaient être bientôt réalisées.

---

(1) Arch. cit. de l'abbaye.
(2) *Ibid.*

Le 14 octobre 1465, il reçut du comte de Charolais, à Saint-Antoine, près Paris, l'hommage-lige qui lui était dû de par le traité d'Arras pour les villes de Péronne, Montdidier et Roye et leurs dépendances.

Mais comme la cession des villes mentionnées au comte d'Etampes aurait rendu cet hommage quelque peu illusoire, Louis XI avait passé, à Conflans, la même année, un autre traité par lequel il devait remettre au comte de Charolais les villes cédées au comte d'Etampes en s'engageant à forcer ce dernier à lui en faire la remise « *avec toutes leurs appartenances* et appendances quelconques, deschargées de toutes gabiers et rapchapts ou tels et semblables droits, qui les furent baillés et transportées à notre dit oncle son père ».

Les deux compères jouaient toujours au plus fin : le comte de Charolais se proposait bien de manger les marrons une fois qu'ils auraient été retirés du feu, parce qu'ils étaient censés lui appartenir, et l'autre aussi, pour les avoir retirés. En attendant, la ville de Montdidier, avec ses dépendances, obéit dès 1465 audit comté, son seigneur naturel, sous le ressort et la souveraineté du roi.

Ses capitaines, prévôts, échevins, manants et habitants de la ville avec ceux de la ville de Roye prêtèrent serment en ce sens le 1ᵉʳ décembre 1465, « après disner environ une heure après mydy en deux pièces de terre que l'on dit estre des dites deux prévostez, c'est assavoir, l'une de la prévosté de Roye et l'autre de la prévosté de Mondidier et esquelles deux pièces de terre et chacune d'icelles après ostension faite dudit transport, nous en la présence du dit secrétaire (du comte de Charolais), baillasmes la possession desdites deux prévostez de Roye et de Mondidier et de chacune d'icelles auxdits commis et députez de mondit seigneur de Charolais ce requérans par la tradition d'un baston que nous sieur de Torcy tenions en nos mains et fismes commandement aux capitaines, prévosts, eschevins, *manans et habitans des dites villes et prévostez* ou à *leurs procureurs estans illec et à tous autres* on général à qui ce peut toucher, qu'ils obéyssent d'oresnavent à mondit seigneur de Charolais comme à leur naturel seigneur dans le ressort et souveraineté du roy notre sire ; à quoy les dessus dits ou ceux qui illec estoient présents, si les procureurs des absents répondirent qu'ils estoient prêts appareillez d'obeyr *aux commandements et plaisirs du roy*, et en ce faisant acceptoient pour leur seigneur naturel mondit seigneur de Charolais, et feiyrent les serments d'obéissance » (1).

Pour arriver à ce résultat et se débarrasser des réclamations incessantes du comte d'Etampes, qui demandait avec raison qu'on lui rendit au moins ses 300,000 écus, le comte de Charolais, s'était, au préalable, saisi de sa personne le 3 octobre 1465, lui avait fait subir un traitement *salutaire* fort rigoureux, afin de le déterminer à renoncer à la somme exigée, à ses droits sur Péronne, Montdidier et Roye et leurs *deppendances*, *Breteuil et autres*, bref à rectifier les articles du traité de Conflans, explicatif de celui d'Arras.

Une fois libre, le comte d'Etampes renia son acte d'adhésion comme entachée de violence, et en appela longtemps, ainsi que ses héritiers, au Parlement de Paris : il n'y avait guère de justice possible contre Louis XI, contre Philippe dit le Bon, encore moins contre le traité de Conflans.

Le 15 juin 1467, Philippe le Bon était venu à mourir, la prévôté de Montdidier passa définitivement entre les mains de Charles le Téméraire, de fameuse mémoire, qui contraignit, on sait comment et pourquoi, Louis XI à signer à Péronne, en 1468, le traité de ce nom par lequel celui-ci abandonnait les *villes* de la Somme.

Louis XI, dupé, raillé par les Parisiens, qui avaient dressé des perroquets et des pies à répéter *Péronne! Péronne!* n'attendait qu'une occasion pour se venger. Il la fit naître en déclarant inopinément la guerre à son puissant

---

(1) Commines. Procès-verbal de délivrance.

rival, le duc de Bourgogne. Celui-ci, pris à l'improviste, ne put secourir à temps les villes attaquées qui furent bien obligées de se rendre. Montdidier fit la résistance la plus honorable : « mesmement les femmes ne voulaient consentir de se rendre au roi parce que tout le temps passé ils avoient tenu le parti de Bourgogne » (1).

Tels n'avaient jamais été, tels n'étaient pas assurément les sentiments des habitants de Breteuil restés fidèles à la cause de la monarchie, qui symbolisait même dans Louis XI la cause de la liberté, toujours entendue comme elle l'était, à des époques où le peuple, placé dans l'impossibilité d'aspirer à jouir des libertés politiques, ne désirait rien tant que le triomphe de ses libertés locales pour être tranquille du côté du seigneur.

Charles le Téméraire, surpris et vaincu, dissimula et signa, le 3 août 1471, le traité de Crotoy, en vertu duquel Charles possédait les trois villes non en maître absolu, mais au même titre que par le passé.

Un an ne s'était pas écoulé que le Téméraire, à la tête de la plus belle armée qu'il eut jamais eue, tomba sur la ville de Nesle dont il fit, sous ses yeux, massacrer tous les hommes, les femmes et les enfants réfugiés dans l'église, pour avoir osé essayer de résister.

« Tels fruits, dit froidement ce duc de Bourgogne à la vue du sang qui inondait l'église et de tous les cadavres amoncelés, entrelacés les uns dans les autres, tels fruits porte l'arbre de la guerre. »

Roye, épouvanté, se rendit presque aussitôt le lendemain mardi 16 juin 1472. Les archers se jetaient par-dessus les murailles; les hommes d'armes « laissèrent leur artillerie, leurs chevaux et harnois, tout habillement de guerre et toutes leurs bagues, ou le roy et eux eurent dommage de cent mille escus d'or et plus, et s'en revinrent tous nuds

---

(1) Commines.

et en pourpoint, un baston en leur point » (1), sauf que les hommes d'armes, ajoute Commines, en emmenèrent chacun un courtaut. »

Montdidier, où il n'y avait plus cent ménages (2), se rendit le 25 dudit mois.

Charles voulait la désemparer, « mais pour l'*affection* qu'il vit que le peuple de ces chastellenies luy portait, il fit réparer les murailles et y laissa gens » (3) qui se mirent à ravager tous les pays environnants restés soumis au roi.

Incontinent, le duc de Bourgogne reprit sa marche vers Beauvais à la tête de 80,000 hommes. Ses voitures occupait la route sur une longueur de près de cinq lieues.

Vaincu, on le sait, par tous les habitants animés, soutenus par leur foi, par leur confiance en leur patronne sainte Angadrème et par l'héroïsme de Jeanne-Hachette (1472), le Téméraire revint vers Amiens par Breteuil dont il brûla les faubourgs, les villages de Caply, Troussencourt et autres pour se venger de leur ancien attachement au parti du roi. Son échec devant Beauvais l'avait rendu si furieux qu'il détruisait tout sur son passage. Jehan Papin, abbé de Breteuil, et ses religieux avaient abandonné leur monastère pour se réfugier à Beauvais.

Les troupes du Téméraire campèrent au bois du Gard (4).

Alors intervint une trêve qui fut peu après rompue : le 30 avril 1475, le duc de Bourgogne emporta le fort du Tronquoy, le rasa et pendit ses défenseurs. De leur côté, les troupes du roi assiégèrent Roye, Montdidier (10 mai 1475), les emportèrent. « Ceux qui avoient suivi le parti de Bourgogne s'en alloient avec les gens d'armes ailleurs où bon leur sembloit. Et de la dicte ville de Montdidier, le roy a

---

(1) Chronique.
(2) De Beauvillé, citation.
(3) Commines.
(4) Graves, citation, p. 51.

fait abattre les murs et remplir les fossés et en a fait une ville champêtre comme Breteuil. » Depuis, le roi, parce qu'elle s'était rendue à Bourgogne, « voulut la ville être arse et bruslée et du tout détruite, après que les gens de la ville de Montdidier ont eu quatre jours d'intervaste pour eux et leurs biens vuider hors » (1). Pas une maison ne resta debout, des églises il n'y avait plus que des pans de murailles ; la ville fut complètement inhabitée pendant sept à huit mois. Étaient-elles assez horribles les guerres de ces temps-là !

Pour faciliter la reconstruction de la ville, le duc de Bourgogne accorda aux habitants 2 sols par chaque minot de sel vendu ; car, après ces cruelles représailles, Louis XI s'était retiré avec ses troupes.

La mort de Charles le Téméraire, fort heureusement tué devant Nancy le 5 janvier 1476, mit fin à ces guerres si atroces qui désolèrent notre pays.

Qui pourrait dire dans quel état de misère il était encore tombé ! L'abbaye, qui avait été incendiée du temps de La Hire, était encore en ruine en 1776. Pour en faciliter la restauration, le Pape avait accordé à l'abbé Guillaume Le Moine une bulle qui assurait des indulgences aux personnes qui, en visitant les ruines, faisaient des aumônes. La réparation des combles du réfectoire et des grandes cuisines ne fut commencée que plus de cinquante ans plus tard, sous l'abbé Jehan Papin. C'est alors aussi que les chambres des hôtes furent transportées du côté du pont du Hamel.

Les terres étaient couvertes de mauvaises herbes ; elles se donnaient ; presque personne n'osait se remettre à les cultiver. En 1446, à Bonneuil, une pièce de vingt journaux, nommée la terre « de la Prinche, tenant au bois Maillet », laquelle pièce de terre, par le fait et occasion des guerres

---

(1) Commines.

qui ont eu cours au royaume de France, a esté et est demourée en riés et non labourée », chargée d'une dîme telle que 72 gerbes l'une seulement envers les religieux de Corbie, fut baillée pour 20 sous parisis de rente annuelle par les religieux de Breteuil.

En 1481, Jean, abbé de Breteuil, céda à Charles Fornée, seigneur d'Anzin, écuyer tranchant du roi, à présent prévôt de Montdidier, « la justice et seigneurie de l'abbaye de Rouvroy, tant en sujets que prés, bois, terres, eaux et amendes, à charge de les tenir en fief de l'abbaye et d'apporter chaque année, le jour de l'Assomption, en la salle de l'abbaye, à l'heure du dîner, un épervier entier et suffisant, portant des sonnettes, chapperon, avec le gand pour iceluy porter et le nous présenter à l'encommenchement de notre dîner, » et de bailler par écrit toutes les amendes perçues dont la moitié sera au profit de l'abbaye (1).

Grande était toujours la consternation de la population : aucune danse n'eut lieu en 1489, jour de la fête patronale (2). C'était, il est vrai, par ordre de l'officialité diocésaine; mais pour que cette ordonnance ait été exécutée sans récrimination, il faut que la sagesse chrétienne en ait été appréciée.

Les guerres avaient eu aussi cet inconvénient de rendre incertains des droits autrefois bien reconnus, à ce point que les religieux durent de nouveau faire confirmer tous leurs droits, en 1498, par l'official de Beauvais (3). Les curés d'Ansauvillers, de Farivillers, Wavignies, Gannes, Mory, La Hérelle, Montiers, qui avaient, pendant plusieurs années, prélevé eux-mêmes les dîmes, prétendirent qu'elles leur appartenaient. L'abbé Thomas Avisse (1498) dut tran-

---

(1) Archives de l'Oise, abb , H. 1895.

(2) Archives de l'abbaye, H. 1790.

(3) M. Delettre, t. II, p. 121.

siger avec eux et plaider jusque devant le Parlement (1). Le seigneur d'un fief sis à Wavignies exigea des religieux qui avaient perdu leurs lettres d'amortissement, qu'ils lui rendissent foi et hommage pour ledit fief. Quelle bonne foi !

Les deux maires perpétuels de Breteuil voulurent abolir la prescription de l'usage de remettre, chaque année, à l'abbé, un panier de poisson de reconnaissance pour les deux cures. L'abbé Avisse, qui *était leur ami*, arrangea merveilleusement le différend en amenant les deux prêtres « à payer annuellement 10 sols, au moyen desquels l'abbé achèterait un panier de poissons et les deux vicaires viendraient en manger leur part et dîner avec la communauté (1496), mais sans préjudice du droit d'attaquer ou de se défendre » (2).

Pierre d'Ailly contesta également, mais en vain, la rente de 1,300 harengs du pont de Pecquigny ; il fut condamné, en 1404, à donner seize années d'arrérages, dont il obtint toutefois la remise du vidame d'Amiens, en 1408, à cause que le pontenage a été pendant la période des guerres de très petite valeur (3). Jehan, évêque de Soissons, en retard de neuf années de rente qu'il voulait faire réduire par « cette raison que les fréquens logemens du feu duc de Bourgogne avoient ruiné les récoltes... » dut aussi s'exécuter (4).

Les religieux, logés à la même enseigne que la population, étaient obligés en quelque sorte de se montrer impitoyables : en 1504, tout le revenu de leur riche terre et seigneurie d'Hardivillers, avec les dîmes, champarts, censives, droits seigneuriaux et roturiers et le bois à couper,

---

(1) Manuscrit cité, p. 90.

(2) *Ibid.*

(3) Archives de l'abbaye, H. 1885.

(4) Manuscrit cité, p. 91.

n'était affermé que 200 écus à Antoine Imbert, receveur de la Faloise. Cette terre comprenait 196 journaux (1).

A cette époque encore si troublée, nos religieux avaient encore à lutter contre les prétentions des moines de Chaalis, contre les seigneurs de Mailly et contre Jean de Royo, seigneur de Breteuil. Le pauvre abbé Jehan avait payé de sa dignité abbatiale le fait de s'être réfugié à Amiens : Louis XI, mécontent, l'avait obligé de se retirer dans le prieuré de Moreuil. Il ne faisait pas bon d'être l'ennemi de ce roi, qui avait bientôt fait de vous renfermer dans une cage de fer pour vous donner à réfléchir.

En 1500, le seigneur de Breteuil était Antoine de Royo, fils de Jean et de Marguerite d'Esquerdes, sa seconde femme, qui avait épousé, le 6 novembre 1505, Catherine de Sarebruche, seconde fille de Robert, comte de Roucy.

Ce seigneur, tué le 13 septembre 1515(2) à la bataille de Marignan, avait fait aux habitants une réduction relativement considérable des droits seigneuriaux en leur concédant à cens beaucoup de terres jusque-là concédées à champart. Cette amodiation, qui les rendait plus maîtres des terres, avait encore cet avantage de rendre le droit invariable et aussi de permettre l'enlèvement des récoltes, sans attendre le passage du champarteur.

Les religieux le suivirent dans cette nouvelle voie inaugurée par la nécessité où ils se trouvèrent d'encourager à la culture des habitants, découragés par les dévastations passées.

La plupart des droits de cens nous ont paru non rachetables. En devenant de véritables fermiers à des conditions

---

(1) Archives de l'abbaye, H. 1814. Cette terre venait partie de Béranger, prieur de Montdidier, à qui nos religieux payaient 10 sols parisis de rente, partie de Simon de d'Argies, en échange de 100 livres parisis donnés charitablement par l'abbé.

(2) De Dion cit., p. 11.

discutées et reconnues acceptables, nos ancêtres firent un nouveau pas vers la liberté.

A Antoine de Roye succéda Charles, né le 14 janvier 1510, qui devint comte de Roucy après sa mère. « Il avait épousé, le 27 août 1528, Madeleine de Mailly, fille de Ferri, seigneur de Coucy, et de Louise de Montmorency, qui mit au monde :

A. Charles, mort avant son père.
B. Éléonore, dame de Breteuil.
C. Charlotte, comtesse de Roucy, mariée en 1557 à François, comte de la Rochefoucauld » (1).

Nous pourrions continuer cette généalogie, mais pour mieux enchaîner notre récit, nous devons rappeler ici les clauses du traité d'Arras, celles du moins qui intéressent le plus le pays de Breteuil.

Le traité d'Arras.

Par le traité d'Arras, en effet, furent cédés *en propriété* au duc de Bourgogne, Montdidier, Roye, Péronne avec « *autres choses procédans desdites villes, chastellenies et prévostez foraines et es villes subjectes et ressortissans à icelles* (Breteuil par conséquent), et par la manière que l'on fait et accoutumé de faire par cy devant les baillifs royaux de Vermandois et d'Amiens. Et en outre seront commis, se métier est par le roy à la nomination de mondit seigneur de Bourgogne et de son dit hoir masle, tous autres officiers nécessaires pour l'exercice de la dicte juridiction et droits royaux, comme chastelains, capitaines, prévôts, sergens, receveurs et autres qui exerceront leurs offices au nom du roy et au prouffit de mondit seigneur le duc de Bourgogne et son dit hoir après lui, comme dit est dessus.

« Item semblablement par le Roy seront transportés et

---

(1) De Dion cité, p. 11.

baillées à mondit seigneur le duc de Bourgogne et son dit hoir masle après lui tous les prouffits des aydes et subventions quelconques, c'est à scavoir du grenier à sel, *quatriesmes* (1) de vins vendus, *impositions de toutes denrées, tailles, fouages* et autres aydes et subventions quelsconques (tous droits réservés depuis par l'Etat) qui ont ou auront cours et qui sont seront composées esdictes villes, chastellenies et prévostez foraines de Péronne, Montdidier et Roye et *es villages et terres subjectes et ressortissans à icelles villes, chastellenies et prévostez foraines*.... Auquel mondit seigneur de Bourgogne et sondit hoir masle après lui appartiendra la *nomination de tous les officiers à ce nécessaires soient esleuz clercs, receveurs, sergens ou autres*, et, au roy, leur commission et constatation comme dessus » (2).

En somme, le roi donnait à Philippe, duc de Bourgogne, comte de Flandre et d'Artois, tous les droits que Henry, roi d'Angleterre et *de France*, lui avait, en 1423, assurés en se réservant aussi la souveraineté de la couronne sur les susdites châtellenies, le duc de Bedford se disant régent de France (3).

Les deux traités étaient fondés : 1º sur l'antique droit revendiqué par les comtes des Flandres les armes à la main contre Philippe-Auguste, qui s'était porté fort pour le comte de Clermont, encouragé à refuser l'hommage pour son château de Breteuil ; et 2º sur l'impossibilité où s'était trouvé le roi de France de donner la dot de cent mille écus promis à sa fille mariée au duc de Bourgogne.

Le comte d'Etampes fut nommé gouverneur desdites villes et châtellenies qu'il avait reçues en gage sur prêt d'argent. Il les considérait toujours comme si bien à lui, qu'il refusa un instant de les rendre, lorsqu'on voulut les

---

(1) Au lieu du huitième dans d'autres provinces.

(2) Traité d'Arras.

(3) Monstrelet.

rembourser; vu, disait-il, qu'elles lui avaient été cédées par le père du comte de Charolais. Celui-ci, de son côté, prétendait que la cession était nulle pour n'avoir pas été consentie par lui. Nous avons vu comment la question fut résolue.

Les conséquences du traité d'Arras qui consacrait le triomphe d'une certaine réaction féodale furent assez peu heureuses pour le pays, qui fut encore désolé par la peste en 1496.

En 1500, une grande disette, causée par les rigueurs extraordinaires de l'hiver, fit monter le setier de blé de 3 sols 6 deniers à 16 sols, et le prix du pain blanc du poids de 12 onces, de 1 denier à 4. Le pain bis de 3 livres 1/4 se vendit 12 deniers au lieu de 3 (1). Le prix de la main-d'œuvre, au lieu d'augmenter, avait baissé : la toise de maçonnerie n'était plus payée que 9 sols en 1501 au lieu de 14, en 1440 (2).

Avec les guerres d'Italie, les charges royales, de 550 livres sous Louis XII, pour l'élection de Montdidier, étaient passées à 9,995 livres sous François Ier, en 1510, à la suite du traité de Madrid, qui plongea le pays dans une anxiété mortelle, en rendant de nouveau les villes de la Somme villes frontières.

Afin de relever leurs finances obérées, les habitants, en 1508, avaient, mais en vain, demandé avec Maignelay et Saint-Just la publication de quelques foires franches, à cause de l'opposition que leur fit le procureur des habitants de Montdidier. Ils ne purent les obtenir qu'en 1560.

Montdidier avait aussi, hélas ! grand besoin d'être favorisé pour pouvoir se relever de ses ruines,

---

(1) Il n'y avait alors à Breteuil que deux fours banaux, dont l'un, celui des seigneurs, s'appelait le four Saint-Jean, et l'autre, celui des religieux, le four du Jardin. (Manuscrit.)

(2) En 1531, les fagots ne coûtaient pas 1 franc le cent; la mine de blé, 13 à 16 sols; un chapon, 3 sols; une corde de bois, 40 sols.

CHAPITRE VINGTIÈME.

La reconstruction de l'abbaye.

L'abbé Blancpain. — Son rôle. — Le relâchement de la discipline monastique. — Jean du Bellay, premier abbé commendataire. — Le prince Hippolyte d'Est (1535). — Les cloches.

Fort heureusement, dans les tristes circonstances que traversait Breteuil, l'abbaye avait à sa tête un abbé vraiment remarquable, qui avait bien compris le rôle que la Providence lui avait assigné.

Non seulement il soulageait la misère autant qu'il le pouvait, mais il allait jusqu'à doter les filles pauvres pour leur faire trouver des maris (1).

On le sait, fidèles à ces traditions si chrétiennes; les religieux cloîtrés de notre siècle, les chartreux et les trappistes soutiennent et soulagent presque tous les pauvres autour d'eux, à dix lieues à la ronde.

L'abbé Blancpain (1501-1527) fit encore plus.

A l'exemple du Chapitre de la cathédrale de Beauvais, l'abbé Blancpain ménagea à l'ouvrier l'occasion de gagner honnêtement sa vie dans les années mauvaises : en 1524, la misère ayant redoublé à la suite de la gelée de tous les blés, il fit rééditier le logis abbatial au coin du cloître, regardant le septentrion. Ce bâtiment porte quatre voûtes superposées couvrant la cave, la chapelle, le fort où étaient déposés les archives et le trésor, et au-dessus du fort une autre voûte pour préserver de l'incendie. Les bâtiments au-dessus de la grande cuisine, la cheminée, la

---

(1) Manuscrit cité, p. 103.

porte, avec ses armes partout, et la voûte restée inachevée du cellier, ont été rétablis par l'abbé Blancpain.

Mais son principal ouvrage est le grand réfectoire, qui était extrêmement beau. « C'était, dit P. Mouret, une longue et large salle voûtée, où on voyait placés aux murs tous les apôtres de grandeur colossale, le tout représentant la Pâque ». La date de sa construction, 1524, était inscrite au premier corbeau du côté du nord (Les sculptures dataient de 1554 (1).

L'abbé Le Moine avait, antérieurement, fait construire un grand corps de bâtiment devant le dortoir, fait lambrisser toutes les chambres en cœur de chêne. Son lit tout en chêne sculpté était une véritable curiosité. Les chambres étaient pour les plus anciens religieux et le dortoir pour les novices. La représentation des armes de l'abbé Le Moine aux cheminées de la grande cuisine fit penser à R. Wuyart qu'elle était aussi son œuvre, 1495-1498.

Les ressources nécessaires pour conduire à bonne fin tous ces grands travaux, provenaient en partie du moins des aumônes faites pour gagner l'indulgence assurée par le Souverain Pontife aux visiteurs des ruines de l'abbaye. Ils furent, il faut croire, assez nombreux. Innocent VIII avait aussi, dès l'année 1489, lancé une bulle, en vertu de laquelle tous les biens du monastère, aliénés à vil prix, devaient être repris contre le montant de la somme versée par les acquéreurs, nonobstant tout jugement et serment fait pour la stabilité du contrat. On le voit, si l'abbé jouait au grand seigneur, c'était au grand seigneur généreux.

On l'appelait, du reste, Monseigneur ou Monsieur ; il n'assistait au repas des autres religieux que sept fois par an, aux plus grandes fêtes : à Pâques, à la Pentecôte, à la fête de saint Constantien, au Saint-Sacrement, à l'Assomption, à Notre-Dame, à la Toussaint et à Noël. Ces jours-là il

---

(1) Manuscrit cité, p. 103.

traitait splendidement les religieux « au vin blanc et vin clairet » (1).

Les religieux qui se regardaient comme les propriétaires des biens du monastère, continuant à se modeler sur leurs abbés, ne se gênaient pas plus que lui pour faire des sorties dans le bourg, pour ne plus observer que les jours d'abstinence communs à tous les fidèles et même pour omettre la récitation de l'office en commun. Le désarroi produit par les guerres n'avait fait qu'augmenter le relâchement de la discipline.

Le mal fut loin de se guérir avec les abbés commendataires nommés par le roi, à partir du concordat de François Ier et du pape Léon X, en 1548. Ces abbés faisaient administrer le temporel par un vicaire général, le spirituel par un prieur investi d'une autorité comparativement faible, alors même qu'il était nommé par ses frères en religion.

Ceux-ci finirent par assister aux assemblées publiques, aux baptêmes, et même par tenir lieu de parrains au préjudice de la dignité de leur vocation, de leurs vœux surtout, au scandale des habitants qui les voyaient parfois « boire et manger aux excès » (2).

Nous ferons grâce à nos lecteurs de tous les concordats passés entre les abbés et les religieux, de toutes les contestations y relatives, ces détails de la vie bénédictine nous ayant paru trop intimes, partant peu susceptibles d'être incorporés à l'histoire du pays, voire même considérés à un point de vue philosophique.

Qu'il nous suffise de dire que les pauvres ne trouvèrent plus autant leur compte à cette séparation complète cette fois de la mense abbatiale et de la mense conventuelle, pour cette raison que les religieux, logés souvent à la por-

---

(1) Manuscrit cité, *passim* et p. 108.
(2) *Ibid.*

tion congrue et débattue, laissaient la charge des aumônes, celle des grosses réparations, à l'abbé, qui était loin d'agir toujours généreusement. Seulement, il est juste d'ajouter qu'il ne le pouvait pas toujours : à la baisse des prix des fermages, causée par les ravages de la guerre, venaient se joindre les exigences des rois, *verbi gratiâ*, l'édit de Charles IX, du 6 mai 1563, qui enjoint aux officiers royaux d'obliger toutes les églises du royaume..., les commendes, etc., à aliéner la quatrième partie de leurs possessions, terres, rentes, à des prix souvent dérisoires. Ainsi la ferme de Fouquevillers, qui comprenait 203 journaux passés de terre labourable, fut vendue après bien des altercations, à Geofroy Lavyn, sieur de Blérencourt, 3,226 livres 5 sols (1563), à condition encore de tenir la ferme en fief du roi à cause de la ville de Montdidier (1).

Le premier abbé commendataire fut Jean de Bellay, 1527, prêtre éclairé, savant, qui travailla au relèvement des études en France, et à qui François Ier, pour le récompenser de ses services, donna sur sa demande l'évêché de Paris, les abbayes de Saint-Maur-des-Fossez et de Saint-Magloire, au faubourg Saint-Jacques, et le chapeau de cardinal. Naturellement, il s'occupa des affaires du roi. Député par le pape vers Henri, « il se mit si avant dans les bonnes grâces de ce roi qu'il faillit empêcher le schisme d'Angleterre. » Il se démit de l'abbaye en 1535.

Le prince Hippolyte d'Est, cardinal de Ferrare, qui lui succéda, 1535, se montra assez généreux. C'est lui qui fit refondre les cloches de l'abbaye.

Son vicaire général, dom Michel Glénard, et Jehan Capperon, prieur claustral, secondés par des ordonnances de Henri II, essayèrent la réforme des religieux par la constitution dite de Ferrare. Ceux-ci alléguèrent, en vain, que « la règle proposée n'étant point en vigueur quand ils s'é-

---

(1) Manuscrit, p. 117.

taient faits religieux, ils n'étaient pas obligés de s'y soumettre. Ils y furent contraints, attendu qu'on avait eu la précaution de porter la communauté au grand complet par l'admission d'autres religieux envoyés de Jumièges » (1).

Mais cela ne dura guère, malgré le zèle de Henri II qui avait lui-même ordonné la réforme dans tous les monastères et commandé de faire dans toute la France une procession générale du Saint-Sacrement.

---

(1) M. Delettre, t. III, p. 208.

CHAPITRE VINGT ET UNIÈME.

Eléonore de Roye, dame de Breteuil, et le prince de Condé.

La formation définitive du bourg. — La restauration de l'église de Saint-Jean. Description de ses anciens vitraux. — Un nouvel incendie.

Eléonore, née le 24 février 1535, dame de Roye, *Breteuil*, Conti, Muret et Busancl, épousa Louis de Bourbon, prince de Condé, le 18 novembre 1550.

Sa prise de possession de la seigneurie fut le signal d'une nouvelle formation du bourg. Eléonore de Roye, de concert avec le prince de Condé, ayant accordé aux habitants, comme nous l'avons dit, la faculté d'établir des maisons sur l'emplacement des anciens fossés qui avaient été comblés, « plusieurs, au rapport des auteurs des antiquités de Breteuil, qui avoient des macions devent le pont du vicomte et autres lieux démolirent icelles, les bâtirent auxdits grands fossés, et par ainsi le bourg *commença à s'assembler comme on le voit pour ce jourd'ui* ».

Sous de si puissants et si riches seigneurs l'église Saint-Jean se releva assez vite de ses ruines.

Eléonore de Roye, selon le manuscrit de l'abbaye, résumé et annoté, en 1737, par Louis Baticle (1), « fit rebâtir le portail de l'église de Saint-Jean-Baptiste en lan mil cinq cens quarante quatre ou elle n'a pas manqué de faire mettre ses armes et celle de son mary qui fit faire le clochez dont le portrait des dis armes et cy devans imprimé, scavoir deux croix baré et six flours de lorriers ».

---

(1) Communication de M. Chevance, coutelier-armurier.

Au pied de l'une des niches qui ornent le portail on lit l'inscription suivante :

L'an mil cinq cent quarante-trois.

Faudrait-il en conclure que l'église a été reconstruite de fond en comble? Evidemment non. Les traces d'incendie qui subsistent encore sur le côté de la nef, tourné vers le nord, le caractère architectural du côté du midi, qui n'a jamais été reconstruit, le prouvent sans réplique. L'église de Saint-Jean a subi seulement, à cette date, une grosse restauration : le portail, les voûtes, les fenêtres, la charpente, les baies du clocher qui sont du même style que la fenêtre ogivale du portail, ont été alors seuls rétablis.

Grégoire d'Essigny, dans son *Histoire de la ville de Roye*, soutient que la maçonnerie actuelle du clocher date de 1800. Nous le contredirons d'autant moins que la cloche a été, à cette date, refondue aux frais d'Antoine de Roye, grand-père d'Eléonore ou d'Aliénor.

Le prince de Condé et Eléonore de Roye ne contribuèrent pas seuls à la réédification, à nous en rapporter au récit qu'en firent nos deux prêtres de Breteuil, à Henri II, prince de Condé, fils puîné de Louis de Bourbon et d'Eléonore, lors de son passage à Breteuil, en 1574.

Voici la teneur de ce récit, qui nous donne une idée de la splendeur relative de l'église d'autrefois :

« Aucun de la noblesse des plus zélés voyant qu'il ne pouvait avoir raison de l'abbé et qu'il ne pouvoit satisfaire à leur devoir accoutumé pour la dite église de Saint-Cyr être trop éloignée du château, s'offrirent volontairement à contribuer la réparation de l'église Saint-Jean ; — ce qui stimula Monsieur (le prince de Condé) à commencer le premier. Il fit abattre des chênes en ses bois, suffisants pour rebâtir la dite église. Et la noblesse, de son côté, fit aussi son devoir avec les habitants et paroissiens, un chacun contribuant de gaîté de cœur à un si saint ouvrage.

« Or, entre tous ceux qui ont contribué, les seigneurs qui

sont décrits aux vitres et aux cloches sont recommandables d'une mémoire perpétuelle, que nous avons voulu ici insérer pour perpétuer leurs noms. Et premier :

« En la principale verrière, qui est celle au-dessus du grand autel où est peinte la Nativité de Notre-Seigneur, avec l'image de notre dame, Anne-Blanche, et à l'autre, saint Cyr et sainte Julitte est écrit : « Haut et puissant seigneur, Monseigneur Huc (Hugues) de Montmorency, seigneur châtelain de ce lieu, a donné ces verrières avec le bois de la charpente et 200 florins d'or à la restauration de ce moutier ; Priez Dieu pour l'âme de lui. » Ce même seigneur est encore écrit à l'entour de la grosse cloche.

« A l'autre grande vitre, qui est au-dessus de l'autel de Notre-Dame où est peint l'Assomption de la Vierge Marie, est écrit : « Messire Flament de Maitel, seigneur de Damoncourt (probablement de Dameraucourt) a donné cette derrière avec soixante écus jaunes à la restauration de ce moutier. Priez Dieu pour l'âme de lui. » Ledit seigneur et la même inscription est encore à l'entour de la seconde cloche.

« A celle qui est du côté du clocher, où est peint Notre-Seigneur priant au Jardin des Olives, est écrit : « Messire Walerard ou Wallerand, le vicomte a donné cette verrière et soixante florins d'argent. Priez pour l'âme de lui. » Ce seigneur est encore écrit à la troisième cloche de ce clocher.

« Celle du côté de la nef, au-dessus de la chapelle du prédicateur, garnie de fils de fer par dehors, représentant la décollation de saint Jean, est écrit : « Messire Drouet, seigneur de Crèvecœur, a donné cette verrière et soixante florins d'argent à la restauration de ce moutier. Priez Dieu pour l'âme de lui. » Cette inscription est encore à la quatrième cloche.

« A la verrière de la nef, où est peint saint Sébastien, est écrit : « Enguerrand, seigneur de Froissy et Proviulieu, a donné cette verrière et dix florins d'argent à la réparation de ce moutier. Priez Dieu pour lui. »

« A la quatrième du même rang est écrit : « Madame....
vesve.... a donné cette verrière et dix florins d'argent.
Priez Dieu pour l'âme d'elle. »

« A celle de dessus l'autel Saint-Antoine est écrit: « Hildebert, vesve, a donné cette verrière et dix florins d'argent.
Priez Dieu pour l'âme d'elle. »

Le prince de Condé assistait à la lecture de toutes ces inscriptions.

« Pendant que le secrétaire en lisant ces antiquités et nommant les noms des anciens seigneurs et dames, Monseigneur le Prince demanda si ce seigneur de Damourcourt (Dameraucourt, près Grandvilliers), était flamand, comme il en portait le nom, disant par ledit Prince, avait bien lu et ouï des anciens noms, mais qu'il n'avait entendu qu'un se fut appelé Flamand, que ce seigneur. Et, s'adressant à M. Parenteau, il lui dit : « Vous qui avez hanté la maison de Folleville, conversé avec M. de Merville et vu leurs anciens titres, qu'en dites-vous? — Auquel le dit Parenteau, avec une belle gravité, répondit : Monseigneur, combien que le seigneur de Damourcourt à présent vivant, fut de la maison de Folleville, ayant eu pour aïeul un valeureux et sage capitaine, nommé Messire Raoul de Lannoy, qui était natif d'Artois et gouverneur de la ville et château d'Hesdin, lequel après l'avoir rendu au roi Louis onzième pour le bon rapport qu'on fit au roi de sa prudence, valeur et bonne conduite, le retint à son service et conseil; lui donna une chaene où il y avoit vingt un chainons et chacun d'iceux pesait cent écus d'or fin. Il épousa D^{elle} Jeanne de Poix, dame du dit Folleville, y fit construire et bâtir le château qui y est, et fut bailli d'Amiens, lequel a continué en sa postérité jusqu'à présent. Or, le château d'Hesdin fut rendu au roi en l'an 1477, et selon les présentes antiquités le dit sieur Flamand vivait plus de quatre-vingts ans auparavant, de façon que, considérant la prud'homme et dévotion dudit Flamand, je peux dire qu'il portait ce nom, non à cause de la nation, mais pour nom propre. Ce nom,

Monseigneur, Flamand, *Flaminis*, est attribué par les saintes Ecritures au Saint-Esprit, l'office duquel est d'enflammer, d'inspirer et suggérer le cœur des fidèles de l'amour de Dieu et à bien vivre, de même ce bon seigneur de Damourcourt ayant même nom, l'avait aussi d'effet : car, par la vue des présentes antiquités, je ne doute pas qu'il n'eût été le premier qui ou supporter une partie de la restauration de l'église, suggéré la noblesse à y contribuer, ayant même surmonté tous les autres seigneurs en dons et en bienfaits; et pour ce il a à bon droit le second lieu tant aux vitres qu'aux cloches après le seigneur dominant (Hugues de Montmorency).

« Or le seigneur, avec toute l'assistance, écoutait le seigneur en grand silence. Le dit sieur connoît la gravité et la bienséance. Icelui ayant cessé de parler, Monseigneur demanda s'il n'y avait aucun de la maison, on dit que non ; et, le lendemain, après que Monseigneur eut ouï la messe, prédication, et, comme il sortait de l'église de Breteuil, une grande compagnie de noblesse le vint saluer, auxquels il dit : Messieurs, entrez dedans l'église, je veux vous montrer de belles antiquités des anciens seigneurs de votre maison. Si Monsieur de Damourcourt eut été hier soir en ma chambre, il eût entendu Monseigneur Parenteaux déclamer les louanges du bon Flamand, ancien seigneur de la maison, Flamand de ce nom, non pas de nation; Et ayant fait dresser une échelle, fit monter un de ses secrétaires qui lisait tout haut, et, comme il lisait celle du sieur Flamand, il demandait que vouloit dire écus jaunes, auquel ledit Parentau dit, que les écus communs en ce temps, ne valaient que 25 sols, mais que les écus jaunes en valaient 33. Et ayant tout visité, s'en allèrent dîner à l'hôtellerie du lion d'or où étoit logé le dit prince. »

« Nous avons, ajoutent les auteurs des antiquités précitées, écrit tout ce que dessus, afin de perpétuer de ce dévot seigneur, et que les curés qui nous succéderont, reconnaissent les fondateurs de leur église, prient pour les âmes d'iceux et de leurs parents » (1).

Pour terminer ce chapitre, mentionnons l'incendie de quatre-vingts maisons des rues « du Fraies, du Leu et de Locque », à la date du 1er avril 1551. La population effrayée pria les religieux d'opposer aux flammes les reliques de saint Constantien ; ce qu'ils firent. D'après un document signé d'un certain nombre d'habitants, le feu s'arrêta net à l'approche des reliques.

Au bas d'une peinture faite sur le trésor, un religieux, Robert d'Amans, écrivit ces vers :

> Le feu, brulant ce bourg de sa flamme cruelle,
> Ce peuple demy mort fut bien épouvanté,
> Mais le chef de ce saint y étant apporté,
> Le feu ne passa pas de Locque la ruelle (2).

---

(1) *Antiquités de Breteuil.*
(2) *Manuscrit cité*, p. 113.

CHAPITRE VINGT-DEUXIÈME.

Les Huguenots à Breteuil (1554-1591).

Vol et recouvrance des reliques de saint Constantien. — La réparation solennelle. — Nouvel incendie de l'abbaye et de Breteuil. — Les nouvelles ruines causées par la guerre. — Scène horrible des lansquenets du duc de Mayenne. — Tableau du bourg en 1591.

La belle église que nous venons de décrire en partie ne dura pas longtemps. La réforme, prêchée d'abord par Luther, ayant fait son apparition en France, le prince de Condé, Louis de Bourbon, et Éléonore de Roye, mécontents de s'être vus évincés des conseils du roi et de l'administration du royaume, étaient passés au protestantisme. Cet acte d'apostasie devait attirer sur Breteuil de nouveaux et grands malheurs.

Déjà en 1554, les huguenots (tel était le nom donné alors aux protestants) avaient signalé leur apparition à Breteuil par un acte d'impiété qui excita l'indignation générale :

« Dans la nuit du lundi du 4 janvier 1554, des inconnus escaladèrent les murailles du cloître, forcèrent la porte de la sacristie, prirent le saint-ciboire, le chef de saint Constantien renfermé dans un reliquaire d'argent doré, représentant un chef d'argent doré, parsemé de pierres précieuses ; trois autres reliquaires d'argent, en forme de bras contenant des ossements de saint Constantien ; deux croix pour les processions, deux calices d'argent, deux autres calices d'argent doré, un encensoir d'argent doré ; la crosse abbatiale avec le bâton, le tout d'argent doré. Cette crosse, avec son bâton, valait, ou du moins était estimée à 1,800 livres tournois, somme excessive en ce temps-là. C'était la plus belle. Les voleurs en prirent une autre de moindre valeur et trois bâtons couverts d'argent qui y servaient, avec plusieurs autres reliques, argenteries et ornements. Ils cachèrent les reliques à deux lieux de là, dans une terre labourable du village de Beauvoir, sur le chemin qui conduit de Chepoix à Bretheuil. Ils dépouillèrent les reliques de leurs reliquaires et enterrèrent les reliques dans un trou ».

A l'heure de l'office divin, les religieux s'aperçurent du vol. Ils furent fâchés non pas tant de la perte de l'or et de l'argent que des reliques sacrées. Le bruit du vol se répandit au loin. On ne connut jamais les voleurs. Cependant, une fille muette, demeurant vis-à-vis la porte de l'église, les avait vus et les avait désignés comme elle avait pu.

« On pensa que c'était une famille du bourg, qui en a renom encore aujourd'hui, 1670. »

Grande, on le pense bien, fut la désolation générale. « Trois semaines après, le maître du champ de Beauvoir alla pour labourer sa terre, mais les chevaux ne voulurent jamais y traîner la charrue, ce qu'ils firent cependant sur le terrain voisin. Soupçonnant quelque chose d'extraordinaire, le laboureur examina attentivement son champ et s'aperçut que l'endroit où sa charrue aurait dû passer était remué depuis quelque temps. Se souvenant du vol, dont tout le monde parlait, il pensa que les voleurs auraient pu mettre là les reliques. Il fouilla avec le soc de la charrue et aperçut les deux os du bras de saint Constantien encore enfermés dans leur enchassure de bois, et, de plus, le menton de saint Maur. On les recueillit avec les solennités voulues, au milieu des acclamations populaires les plus grandes ! » (1).

A l'endroit de ce miracle fut élevée une croix à la bénédiction de laquelle assistèrent les habitants des pays voisins, voire même de quelques lieues à la ronde.

---

(1) Manuscrit cité, p. 113.

Une bulle du 10 décembre 1554, du pape Jules III, prescrivit des monitoires à Beauvais, Amiens et Senlis, menaçant d'excommunication ceux qui ne restitueraient pas les objets volés ainsi que les biens divertis à l'abbaye depuis cinquante ans. Elle fut sans effet, ce qui prouve que ce sont des hérétiques et huguenots, sans respect pour la divine Eucharistie, qui ont fait le coup (1).

Six ans après ce vol sacrilège, le prince de Condé, toujours seigneur de Breteuil, fut arrêté comme conspirateur, jugé et condamné à mort. Son exécution avait été fixée au 10 décembre. La mort de François II, arrivée le 5, le sauva.

Déclaré peu après innocent par un arrêt du Conseil et rendu à la liberté, il en profita pour travailler à se venger.

Malgré le colloque de Poissy, 1561, et l'édit de janvier 1562, la guerre civile religieuse ayant éclaté à la suite de l'affaire de Vassy, Condé, pour soutenir la lutte, appela à son secours les terribles lansquenets allemands, de véritables brigands. Vaincu à Dreux le 17 décembre 1562, il fut tué par Montesquiou et remplacé peu après par son fils, jeune encore, qui marcha sous les étendards du roi de Navarre.

Pendant la guerre, les prédications les plus furibondes se faisaient entendre dans un sens et dans un autre. Les huguenots, dont le principal ministre était de Laplace et avec lui des avocats sans cause, s'efforçaient de soulever les esprits contre la religion catholique qui patronnait le roi. Charles IX dut même leur interdire la parole le 13 mai 1562, et en 1563 de faire aucune assemblée.

Alors, le lieutenant du bailliage, d'accord avec les majeurs (maires), disposait à peu près de tout : le 22 novembre 1567, Antoine d'Hairavin, seigneur de Pienne, ordonna de « faire choix d'un nombre raisonnable de soldats soit à Montdi-

---

(1) Manuscrit cité, p. 115.

dier, soit dans les bourgs et villages de l'élection, pour les mettre dans la ville, si le besoin s'en faisait sentir ».

A cette époque, les trois villes réunies commencèrent à former un gouvernement indépendant.

« Cependant, dit Wuyart, les troupes auxiliaires, même lorsque la paix était faite, ne voulant pas quitter le pays, y brigandaient. » De son côté, le roi demandait toujours de l'argent, au clergé surtout : en 1576, il obtint du Pape 50,000 écus sur les bénéfices ecclésiastiques. L'abbaye qui n'avait pas d'argent, fut taxée à 37 écus de rente annuelle rachetable au denier 24. Une autre année, elle fut imposée à 2,400 livres sur les 40,000 réclamées au diocèse de Beauvais (1). Pour trouver cet argent, il lui fallait vendre et toujours vendre des biens réduits au tiers de leur valeur, par le fait des ravages de l'ennemi (2).

A Breteuil, tous les hommes du prince de Condé, tous ses amis, sitôt qu'ils avaient un peu le dessus, mettaient les partisans de la Ligue à contribution, dévastaient leurs terres.

« Leurs furies infernales », un instant calmées par la paix d'Amboise (1563), par celle de Lonjumeau en 1568 et de Saint-Germain en 1570, se ranimèrent plus violentes que jamais en 1573. « Ils ravagèrent tout le pays, dépouillèrent les fermiers, descendirent à Breteuil et pillèrent tout, spécialement dans l'abbaye » (3). Ils emportèrent tous les ornements, vêtements et vaisseaux sacrés, n'y laissant que les quatre murailles, à l'exception, toutefois, de ce qu'il y avait de plus précieux, les reliques et les archives qu'on avait mis en lieu sûr avant leur arrivée (4). Les

---

(1) Manuscrit Wuyart.

(2) Ibid.

(3) Ibid.

(4) Manuscrit cité, p. 126.

pauvres religieux s'étaient enfuis, ne laissant qu'un moribond qui était mort quand les huguenots survinrent (1). »

En 1576, les guerres avaient tellement tout ruiné dans le pays, que les dîmes de Breteuil ne furent affermées que 6 écus 40 sols et quelques denrées (2).

Mais l'abbaye était si riche au fond, que l'abbé commendataire, Louis d'Est, prince et cardinal, avait encore, toutes charges payées, 2,500 écus (3). Et l'écu, à cette époque, valait 65 sols.

Il est vrai que cet abbé ne prenait à sa charge aucune des impositions extraordinaires mentionnées. Quant aux religieux, ils avaient chacun une pension de 133 écus sols et un tiers d'écu, plus le colombier et tous les prés (4).

L'ardeur de la Ligue redoubla pendant les Etats de Blois, après surtout qu'Henri III s'en fut déclaré le chef. Signée à Péronne le 13 février 1577, elle fut publiée à Montdidier le 15, avec ordre à tous les manants et habitants du bailliage de la signer et de s'enrôler. Ceux-ci, toutefois, ne voulurent y contribuer que pour leur défense personnelle, « eu égard aux facultés et puissance desdites villes... et de payer les denrées en monnaye courante au pays... (De Beauvillé).

Les esprits, surexcités par les événements, furent effrayés par une large zone de feu (une aurore boréale sans doute), qui apparut dans le ciel, le 16 septembre 1583, et dans laquelle ils crurent voir des armées en bataille qui s'entrechoquaient, les habitants de Breteuil avec tous ceux du Beauvaisis se mirent à faire les plus longues processions, un cierge à la main et revêtus d'un sac de toile blanche, terminé par un capuchon qui couvrait toute la

---

(1) Manuscrit cité, p. 126.
(2) Ibid.
(3) Ibid.
(4) Ibid.

figure, excepté les yeux, pour lesquels on avait pratiqué deux ouvertures. Le sac était assujéti autour des reins par une corde à laquelle pendait de longs chapelets ornés de têtes de morts. Vieillards, jeunes gens, femmes et enfants s'imposaient l'obligation de suivre ces singulières processions jusqu'à Amiens et Beauvais, en chantant des psaumes. Et malheur au prédicateur qui se serait permis une parole d'improbation ! Un bénédictin, Pierre Poncet, fut exilé à Melun pour avoir osé blâmer ces sortes de pratiques auxquelles tout le monde se livrait, le roi en tête.

En 1585, la guerre avait recommencé de plus belle. Le roi obtint encore du pape de lever sur le clergé de France 50,000 écus de rentes annuelles, « ses faisances étant épuisées ». C'étaient, en principal, 1,200,000 écus. « La bulle ordonna même aux églises de vendre leur argenterie et joyaux superflus à l'office divin, les bois de haute futaie, vieux baliveaux et toutes autres choses le moins dommageables » (1). Le pays était aussi écrasé par les taxes.

L'abbaye fut imposée cette fois pour sa part « à 4,000 livres tournois revenant à 1,333 écus un tiers ».

Les censives de la Questonoye, les fiefs de Cormeille, de Paillart et de Farcuvillers, le pressoir et le moulin de Pronleroy y passèrent.

Pour comble de malheur, hélas ! « un habitant nommé Frémaux, dit Vitelot, ayant tiré un coup de mousquet, le feu prit à une maison et brûla 95 maisons, en 1585. »

Après cet incendie, Robert Wuyart, que nous suivons pas à pas, « jetant un œillade hors de l'abbaye pour voir ce qui se passait dans le bourg », rapporte que « Bonnivet, du parti de la Ligue, faisant la guerre à Amiens et Beauvais, pour mieux réussir selon sa pensée, s'empara de Breteuil ; mais s'étant trop assuré en ce lieu où il n'y avait plus de sécurité, il se trouva surpris pendant son sommeil, le 20 août

---

(1) Manuscrit cité. p. 126.

1589, par le marquis de Minelers (Maignelay), son cousin-germain, du parti de Navarre, qui, sur les deux heures du matin, égorgea ses soldats endormis et coupa la tête au marquis de Bonnivet, sans plus de façon. « Il brûla ensuite l'église Saint-Jean-Baptiste où était le plus haut clocher de Picardie ».

Les cloches furent perdues. Toutes les maisons du bourg, qui avaient échappé à l'incendie de 1588, furent consumées, à la réserve de quelques-unes (1). Tous les habitants s'étaient enfuis, abandonnant leurs maisons aux gens de guerre qui séjournaient souvent dans le bourg.

Le château-fort avait sans doute été remis, quelque peu du moins, en état de défense, car, nous avons lu dans M. de Beauvillé, qu'après l'assassinat du duc de Guise, en 1588, le gouverneur de la Picardie avait chargé, le 13 janvier 1589, le capitaine de Martimont « de la garde des châteaux de *Breteuil*, du Chaussoy, de Folleville et de La Faloise, de peur qu'ils ne tombassent entre les mains du duc de Longueville. Le 13 février, tous les gentils-hommes de la prévôté jurèrent un acte d'adhésion à la Ligue. Parmi eux figurent N. Dupuis, Antoine Leclerc, Adrien de Cavole, seigneur de Montauvillers, demeurant à Breteuil, Jean d'Amfreville, seigneur de Troussencourt, et de Guilbon d'Ainval, de Vendeuil (2).

La Ligue fut signée une seconde fois à Montdidier, le 12 juin de ladite année, à l'hôtel de ville, « au son de la cloche et grans huis ouverts par monsieur le lieutenant ... pour parvenir à la sainte union conforme à celle des villes de Paris, Amiens, Péronne et autres lieux, tendante à l'honneur de Dieu, conservation de la religion catholique, apostolique et romaine ».

L'acte d'adhésion était ainsi conçu : « Nous soussignés

---

(1) Manuscrit cité, p. 120, *Abrégé* de M. Combier, de Laon.

(2) M. de Beauvillé.

jurons et promettons sur le sacrement de baptême que nous avons reçu sur les saints fonts, de ne suivre aucun parti que celui des catholiques pour l'honneur et conservation de la religion catholique, apostolique et romaine, le bien et la liberté publique, et d'y employer non seulement nos moyens, mais jusqu'à nos propres vies, sans adhérer ni favoriser directement et indirectement aux partis contraires et aux ennemis de la dite religion, fauteurs ou adhérents, ne porter les armes pour ceux lesquels ont commis les meurtres et assassinats faits aux Etats de Blois, leurs auteurs ou adhérents ». Le 17 février 1589, un acte d'adhésion de même nature avait été signé à Breteuil, en l'étude de Mes Roussel et Dupuis, par Claude Vuion ou Vion, ancien maïeur de la ville de Montdidier, devenu bailli des terres et seigneuries de Breteuil, Francastel et La Falloize. Ce bailli avait alors 70 ans (1).

Plusieurs villages environnants furent aussi incendiés, comme Breteuil, et pour raison d'affiliation à la Ligue. Aussi braves ligueurs que religieux, les habitants d'Esquennoy avaient même entouré leur village de murailles percées de meurtrières. Assiégés par les huguenots, ils se défendirent si courageusement dans leur clocher, qu'après avoir tué beaucoup de monde à l'ennemi, ils obtinrent la vie sauve. Germain de Marsy, Gaudefroy Lambert, Pillon, Bazin de Bosaudemer, seigneur de Saint-Sauveur, étaient à leur tête.

Après l'incendie du bourg, un certain nombre d'habitants de Breteuil s'étaient réfugiés dans l'abbaye.

Cette retraite leur fut funeste : le 20 octobre 1589, en effet, les lansquenets du duc de Mayenne, chef de la Ligue catholique, qui ne valaient pas mieux que les lansquenets du roi de Navarre, ayant appris à Paillart, où ils étaient logés pour le malheur du village, que les habitants de Breteuil

---

(1) M. de Beauvillé (La Ligue).

« s'étaient, depuis l'incendie, retirés en l'abbaye, et croyant faire un grand butin, y vinrent fondre, pillèrent le monastère, prirent tous les meubles, dépouillèrent hommes, femmes et religieux, les dépouillèrent jusqu'à la chemise, sans pudeur, sans épargner ce sexe fragile et faible, ni avoir le moindre respect pour le lieu, ni se remettre en peine de misères qui en pouvaient arriver; car ceci a donné lieu à beaucoup d'autres misères plus dignes d'oubli que de mémoire ».

« Ces braves soldats (ces lâches, il faudrait dire) commirent les plus grandes cruautés et villenies. Trois d'entre eux tirèrent le coup de pistolet au plus près du saint-ciboire, plein d'hosties consacrées, suspendu à une crosse de bois au-dessus de l'autel. On se plaignit au duc de Mayenne qui fit pendre les trois criminels à des ormes qui étaient sur le chemin de Breteuil à Saint-Cyr, où il y en a encore de jeunes en place, devant une petite chapelle, au chemin du haut de Saint-Cyr » (1). « Les habitants de Breteuil ruinés se mirent les uns sous les armes pour aller en guerre, les autres marchands roulants à Senlis, Compiègne et autres villes du parti du roi Henri IV, au péril pour gagner de quoi subsister; enfin d'autres allèrent mendier leur pain par la campagne et de porte en porte » (2).

Ceci se passait du temps du cardinal de Pellevé, cinquième abbé commendataire, ligueur acharné, qui mourut en apprenant l'entrée d'Henri IV dans Paris.

Les religieux, obligés de vivre au milieu des soldats, de les loger et de les héberger, « ils avaient pris les façons d'agir des soldats par le moyen de leurs fréquentes conversations et cohabitations. Ils exerçaient néanmoins toutes les fonctions ecclésiastiques » (3).

---

(1) Manuscrit, p. 130.

(2) *Ibid.*

(3) *Ibid.*

N'ayant pu, pendant quelques années, rien toucher de leurs pensions monacales « tant pour leurs nourritures que pour leurs vestiaires », ils firent tout simplement saisir les revenus de l'abbé commendataire Nicolas de Pellevé, cardinal prêtre du titre de Sainte-Praxède (1590), et ce nonobstant l'opposition de Gilles Lafont, sieur de Corneville, chanoine d'Amiens, son vicaire général, et de Vincent Le Roy, lieutenant général au bailliage d'Amiens, son intendant (1).

Jean Houzel nommé économe de l'abbaye par Henry de Navarre, sur la recommandation du prince de Conti, « était continuellement dans Breteuil avec des personnes de son parti et se vantait publiquement qu'il avait ordre de couper la tête à Jacques de Saint-Fuscien, économe du cardinal de Pellevé (2). Bref, c'était l'anarchie la plus complète du haut en bas de l'échelle sociale, à l'horizon de Breteuil, dans la rue aussi bien qu'à l'abbaye, qui fut trois ans sans rien rapporter au cardinal de Pellevé, tant étaient grandes « les incursions, vexations et violences du parti du prince de Conti qui abusait des fermiers » (3).

Un nouvel incendie, attribué à des discordes civiles, était encore venu, en 1591, éclairer cette époque déjà si néfaste de ses lugubres clartés (4).

Quelle plume ou quel pinceau, chers compatriotes, pourrait être capable de reproduire le tableau de notre infortuné bourg en 1591? le délabrement de son antique château-fort dont les pierres gisent éparses çà et là, de la splendide abbaye qui était sa gloire, les ruines à demi-carbonisées, amoncelées autour et dans l'intérieur de la chère église, qui venait d'être reconstruite plus magnifique que

---

(1) Manuscrit, p. 130.
(2) Ibid.
(3) Ibid.
(4) Manuscrit cité.

jamais, au prix de tant de labeurs; ses murs crevassés encore debout, noircis par l'action du feu, les restes lamentables de ses splendides verrières, hier encore l'objet de l'admiration générale; son clocher découronné de cette flèche jadis si élevée, ses larges baies ouvertes à tous les vents, à travers desquelles on n'aperçoit plus le lourd beffroi chargé de ses quatre belles cloches; les débris fumants de toutes les habitations, accumulés le long des rues abandonnées; et assises en pleurs auprès de ces débris tant de familles plongées dans la plus noire misère, les cris déchirants de pauvres enfants qui demandent du pain à des mères privées de tout soutien, mourantes elles-mêmes de besoin! Quel tableau! quelles infortunes!!!

Qui pourrait aussi peindre l'abominable scène du 26 octobre 1589, le désespoir de nos malheureux ancêtres, brutalement dépouillés de tout vêtement, devenus, sans défense possible, la risée, les victimes d'une soldatesque effrénée? Le soleil en a-t-il jamais éclairé une pareille! Qui, enfin, pourrait dire le nombre des personnes qui succombèrent alors aux suites du froid, de la misère, au chagrin, à la honte!

CHAPITRE VINGT-TROISIÈME.

Henri II, prince de Condé, et Henri IV, à Breteuil.

Claude Belot, 1595. — Un meurtre. — Les bals dans le réfectoire de l'abbaye. Une visite épiscopale. — Le papegay et le prévôt.

La paix, devenue si nécessaire à nos pauvres pays, avait fini par se conclure. Le 25 juillet 1593, Henri IV avait fait son abjuration dans l'église de Saint-Denis ; le 6 juillet 1594, il était entré triomphalement dans la ville de Montdidier, au milieu des acclamations les plus enthousiastes ; Beauvais, le dernier boulevard de la résistance, s'était rendu le 21 août 1594; Breteuil était revenu au prince de Condé, dont les biens avaient été saisis et sequestrés plusieurs années auparavant, pour révolte et attentat contre la sûreté de l'Etat ; ses habitants compteront désormais parmi les plus fidèles sujets du royaume.

Amiens fut alors surpris par les Espagnols déguisés en marchands. Ils avaient profité, pour entrer dans la ville, du moment où les gardes de l'une de ses principales portes se jetaient sur une certaine quantité de noix qu'on avait laissé tomber comme par mégarde. Henri IV, pour reprendre la ville, fit un appel entendu de tous les environs de Breteuil, de Tartigny nommément. Le duc de Montmorency (1), alors seigneur de Tartigny, reçut à ce sujet la lettre suivante :

« Monsieur de Tartigny. J'ai receu hyer vostre dépesche par le sieur Dumesnyl quy m'est arrivé avec vos bonnes

---

(1) C'est lui qui fit élever le magnifique château actuel de Tartigny.

gens de Tartigny ; ceux d'Auvillers sont venus ce matin, tous braves et francs Picars, byen portans et byen vaillans quy nous seront de bon ayde et dont je vous remercie grandement. Yls se sont asteure mys à la procho ou yls font rage, se meslant volontiers aux soldats. Tachés de m'en rabattre de pareils le plus possible *par deça Mondydier*. Secoués ung peu ceste noblesse pour qu'elle en fasse a votre exemple. Les ennemys nous arrivent grant trayn, la bataille avecq. Hatés vous pour y estre. Au camp devant Amyens ce samedi vint (1597).

« Votre plus affectioné amy,
« Henry » (1).

La reddition d'Amiens donna lieu à des feux de joie et à des processions générales suivies par toute la population, qui vit avec bonheur éloigner le danger qui la menaçait de nouveau.

Les suites de la guerre furent comme toujours déplorables. En 1595, Henri IV donna l'abbaye à son aumônier, Claude Belot, chanoine de Paris, qui la trouva, à la suite des guerres de religion, retombée dans l'indiscipline : « Le silence était banni du réfectoire, ce qui causa plusieurs dissolutions, injures, médisances et autres maux qui se commettent entre les pots et les verres. Un jour, deux religieux se prirent de parole pour un sujet aussi criminel que déshonnête. Les paroles montèrent avec tant d'excès que l'un d'eux donna un coup de couteau à son confrère et le tua sur l'heure », sans avoir conscience de son crime.

Le religieux en fut après au désespoir. Il était bien temps de le regretter. Nous laissons à penser quel effet la nouvelle de ce triste drame produisit !

Il n'y avait plus à reculer devant une réforme : elle devait se faire et elle se fit, pas encore, toutefois, aussi com-

---

(1) De Beauvillé.

plètement que tous la désiraient. Nous disons *tous*, car tous auraient bien regretté de voir disparaître, comme ils le craignaient, une maison qui avait partagé les malheurs du pays, et qui y avait tant compati ; nous aurons occasion de le prouver.

Cette réforme, du reste, les religieux eux-mêmes l'avaient demandée par esprit d'opposition contre leur prieur claustral, Michel Bazin, prieur et prévôt à la fois, qui les malmenait assez. Le parlement lui-même l'ordonna.

Dès lors, mais pendant plusieurs années seulement, on ne vit plus les religieux sortir en habits séculiers, se promener dans les rues avec des armes, des croix, aller à la chasse, coucher séparément... Un pont-levis fut établi sur l'eau, « au bout du cimetière, pour y passer une charrette, afin que les séculiers n'entrassent plus dans les cloîtres; les religieux durent assister à l'office divin, avec leurs couls ou frocqs et en allant à la *ville* aussi ».

La misère vint d'un autre côté : Claude Belot, sollicité à cet effet par le prince de Condé, qui désirait recevoir la noblesse des environs dans les splendides appartements de l'abbé, céda son abbaye contre un autre bénéfice et 1,500 livres d'argent (1).

Et attendu que « Monsieur le Prince, étant marié, ne pouvait tenir un bénéfice avec sa femme, il prit son aumônier, Robert le Menier, pour son *Custodi nos* (gardenous) et lui donna le titre d'abbé.

En guise de prise de possession, le prince de Condé fit mettre ses armes partout, jusque dans les lieux les plus apparents de l'église. « Le grand réfectoire, rapporte R. Wuyart, ne servit plus que de salle de théâtre, pour faire jouer des comédies et donner les bals aux dames des lieux circonvoisins, auparavant même que le seigneur le prince de Condé fut en possession de l'abbaye, s'était em-

---

(1) Manuscrit cité, p. 159.

paré de ce lieu de régularité pour être employé aux disso‑
lutions, en sorte que le roy Henri IV, qui mourait de pas‑
sion pour Madame la princesse de Condé, creust avoir
bien payé la peine d'estre venu en cette abbaye, ayant eu
la satisfaction de l'y voir danser et baller au travers d'une
fente de la grande porte du même réfectoire qui respondait
par le cloistre, en habit déguisé, parce que cette dame
qu'il poursuivait, estant très chaste, il ne l'avait pu veoir
de plus prez (1).

« Les particuliers du bourg, à l'exemple de leur sei‑
gneur, n'avaient pas plus de respect et de retenue pour
ce lieu consacré à la modestie et au silence des religieux,
en sorte qu'il ne se faisoit guère de mariage dans le bourg
dont le festin et la danse ne se fist dans ce beau lieu, et
hors des temps qu'il estoit occuppé à ces actions pro‑
phanes, on s'en servoit de salle pour y passer les affaires
et les baux à ferme. Il n'en falloit point attendre un autre
meilleur usage, depuis que le seigneur le prince de Condé
en a été en possession, car affin qu'il fust toujours libre,
les religieux avaient été reléguez dans une petite chambre
sur le jardin pour y prendre leur réfection. C'est à pré‑
sent la salle des hostes ».

Quant à l'auditoire de la justice abbatiale, qui était aussi,
paraît-il, « fort beau », il avait fini, faute d'avoir été en‑
tretenu, par tomber en ruine.

« Mais, c'est assez avoir demeuré sur une matière qui
sent sy mal » (2)...

Les habitants eux aussi, on le voit, marchaient à l'unis‑
son et avaient pris le train train du jour; leurs mœurs
étaient devenues licencieuses. Comment les religieux, dans
un tel milieu, auraient-ils pu mener une vie véritable‑
ment religieuse ? Il aurait fallu qu'ils fussent des anges.

---

(1) *Mémoires de Sully*, p. 313 et suiv.
(2) Manuscrit cité, p. 110.

En 1618, le 15 juillet, Antoine Pothier, évêque de Beauvais, vint visiter l'abbaye; le prieur ordonna une belle fête et lui fit confirmer 764 personnes. Il le pria, en même temps, de donner la tonsure à l'un de ses neveux dont il avait fait soigner l'éducation au collège de Cluny, dans l'intention d'en faire un précepteur des novices.

Ce prieur, un saint homme s'il en fut, s'appelait François Darye, d'une bonne et ancienne famille d'Hardivilliers, ainsi que le témoignent ses armes. Il avait obtenu, en 1607, d'aller à Rome visiter les sépultures de saint Pierre et de saint Paul, avec son frère, Antoine Darye, seigneur de Liancourt ou de Lancourt (1). Malheureusement, il était loin d'être secondé par le prévôt!

Ce prévôt était dom Nicolas Darras, religieux d'un naturel bouillant; il chercha un jour une vilaine noise aux jeunes gens du bourg : « C'estait un droit ancien du prévost de donner un oyseau de bois (qu'on appelait *Papegai* en ce pays) le jour de Quasimodo, pour exercer la jeunesse de Bretheuil, qui se trouvait, toute à cet effet, devant la porte de la chaussée de l'abbaye, un peu à costé tirant vers Saint-Cyr, où il y avoit un arbre sur lequel on exposait le papegay, aux jeunes gens, à qui le jetterait en bas pour en avoir un prix.

« Le Prévost prenant prétexte que plusieurs branchaches de l'arbre empêcheraient le jeu, les fit coupper prétendant se les appliquer à son proffit. Le bailli de l'abbaye qui voulait que l'arbre destiné à ce jeu public fut respecté, saisit les branches et mit l'ouvrier en prison sur quoi procèz fut intenté à Mondidier et poursuivy à Paris assez long temps et à grands frais » (2), car D. Darras ne voulait pas en démordre.

---

(1) Manuscrit cité, p. 141.

(2) *Ibid.*, p. 142.

CHAPITRE VINGT-QUATRIÈME.

Aliénation de la seigneurie de Breteuil.

Le duc de Sully, 1621. — La reconstruction de l'église Saint-Jean. — Une requête au seigneur de Folleville. — La peste de 1625. — Archéologie de l'église actuelle.

Vers 1621, Breteuil changea de seigneur et les religieux d'abbé. Le nouveau seigneur, à qui le prince de Condé céda son vicomté de Breteuil, portait un nom bien connu, illustré à jamais par les services les plus signalés rendus à la France, sous le règne d'un roi que tous les Français pleuraient encore : il *s'appelait Sully!* Le prince de Condé, Henri II, lui avait aliéné Breteuil, à la suite d'une grande disgrâce encourue pour rébellion contre l'autorité royale, après la fameuse déclaration du maréchal d'Ancre, qui le fit proclamer, lui et ses partisans, déchus de tous honneurs, états, offices, pouvoirs, gouvernements, charges, pensions, privilèges et prérogatives. Les grands se croyaient encore, en 1621, le droit de recourir à la force pour exercer leur influence dans les affaires du gouvernement.

Le prince de Condé, avant de vendre sa terre de Breteuil, en avait aussi rétrocédé l'abbaye à André Frémiot, archevêque de Bourges, primat d'Aquitaine, conseiller du roi en ses conseils d'Etat..., qui quitta son église pour éviter des tracasseries.

Malgré des talents incontestables, André Frémiot ne réussit pas à ramener les religieux à la pratique de l'ancienne règle, de l'abstinence continuelle surtout à laquelle toutes les santés ne pouvaient plus se faire. Blessé même de ce que des religieux avaient traité directement, pour l'introduction de la réforme dans le monastère, avec dom Firmin Ranissant, visiteur de la congrégation de Saint-Maur, il s'opposa, dans la suite, à l'introduction de la réforme projetée, bien que D. Ranissant et les religieux de Breteuil lui eussent adressé les lettres les plus respectueuses dans lesquelles ils lui assuraient que le concordat n'avait été conclu que sous son bon plaisir.

Cette opposition bien inattendue fut un vrai malheur, car pendant tous les longs pourparlers nécessités pour la conclusion de l'affaire, des discordes qui transpiraient au dehors, au préjudice des intérêts, même matériels, des habitants qui ne pouvaient seuls reconstruire leur église encore une fois brûlée, agitaient le monastère.

Dom Nicolas Darras était toujours l'âme des cabales : il semait sans cesse la division, excitait les jeunes religieux contre les anciens, contre dom François Darye, qui donna encore une fois sa démission de prieur, le 6 juin 1623, contre D. Pierre Caron, religieux de Cluny, son successeur élu par l'abbé plus que par les religieux, dont les voix s'étaient partagées sur dom Darras.

Malgré la présence du lieutenant général, du substitut du roi, délégués pour assurer la prise de possession de dom Caron, N. Darras, sans respect pour le lieu saint ni pour l'assistance, outragea le prieur nouveau, reconnu par un arrêt de la Cour; que dis-je! il le violenta, alors qu'il était revêtu de ses habits sacerdotaux ! Il fit tant qu'il se fit mettre la main sur le collet et envoyer de prison en prison, de Paris à Beauvais, de Beauvais à Reims, pour être confiné en son prieuré de Pierrepont, où il mourut le 1ᵉʳ octobre 1638, ayant encore entre les mains des titres de l'abbaye de Breteuil avec les clefs du coffre aux archives (1).

Jamais on ne connut de prévôt plus entier, plus violent.

---

(1) Manuscrit cité.

On en conserva longtemps le souvenir, les jeunes gens surtout, depuis l'affaire du papegai.

Cependant, les habitants, qui tenaient à leur église, avaient fait un effort héroïque; en dépit des guerres, des incendies, des tailles et des gabelles, étaient arrivés à réunir une somme suffisante pour faire refondre leurs six cloches par des fondeurs de Montdidier et relever le chapeau de leur clocher.

Le clocher coûta 1,550 écus. Les cloches, qui pesaient 8,800 livres, étaient estimées 1,700 écus (1).

Dans ce temps, les carillons jouaient un grand rôle : la veille, le jour des fêtes, à l'occasion des grands baptêmes, des mariages; ils réjouissaient et transportaient tous les cœurs. La famille Valois passait pour être artiste en fait de carillons, au point que ses membres, qui se transmettaient cette spécialité, jouaient d'emblée sur les cloches les airs les plus nouveaux, et si bien en mesure que la jeunesse du pays se mettait à danser sur la pelouse au son de leurs carillons (2).

Le clocher une fois restauré, les seigneurs des environs se cotisèrent de nouveau en vue de seconder encore une fois la bonne volonté des habitants. Le prince de Condé donna 500 livres « sans y estre contraint et les donna de sa bonne volontez » (3), observation qui semble bien indiquer que certaines autres libéralités n'ont pas été absolument spontanées.

L'abbé André Frémiot consentit à donner 500 livres et la grande vitre du portail de l'église de Notre-Dame, « où il fit mettre ses armes ». Le vénérable dom François Darye, l'ancien prieur et son neveu, donnèrent la petite vitre.

Le duc de Sully, tout protestant qu'il était, commanda

---

(1) Manuscrit cité, p. 149.

(2) De Beauvillé, t. II.

(3) Manuscrit cité, L. Baticle.

la grande vitre qui est au-dessus du portail du midi et celle qui domine la sacristie (1). Il fit aussi peindre ses armes sur la première verrière. Avouons-le, toutefois, c'était peu pour lui ; les anciens seigneurs s'étaient toujours montrés beaucoup plus larges en pareille occasion.

La peste de 1625.

Une peste, la plus affreuse connue, vint, en 1625, interrompre les travaux, en enlevant la plupart des habitants. La mort était presque foudroyante ; aussi dès qu'une personne se sentait atteinte de ce mal éminemment contagieux, elle allait, une croix de bois blanc entre les mains, se coucher elle-même dans l'une des nombreuses fosses qu'on avait creusées à l'avance dans le haut du cimetière. Les lèvres collées sur sa croix, le pauvre pestiféré attendait la mort qui ne tardait pas à venir (2).

La plupart des pestiférés agissaient ainsi pour s'assurer une sépulture chrétienne, attendu qu'ils ne pouvaient compter sur leurs parents ou amis pour la leur donner. D'après le manuscrit de Louis Baticle, « chaquun portoit des croix de bois blan dans la main a fin davoir toujours limage de Jésus-Christ de vant les yeux ». Nous ajoutons d'autant plus croyance à ce détail, à la fois si significatif et si triste, que notre trisaïeul a très bien pu le tenir directement des auteurs de ses jours.

En 1668, sévit terriblement encore une autre peste dans laquelle l'évêque de Beauvais, Mgr de Buzenval, se montra admirable : il alla lui-même remplacer le curé de Bonneuil qui avait eu la lâcheté d'abandonner sa paroisse pour fuir le fléau. Il visita alors presque toutes nos paroisses (3).

L'année qui suivit la peste de 1625, ceux qui avaient

---

(1) Manuscrit cité.
(2) *Ibid.*, p. 151.
(3) Delettre, t. III, p. 496.

survécu reprirent la restauration de l'église, dont un côté, celui de Saint-Jean, fut terminé et livré au culte le 30 mars 1627. Les fonts baptismaux qui avaient été transférés en l'église de l'abbaye, redevenue église paroissiale, y furent en conséquence rapportés.

Le prieur, qui était un homme de devoir, n'en fut pas fâché, car la discipline du monastère se relâchait de plus en plus au contact, en quelque sorte forcé, des fidèles avec les religieux. Des femmes, ce qui était regardé comme un crime presque irrémissible par la règle bénédictine, allaient parfois dans le chœur! Il fut statué qu'elles n'iraient plus jamais, « non plus que dans les chapelles, excepté dans la chapelle de Saint-Constantien, toutefois avec la permission du père prieur qui était, paraît-il, assez sévère (1).

Il aurait bien voulu pouvoir fermer la chapelle, mais il ne le pouvait sans causer un préjudice notable à l'abbaye, sans contrister la piété populaire. Il y avait toujours, en effet, une dévotion extraordinaire aux reliques de saint Constantien : les processions comportaient jusqu'à 6,000 personnes venues parfois de cinq à six lieues, même de Beauvais (2).

Les prodiges, au rapport des auteurs de nos manuscrits, succédaient aux prodiges : « le feu ayant pris dans la maison qui est à présent l'enseigne du grand Ange couronnez,... la présence de saint Constantien le fit bientot estindre sans aucun domage, d'où les hommes establir un bâton et un pin bénit qui se crie tous les ans, à la feste de saint Constantien aux derniers vespres, à la plus haute voix (1671) » (3).

Vers 1710, « il arriva encore... plusieurs miracles à la

---

(1) Manuscrit cité.
(2) La Mothe Villebret.
(3) Manuscrit cité, 1737, f. Baticle.

faveur de saint Constantien : plusieurs personnes qui avoient perdu l'esprit en furent guéri entre autre une fille d'Ansauviller, un procureur de Mondidier, un cavalier de maréchaussée et plusieurs autres dont le nombre serait trop grand à vous raconter » (1).

Quelques années auparavant, le feu ayant encore pris chez Jean Tepple, boulanger au coin du pilori, à l'encoignure de la rue de Fontaine, fut bientôt éteint en présence du chef de saint Constantien, apporté par deux religieux entourés d'une foule d'habitants.

Continuons maintenant l'histoire de la reconstruction de l'église. Le côté de l'église, dit de Notre-Dame, que les religieux ou plutôt que l'abbé aurait dû reconstruire, (attendu qu'à cette époque les religieux se trouvaient logés à la portion congrue, c'est-à-dire juste suffisante, quand elle l'était), était resté à peu près en ruine.

M. l'abbé Lefèvre, curé de Breteuil, renseigné par le mémoire cité des deux prêtres, J. Warnier et Georges, s'entendit avec les marguilliers et quelques notabilités du pays et adressa à Messire de Lannoy, seigneur de Folleville, la requête suivante :

« Nous, Pierre Lefèvre, prêtre, curé de Breteuil, Monsieur Jean Bescot, lieutenant de la châtellenie dudit lieu, Monsieur Louis Geffroy, procureur fiscal d'icelle, Monsieur Adrien Geffroy, greffier de ladite châtellenie, Nicolas de La Merlière, maître du Lion d'Or et marguillier-général de la réparation de l'église de Saint-Jean-Baptiste dudit lieu, Louis Quoquet et Féry Bauchy, marguilliers vétérans de ladite église,

« Avons ce jourd'ui mis le présent extrait intitulé les *Antiquités de Breteuil*, par MM. Wuargnie et Thary, prêtres dudit bourg, entre les mains d'honorable homme Monsieur André Derveloy, procureur du roy aux sièges

---

(1) Manuscrit cité, 1737, L. Baticle.

royaux de Grandvilliers, pour être présenté par luy à haut et puissant seigneur Messire Nicolas de Lannoy, chevalier de l'ordre du roy, conseiller en ses conseils d'Etat, et prince seigneur de Damoncourt, Auchy-le Château, Cauquerel, Antoin et autres lieux, gouverneur du comté d'Eu, pour, par la lecture d'iceluy, fléchir et imiter la dévotion et libéralité dudit seigneur envers l'église paroissiale dudit lieu, qui demeure jusqu'à présent en ruine..., et supplier sa seigneurie de vouloir bien affectionner la réédification d'icelle église, comme a fait jadis ce bon ancien seigneur, l'honneur de sa noble ancienne maison, la mémoire duquel demeure encore récente au milieu de nous..., afin que par son aide et secours, nous puissions à l'avenir continuer en ladite église le service divin, et y prier Dieu pour sa prospérité et santé.

« Fait par nous, supplians susnommés, en la présence dudit monsieur Derveloy, étant de présent en ce bourg, ledit extrait par lui diligemment collationné à son original, pour valoir et savoir audit seigneur en temps et lieu, comme de raison,

« Le dimanche 13 juillet 1625, signé Bescot, Lefèvre, curé, Louis Geffroy, A. Geffroy, de la Morlière, Louis Qoquet » (1).

Messire Nicolas de Lannoy, après avoir fait désirer sa réponse jusqu'en 1629, accueillit favorablement une requête si délicatement présentée, passa, en conséquence, le contrat suivant, qui doit encore se trouver entre les mains des descendants de M. Charles Lefranc, chirurgien :

« Le dimanche 1er juillet 1629, haut et puissant seigneur, Messire Nicolas de Lannoy, seigneur de Dameraucourt, reconnaissent que ses ancêtres avoient fait faire une vitre au-dessus de l'autel Notre-Dame de l'église Saint-Jean, et qu'on dedans neuf ans, la chapelle tomberoit en

---

(1) Extrait des papiers de M. Bayard, juge de paix.

ruine, la désirant rétablir, a donné pour ce sujet la somme de mille livres qui ont été mises entre les mains de maître Nicolas Darras, marguillier en charge de ladite église, et outre, on a encore payé audit Darras la somme de quarante-huit livres, pour être constituée en rente, et icelle payée par chacun aux deux curés de ladite église, à raison de trente sols chacun, à la charge de recommander ledit seigneur et madame son épouse, chaque dimanche à la messe, et à perpétuité, le contrat est passé chez maître Abraham Le Woignier, notaire, sans laquelle somme le chœur de l'église serait encore en sa ruine, en raison de la pauvreté du peuple, et tailles et gabelles par trop excessives ».

Cette réponse si désirée fut peut-être retardée par la peste si affreuse qui désola Breteuil et les environs. Quoi qu'il en soit, on se mit à l'œuvre aussitôt et l'église fut enfin terminée, grâce aux sacrifices de toutes sortes que s'imposèrent les habitants (1).

Archéologie de l'église de Saint-Jean de Breteuil.

L'église reconstruite est celle qui existe aujourd'hui avec des modifications faciles à constater, subies dans le cours du XVIIIe siècle, et dont les plus importantes consistent dans le remplacement des verrières du fond des deux chœurs, par des rétables dans lesquels sont encadrés deux grands sujets sur toile, représentant l'un Notre-Seigneur recevant le baptême de saint Jean-Baptiste, et l'autre, celui du côté de la Vierge, une adoration des Mages. Le rétable à colonnes, du côté de saint Jean, est grandiose, d'un bel effet.

---

(1) Pourquoi donc les noms de tous les principaux bienfaiteurs de l'église, à partir de Gilduin, de Raoul de Clermont... jusqu'à nos jours, n'ont-ils pas encore été gravés dans l'église pour perpétuer leur mémoire ?

L'église Saint-Jean est composée de deux nefs séparées par des piliers intermédiaires. Elle mesure 38 mètres de longueur sur 17 de largeur. Dans la reconstruction mentionnée du côté nord, on a respecté le style de l'édifice primitif.

Le chœur est carré comme celui des anciennes églises; il comprend deux pignons : au premier pignon, on remarque une fenêtre ogivale trilobée, tripartite avec une rose, et au deuxième, une fenêtre ogive géminée, couronnée d'un quatre-feuilles. Elles sont aujourd'hui masquées par les rétables mentionnés.

Le chœur a des lambris qui s'harmonisent avec le style des voûtes ogives; dans les angles se trouvent des colonnes élancées sur lesquelles venaient se reposer d'élégantes nervures disparues depuis le dernier incendie. Les piliers et les arches qui séparent les deux nefs sont visiblement de construction assez récente.

Les fenêtres de la nef du midi, qui sont étroites, ont conservé leur cachet primitif. Celles de la nef nord ont été agrandies, ce qui prouve que dans les incendies ce côté a été plus endommagé que l'autre. Il ne reste de ce côté, de l'époque primitive, que la fenêtre qui donne au-dessus du confessionnal.

Digne d'attention est une grandiose descente de croix en plâtre, vraiment bien encadrée, donnée par la reine Amélie, épouse de Louis-Philippe, à la demande de M. l'abbé Rogeau, de vénérée mémoire (1).

Nous ne reparlerons pas des fonts baptismaux. Les reliques de saint Constantien, qui ont joué un si grand rôle dans le pays, jadis si richement enchâssées, sont déposées dans une châsse de chêne, encore assez belle, qui a été placée entre les deux maîtres autels, au fond d'une petite

---

(1) Le cœur si généreux de l'abbé Rogeau repose dans la cathédrale de Noyon dont il fut longtemps le curé.

excavation susceptible d'ornementation. Au-dessus a été élevée une magnifique statue du saint qui peut, là, caché à presque tous les regards des fidèles, méditer comme autrefois, dans la solitude des bois, sur la vanité, sur les vicissitudes des choses de ce monde, sur l'inconstance et surtout l'ingratitude des britoliens.

Pour suppléer à l'insuffisance actuelle de l'église, insuffisance telle qu'elle empêche un certain nombre d'hommes qui n'ont pu acheter des places, de fréquenter l'église, au moins les jours de grandes fêtes, M. l'abbé Rogeau a fait établir au-dessus des portes d'entrée de l'église des doubles tribunes occupées par les élèves des écoles.

L'église possède quelques toiles qui ne sont pas sans valeur, particulièrement celle du martyre de saint Cyr et de sainte Julitte. L'attitude de cette sainte qui, sans se soucier des liens qui l'attachent sur le chevalet et des pointes de fer qu'un bourreau fait rougir, regarde pour l'encourager au martyre, son fils si jeune encore, sur le point d'être précipité par le juge sur les marches du tribunal, est vraiment bien rendue. Plus on la considère, plus elle vous impressionne. La toile a été donnée par M. Ch. Pinchot.

L'autre toile, au fond si sombre, si lugubre, représente le Christ abîmé dans la souffrance. C'est un don fait par Napoléon III, quelques mois avant sa chute, sur la demande de M. Maurice Richard, ministre des Beaux-Arts.

Non moins remarquable est la grande toile du baptême de Notre-Seigneur par saint Jean.

On admire aussi aux fonts baptismaux la statue en bois de saint Cyr avec son joli petit reliquaire.

Sortons maintenant de l'église qui, soit dit en passant, est magnifiquement tenue.

Le côté du midi montre une corniche formée d'une série d'arcatures à plein-cintre, inscrivant des contre-corbeaux et portant des modillons à masques. Le cachet roman qui le caractérise le fait remonter à une époque antérieure au XIIe siècle.

Dans ce côté a été ouverte, au XIVe siècle, une porte ogivale de moyenne dimension, aujourd'hui bouchée. Elle est ornée de petites colonnettes groupées, artistement sculptées.

Le portail du midi, à cintre surbaissé, date de la Renaissance, comme nous l'avons établi; il est décoré de panneaux, garni de trois niches encadrées dans la muraille, couronnées de jolis nimbes. Ce portail, terminé par une corniche, est surmonté d'une grande fenêtre de style flamboyant, à quatre divisions tréflées, qui l'écrase littéralement. Au-dessus du cintre orné d'arabesques, entre les deux corniches mentionnées, sont sculptés deux bustes mutilés que l'on croit être ceux de Notre-Seigneur et de la sainte Vierge, mais qui pourraient aussi bien être ceux du prince de Condé et d'Eléonore de Roye, à s'en rapporter à leur mode d'habillement, au petit manteau que l'un d'eux, à l'instar des seigneurs du XVIe siècle, porte agrafé sur le côté. La robe de la sainte Vierge, si sainte Vierge il y a là, nous paraît être aussi dans le goût du jour. Qui sait de plus si les physionomies données à Notre-Seigneur et à la sainte Vierge ne sont pas encore celles du prince de Condé et d'Eléonore de Roye, en vue de les flatter? Ces fantaisies artistiques n'étaient point rares à l'époque.

Le cintre, également surbaissé, du portail du nord est aujourd'hui dépourvu d'ornements; mais, pour certain, il a dû un jour s'harmoniser avec son voisin, avec les quatre niches, avec leurs dômes et leurs socles si bien fouillés qui l'accompagnent. Il est facile aussi de voir que la fenêtre qui s'ouvre au-dessus a été aussi partagée en trois ou quatre divisions tréflées. La restauration du cintre de ce portail est d'ailleurs bien visible.

Le clocher, accolé au chœur du côté du midi, est une tour carrée de 40 mètres d'élévation, y compris sa pyramide quadrangulaire, couverte en ardoises, surmontée, il y a cent cinquante ans, de deux flèches et de deux coqs qui rappelaient, l'un l'église de Saint-Jean et l'autre l'église de Notre-Dame, en un mot, la division si curieuse de la paroisse en deux églises (1), séparées peut-être, un jour, par quelque cloison assez facile à établir. La tour en question est ornée de fenêtres ogives doubles et flamboyantes avec des gargouilles anglaises.

Avant la Révolution, l'église Saint-Jean avait son petit domaine compris entre la Grande rue et la rue Comtesse (2). C'est là que se tinrent longtemps les marchés des pèlerinages de saint Constantien. Là aussi, faut-il le rappeler, était le cimetière de Saint-Jean qui donnait sur la rue Grande actuelle. Qui dira tous les souvenirs qui s'attachent à ce coin béni de Breteuil? Qui révélera les noms des personnes, des hommes et armes de nos seigneurs qui reposent encore dans ce petit espace sis au sud, qui sert aujourd'hui de retraite aux voitures les jours de marché, de dépôt d'arbres, etc...? Des ossements humains ont été découverts en cet endroit lors du creusement des fondations de la sacristie actuelle.

On sait que l'église Saint-Jean renferme aussi un grand nombre de tombes, car on y a enterré jusqu'à la Révolution, moyennant une somme d'argent déterminée par la fabrique, comme prix de l'ouverture de la fosse (3).

On s'aimait tant, autrefois, qu'on ne voulait pas se quitter, même après la mort.

Revenons à Maximilien-François de Bethune, duc de Sully. Nous avons été surpris de voir ce grand homme soutenir contre les religieux des procès d'intérêts qu'il

---

(1) Plan de Breteuil avant la Révolution. Ce plan, sans nom d'auteur, mérite de figurer dans la grande salle de la mairie, tant il est instructif. (Archives de l'Oise.)

(2) *Ibid.*

(3) Manuscrit cité, Villebret.

finissait par perdre : en 1629, pour s'assurer l'antique redevance de douze muids de blé et de 8 sous 8 deniers dont étaient grevées les terres du prince de Condé, les religieux durent intenter un procès qui ne se termina que sous le fils de Sully.

Un autre procès fut intenté à propos d'une truite pêchée entre le moulin d'Orginel et celui du Hamel. La truite dut être payée par les bénédictins et les frais du procès par Sully (1).

Un peu plus tard, sous l'héritier de Sully, les religieux ayant acquis quatre maisons qu'ils avaient démolies pour en comprendre le terrain dans l'enclos de l'abbaye, furent sommés d'avoir à démolir leur mur commencé et à reconstruire les maisons qui étaient dans la censive du duc, encore bien qu'ils lui eussent offert de s'engager à donner un droit d'indemnité et à toujours payer les censives desdites maisons, « en baillant homme vivant et mourant ».

L'instance commencée aux requêtes du Palais fut un instant abandonnée par Sully ; mais, en 1654, ce seigneur fit enlever le poteau auquel était attaché le carcan, insigne des droits de justice haute, moyenne et basse, de l'abbaye. Le 15 mai 1666, il obtenait par surprise une sentence rendue aux requêtes du Palais, par laquelle il était fait défense aux religieux de passer outre à la clôture de leur monastère et à tous les ouvriers d'y travailler, à peine de 1,000 livres d'amende ; permission même avait été accordée au seigneur de Breteuil de démolir ce qui avait été fait. Avant même la signification de la sentence, le 27 mai, le bailli de la châtellenie, accompagné de plusieurs personnes, vint, vers cinq heures du matin, démolir le mur, sur une longueur de plus de neuf toises, et briser une porte. Les religieux accourus au bruit furent

---

(1) Manuscrit cité *Abrégé* de M. Wuyart.

battus et leurs habits déchirés, sur l'ordre du bailli. Comme ils se retiraient, pour éviter de plus grands désordres, ils furent poursuivis « par des pierres jetées par les assistants du bailli, 28 mai 1666 » (1).

L'affaire finit par s'arranger au moyen d'un échange de terrain avantageux au seigneur.

De réparations, comme autrefois, il n'en fut pas question. Les religieux qui y avaient droit n'auront pas osé les demander.

Qu'a jamais pu le pot de terre contre le pot de fer? l'agneau contre le loup?

---

(1) Archives de l'abbaye, cité. H. 1728. Liasse.

CHAPITRE VINGT-CINQUIÈME.

Sully.

Augustin Pothier et Jacques de Nouchèzes. — Réforme du monastère — Joie des habitants. — Réception des nouveaux religieux. — Une nouvelle castille des vicaires perpétuels. — L'invasion de 1636. — Incendies. — Une royale visite.

Le duc de Sully, partisan déclaré de la liberté de conscience loyalement pratiquée, ne paraît pas avoir voulu contrarier la foi catholique des habitants. Nous l'avons vu présenter à l'évêque de Beauvais la supplique traditionnelle pour obtenir la nomination d'un prêtre catholique en qualité d'aumônier de la chapelle du château.

Du temps de Sully fut donnée à Breteuil, par saint Vincent de Paul, assisté de trois autres prêtres de sa congrégation, une grande mission qui produisit les plus heureux fruits, au rapport de M. Delettre. Les missionnaires rendirent aussi des visites à nos bénédictins pour les engager à se conformer à l'ancienne observance (1). Si quelques-uns d'entre eux se montrèrent dociles à leurs observations, les autres se retranchèrent derrière l'impossibilité où ils se trouvaient, à cause de leur santé, d'observer une abstinence perpétuelle, en ajoutant, non sans raison, qu'ils ne s'étaient voués à la vie religieuse que dans les conditions actuelles. Cette mission fut suivie de la confirmation de 2,000 personnes environ. Les visites épiscopales donnaient parfois lieu à des doléances peu flatteuses pour le curé qui en était l'objet, de la part de ses paroissiens mécontents, admis, à un certain moment de la cérémonie, à

---

(1) La Mothe-Villebrot.

Une ancienne vue de Breteuil.

exprimer publiquement le sujet de leurs griefs, en dehors de la présence du curé. L'abbé Mathieu, nommé à la cure pour une portion, le 7 septembre 1678, se vit ainsi dénoncé, le 25 avril 1688, pour s'être montré un peu trop exigeant dans la perception de ses honoraires.

Comme il importait de s'assurer de l'édification des religieux et de perpétuer les fruits de la mission, l'évêque de Beauvais, après de nouvelles observations faites par l'intermédiaire d'Antoine Froissart, chanoine official de Beauvais, se rendit en personne à l'abbaye. Là, à la suite d'un entretien avec le prieur Jean Delacroix, de Beauvais, moine austère, il réunit les religieux en chapitre et leur adressa une courte allocution sur leurs obligations. Il demanda ensuite au R. Père prieur si ces obligations étaient ponctuellement remplies. Celui-ci répondit carrément : « Monseigneur, je ne connais de communauté bien régulière que celle de la congrégation de Saint-Maur, et jamais il n'y aura ici une exacte discipline tant que nous n'y serons point incorporés (1). »

Déjà, en 1633, l'évêque de Beauvais était venu lui-même au couvent interpeller chacun des religieux. Tous avaient été d'avis de la réforme, mais avaient ajouté que s'il leur était absolument interdit de manger de la viande, ils préféraient leurs pensions séparées. La réforme, sur le point d'aboutir, avait été alors empêchée par l'abbé commendataire, André Frémiot, qui ne voulut point entendre parler de la congrégation de Saint-Maur, nous l'avons vu.

Messire Jacques de Neufchèse, évêque, comte de Chalon-sur-Saône, son successeur, abbé de Breteuil, s'aboucha avec dom Jean Harel, religieux de la congrégation de Saint-Benoît, dite de Cluny et de Saint-Maur, assistant du supérieur général de la congrégation, et convint avec lui de ce qui suit : « *Considérant* que l'abbaye de Breteuil, autrefois

---

(1) Delettre, t III, p. 413.

grandement célèbre en piété et discipline régulière, se serait relâchée de son observance, par le laps de temps et à l'occasion du malheur des guerres et des troubles survenus en ce royaume, l'abbaye de Breteuil demeurera unie à la congrégation de Saint-Maur; les pères pourront y établir un noviciat et y recevoir des religieux à l'habit et profession, sans qu'il puisse en être reçu dans l'abbaye autrement que par les pères; les anciens religieux pourront entrer dans la réforme, s'ils en sont jugés capables par les pères, ou demeurer dans *leurs anciennes règles (adoucies)*, sous la conduite de leur supérieur; la direction du chœur et service divin appartiendra aux religieux de la congrégation; les pères réformés auront la garde des reliques, de la sacristie et des ornements; tous les lieux réguliers, comme cloître, réfectoire, dortoir, jardins et autres, qui ne sont du département de l'abbé, appartiendront aux religieux réformés, en logeant les anciens religieux; pour subvenir à la nourriture des pères réformés, l'abbé leur donne, outre le petit couvent, la ferme, le moulin et les dîmes du Vieux-Marché, avec les dîmes de Caply et Méricourt, la ferme de Lhomet, les dîmes de Wavignies et de Gannes, les dîmes et champart de Vendeuil et Beauvoir et la ferme de la Grange » (1).

Les religieux de Breteuil, D. François Darye, Pierre-Julien-François Prothais, J. Darye et Claude de Vendeuil, d'une part, et D. Cyprien Leclerc, religieux de la congrégation de Saint-Maur, d'autre part, souscrivirent, le 26 juillet 1644, la cession de tous les droits et revenus de l'abbaye aux religieux de Saint-Maur, à charge pour ceux-ci de payer à chacun des anciens pères une rente de 400 livres par an, une corde de gros bois et trois cents fagots (2).

---

(1) Archives de l'abbaye, H. 1720, Registre.
(2) Archives de l'Oise, H. 1720.

La réduction du nombre des anciens religieux à cinq, à la suite d'une ordonnance épiscopale antérieure, interdisant à l'abbé et au prieur de recevoir aucun novice, avait rendu assez facile la solution de la question pendante, à laquelle les habitants eux-mêmes s'intéressaient autant pour le moins qu'ils s'intéressent actuellement à la prospérité de leurs grandes maisons d'éducation.

L'arrivée des nouveaux religieux, le 14 août 1645, donna même lieu à une manifestation : « une *foule innombrable*, dit Wuyart, était venue, même de loin, pour témoigner sa joie » (1).

Les nouveaux religieux étaient : dom Toussaint de Herman, prieur ; D. Placide Pereaux, D. Maur Gallias, D. Léandre Bernier, D. Fuscien de Vuaurange, prêtres ; et Benoist des Bois, Colombin Diez, Victoris Bultet, diacres. Le sous-prieur s'appelait D. Anselme Jouary.

Ces religieux, conduits par D. Mathieu, prieur de Cluny, entrèrent dans l'église de l'abbaye, et après avoir pris de l'eau bénite, adorèrent Notre-Seigneur dans l'Eucharistie et baisèrent l'autel du chœur (2).

La réception des vicaires perpétuels qui voulaient profiter de la révolution opérée pour se soustraire à la subordination des bénédictins, fut loin d'être aussi enthousiaste ; ils s'opposèrent même à ce que le prieur montât à l'autel pour en prendre possession. Le prieur n'insista pas, mais intenta aussitôt un procès en revendication de droits qu'il prétendait tenir de son prédécesseur. Le Parlement lui donna gain de cause deux fois de suite, et lui reconnut même le droit d'officier dans l'église de Saint-Jean, ce que les religieux de Cluny n'avaient point fait depuis plus d'un siècle, afin de ne pas indisposer les vicaires perpétuels (3).

---

(1) Manuscrit abrégé, M. Combier.
(2) Archives cit., H. 1790.
(3) *Ibid.*

Pendant que se débattait la question de la réforme de l'abbaye, Breteuil eut encore de tristes jours à passer.

La paix dont le pays jouissait depuis le commencement du règne de Louis XIII, paix qui n'avait été troublée que par les huguenots du midi et par quelques intrigues de cour, fut violemment rompue en 1636 : tandis que les puissances coalisées attaquaient la France sur d'autres points, les Espagnols, peu éloignés du Beauvaisis par leurs possessions de Flandre, franchissaient la frontière au nord et traversaient la Picardie le fer et la torche à la main. Les religieux eurent le temps de s'échapper de leur monastère, de gagner leur maison de refuge de Beauvais, mais sans avoir pu, hélas ! emporter les livres et les manuscrits si précieux de la bibliothèque, qui disparurent pour toujours ! Les habitants s'étaient aussi empressés de se réfugier, en grande partie du moins, tant à Amiens qu'à Beauvais.

Selon Robert Wuyart et M. Delettre, Breteuil aurait été presque entièrement dévasté ; d'après une inscription encore gravée sur une pierre de l'hôtel d'Angleterre, construit en 1639, l'abbaye et plusieurs maisons seulement du bourg auraient été détruites.

Pour que le lecteur puisse en juger, nous allons reproduire l'inscription mentionnée :

« *Ceste maison et les bastimens y tenans on été fait basty par honorable homme Jehan Bescot, lieutenât de la chastelenye et vicôté de Breteuil, Francatel et la Falloise de labaie de Breteuil au mois d'out de l'année 1639,*

« *Quy aurait esté auparavent brullé et réduit en cendre avec plusieurs autre maison du dit bourgues par les espaignols et polacre ennemis de la France au mos d'out de l'année mil cix sens trente-cix : 1636.* »

Nous le dirons avec P. Mouret : évidemment, personne ne devait être mieux renseigné au sujet de cette nouvelle dévastation, que Jean Bescot, le constructeur de l'hôtel d'Angleterre, trois ans après le passage de l'ennemi.

Que si, d'ailleurs, les deux tiers de Breteuil avaient été brûlés, l'église l'eût été aussi, ce que l'inscription n'aurait pas manqué de rappeler. De plus, il aurait été question quelque part de sa restauration ; or, aucun mémoire n'en parle. La cloche au son si argentin, du cardinal de Ferrare, disparut en ce temps-là.

La colonne ennemie de Breteuil était commandée par le prince Thomas.

Mais si Breteuil ne souffrit pas alors autant que l'ont dit certains historiens, il n'en fut pas de même de Saint-Just, Quincampoix, Bulles, Francastel, Luchy, Montiers, Tricot, etc., qui furent littéralement ruinés. Eglises, châteaux, chaumières, tout fut pillé et il se fit des habitants une horrible boucherie. La population de Crèvecœur, qui s'élevait à 2,200 âmes, fut réduite à 1,000, de telle sorte qu'une grande partie du territoire resta inculte, faute de bras, jusqu'en 1660 (1).

La ferme de la Grange fut entièrement brûlée (2).

La pauvre abbaye et les habitants qui avaient vu, quatre ans auparavant, tous les blés gâtés à la suite de pluies continuelles, durent encore compter avec dame Misère, qui leur rendait vraiment de trop fréquentes, de trop vilaines visites. Joignons à cela pour l'abbaye que les ouvriers, voire même des seigneurs, avaient profité du désarroi pour dégrader ses bois (3). Dans les moments de troubles, c'est toujours sur la religion qu'on tombe.

Jean de Wert, qui commandait l'armée espagnole, trouva heureusement à qui parler sous les murs de Beauvais. Il y fut complètement battu, mis en déroute, grâce aux sages dispositions prises par les communiers, de concert avec l'évêque de la ville, qui sacrifia tout pour la mettre en état de se défendre.

---

(1) *Annales* du département.
(2) Manuscrit cité.
(3) *Ibid.*

Le capitaine Desmarets, qui s'était signalé parmi les braves de la milice, se mit à la poursuite des fuyards, alla prêter main-forte au comte de Soissons et au maréchal de Châtillon, qui reprirent Corbie et chassèrent enfin l'ennemi hors de France (1).

Les habitants de Montdidier avaient héroïquement repoussé les assauts de Jean de Wert et lui avaient tué plus de 700 hommes. Comme à Beauvais, les femmes et les filles avaient contribué à la défense. Aussi lorsque Louis XIII passa par la ville avec ses troupes, il ne voulut pas qu'on fléchît le genou pour lui parler et répondit au maire, qui lui offrait les clefs de la ville : « Elles sont très bien chez vous; j'en ai des preuves trop récentes et trop authentiques; conservez-les moi toujours... Voyez ce que vous voulez que je vous donne et accorde pour le recognoître; je le ferai volontiers... car je veux que la postérité se souvienne de votre fidélité par les bienfaits dont je vous récompenserai. »

La peste s'étant, hélas! déclarée à la suite de l'invasion, Louis XIII vint lui-même les consoler, les encourager. Et comme les habitants, en petit nombre, n'osaient approcher de lui de peur de lui communiquer le mal, il leur dit : « Approchez, approchez, Messieurs, je ne crains rien quand je suis avec des sujets que je chéris comme vous » (2). A cette date, c'était Antoine de Févin, maïeur de Montdidier, qui était procureur *aux bailliages et sièges royaux de Montdidier*. Depuis 1420, Montdidier, Péronne et Roye formaient un gouvernement distinct du bailliage du Vermandois.

---

(1) M. Delettre, t. III.

(2) De Beauvillé. Ces belles paroles rappellent celles que leur adressa Louis XII, le 23 avril 1498 : « Nous vous avertissons que nous sommes délibérez de vous bien traiter et entretenir en vos libertez, privilèges et franchises en manière qu'aurès cause d'estre contens. »

Nous aimons à penser que le lecteur ne nous en voudra pas trop de caractériser ainsi les événements relatifs au pays par des détails qui en montrent les raisons d'être, tout en animant le récit.

Si encore Breteuil eût été tranquille du côté des incendies; mais, hélas! qu'il s'en est fallu de beaucoup !

En 1638, le bout de Vendeuil fut incendié le dimanche après-midi par un homme qui chauffait sa chemise auprès d'un feu de paille. Quelle idée! La chemise fut sauvée, l'homme aussi, mais douze maisons devinrent la proie des flammes avec d'autres bâtiments (1).

En 1640, le feu ayant encore pris à la maison de Noël Leclerc, toute la rue du Frayé y passa (2).

« Le 13 avril 1653, le jour de Pâques, à une heure après-midi, au temps de la prédication qui se faisait en l'abbaye, pour l'indisposition du Père Jacobin, prédicateur du bourg de Breteuil, la femme Catherine Crépin passait par le pied *des terrasses* du château; l'impétuosité du vent souleva un charbon enflammé d'un petit chaudron qu'elle portait pour se chauffer les mains, selon l'usage des femmes du pays, et le porta sur un toit couvert de paille qui embrasa incontinent la maison de Camille Doucet, boulanger, de laquelle le feu se communiqua aux maisons du Vieux-Marché, qui brûlèrent presque toutes, au nombre de quarante-deux. Une belle grange appartenant à l'abbaye devint aussi la proie des flammes (3). »

Le 14 juin 1646, une royale visite vint agréablement surprendre nos bons ancêtres : Louis XIV, encore enfant, et Anne d'Autriche, régente, vinrent prendre gîte à Breteuil à leur retour d'Amiens, avec plusieurs seigneurs et quelques princesses. Ils descendirent droit à l'église de l'ab-

---

(1) P. Mouret, p. 22.
(2) *Ibid.*
(3) La Mothe-Villebret, p. 40.

baye où ils furent complimentés et harangués au mieux par le prieur, revêtu de ses plus beaux ornements et entouré de ses religieux, en présence de toute la population qui poussait les plus joyeux vivats.

Après leur oraison, la communauté conduisit la reine au logis abbatial qui lui avait été préparé, puis le roi au sien disposé dans le bourg, à l'hôtel de Jean de Bescot.

Le lendemain 15, Leurs Majestés vinrent entendre la messe en l'église de l'abbaye, honorèrent les reliques et notamment le menton de saint Maur, qu'ils baisèrent religieusement et toute la cour à leur exemple. Personne dans ce temps là ne rougissait d'honorer les restes précieux des héros de la foi, des meilleurs amis de Dieu. La reine témoigna sa satisfaction de la bonne réception qui lui avait été faite ainsi qu'à son royal fils. Elle quitta les religieux en disant *qu'ils étaient ses bons amis* (1).

Que les temps sont donc changés !...

Louis XIV. rendit encore deux visites en passant à Breteuil : l'une le 2 juin 1656 et l'autre le 19 mai 1667.

---

(1) R. Wuyart, cité.

CHAPITRE VINGT-SIXIÈME.

Maximilien-François de Sully. — Ses héritiers.

Le culte de saint Constantien à la fin du XVIIe siècle. — Les contre-coups de la guerre de la Fronde à Breteuil. — Difficultés du duc de Sully avec l'abbaye. — Jacques II à Breteuil. — Un petit synode. — Le grenier à sel.

Saint Constantien continuait d'être l'âme, la vie de Breteuil : les prodiges multipliés opérés par son intercession, contrôlés par l'officialité diocésaine, attestés par des actes notariés munis de nombreuses signatures, étaient l'objet de toutes les conversations ; le nombre des pèlerins augmentait sans cesse, la grande église de l'abbaye qui avait, dit P. Mouret, 192 pieds de roy, de 12 pouces de longueur, avec ses larges bas-côtés, ne pouvait les contenir. Les cérémonies du culte y étaient plus splendides que jamais, grâce à l'acquisition des plus riches ornements sacerdotaux, faite avec le produit de la vente du beau candélabre en cuivre doré, vendu 2,075 livres, qui avait le défaut de masquer trop l'autel. Les ornements étaient de brocart à fond blanc rehaussé de fleurs cramoisies ; le fond des orfrois encadré d'un petit galon or était aurore avec des fleurons verts et bleus. Les parements de l'autel, toujours dissimulés pendant l'avent et le carême, derrière des rideaux de taffetas, rayés blanc et rouge, le caducée, le dais, les voiles pour les bénédictions, le coussin pour les livres, les tuniques des diacre et sous-diacre, furent renouvelés. De belles tapisseries de Pergame ornaient le presbytère et le chœur. Des colonnes de cuivre mentionnées plus haut avaient été écartées. Au-dessus du grand paravent et des poutres étaient placés la châsse de saint Maur, les statues de la sainte Vierge, de saint Laurent, de saint Maur et de saint Fiacre « le tout de bois doré de la façon du sieur Crosse, un des plus habiles sculpteurs d'Amiens » (1).

Un magnifique tapis de Turquie complétait cette ornementation des jours de fête. Le fond en était blanc, parsemé de fleurs rouges entremêlées d'aurore et de noir. Le maître-autel refait à neuf, en 1725, avec la sculpture et la crosse par Duvillé, coûta 600 livres. C'est aujourd'hui, paraît-il, le grand autel de l'église de Vendeuil (2). Les stalles de cette église seraient aussi celles de l'abbaye.

Le tapis ordinaire de l'autel de la Vierge était de moire d'Angleterre à fond blanc, bordé de satin rouge à petites fleurs blanches. Celui des jours solennels était de *tapillois*. Les boiseries en chêne de la chapelle imitaient les rideaux qui cachaient le grand-autel. L'autel était dominé par un grand tableau représentant Notre-Dame de Pitié avec saint Jean et la Magdeleine (3). Des tapisseries de Pergame recouvraient les murs de la chapelle de saint Constantien, dont les reliques renfermées dans une châsse d'argent, du plus beau travail, étaient déposées sur l'autel tout en bois doré précédemment décrit (4). L'ancien tableau disposé en forme de rétable au-dessus de l'autel fut, en 1703, transporté au-dessus du bureau et remplacé par un autre beaucoup plus joli.

En 1704, la porte principale de l'église fut refaite et le portail « mangé d'antiquité » fut restauré ; « à la place d'une vierge et de quelques anges presque tous rompus, on mit une grande vierge en pierre bien dorée et ornée de peintures » (5). Les bénédictins ne reculaient devant au-

---

(1) Manuscrit La Mothe-Villebret.
(2) Communication de M. Chevance.
(3) La Mothe-Villebret. Manuscrit.
(4) *Ibid.*
(5) *Ibid.*

cune dépense qui intéressait la gloire de la religion : l'ancienne chaire avait été aussi remplacée par une autre tout en chêne sculpté du plus grand prix (1,000 livres, soit près de 5,000 francs de notre monnaie (1).

Pour frapper les regards et porter les cœurs à la piété, ils avaient disposé, à gauche de l'entrée de l'église, une représentation du sépulcre de Notre-Seigneur, autour duquel figuraient de grandeur naturelle, en pierre très dure, la sainte Vierge, Marie-Madeleine et sa sœur avec les apôtres. Les attitudes étaient si bien rendues, les figures si vivantes « qu'on ne pouvoit, dit encore P. Mouret qui les avait vues, se défendre, en les regardant, d'un sentiment de respect et de compassion » (2).

Au xvii° siècle encore, les religieux célébraient, le dimanche, la messe conventuelle à la même heure que celle de la paroisse; ils confessaient, donnaient la sainte communion et prêchaient comme s'ils étaient encore les curés de Breteuil, ce qui n'était pas dans l'ordre (3).

Les deux plus belles processions qui eurent lieu, à cette époque, en dehors de celle de la Pentecôte, furent la procession de la restauration du calvaire planté sur le chemin de Chepoix, en souvenir de l'invention miraculeuse des reliques volées de saint Constantien, et celle qui se fit le dimanche de la Trinité de l'année 1693.

La croix du champ dit de Saint-Constantien ayant été renversée par les huguenots, qui jouaient alors en France le triste rôle de destructeurs de la religion des ancêtres, le prieur de l'abbaye, dom Toussaint de Herman, en fit élever une autre en pierre, de quinze pieds de hauteur. Sa bénédiction eut lieu le 27 juin 1651, « en présence du seigneur de Beauvoir, du bailli, des officiers de la justice de l'abbaye,

---

(1) La Mothe-Villebret. Manuscrit.

(2) P. Mouret cité.

(3) Pouillé de 1707. Archives de l'Oise.

d'un grand concours de peuple et des premiers de Breteuil qui ont assisté à cette action dont a été fait et dressé procès-verbal qui a été mis dans les archives du monastère » (1). Dom Herman, dans un éloquent discours, exposa le sujet de la cérémonie et rappela les particularités du miracle, afin de faire ressortir la vénérabilité, la puissance des reliques du patron du pays de Breteuil (2).

La procession du dimanche de la Trinité fut plus belle encore que la précédente. Nous allons en reproduire la description de l'abbé La Mothe-Villebret :

« L'abbaye *du pays de Breteuil*, afin d'obtenir par les mérites de saint Constancien la bénédiction de Dieu sur les biens de la terre, dont l'on appréhendait une stérilité générale, les frais (avances) qui en avaient été faits par la communauté quelques jours auparavant, furent approuvés de messieurs les grands vicaires de Beauvais, qui, par leur lettre du 15 mai, permirent au révérend père prieur d'appeler de leur part tous les curés voisins à la dite procession le dimanche suivant, sans participation du vicaire perpétuel, lequel par la lettre du matin 17, pria le révérend père prieur de lui faire part des ordres qu'il avait reçus des dits sieurs grands vicaires pour la susdite procession qui dura plus de trois grandes heures, pendant lesquelles toutes les grosses cloches sonnèrent continuellement. Elle commença à la fin des vêpres solennelles qui furent chantées à une heure et demie.

« Il se trouva à la cérémonie onze curés du voisinage, parmi lesquels on remarqua quelques-uns du diocèse d'Amiens, sans parler des autres qui témoignèrent leur déplaisir de n'avoir pu y assister, à cause que les billets d'avis ne leur furent point remis à temps. Les curés présents sont celui de Breteuil, celui d'Ansau-

---

(1) La Mothe-Villebret. Manuscrit.
(2) Wuyart. Manuscrit cité, p. 160.

villers, celui de Vendeuil, celui de Chepoix, celui de Villers, celui de Troussencourt, celui de Blancfossé, celui de Rouvroy, celui de Beauvoir, celui de Sainte-Eusoye et celui *du bailliage de Tartigny*. Chacun des dits curés étant précédé des croix et bannières de son église, était accompagné de son clergé suivi de ses paroissiens, dont les hommes et garçons portaient les images de leurs patrons avec leurs bâtons de fêtes, et les femmes et les filles leurs gros cierges de confrérie. Outre que toutes les filles du village de Troussencourt avaient chacune à la main un petit cierge allumé.

« La première station, après qu'on fut sorti de l'abbaye, se fit à la chapelle de Saint-Marcoul, la deuxième, dans l'église Saint-Nicolas de l'hospice; la troisième, à la chapelle de Notre-Dame des Morts, qui était très proprement parée et éclairée de plusieurs luminaires; la quatrième, dans l'église de Saint-Cyr, *premier patron de la paroisse de Breteuil;* la cinquième, dans celle de Saint-Jean, d'où la procession revint directement dans notre église où la sonnerie finit par le *Te Deum*, ensuite duquel tous les curés, dont la plupart étaient venus de deux bonnes lieues, s'en retournèrent processionnellement chez eux. »

Il y avait eu si grand concours de peuple à cette cérémonie que les premiers étaient entrés dans l'église de Saint-Cyr avant que les derniers fussent sortis du bourg. « Nonobstant le soleil brûlant, personne ne se couvrit. »

« Enfin la dévotion fut si grande et si générale envers saint Constantien, que Dieu récompensa d'une bénédiction visible sur les biens de la terre qui fait espérer une abondante moisson pour le soulagement du peuple par le mérite du grand patron du pays de Breteuil, où je rendis ce témoignage à la vérité le 22º jour du mois de mai 1693.

« Fçois-Pierre MAILLART, secrétaire. »

Dans l'intervalle du temps qui s'écoula entre ces deux processions que nous avons rapprochées l'une de l'autre afin de mieux démontrer l'influence immense exercée par le culte de saint Constantien, des événements malheureux étaient encore venus attrister tous les cœurs pendant plusieurs années, ouverts à l'espérance sous les règnes salutaires de Henri IV et de Louis XIII : la guerre, l'affreuse guerre civile de la Fronde avait éclaté, et Breteuil, placé sur le passage des armées du roi et des princes révoltés, en avaient ressenti les contre-coups. Menacés d'être pillés chaque jour, les religieux durent s'enfuir à Amiens, toujours avec leur cher trésor. Aux maux de la guerre était venue se joindre la stérilité. La perte d'une bonne partie de leurs revenus sur lesquels l'abbé commendataire prélevait déjà une si large part, avait même obligé le supérieur de la congrégation de Saint-Maur à réduire à *trois* le nombre des religieux !

Aucun amateur ne s'était présenté pour la belle ferme de la Grange qui formait le plus clair des revenus de la mense conventuelle. Les bâtiments en étaient si détériorés qu'ils n'avaient plus ni portes ni fenêtres, les gonds de celles-ci avaient même été arrachés.

Les bénédictins, après avoir été obligés d'emprunter 1,600 livres à Me Rappelet, leur procureur, pour remettre la ferme en état, ne trouvèrent à la louer que la moitié du prix d'autrefois, à la grande déception des facétieux habitants voisins, qui se firent assez longtemps un jeu d'effrayer la nuit le fermier, en vue d'arriver à trouver à louer les terres pour une chanson bien chantée. Ils en furent pour leur comédie. Par ces détails, il est facile de juger de la nouvelle détresse des habitants de Breteuil, qui se trouvaient placés dans des conditions identiques, sinon pires.

Fort heureusement, dès l'année 1667, sous l'administration de Colbert, qui succéda au dilapidateur Fouquet dont les budgets se soldaient chaque année en déficit, les tailles ou impôts personnels qui n'avaient jusqu'alors grevé que le peuple furent diminuées d'un tiers, grâce à la création des aides ou impôts indirects.

Un édit rendu en 1703 par Louis XIV, qui autorisait les ecclésiastiques et les communautés religieuses à racheter au prix de la vente les derniers biens vendus dans des conditions désavantageuses, contribua à rétablir un peu les finances des religieux, qui exigèrent de leurs derniers acquéreurs soit la résiliation des marchés passés, soit des indemnités.

Un événement assez remarquable de l'époque, fut le passage et le séjour à Breteuil de Jacques II, renversé du trône de la Grande-Bretagne par Guillaume d'Orange. Il arriva le 6 janvier 1689, sur les six heures du soir, et descendit au logis abbatial, où tout avait été préparé pour le recevoir par Chaunelin, intendant de la province. Il se montra cordial envers les religieux qui se présentèrent en corps pour le saluer et causa même familièrement avec eux. Son fils, le duc de Saint-James, arriva le même jour. Le soir, à souper, le roi le fit asseoir à sa droite; après lui venaient deux gentilshommes, l'un français, l'autre polonais, et ensuite M. Büll, officier de Jacques II, qui était le principal auteur de son évasion, effectuée au milieu des plus grands dangers; à gauche du roi se trouvait MM. de Berenghen, de Châtillon et de Rougère, tous trois cordons bleus, et M. l'Intendant.

Au mois d'avril suivant, l'évêque de Beauvais tint à Breteuil, dans l'église Saint-Jean, une assemblée ou « Rolinde » de soixante-dix curés. Il était descendu à l'abbaye dont il se montra fort satisfait.

Nous devons le dire, nos religieux n'eurent pas à se féliciter de leurs relations avec les héritiers de Sully, qui se montrèrent fort susceptibles relativement à l'exercice de leurs droits seigneuriaux.

Maximilien-François, petit-fils de Sully et son héritier, voulut même absorber la justice abbatiale : après l'abattage d'un gros orme planté devant la porte de l'église de l'abbaye et auquel était attaché le carcan de la justice de celle-ci, il prétendit qu'il était seul grand justicier de Breteuil, attendu que le monastère avait été bâti dans la basse-cour de son château. Il fit même renverser le poteau après lequel l'abbé avait rivé le nouveau carcan destiné à attacher les criminels. Pour mieux établir son droit, il arguait de la liberté qu'avaient les dames de Sully de passer par les cloîtres pour se rendre à l'église, transformant ainsi en droit un acte de pure condescendance (1).

Les prétentions de Maximilien-François, contraires à la plus respectable des traditions, motivèrent un procès qu'il finit par perdre, non sans avoir fait manger beaucoup d'argent à la partie adverse.

L'enlèvement d'une assez grande quantité de terre amassée autour de l'église, devenue d'une humidité extrême, donna lieu également à une grave difficulté qui ne fut aplanie que par le versement d'une somme de 100 livres à titre d'indemnité réclamée par Mme de Sully (1704), et ce nonobstant les observations les plus raisonnables présentées dans une lettre « pleine de civilités » (2).

La Mothe de Villebret, dans son mécontentement, appelle Monsieur de Sully « le soit disant seigneur et grand voyer de Breteuil ».

On *dit* que Sully ou son héritier fit entourer de murs le bourg, vers 1684, afin de le protéger contre les incursions des ennemis, et qu'en reconnaissance les habitants lui auraient reconnu le droit de percevoir un sol sur le mesurage de chaque mine de grain vendue au marché. Pour nous, nous croyons plus ancienne l'origine de ce droit. Peut-être fut-il augmenté alors.

Maximilien-François, duc de Sully, avait eu deux enfants de sa femme Antoinette Servier : Maximilien-Nicolas, sus-nommé, mort sans postérité en 1712, et Maximilien-

---

(1) La Mothe-Villebret, cité.

(2) *Ibid.*

Henri, mort également sans postérité le 2 février 1729 (1). Maximilien-Nicolas, duc de Sully, était pair de France, souverain d'Henrichemont et de Boisbelle ou Boisbille, marquis de Rosny et de Conty, vicomte de Meaux, comte de Gien, baron de la Chapelle-d'Angillon et autres places, gouverneur par le roi des villes et châteaux de Mantes et de Gien, lieutenant général du pays Vexin, héritier par bénéfice d'inventaire de feu M. le duc de Sully, son père, demeurant à Paris, en son hôtel, rue Saint-Antoine, paroisse Saint-Paul.

« Il présenta, le 7 septembre 1706, pardevant les conseillers du Roy, notaires au Chastelet de Paris, à l'évêque de Beauvais, pour chapelain de la chapelle de Saint-Ausbert, Jean-Hiérosme d'Hauteville, clerc du diocèse de Beauvais, à la place de M° Pierre de La Vergne, démissionnaire (2). C'est sur cet acte de présentation que nous avons relevé tous les titres de Maximilien-Nicolas duc de Sully, auxquels il faut ajouter celui de vicomte de Breteuil, pris par son grand-père.

« La succession de Maximilien-Henri fut dévolue à son cousin Armand de Béthune, comte d'Orval, fils de François de Béthune et de Anne de Harville-Palaiseau. Ce vieillard de plus de soixante-douze ans était engagé dans les ordres mineurs et possédait plusieurs abbayes. Devenu tout à coup prince d'Henrichemont, marquis de Conti, vicomte de Breteuil et de Francastel, il abandonna l'habit ecclésiastique et ses abbayes, et se maria, le 14 mai de la même année 1729, à Françoise d'Aubery de Vatan, dont il eut un fils, Maximilien, né le 18 avril 1730. » Il mourut le 13 janvier 1737, selon Moreri. Son fils transmit Breteuil à ses

---

(1) M. de Dion cité, p. 42.

(2) Archives de l'Oise, officialité de Beauvais, communication de M. Langlois.

(3) M. de Dion, cité.

descendants (1), qui le conservèrent jusqu'à la Révolution. A cette date, la population comportait 1,700 habitants.

Le dernier possesseur de l'antique seigneurie de Breteuil s'appelait Armand-Louis-François-Edme de Béthune-Charost, devenu l'époux de demoiselle Maximilienne-Augustine-Henriette de Béthune-Sully, qui lui survécut. La noble famille de Béthune existe encore. Nos seigneurs, depuis la destruction du château, ne résidaient guère à Breteuil.

Avant d'aborder l'étude de la Révolution, nous devons mentionner quelques événements assez remarquables survenus dans la vie du bourg. Ce fut tout d'abord une mission prêchée par le R. P. Gonnelier, auteur connu. Elle fut ouverte et terminée par une immense procession du Saint-Sacrement, à laquelle assistèrent les paroisses voisines, au mois d'octobre 1705 (1). Quatre ans après survint le terrible hiver de 1709, qui plongea Breteuil dans une si grande détresse avec les villages environnants : tous les blés, les vignes, les noyers et la plupart des autres arbres furent gelés. Le froid avait commencé le jour des Rois, vers les cinq heures du matin, avec tant de rigueur, que deux heures après toutes les rivières portaient. Il ne fit qu'augmenter jusqu'au 23 janvier. Interrompu à cette date par une pluie froide accompagnée d'un vent violent, le froid recommença le 28 suivant, avec une force extrême, et dura encore quinze jours. Il en résulta une cherté si grande du blé que les plus riches seuls purent s'en procurer. Un pain de froment pesant neuf livres coûta jusqu'à 40 livres. En revanche, la viande était si bon marché qu'un quartier de mouton ne se vendait que 9 à 10 sols (2).

Fort heureusement, les orges, qui n'avaient pu être semées qu'en mai, donnèrent beaucoup, jusqu'à 400 au

---

(1) La Mothe-Villebret.

(2) *Ibid.*

journal. Tout le monde vécut de pain d'orge jusqu'à la récolte de 1710.

L'année suivante, « Monsieur Louis d'Apremont de la Mothe de Villebret, allié à la Maison de Lorraine, prit possession par procureur de l'abbaye, bien qu'il ne fût que simple tonsuré. » Il succéda à « Monsieur Le Tellier, archevêque-coadjuteur de Reims, pour lequel on avait chanté dans l'église de l'abbaye un grand service auquel, paraît-il, peu de personnes assistèrent. » Est-ce à cause de ses querelles d'intérêts, de messes, avec ses religieux ? Nous l'ignorons. Pourtant, nous avons eu occasion d'en parler, il ne laissa pas de se montrer généreux pour l'église de l'abbaye (1).

En 1740, les blés furent encore gelés en grande partie. Le froment se vendit jusqu'à 240 livres le sac ! Le peuple, révolté, arrêtait les convois de blé destinés à l'approvisionnement des villes ou de l'armée. Pour le calmer, on établit des bureaux où le riz se vendait seulement 3 sols la livre, et on établit une contribution sur les riches qui s'éleva jusqu'à 20 livres par mois.

En 1741, la sécheresse fut extrême (2).

En 1744 eut lieu une grande procession pour le rétablissement de Louis XV, dit le Bien-Aimé, tombé malade à Metz. Les carillons, les bals et les festins se succédèrent pendant huit jours pour célébrer son rétablissement.

Qui eût cru que le reste de son règne serait devenu si abominable !

La vie du pays fut profondément troublée en 1753 par un horrible incendie qui fut, à l'époque, raconté comme il suit par le sieur Barbier, du Bout-de-Vendeuil : « Ce désastre, le plus malheureux qui se puisse imaginer, prit naissance le 7 juin 1753, vers les dix heures du matin,

---

(1) La Mothe-Villebret.
(2) *Ibid.*

dans une grange placée à l'une des extrémités du bourg, du côté de Paris; une épaisse fumée qui en sortoit, ayant été aperçue de quelques particuliers, ils y coururent pour arrêter le progrès du couvert de chaume et rempli de fourrages; les portes de la grange ayant été ouvertes, des tourbillons de flammes, animées par un vent impétueux, formèrent en ce moment le plus affreux spectacle, car, s'étant portés vers les derrières et ayant remonté une rue composée de plus de soixante granges ou écuries pleines de paille, bois et autres matières combustibles, le remède devint impraticable... En moins d'une demi-heure, cet horrible feu se porta par son activité naturelle à l'autre extrémité du bourg; et, se repliant sur luy-même, il attaqua le centre avec une violence et une rapidité si grande, qu'en deux heures cent quatre-vingt-trois maisons et trois cent seize granges ou écuries furent entièrement consumées. Une femme âgée de près de quatre-vingts ans, dénuée de secours et de force, périt au milieu des flammes..., tous les meubles, effets, marchandises, eurent la même destinée...; par une singularité qui tient du prodige, un moulin appartenant à monsieur le prince d'Enrichemont, seigneur de ce bourg infortuné, situé sur une éminence qui l'égaloit aux plus hauts clochers, détaché des maisons par un espace et une élévation de plus de trois cents pas, fut réduit en cendres en moins d'un quart d'heure, et les meules calcinées et broyées comme un pilon. L'air, la terre et l'eau jetoient une chaleur étouffante qui contraignit quatre à cinq mille personnes à sortir des villages circonvoisins, à ne remporter chez elles que la tristesse de l'impression attachée à ce spectacle qui, considéré sous ses différentes formes, ne peut inspirer que l'horreur de la compassion pour les misérables qui en sont les victimes. »

A la suite de ce désastre, le roi qui avait dit que s'il n'y avait pas de Breteuil, il faudrait en bâtir un, exempta les habitants de la taille pendant dix ans et leur alloua un secours de 50,000 livres.

M. de Sainte-Algonde, nommé abbé la même année, dut s'engager à remettre 2,000 livres par an aux pauvres incendiés.

L'église, dont les rentes s'élevaient à 600 livres seulement, ne pouvait rien faire (1). Le curé s'appelait Mre Jacques Macqueron de Belval, qui avait succédé, en 1743, à Mre Philippe Bazin, tous deux du diocèse d'Amiens. A Mre Macqueron de Belval succéda Charles-Chrysostôme Dupuis, par résignation, le 22 juin 1785 (2).

L'antique donjon de Breteuil avait donc été remplacé par un moulin à vent! Gilduin, Valeran, Evrard, Raoul, Montmorency, et vous, braves et nobles chevaliers, qui avez à jamais illustré Breteuil par vos exploits, auriez-vous jamais cru à une telle dérision de la fortune ?

En 1766, il se passa un événement encore malheureux pour le pays : des troubles s'étant élevés dans la congrégation, le chapitre tenu à l'abbaye de Saint-Germain-des-Prés, à Paris, par un ordre venu de la cour, d'avoir à réunir les monastères devenus de moindre importance, le monastère de Breteuil fut uni à celui de Saint-Fuscien, dont l'abbé obtint toute juridiction sur les religieux réduits au nombre de cinq, y compris dom Flahaut, le prieur.

Dom Flahaut, *oublié* au chapitre, fut envoyé à Corbie, et les quatre religieux à Saint-Fuscien, en mai 1767, par arrêt du Conseil d'Etat. On en laissa qu'un seul pour acquitter la messe dite de Beaussault et pour garder la maison. C'était de fait la suppression du monastère.

Cette suppression nous a d'autant plus surpris qu'en 1781 le monastère se composait de cinq religieux avec trois

---

(1) La paroisse comptait 1,200 communiants.

(2) Archives de l'Oise. Officialité de Beauvais. — Les registres de la paroisse ayant été brûlés dans le cours du XVIIe siècle, nous n'avons pu retrouver les noms que de quelques curés.

domestiques, jouissant d'un revenu de 9,409 livres, qui leur permettait de réaliser, chaque année, 5,000 livres environ. Le revenu net de l'abbé s'élevait à 10,000 livres.

On dit même que l'un d'eux se payait le luxe de se faire traîner par deux cerfs. L'abbaye devait à la prospérité de la culture, après les guerres, l'augmentation si sensible de ses revenus.

Les habitants de Breteuil, désolés de la perte d'une maison qui leur avait valu tant de services, s'assemblèrent, en 1768, à l'occasion des fêtes de la Pentecôte, pour lesquelles trois religieux étaient revenus de Saint-Fuscien ; ils adressèrent requête sur requête au Conseil d'Etat et à *Monsieur* le cardinal évêque de Beauvais.

Grâce aux bons soins de Monseigneur l'Evêque, comte de Beauvais, ils virent leurs vœux réalisés, en 1775, dans le Chapitre de la congrégation de Saint-Maur, tenu à Tours, « sous la présidence de Nosseigneurs les évêques d'Arras, de Saint-Omer et de dom René Gillot, général de l'ordre. »

Dom Louis-Charles de L'Epine fut nommé prieur, dom Georges Bouché, sous-prieur, dom Louis Carré, procureur, dom Breton, senior (plus ancien), avec dom Denise. M. de Saint-Algonde resta abbé.

L'office canonial fut rétabli, et le 15 août les religieux, dont le retour fut une fête, présidèrent de nouveau, dans les rues de Breteuil, la belle procession de l'Assomption à laquelle toutes les autorités assistèrent, revêtues de leurs insignes. Le bedeau de l'église de l'abbaye y figurait avec l'épée, qu'une faveur toute royale lui avait permis de porter depuis 1655.

En 1775, le monastère obtint, par arrêt du conseil, une coupe de bois pour réédifier la maison qui menaçait ruine.

En 1776, après l'adjudication des bois, à Clermont et à Beauvais, commencèrent les travaux de reconstruction. La première pierre fut posée par le R. P. dom L'Epine, avec une plaque de plomb portant cette inscription :

« *Anno Domini millesimo septingentesimo septuagesimo*

decimo septimo, die decimâ mensis aprilis, posuere lapidem in restaurationem monasterii Beatæ Mariæ Britulensis Domnus Ludovicus de l'Epine, prior, D. Georgius Bouché, subprior, D. Creton, senior, D. Carré, cellarius, Regnante Ludovico decimo sexto, abbate commendatario Domno de Saint-Algonde ».

« L'an de Notre-Seigneur 1777, le 10 avril, Louis XVI régnant, Monsieur de Saint-Algonde étant abbé commendataire, dom Louis de L'Epine, prieur, dom Georges Bouché, sous-prieur, dom Creton, senior, dom Carré, cellerier, posèrent la première pierre du monastère de la Bienheureuse Vierge Marie de Breteuil ».

Cette pierre fut placée à l'encoignure de l'avant-corps du bâtiment du côté de la cour de M. l'abbé.

Les nouveaux bénédictins ne devaient pas jouir longtemps du beau monastère que nous admirons de nos jours : la Révolution, qui allait, au mépris des données les plus élémentaires de la justice, le leur enlever, après l'avoir déclaré propriété nationale, arrivait à pas de géant.

Le grenier à sel.

Nous devons ici dire un mot du grenier à sel.

Breteuil, jusqu'en l'année 1725, fut obligé de se pourvoir de sel au grenier à sel de Montdidier. Celui-ci prélevait sur la vente du sel certain droit qui lui fut, nous l'avons vu, à un moment bien nécessaire. A cause des distances, cette obligation d'aller se fournir de sel à Montdidier était lourde pour Breteuil et pour les villages environnants. A force d'instances, Breteuil finit par obtenir son petit grenier à sel, qui n'était pas un simple dépôt, comme on pourrait peut-être se l'imaginer, mais un véritable tribunal composé d'un président,... d'un contrôleur, d'un procureur du roi, d'un greffier, d'un receveur de gabelles et de quelques huissiers.

Les magistrats, ou mieux les officiers de ce tribunal,

étaient de véritables personnages; ils jouissaient des mêmes prérogatives que les officiers de l'élection, après lesquels ils prenaient place dans les cérémonies.

Breteuil déjà pourvu d'un corps dit de ville est appelé ville dans un certain nombre d'actes officiels.

Mais existe-t-il une charte royale qui lui ait octroyé ce titre?

Pour former le grenier à sel on détacha vingt-cinq paroisses du grenier à sel de Montdidier, savoir : Breteuil, Ansauvillers-en-Chaussée, Bonvillers, Beauvoir, Caply, Campremy, Chirmont, Chepoix, Bacouel et Warmaise, Esquennoy, Esclainvillers, La Faloise-Folleville, Farivillers et Hédancourt, Fresnaux, La Hérelle, Le Mesnil-Saint-Firmin, Mory-Mocrux, Paillart, Quiry-le-Sec, Rouvroy-les-Merles, Sérivillers, Thieux, Tartigny, Troussencourt et Wavignies.

Pourquoi Vendeuil continua-t-il à relever du grenier à sel de Montdidier? Nous laissons à nos lecteurs le soin de résoudre la difficulté causée vraisemblablement par l'intervention du puissant seigneur du jour, en délicatesse avec les héritiers de Sully, ce qui n'était pas rare à cette époque, à cause des divergences regrettables éclatées à propos de la religion.

Les marchands de sel étaient appelés des saugniers.

Le grenier à sel se composait d'un bâtiment construit en briques et couvert en tuiles, mesurant 67 pieds de long, 36 de large et 20 de hauteur. Construit sur la place du Marché au blé sur 12 verges environ de terrain, il occupait l'emplacement sur lequel s'élève aujourd'hui l'hôtel du Globe.

Supprimé et réuni aux domaines dits nationaux par décret du 23 avril 1790, il fut vendu 2,250 livres à M. Ch.-François-Joseph Richard, le 24 prairial an IV, en vertu de la loi du 28 ventôse an IV (1).

---

(1) Archives de l'Oise. État des biens nationaux vendus dans la paroisse de Breteuil.

CHAPITRE VINGT-SEPTIÈME.

La querelle de la réunion des offices municipaux au corps de ville.

Maximilien avait succédé à son père Armand de Béthune. Ce seigneur, d'après le mémoire ci-dessus mentionné, « était respectable et respecté par tout Breteuil... Loin de vouloir usurper sur le patrimoine de ses censitaires, il était disposé à faire les plus grands sacrifices pour le conserver et même pour l'augmenter. » Il n'en est pas moins vrai toutefois qu'il fut, au fond, l'âme de l'affreuse machination ourdie par son receveur et son bailli, le sieur Davalet, contre certaines libertés, certains privilèges dont jouissait la ville de Breteuil depuis la concession des franchises communales faite en 1224 par Gautier de Risnel et Amicie de Breteuil.

Les franchises communales des habitants avaient naturellement subi dans le cours des siècles des modifications apportées par diverses édits royaux. *Jusqu'en 1629* (et cela ressort des termes mêmes de l'édit de cette année), la nomination du maïeur ou maire et des autres officiers municipaux avait lieu par la voie de l'élection faite par les habitants réunis en assemblée. L'édit rappelé ne modifiant pas l'antique coutume, continua à respecter la liberté administrative des habitants ; mais les ministres de Louis XIV et de Louis XV, trop souvent à court d'argent, érigèrent les magistratures municipales en offices qu'ils vendaient et reprenaient pour les revendre. Il arriva aussi que le roi finit par nommer le maire, qu'il choisissait sur la proposition de l'intendant de la généralité d'Amiens, parmi deux ou trois membres élus par les habitants.

Le bourg, en 1764, était divisé en douze quartiers qui élisaient chacun un député. Les députés élisaient six notables qui furent alors : Jacques Macqueron de Belval, curé, bachelier en théologie, Charles Paillart, Eustache Bidrou, Laurent Béranger, Nicolas Mouret, Philippe Paillart, tous honorablement connus.

Avaient été élus : premier échevin, Henry-Charles Tassart; deuxième échevin, Charles-Jérôme Darras; premier conseiller, A. Ménard; deuxième, Cyr Paillart; troisième, Charles-Alexis Trouvain. Ils étaient présidés par le bailli. Les échevins, réunis aux conseillers et aux notables, composaient le corps dit de la communauté. Ils élisaient un syndic, un receveur et un secrétaire-greffier (1).

Le maire, nommé ainsi que nous l'avons vu, devenait comme l'officier du roi; il était même perpétuel. Il s'appelait, en 1696, Jacques Rappelet, et portait le titre de conseiller du roi. « Il avait ses armes qui étaient : D'or à une quarte feuille de sinople » (2).

Le bailli de Breteuil, à la même date, s'appelait Adrien du Bois. Ses armes étaient « De sinople à un chevron alaizé d'argent » (3).

En 1771, le corps dit de communauté dut être remplacé par une municipalité composée d'un maire, d'un lieutenant du maire et de sept officiers municipaux.

En ladite année, la réunion des *offices* municipaux, séparés jusque-là, dans la plupart des villes, de ce qui était appelé le corps de ville, fut permise et même grandement

---

(1) Archives de la mairie de Breteuil.

(2) De Beauvillé, cité t. III.

(3) Chaque corporation avait ses armes ; celles des cordonniers étaient : « De sable à une feuille de houx d'argent ». C'est ainsi que l'Eglise, traitée aujourd'hui en ennemie, avait comme anobli l'ouvrier, tout en lui ménageant aide, protection et travail au sein de la corporation dont il faisait partie. L'histoire est là pour le prouver au besoin.

facilitée par le gouvernement en vue d'augmenter les libertés communales restreintes depuis 1629.

Seulement, en vertu de l'article VI de l'édit de 1771, promulgué à la requête du contrôleur général Terray, les offices municipaux furent rendus plus vénaux que jamais.

A Breteuil, toutefois, à nous en tenir à un mémoire imprimé dont nous devons la communication à l'obligeance de M. Cappronnier, maire actuel de la ville, « *personne n'avait encore pensé à lever aucun office municipal dans Breteuil : ces offices (restés invendus) étoient exercés par les principaux habitants en vertu d'une commission qui leur étoit donnée par le roi, sur la présentation du commissaire départi.* »

En 1776, *personne* ne s'étant encore présenté pour acquérir la charge de maire, séparée alors des autres offices, l'intendant de Picardie fit nommer maire Laurent Béranger, le premier des officiers municipaux élus.

On ne pouvait nommer un homme plus sympathique aux habitants : à un caractère franchement libéral, M. Laurent Béranger unissait une grande générosité, un profond amour de la justice. C'en était fait sans lui de toutes nos libertés locales : le sieur Davalet, désireux de cumuler les fonctions de bailli seigneurial et de maire, aurait de nouveau tout asservi au seigneur.

Ce bailli, contrôleur, en outre, du grenier à sel, était hautain, arrogant et, qui plus est, de conduite un peu équivoque : « Un jour (nous reproduisons une page du mémoire cité), un voiturier d'Abbeville, malade et incommodé d'une jambe, faisant conduire son chariot chargé et attelé de huit chevaux, par un particulier qu'il avait loué en route, était sur le point d'entrer dans Breteuil sur *le pont de Saint-Jacques;* le sieur Davalet se trouva derrière le chariot avec son cabriolet et voulut se faire livrer le passage par le conducteur. Il étoit physiquement impossible de détourner le chariot dans un passage aussi étroit que le pont de Saint-Jacques; le conducteur ne pouvoit d'ailleurs faire reculer un chariot chargé et attelé de huit chevaux, ce qu'il observa au sieur Davalet, en continuant le trajet du pont, à la sortie duquel il prit tranquillement le chemin de l'auberge de Saint-Nicolas, où son maître descend et séjourne ordinairement. Un seigneur de la plus haute qualité ne se seroit pas même arrêté à l'idée d'une offense personnelle dans les circonstances d'un pareil événement. » Pour Davalet, irrité de ce que le conducteur du chariot ne lui avait pas livré passage, il retourna chez lui, y laissa son cabriolet et se rendit à l'auberge Saint-Nicolas où il asséna un coup de poing en plein visage à Bunel et accabla de coups de canne le conducteur du chariot. Une autre fois il avait été condamné à une amende, « avec des injonctions d'une qualité ignominieuse, pour avoir renversé une pauvre femme âgée, dans une de ses courses à cheval. Il avait aussi, sans autorité et sans droit aucun, enlevé des arbres dépendant d'une propriété particulière » (1). Passons sous silence d'autres griefs.

Pour être plus libre, plus maître de tout faire marcher à sa guise, il offrit, en 1778, 600 livres de l'office de maire. Afin de mieux réussir, il avait persuadé à M. le duc de Béthune qu'une cabale était montée contre lui dans Breteuil, que ses droits de châtelain se trouveraient compromis si son bailli et les gens de sa justice ne détenaient plus les offices et les commissions municipales qu'ils avaient fini par accaparer.

« Sans être sollicité par personne, Monsieur le Directeur général des Finances, avant d'accorder son agrément à l'offre de Davalet, et en suivant la jurisprudence ordinaire de Messieurs de l'Administration des Finances, a décidé que la réunion de tous les offices municipaux de Breteuil seroit offerte et accordée à la ville, et a chargé le com-

---

(1) Manuscrit cité.

missaire départi de faire connoître cette décision aux habitans de Breteuil » (1).

Le ministère, sur l'avis du directeur général des finances, fait écrire dans les mêmes termes au commissaire départi. Ce magistrat, de son côté, en réfère à son subdélégué à Breteuil, qui a la faiblesse de dévoiler à M. Davalet, son beau-frère, le secret de l'administration, et de traîner la réunion des officiers municipaux pendant trois semaines, afin de donner à Davalet le temps d'intriguer dans les bureaux de l'Intendance. Après cela, « le subdélégué fait assembler les officiers municipaux chez lui, installe le sieur X... fils dans la place du Procureur du Roi, et de suite, sans remettre la lettre du commissaire départi, ni en faire lecture, se borne à annoncer qu'un particulier demande la charge de maire au prix de 600 livres; mais qu'on lui en donne la préférence. Il dicte cette phrase au greffier de la ville, pour suppléer à la remise de la lettre », qui proposait à la ville et aux habitants, nous l'avons dit, la réunion de tous les offices municipaux, « lettre que les autres officiers municipaux demandaient avec instance ».

La communication du subdélégué était insidieuse, peu intelligible; de plus, il s'était bien donné de garde de nommer l'acquéreur actuel de l'office de maire, le sieur Davalet, dont le nom seul aurait soulevé une tempête, de spécifier qu'il s'agissait de la totalité des offices municipaux.

Le lendemain de cette entrevue chez le subdélégué, les officiers municipaux alors en exercice, s'étant assemblés en la manière accoutumée, décidèrent, à l'unanimité, nonobstant l'insuffisante connaissance de la question, d'accepter au nom de la ville les offres du gouvernement, chargèrent, en conséquence, M. X... fils de rédiger la délibération. Par une infidélité sans exemple, cet homme faussant le sens de la délibération, « après avoir représenté en son

---

(1) Manuscrit cité.

nom que l'office de maire de Breteuil ayant été, jusqu'à présent, regardé comme un office onéreux, personne n'avoit voulu s'en charger, pour quoi il n'avoit été exercé qu'en vertu des ordres particuliers de Sa Majesté, dont on avoit cherché à être dispensé peu de temps après avoir exercé; que la communauté n'ayant que très-peu de revenu, et à peine de quoi suffire à ses charges (alors qu'il y avait chaque année un excédant de 500 livres), il estimoit que la communauté remerciât le conseil de la préférence qu'il veut bien lui accorder, et laissât prendre et lever l'office de maire par le sieur Davalet, qui pouvoit, autant que personne du lieu, le remplir avec honneur; il déclaroit qu'il avoit été unanimement convenu que la communauté ne pouvoit accepter l'offre à elle faite de la préférence d'acquérir cette charge pour y nommer alternativement, et que le corps municipal remercioit très humblement le conseil de la grâce qu'il vouloit bien lui faire en cette circonstance. »

M. X..., qui avait agi en jeune homme, avouait cependant : « qu'il avoit été dit par le sieur Laurent Béranger, maire actuel, qu'il désiroit lui-même obtenir la propriété de ladite charge, si le corps municipal (qu'on allait composer de créatures de Davalet) ne le trouvoit pas mauvais »; sur quoi, dit-il, « l'assemblée a consenti que le sieur Laurent Béranger prenne à ses risques, périls et fortune, la dite charge de maire, *si le conseil veut lui accorder.* »

La lecture de cette délibération produisit la plus vive indignation, qui fut partagée par le père lui-même de M. X..., homme honorable entre tous, qui enjoignit à son fils l'ordre de quitter l'assemblée.

Les officiers reprirent alors le registre, et au bas du chef-d'œuvre du nouvel officier font écrire : « Nous, maire et officiers municipaux de la ville de Breteuil, après lecture à nous faite de l'acte ci-dessus, l'annulons et révoquons *en tout son contenu,* comme étant contraire à nos volontés et à nos sentiments. »

Et sur le champ, ils dressent une autre délibération, par laquelle ils arrêtent : « qu'ils remercient très humblement le gouvernement de la préférence qu'il leur donne pour l'achat de la charge de maire de Breteuil, laquelle ils acceptent pour la ville de Breteuil, moyennant ladite somme de 600 livres. » Cette délibération, envoyée aussitôt à l'intendance, ayant été interceptée ou égarée dans les bureaux, était restée sans réponse, lorsqu'en décembre on apprit la nomination de Davalet en qualité de maire, et enfin la teneur de la lettre du commissaire départi à son subdélégué, par laquelle la ville était comme mise en demeure d'accepter la réunion de tous les offices municipaux de Breteuil.

Davalet, sur deux surenchères de M. Laurent Béranger, avait obtenu l'office de maire pour 1,800 livres, à force d'intrigues, de faux-fuyants et aussi de calomnies : il avait représenté les habitants de Breteuil comme des mutins, des factieux sans principes et sans probité, alors qu'au contraire ils se distinguaient « par la simplicité de leurs mœurs, par l'unité d'opinions, par une grande fidélité à leurs Souverains et par une concorde perpétuelle si grande, qu'ils sembloient ne *former qu'une même famille.* » Ils savent, dit le Mémoire, remplir *tous les devoirs de la Religion*, et ceux de la plus scrupuleuse probité. Leur titre le plus précieux, celui auquel ils tiennent le plus, *est celui de laboureur.* »

A la nouvelle de la teneur de la lettre du commissaire à son subdélégué, les principaux habitants s'assemblèrent au nombre de quatre-vingts, à l'appel de M. Béranger, et décidèrent, d'une voix unanime, l'acquisition de la totalité des offices municipaux pour les réunir au corps de ville, « ainsi que cela s'étoit pratiqué depuis 1771 dans la plupart des villes du royaume. »

« On s'informe aux parties casuelles du montant de la liquidation des offices, et l'on forme la demande au conseil pour être autorisé à faire l'emprunt des 5,850 livres, montant de la liquidation. Cette demande renvoyée à l'intendance, contrecarrée par Davalet et par le commissaire départi *ad hoc*, affirmant que la ville ne pouvait contracter cet emprunt, dans l'état où se trouvaient ses finances, n'ayant pas été accueillie favorablement, trente des principaux habitants se réunirent et se déterminèrent à faire entre eux la somme de 5,850 livres » et celles convenables, et pour l'arrêt de réunion, et pour rembourser les frais du sieur Davalet, s'il y a lieu, et la déposent de confiance aux mains de l'avocat-conseiller. »

Cependant, Davalet, qui avait persuadé au magistrat chargé des offices que l'offre de M. Béranger et consorts n'était qu'une feinte, qu'ils sauraient bien reprendre sur la communauté les sommes avancées par eux, avait trouvé « la faveur de pouvoir lever ses provisions de maire; il avait même reconstitué la municipalité à l'aide d'un nouveau subterfuge, de concert avec le subdélégué de Montdidier, gagné à sa cause, et qu'il avait réussi à faire envoyer à Breteuil à l'effet de la reconstitution en question. » Sept officiers municipaux, que nous nous abstenons de nommer dans la crainte d'éveiller des susceptibilités plus qu'inutiles, furent installés. « Le sieur Davalet, bailli et juge de police à Breteuil, fermier ou receveur du seigneur de la châtellenie, contrôleur au grenier à sel, était le maire. » Son lieutenant était un allié de sa famille. Le procureur du roi était son cousin, celui-là même qui avait faussé la délibération sus-mentionnée!... (29 avril 1779). La destitution des anciens officiers municipaux fut proclamée à grand fracas dans les rues et carrefours de Breteuil, par la maréchaussée, devant laquelle le plus grand nombre refoula et contint, mais un instant seulement, son indignation.

Que faire contre la force agissant sous le couvert d'une apparence de légalité?

Il n'y avait qu'à en appeler au Parlement, qu'à démontrer la déloyauté des procédés employés pour jouer les habitants. C'est le parti que prirent soixante-trois d'entre eux, sous l'inspiration de Laurent Béranger, qui prit à sa charge tous les frais du procès.

Un mémoire de tous les faits incriminés fut, en conséquence, dressé, signé et envoyé à qui de droit. Un long procès s'ensuivit au Parlement, qui se prononça contre Davalet. Nonobstant l'influence et toutes les recommandations du duc de Béthune, les habitants furent autorisés à acquérir les offices de maire, échevins, assesseurs et procureurs, moyennant la somme de 5,850 livres.

Seulement, ceux qui tinrent Davalet en échec purent longtemps se souvenir de ses aménités, notamment Ferry, Bauchy père et Pierre Lefranc, qui eurent souvent à loger jusqu'à sept et huit sergents de passage.

Honneur et gloire aux habitants qui n'ont pas reculé devant aucun obstacle pour revendiquer les libertés les plus chères au cœur d'une population, nous voulons dire les libertés locales.

Nous allons citer leurs noms pour les transmettre à la postérité : Thibault, Tassart père, Leblond, P. Paillart, Deraye, J.-B. Béranger, Laurent Béranger, L. Gallopin, Rousselin, Trouvain, N. Mouret, Despaux, de Bussy, Paillard d'Arras, Carpentier, C. Dupuy, Bayart, Frémaux, Bauchy père, C. Morel, Pecquet, B. Gallopin, Fricourt père, Leclerc père, Leclerc fils, *Pierre Mouret*, J.-B. Dubois, Lefranc fils, Martin Bidron fils, C. Lefèvre, F. Bauchy fils, V. Gervoise, P. Dupuis, J.-B. Delaforge, J.-B. Defere, Gervoise, Pourcelle, H. Mauclercs, Delarche, B. Béranger, A. De la Morlière, Ch. Béranger, Dumontier, J. Mouret, Frémaux, T. Titre, Caussin, Benoist, Pourcelle, C. Samson, P. Thomas, C. Bertoux, A. Boitel, Nicolas Béranger.

CHAPITRE VINGT-HUITIÈME.

Réunion des offices municipaux et constitution du corps municipal de la ville de Breteuil.

Grande avait été la joie de la population à la nouvelle de l'arrêt du conseil du roi qui destituait le sieur Davalet et ses partisans et lui donnait la liberté d'élire de nouveaux membres du corps municipal par la voie du suffrage à deux degrés, tel qu'il était alors pratiqué.

Nous ne savons pour quelles raisons, mais elle attendit près de trois ans l'arrêt du Conseil d'Etat qui devait régler les formalités « à observer tant pour l'élection des officiers municipaux de la ville de Breteuil que pour l'administration municipale de ladite ville. » Il fut enfin promulgué le 18 août 1785.

Nous avons cru devoir le reproduire intégralement, entrer même dans tous les détails de l'élection, afin de dévoiler les mœurs électorales de l'époque, et ainsi faciliter à nos contemporains la comparaison et avec le suffrage universel du jour et avec la situation du pays au xie et xiie siècle, aussi bien de montrer tout le chemin parcouru dans la voie de la liberté avant 89, qui ne fut, en définitive, que la conséquence de réformes antérieurement faites et d'événements que nous avons essayé de raconter.

« L'histoire, a écrit Chateaubriand, nous montre rarement un fait d'une haute importance s'avançant tout seul et comme au hasard : les doctrines et les siècles, dans leur longue patience, préparent les éléments des véritables rénovations. »

Voici donc *in extenso* l'arrêté en question :

Extrait des registres du Conseil d'Etat.

« Sur le compte qui a été rendu au Roi, étant en son conseil, des difficultés qui se sont élevées au sujet des formes à observer à Breteuil, pour la nomination aux places municipales réunies à la dite communauté par arrêt du Conseil du 3 octobre 1782; Sa Majesté a jugé à-propos de prendre des mesures pour prévenir de semblables difficultés à l'avenir et de donner à cet effet un règlement, tant pour les dites élections que pour l'administration municipale de la dite ville. A quoi voulant pourvoir : vu l'avis du sieur intendant et commissaire départi dans la généralité d'Amiens; ouï le rapport; *le Roi étant en son conseil,* a ordonné et ordonne ce qui suit :

« *Art. 1er*. — Le corps municipal de la ville de Breteuil sera et demeurera composé d'un maire, d'un lieutenant de maire, de deux échevins, de deux assesseurs, d'un procureur du roi, d'un secrétaire-greffier et d'un trésorier-receveur.

« *Art. 2e*. — Tous les dits officiers municipaux seront élus par voie de scrutin et par billets, dans une assemblée des députés des corps et communautés ci-après nommés, qui se tiendra la veille du premier dimanche d'octobre de chaque année.

« *Art. 3e*. — Les députés pour la nomination des dits officiers municipaux seront envoyés par les corps et classes qui suivent :

« *Savoir* :

« Un par le Chapitre des bénédictins de l'abbaye de Breteuil, auquel se réuniront les curés, vicaires et autres ecclésiastiques du lieu;

« Un par les officiers de la justice du sieur duc de Béthune, seigneur de Breteuil, auxquels se réuniront ceux de la justice du sieur abbé commendataire de l'abbaye de Breteuil;

« Un par les officiers du grenier à sel;

« Un par les notaires et les huissiers;

« Un par les avocats, médecins et bourgeois vivant noblement;

« Un par les horlogers, serruriers, taillandiers et maréchaux;

« Un par les cloutiers, épingliers, chaudronniers, chapeliers, teinturiers et fabricans de bas;

« Un par les selliers, bourreliers et mégissiers ;
« Un par les coquetiers et les cabaretiers ;
« Un par les briquetiers, chauffouriers, maçons et couvreurs ;
« Un par les marchands et chirurgiens ;
« Un par les charpentiers et charrons ;
« Un par les tonneliers, tourneurs et vanniers ;
« Un par les perruquiers ;
« Un par les boulangers ;
« Un par les bouchers ;
« Un par les tailleurs d'habits et cordiers ;
« Un par les cordonniers ;
« Un par les laboureurs ;
« Un par les journaliers ;

« Les maire, lieutenant de maire, échevins et assesseurs auront chacun leur voix dans les assemblées générales de la communes (1).

« *Art. 4⁰*. — Pour procéder à la nomination des députés, les corps et classes ci-dessus désignés, s'assembleront le 22 ou le 23 septembre de chaque année, si le 22 tombe un dimanche ; savoir, le corps ecclésiastique, chez le prieur de l'abbaye de Breteuil ; celui des officiers de la justice, chez le bailli du seigneur de Breteuil, et toutes les autres classes, chez le maire ou premier officier de l'Hôtel-de-Ville, en l'absence du maire.

« *Art. 5⁰*. — Il ne sera nommé aucun député qui ne sache écrire. Il sera dressé procès-verbal de sa nomination, signé de ceux qui y concourront, et le député sera muni de la minute ou expédition dudit procès-verbal, qu'il remettra au président de l'assemblée dans laquelle se fera l'élection des officiers municipaux.

« *Art. 6⁰*. — L'assemblée pour ladite élection sera présidée,

---

(1) D'après les archives de la ville, cette formation des corps par états et par professions avait été arrêtée à l'unanimité par tous les habitants réunis le 7 septembre 1784, en la salle de la châtellenie, sous la présidence de Pierre-Claude-Hippolyte Pucelle, conseiller magistrat, avocat du roy au bailliage et gouvernement de Montdidier, et subdélégué de l'élection de la même ville, assisté de Louis Claude Cochepin, comme secrétaire, greffier, en vertu de l'ordonnance de Monseigneur le comte d'Agay, intendant de Picardie.

pour la première fois seulement, par le subdélégué du sieur intendant et commissaire départi en Picardie, qui sera à cet effet commis par ledit sieur intendant; et les assemblées subséquentes pour lesdites élections seront présidées par le bailli du sieur duc de Béthune, seigneur de Breteuil, le maire devant d'ailleurs présider à toutes les autres assemblées.

« *Art. 7°.* — Aucun habitant ne pourra voter dans deux ou plusieurs des classes ci-dessus désignées, sous peine de 25 livres d'amende; et pour pouvoir connaître les contrevenants au présent article, les procès-verbaux de chaque assemblée des classes contiendront les noms et surnoms de ceux qui se seront trouvés auxdites assemblées.

« *Art. 8°.* — Les députés se rendront la veille du premier dimanche d'octobre en l'auditoire de la châtellenie de Breteuil, dans l'assemblée des officiers municipaux où présidera pour la première fois seulement le subdélégué nommé par le sieur intendant et commissaire départi, comme l'est ci-dessus ordonné. Lesdits députés justifieront d'abord de leur acte de nomination, qui sera vérifié par le président, le maire et le procureur du roi de la ville. Lesdits députés prêteront tous serments devant le président de l'assemblée, que le scrutin *qu'ils vont rapporter est tel qu'il leur a été confié.* Ils déposeront ensuite ce scrutin devant le président, qui les *mêlera avec ceux de chacun des officiers municipaux* en exercice, et en fera publiquement l'ouverture et la lecture *sous les yeux du maire et du procureur du roi de la ville.*

« *Art. 9°.* — Les classes ci-dessus désignées qui auront négligé d'envoyer des députés et les députés qui auront négligé de se trouver à l'assemblée, sans cause légitime, seront condamnés en l'amende de 10 livres, laquelle sera prononcée à la fin de l'assemblée contre chacun des défaillans, par le président, sur les conclusions du procureur du roi de l'Hôtel-de-Ville.

« *Art. 10°.* — Les difficultés qui pourroient s'élever pendant la tenue de l'assemblée seront jugées provisoirement, l'assemblée tenante, par le président d'icelle, et sur les conclusions du procureur du roi de la ville, et les jugements exécutés par provision.

« *Art. 11°.* — Le procès-verbal de ladite assemblée sera rédigé par le secrétaire-greffier, lequel y portera le plan nommé pour chaque place, et fera mention des plans nommés après lui.

« *Art. 12e*. — Il sera envoyé de nouveaux députés chaque année en la manière ci-dessus prescrite, sans qu'aucun puisse être continué.

« *Art. 13e*. — Le maire ne pourra être élu que parmi ceux qui auront déjà été maire, lieutenant du maire ou échevin.

« *Art. 14e*. — Le lieutenant du maire ne pourra être élu que parmi ceux qui auront été échevins; les échevins que parmi ceux qui auront occupé les places municipales, au moins celles d'assesseurs.

« *Art. 15e*. — Ne pourront être reçus en même temps dans le corps municipal, le père et le fils, le beau-père et le gendre, les frères et les beaux-frères, l'oncle et le neveu; ne pourront même y être reçus les officiers comptables de la ville qui n'auroient pas rendu compte ni payé le reliquat d'icelui.

« *Art. 16*. — Les échevins et assesseurs se règleront entr'eux, selon l'ancienneté de leur nomination; et lorsqu'ils auront été élus ensemble, suivant leur âge.

« *Art. 17e*. — Le maire exercera pendant deux ans, à l'expiration desquels il sera remplacé en la forme ci-dessus prescrite, sans qu'il puisse être continué ni élu de nouveau, si ce n'est après un intervalle de deux ans; et néanmoins, pour cette fois seulement et sans tirer à conséquence, ordonne Sa Majesté que le maire qui sera élu en exécution du présent arrêt, exercera ladite place pendant trois années.

« Le dit maire ne cessera ses fonctions que le lendemain de la notification qui sera faite au corps de ville de l'ordonnance du dit sieur intendant, portant approbation de l'élection du nouveau maire et après qu'il aura reçu le serment des lieutenant de maire, échevins, assesseurs, procureur du roi, secrétaire-greffier, trésorier-receveur. Le serment du nouveau maire sera reçu par le bailli de la justice du sieur duc de Béthune.

« *Art. 18e*. — Le lieutenant de maire exercera pendant deux ans et sera remplacé sans pouvoir être continué. Les échevins et assesseurs exerceront pareillement pendant deux ans; et, chaque année, il sera nommé un nouvel échevin et un nouvel assesseur, à l'effet de quoi ordonne Sa Majesté que pour cette fois seulement, un des échevins et un des assesseurs qui seront nommés en exécution du présent arrêt, resteront en place pendant trois années et les autres pendant deux ans seulement; et après les dits deux ans, les noms de ceux qui devront sortir de place seront tirés au sort.

« Art. 19°. — Le procureur du roi sera pris parmi ceux qui auront exercé précédemment une place municipale.

« Art. 20°. — Le dit procureur du roi, le secrétaire-greffier, le trésorier-receveur exerceront leurs fonctions pendant deux ans, à l'expiration desquels ils pourront être continués.

« Art. 21°. — Le procès-verbal de nomination en élection sera adressé chaque année au sieur intendant et commissaire départi, à l'effet de l'approuver, s'il y a lieu.

« Art. 22°. — Le procureur du roi de la ville pourra faire tels réquisitoires qu'il jugera convenables pour le bien de la ville, aux assemblées des officiers municipaux.

« Art. 23°. — Les serviteurs et domestiques de l'hôtel-de-ville pourront être nommés et destitués par le maire seul.

« Art. 24°. — Toutes les affaires d'administration seront réglées et décidées dans les assemblées des officiers municipaux. Il sera toujours fait acte par le secrétaire-greffier, des délibérations qui y seront prises ; la délivrance des mandemens ne pourra être arrêtée que dans ces assemblées.

« Art. 25°. — Les adjudications des baux, des biens, revenus et aides patrimoniaux seront faites en la manière accoutumée par devant les officiers municipaux en l'auditoire de la châtellenie de Breteuil, à défaut d'Hôtel-de-Ville, sur trois publications de huitaine en huitaine ; elles seront reçues par le secrétaire-greffier, dont les expéditions emporteront hypothèque en vertu de la déclaration du treize juin mil sept cent soixante-douze.

« Art. 26°. — Le compte du trésorier-receveur sera présenté à l'assemblée des officiers municipaux qui sera convoquée exprès.

« Art. 27°. — Le dit compte comprendra toute la recette et toute la dépense de l'année, tant des revenus patrimoniaux que d'autres. Il sera vérifié en la dite assemblée sur l'examen des commissaires nommés parmi les échevins ou assesseurs ; il sera ensuite envoyé au sieur intendant et commissaire départi, pour être de lui visé.

« Art. 28°. — Toutes affaires extraordinaires, comme emprunts, acquisitions, établissemens, constructions et reconstructions, grosses réparations, toutes dépenses extraordinaires excédant deux cens livres, et enfin toutes affaires qui pourront intéresser les droits, possessions, privilèges et exemptions de la ville et de ses habitans, ne seront délibérées que dans une assemblée générale convoquée par billets signés du secrétaire-greffier, et où présidera le bailli du sieur duc de Béthune avec voix délibérative, si ce n'est que les dites affaires puissent intéresser personnellement ledit seigneur, et audit cas, les dites assemblées seront présidées par le maire; et dans tous les cas, les délibérations prises dans ces assemblées seront adressées au sieur intendant et commissaire départi, pour être de lui approuvées, s'il y a lieu.

« Art. 29e. — Le présent règlement sera enregistré au greffe de l'Hôtel-de-Ville, quinze jours avant la première assemblée générale qui sera indiquée pour la veille du premier dimanche du mois d'octobre prochain, en présence du subdélégué que le sieur intendant et commissaire départi nommera à cet effet, et des officiers du corps municipal actuel qui seront convoqués par le dit sieur subdélégué, afin que la nomination des députés puisse être faite ensuite à l'époque indiquée, conformément à ce qui est porté à cet égard par l'article 4 du présent règlement. Mande et ordonne Sa Majesté au sieur intendant et commissaire départi de la généralité de Picardie, de tenir la main à l'exécution du présent arrêt. Fait au Conseil d'Etat du roi, Sa Majesté y étant, tenu à Versailles le dix-huit août mil sept cent quatre-vingt-cinq.

« Signé : le baron DE BRETEUIL. »

Chaque article de l'arrêt précité *émane d'anciens usages plus ou moins modifiés, mais qui attribuent tous au corps et à la communauté de Breteuil* le droit de régir leurs finances, leurs intérêts, de se réunir à cet effet pour les discuter. N'est-ce pas une réponse à ceux qui osent avancer bravement qu'avant 89 nos pères n'étaient rien, alors que toute dépense au-dessus de 200 francs ne pouvait être faite sans l'assentiment général? alors que toute affaire intéressant *les us, droits, possessions, privilèges et exemptions* de la communauté ne devait être réglée sans eux? alors que pour assurer la liberté administrative, son contrôle, le procureur du roi, le secrétaire-greffier, le trésorier, le maire lui-même devaient être élus tous les deux ans?

Les intérêts de la ville sont-ils donc mieux sauvegardés aujourd'hui ?

Le corps des bourgeois ne comportait que 7 membres; celui des laboureurs, 25; celui des marchands, 19; celui des tourneurs, 8; celui des horlogers, serruriers, 11; des taillandiers, 6; des cabaretiers, 8; des tailleurs d'habits, 8; des couvreurs et maçons, 10; des cordonniers, 70; des journaliers, 65.

On voulut exclure de l'élection les officiers municipaux acquéreurs des charges publiques, nommés par le roi, pour ces raisons : 1° que l'administration municipale avait toujours été regardée « comme un objet qui ne devait pas être remis entre les mains des officiers de justice seigneuriale, attendu que, si ces officiers étaient admis aux charges de la municipalité, il pourrait en résulter des inconvénients... à cause de la prépondérance »; 2° que l'article 30 de l'édit de 1765 les empêchait d'être admis. Ceux-ci protestèrent.

Mais aucun d'eux ne fut élu.

Composition du corps municipal en 1785.

Les députés des corps de métiers réunis le 1ᵉʳ octobre de l'année 1785, élurent :

Maire : M. Laurent Béranger;

Lieutenant du maire : M. Pierre Levavasseur-Beaupré;

Echevins : MM. Vincent Bussy, Nicolas Mouret, Pierre Lefranc;

Assesseurs : MM. Casimir Dupuy, Louis-Joseph Hucher, Guillemain;

Procureur du roi : M. Cyr Paillart-Darras;

Trésorier-receveur : M. Charles-Pierre Rousselin;

Secrétaire-greffier : M. Ferry-Bauchy.

Le résultat de cette élection fut adressé à Mgr le comte d'Agay, intendant de Picardie.

Les officiers municipaux furent admis à prêter serment et installés le 14 février 1786.

Les officiers municipaux étaient exempts de la milice, eux et leurs enfants.

Ils avaient la préséance sur les officiers seigneuriaux, soit à l'église, soit dans les cérémonies publiques. A l'église, ils se présentaient les premiers à l'offrande, à la bénédiction du pain.

Ils exerçaient la police, mais au défaut des officiers seigneuriaux. Ils n'obtinrent que plus tard la police de la ville.

L'administration de l'Hôtel-Dieu leur était dévolue. La réunion des officiers municipaux et des députés composait ce que l'on appelait l'assemblée.

Les assemblées se tinrent d'abord dans l'auditoire de la châtellenie.

Le premier compte du receveur-syndic s'éleva à 1,223 livres 19 sols et 6 deniers.

Pour la répartition des tailles, capitations et impositions, des membres élus parmi les plus hauts taillables étaient adjoints au corps municipal.

Les plus hauts taillables étaient alors : Charles de Pétigny, Cyr Paillart-Leblond, Pierre Levavasseur, Denis Anty... Les adjoints nommés furent : Pierre Lefranc, Pierre Thomas, François Lamblet et Aimé Geffroy.

Une lutte ne tarda pas à se déclarer entre le corps municipal et le bailli, dont nous connaissons le caractère violent ; le 4 octobre 1786, il se présenta militairement au greffe de la ville, escorté d'un huissier assisté de la maréchaussée renforcée d'une douzaine de gardes-chasses armés de fusils. Il prétendait avoir le droit d'enlever des arbres arrachés par le vent sur un terrain communal, et avait, en conséquence, jeté en prison le tambour de ville qui en avait annoncé la vente.

Les officiers municipaux ne craignirent pas de protester contre cette violence. Dans leur indignation, ils allèrent jusqu'à demander la déchéance du droit qu'avait le bailli de présider les assemblées générales de la communauté.

Telle était la situation, rendue délicate au possible par les procédés vexatoires de Davalet, qui ne pouvait digérer la publication de ses roueries administratives et de la perte de son procès, lorsqu'éclata la Révolution qui devait mettre la paix en tranchant les pouvoirs, en séparant l'administratif du judiciaire et celui-ci de l'exécutif, afin de prévenir les abus et les injustices qui resultent trop souvent de l'omnipotence, de la concentration de tous les pouvoirs dans une seule main.

TROISIÈME PARTIE.

La Révolution.

CHAPITRE VINGT-NEUVIÈME.

Breteuil au moment de la Révolution.

Topographie du territoire. — Tableau et description des mœurs de Breteuil. — État de l'Instruction publique. — Mode d'instruction de l'époque. — La discipline scolaire.

Avant de montrer la Révolution à l'œuvre au sein de notre pays, bouleversant et réformant en quelques séances l'ancien ordre de choses, sous l'inspiration de Mirabeau, dont les visées politiques devaient être, hélas ! dépassées, il nous a paru intéressant de représenter Breteuil tel qu'il était alors, ses divisions territoriales, de dépeindre sa situation, ses mœurs, et de donner une idée de l'instruction reçue à cette époque.

D'après une carte figurant aux archives de l'Oise, sans nom d'auteur, mais fort bien dressée dans le cours du xviiie siècle, le territoire de Breteuil est configuré comme il suit :

Au nord et au nord-est du bourg domine la seigneurie du duc de Béthune, dans laquelle sont enclavés une petite seigneurie dite des Célestins d'Amiens, le domaine du

Clos, la terre de l'église, plusieurs pièces de terre de l'abbaye, les marais de Breteuil et une portion indivise des marais de Paillart.

La seigneurie de Vendeuil, de laquelle dépendait le bout actuellement appelé encore bout de Vendeuil, embrasse toute la partie sud de Breteuil. Le fief de Warmaise, un terrain relativement considérable, limité vers le sud-est par le chemin de Breteuil à Chepoix et par la terre du Gay-du-Nil, cette dernière faisant partie de la seigneurie de Breteuil, étaient compris dans la seigneurie de Vendeuil.

Autrefois, on le sait, les territoires de Tartigny et de Rouvroy-les-Merles étaient englobés dans la seigneurie de Breteuil.

Entre la seigneurie du duc de Béthune, à l'ouest et au nord, et la seigneurie de Vendeuil, figurent quelques petits arrière-fiefs détachés jadis de la seigneurie principale. Ils se nomment le Clos-Patin, la terre du chemin de Troussencourt, le domaine des Treize-Journaux, les vignes de M. l'Abbé, le Friez, le domaine de la Briqueterie. Ces deux derniers arrière-fiefs sont compris entre le chemin du Trou-du-Loup et le chemin de Breteuil à Troussencourt. La terre du Trou-du-Loup est sise entre ledit chemin du Trou-du-Loup et le chemin d'Hardivillers. Près de là, se trouve la seigneurie de l'Hôtel-Dieu, qui s'étend jusqu'à la chapelle du Friez, limitant ainsi les domaines appelés la vallée Saint-Pierre et la vallée Adam.

Descendons maintenant vers Saint-Cyr.

Entre la rue dite de l'Hôtel-Dieu, la rue Haute et la rue Basse Saint-Cyr apparaissent le fief de la Chapellette et la terre de Saint-C... qui comprend le cimetière et l'église de ce nom. La terre dite de Sorons ou Sorcus, plus anciennement, la continue vers Paillart.

Entre la rue Basse Saint-Cyr et la Noye se dessinent le prédit du Côté de Saint-Cyr, une terre de l'Église et le grand moulin d'Orgissel.

La portion de territoire connue, *en dernier lieu*, sous les noms de communes et la prairie de Breteuil, était entre la rue du Hamel, la Noye et le grand chemin de Breteuil à Moreuil. Les marais communs, qui permettaient aux petits ménagers d'avoir une vache, et avec elle le lait, le beurre nécessaires, ne comprenaient plus, en 1786, que 24 arpents environ, non compris 26 journaux de prairies distinctes des dits marais, affermées 1,083 francs au profit de la communauté (1), non compris encore le marais indivis de Paillart et de Breteuil.

En 1787, Philippe Davalet, bailly du duc de Béthune, ayant abattu des arbres plantés le long des chemins des marais, il s'ensuivit un procès intenté par les officiers municipaux qui prétendaient que les arbres appartenaient au corps de ville (2).

On appelait les Renneries, la Fosse-Jacqueline, la Haute-Borne et encore la terre du chemin de Montdidier, le terrain sis entre le dit grand chemin de Breteuil à Moreuil et celui de Breteuil à Chepoix. Au sud, la terre dite de l'Enfer, aujourd'hui Bonnet-Rouge, sur laquelle, nous l'avons dit, étaient plantées en triangle les trois fourches patibulaires, se trouvait séparée du Pré de l'Abbaye par la grande route de Breteuil à Clermont. Elle était contiguë à la terre du Gay du Nil.

Enfin, entre la voirie de Vendeuil et le chemin de Breteuil à Beauvais, s'étendaient les domaines du Long-Pré et du chemin de Caply, divisés en 19 parcelles de terre. Le bourg proprement dit de Breteuil se développait au milieu des domaines susdésignés. Le territoire comprend 1,727 hectares environ, dont 1,443 hectares sont livrés à la culture. Les prés occupent 77 hectares, les jardins 17, les bois 116, les friches 7, les chemins 39, les propriétés bâties plus de 16, les eaux 2 hectares.

---

(1) Archives de la ville.
(2) *Ibid.* Registre des délibérations.

Quant aux héritages et maisons de Breteuil, ils étaient répartis comme il suit entre l'abbaye et le seigneur principal :

De l'abbaye relevaient : 1º vingt-trois héritages ou maisons sis du côté est de la rue du Vieux-Marché;

2º Quatre-vingt-deux autres héritages le long du côté ouest des rues du Loup et et des Croisettes;

3º Cinq, derrière la chapelle Notre-Dame, plus la chapelle elle-même;

4º Quatre, dans la rue des Fontaines, le pâté disparu des maisons du Pilori, six maisons dans la Grande-Rue, l'hôtel du Lion-d'Or, l'église ;

5º Cinq, rue du Four et dix héritages entre la rue Basse-Saint-Cyr et la rue du Hamel, soit au total environ cent trente-neuf maisons ou héritages sur quatre cent quatre-vingt-trois, les trois cent quarante-quatre faisant la différence relevant de la seigneurie du duc de Béthune.

Les rues, au nombre de quinze, s'appelaient : Petite rue des Moines, du Vieux-Marché, du Friez, des Moines, du Loup et des Croisettes, Comtesse, de l'Hôtel-Dieu, Basse-Saint-Cyr, Haute-Saint-Cyr, du Four, Grande-Rue, des Tripes, des Fontaines, du Cornet-d'Or, du Hamel et des Tanneries.

Autour de l'abbaye, dans l'enceinte même du château-fort, se trouvaient jadis beaucoup de petits héritages ou masures qui ont été, avec le temps, acquis par l'abbaye et englobés dans son domaine.

En se reportant à la donation du comte Gilduin, il est facile de se rendre compte de l'extension, du développement du monastère à travers les siècles.

Quelle importance aurait-il donc acquise, s'il n'avait pas été ruiné et dévasté si souvent !

Topographie de la ville avant 89.

Après la topographie du territoire, il est juste de donner une idée de la ville elle-même, de ses mœurs et usages à l'époque précitée. Notre tâche sera d'autant plus facile que Pierre Mouret, qui a écrit *de visu*, nous en a laissé un tableau vraiment exquis dans son genre.

« Sauf, dit-il, une trentaine, toutes les maisons étaient très-mal bâties, très-petites, très-basses, sans nulles grâces, la plupart couvertes en chaume, à l'exception de celles de la Grande-Rue et de la rue de Fontaine, qui l'étaient en tuiles depuis 1783.

« Encore, j'ai vu étant jeune, et même en 1785, des murs et palissades dans la Grande-Rue, qu'elle-même était inhabitable et dont les ornières étaient si profondes, que les habitants étaient à tous moments occupés à pousser à roue, et à aider les maîtres à se débarrasser.... »

Qu'on juge de l'état des autres rues de Breteuil !

« Les cultivateurs faisoient aussi leur fumier dans la Grande-Rue, en y mettant force paille par carré, et les enfants alloient y jouer dessus et en formoient du fumier. C'étoit l'usage, on n'y pensoit pas... »

« On ne connaissoit à Breteuil, en 1785, ni salle de danse, ni billard, ni café. Les femmes aisées déjeunoient avec du pain et du beurre ou du fromage, ou encore des fruits; et elles se portoient bien.

« Les habitants brûloient du chaume au lieu de bois.

« J'allois moi-même, étant jeune, me chauffer dans bien des maisons de la Grande-Rue, où on ne brûloit que du chaume. »

« On ne connaissoit que des lits en paille; on ne buvoit que de l'eau. Il y avoit seulement une bien faible portion de maisons qui buvoient du vin et du cidre. Il n'y avoit que les principaux habitants qui brûloient du bois et couchoient sur un matelas : il falloit être riche pour en avoir deux. Le soir, quand il ne faisoit pas clair de lune, il étoit absolument nuit dans Breteuil, même dans la Grande-Rue. On ne voyoit aucune boutique éclairée, aucune lumière ne paroissoit : il y avoit des contrevents aux croisées des boutiques, ou pour mieux dire, il n'y avoit pas de croisées.

Les habitants n'étoient vêtus et habillés qu'en grosse étoffe nommée tourdois.

« Habit, veste et culotte de tourdois, étoit, pour un jour de fête, la parure glorieuse de la plupart des habitants aisés. C'étoit rare de voir quelques bourgeois avoir des habits en draps et des souliers fins. »

A l'époque dont nous parlons, la grande église de l'abbaye « étoit déjà comme un vaisseau abandonné; il n'y avoit point de bancs pour s'asseoir, si ce n'est un peu de formes dans le chœur, dont quelques hommes seulement, avec les chantres et les religieux, alloient s'y placer. Du reste, cette église étoit remplie d'arbres de tous côtés, et le peuple, ou pour mieux dire, les jeunes gens s'y mettoient.... Il n'y avoit que la jeunesse qui y alloit aux vêpres, dans les derniers temps, encore c'étoit pour s'y jouer...; cela est si bien vrai, que les pères et mères crioient après leurs filles quand ils savoient qu'elles avoient été aux vêpres de l'abbaye... »

« Quelle différence, s'écrie P. Mouret, de Breteuil en 1785 et de Breteuil en 1821 !

« Breteuil contient aujourd'hui près de six cents maisons, toutes la plupart sont bien bâties et restaurées, de belles portes, de belles grandes croisées, etc... Si, en plein jour, une fée rendoit Breteuil d'un seul coup de baguette, tel qu'il étoit en l'année 1785, tout le monde seroit saisi et ne le reconnoîtroit plus... Il faudroit de gros souliers pour pouvoir traverser toute la Grande-Rue et les places publiques; il faudroit aussi regarder longtemps à la porte d'une maison pour y voir les gens qui étoient au fond, tant y faisoit noir. Il faudroit s'empresser de rentrer, deux fois par jour, tous les enfants dans les maisons, matin et soir, tout le long de la Grande-Rue et sur la place du Marché au bled, pour qu'ils ne fussent point écrasés du troupeau de vaches maigres et des poulains, chevaux, etc., qui alloient au marais. »

P. Mouret parle ensuite des rues pavées en grès ou entrenues de cailloux...

« Le soir, il fait clair dans Breteuil, surtout l'hyver. De très belles boutiques éclairées y sont multipliées dans la Grande-Rue et dans celle de la Grande-Fontaine.... Joint à tout cela quatre ou cinq réverbères, placés à diverses places, viennent ajouter aux lumières des boutiques..... Suit une énumération enthousiaste de boutiques « de marchands d'étoffes, de déshabillés de femmes, de toutes couleurs..., *six cafés, quatre à cinq billards....* Il y a, dit-il, un marchand libraire que Breteuil n'avoit jamais connu...., une grande quantité de cordonniers : nous ne connaissons point d'aussi petite ville où il y en eût autant, etc.... Tout le monde boit du cidre, une quantité de bourgeois tiennent du vin chez eux. »

Ce qui paraît l'étonner le plus, « c'est que toutes les femmes, même pauvres, prennent leur café »; et encore, « que tout le monde couche sur des matelas et lits de plumes...., excepté les pauvres qui demandent l'aumône, *qui sont censés ne pas en avoir.* »

« Tous, ajoute-t-il, sont vêtus en étoffes de toutes couleurs, chapeaux fins, souliers fins;.... les femmes ayant la plupart des déshabillés si tellement élégants qu'on ne peut à peine reconnoître les riches d'avec les pauvres... Dans l'été, aux promenades, les habitants *représentent absolument les habitants d'une ville.* »

P. Mouret, qui avait connu Breteuil avant sa transfiguration, peut à peine, on le voit, en croire ses yeux, tant elle lui paraît extraordinaire. Que dirait-il donc s'il lui était donné de comparer, ne fût-ce que quelques instants, le Breteuil actuel avec le Breteuil de 1785, la tenue des rues de ce temps avec celle d'aujourd'hui; les anciennes devantures des boutiques avec les devantures actuelles, la chandelle ou le pauvre quinquet fumeux avec le nouvel éclairage, les cinq ou six réverbères de 1821 avec la lumière éblouissante du gaz? Quelle ne serait pas son admiration devant le coup d'œil que nos promenades publiques offrent le dimanche? Son étonnement, en voyant ses compatriotes transportés à Paris par la vapeur, en moins de trois heures, ou encore échanger instantanément leurs pensées, commercer avec leurs amis, à cent lieues de distance, à l'aide d'un simple fil de fer? Pour sûr, il croirait rêver; il serait dans le cas de s'écrier : Cette fois, j'ai assez vécu, je m'en retourne à Saint-Cyr, content d'avoir vu ces merveilles.

Les écoles.

En dehors de l'école de l'abbaye, dont nous avons parlé, comportant un cours d'études qui se terminait à Amiens ou à Paris, dans une école de l'Etat, il existait dans le bourg une autre école tenue par un clerc tout d'abord, et ensuite par un instituteur laïque qui ne pouvait être nommé ni installé sans l'autorisation de l'abbé du monastère pourvu, seul, nous l'avons vu, du droit « d'Escollaterie. »

Il suffit, pour s'en convaincre, de se rappeler le procès intenté et soutenu, en 1495, contre Jean Carpentier, qui avait ouvert une école sans l'autorisation de l'abbé Thomas Avisse. « C'est lui, dit R. Wuyart, qui pourvoyait à l'instruction des enfants et qui leur donnait un maître. »

Les abbés de notre monastère conservèrent-ils cette omnipotence jusqu'à la Révolution ?

Nous avons beaucoup lieu d'en douter, à voir, dans les archives de la ville les plus anciennes, le mode de nomination du maître ou de la maîtresse d'école. En 1763, le maître d'école, présenté ou patronné sans doute par l'abbé, est accepté et nommé par les représentants du corps de la communauté, qui vote son traitement et établit le règlement qu'il devra suivre pour l'enseignement de l'enfance. Les règlements portent que le magister devra faire au moins deux heures d'école le matin et deux heures le soir, pendant huit mois de l'année. L'injonction formelle de se faire remplacer pendant les mariages et les enterrements y est exprimée; un peu plus tard même, comme l'injonction n'avait pas toujours été observée, on l'obligé à se pourvoir d'un second, en augmentant son modique traitement. Le programme de l'instruction qu'il était obligé de donner lui est clairement tracé. Inutile de dire qu'il était toujours et en tout conforme à la religion des parents, c'est-à-dire qu'il était chrétien : le magister était considéré uniquement comme le délégué des familles, qui le rétribuaient, et non de l'État, qui n'intervenait que pour protéger l'ordre moral et religieux proclamé la base de toute éducation. Le maître d'école, en 1765, s'appelait Jean Barbier, et la maîtresse d'école Marianne Wattelier.

Le traitement, qui fut successivement augmenté et porté à 300 livres, ne s'élevait d'abord qu'à 150 et 200 livres, auxquelles venaient s'ajouter 60 livres de la fabrique, les profits relativement considérables de l'eau bénite portée chaque dimanche dans les maisons, de l'arpentage, du casuel de l'église, etc...

A ces rémunérations vinrent encore se joindre les rétributions mensuelles de 4, 6, 8 et 10 sols.

Quel est l'homme un peu âgé qui n'a entendu parler, en riant, dans son enfance, de l'école à quatre sous ?

Comme aussi, il avait beaucoup de temps libre, le magister pouvait travailler par lui-même et arriver ainsi à se créer une position si enviée même alors, que ses prétendants étaient souvent fort nombreux, tant il est vrai que tout est relatif ici-bas.

Et puis, que voulez-vous ? la communauté, avec les années mauvaises, avec la stagnation fréquente des affaires, avec son modique budget discuté alors sol à sol *par tous les intéressés*, ne pouvait songer à se permettre un bien grand luxe scolaire, les lourds sacrifices du jour.

On se montra plus généreux le 17 juin 1793 : le traitement fixe fut porté à 600 livres prélevées, sur les maisons réparties en quatre classes. Les maisons de la première classe furent taxées à 3 livres; celles de la deuxième à 2 livres; celles de la troisième à 20 sols, et celles de la quatrième à 10 sols.

« Une partie seulement des enfants, continue P. Mouret, alloient à l'école et apprenoient à lire, à écrire et à faire quelques règles... » A dix ou onze ans, l'enfant commençait à gagner sa vie, et il le fallait bien, lorsqu'il avait la bonne fortune d'avoir jusqu'à quinze et dix-huit frères et sœurs. Il ne se manquait pas alors de « Louis XIV et de Louis XV. »

Nous avons vu néanmoins si, avec leur petit bagage scientifique, nos ancêtres ne se sont pas montrés, à l'occasion, des hommes intelligents, capables de soutenir une lutte.

La discipline scolaire, dans ce temps-là, était dure à ne pas y croire : des verges, parfois longues de deux mètres, destinées à imposer silence à tout un banc d'un seul coup, des bûches à arêtes vives sur lesquelles il fallait poser ses genoux, des briques à tenir, les bras horizontalement tendus, sans broncher et sans pleurer trop fort..., tels étaient les principaux instruments de discipline de celui que l'on appelait parfois *notre bon maître*. Quant aux soufflets, il en était tant distribué dans le cours d'une journée, qu'il devenait bien difficile de les compter. Si vous croyiez qu'on s'en formalisait beaucoup, vous risqueriez fort de vous tromper. Il n'était pas rare d'entendre dire aux parents : « Nous n'en avons que six ou sept, et nous n'en venons pas à bout; que voulez-vous qu'il fasse nou maîtres'il étu troup bouin » (1).

Ce fut ce mode d'éducation, pratiqué jusque dans les grandes familles, voire au sein de la famille royale, qui communiqua à l'âme de nos ancêtres ce cachet de mâle énergie quelque peu entachée malheureusement d'une certaine rudesse. L'école ne fut pas fermée pendant la Révolution, comme le furent plusieurs écoles des environs, celle même d'Esquennoy et de Paillart. La municipalité allouait après 93, 125 à 180 livres à l'instituteur et obligeait les fa-

---

(1) Tradition en style picard.

milles non indigentes à donner 30 sols en numéraire pour les enfants de dix à douze ans, 25 pour ceux de huit à dix ans, et 20 pour les enfants de six à huit ans et demi (1). Nous avons tout lieu de croire qu'à cette époque, appelée pourtant de lumière, l'instruction publique baissa sensiblement.

---

(1) Archives m. Reg. n° 5, 8.

CHAPITRE TRENTIÈME.

La Révolution à Breteuil.

Élection des délégués de Breteuil. — Le cahier des charges. — La remise de ce cahier à Montdidier. — Élection des délégués définitifs chargés d'élire les députés. — La réunion de Péronne. — Discours. — Le compendium des cahiers. — Élection des députés.

Après avoir étudié les anciennes institutions du pays, dévoilé leur raison d'être, leurs transformations successives à travers les siècles, l'influence de l'abbaye, et du culte de saint Constantien, celle des seigneurs sur le pays dit de Breteuil, tant au point de vue temporel qu'au point de vue social et religieux; après avoir raconté les événements, les scènes plus souvent malheureuses qu'heureuses dont Breteuil et les villages environnants furent le théâtre, il nous reste à montrer la dernière transformation politique et sociale opérée par la Révolution au profit du Tiers-État, et aussi, hélas! la centralisation administrative qui fait tout graviter aujourd'hui (au nom de la liberté, on ose le dire!) non autour d'un seigneur tenu plus ou moins en respect par la puissance royale, mais autour de quelques ministres aux ordres du parti arrivé au pouvoir, qui n'ont qu'à dire un mot pour faire évoluer aujourd'hui dans un sens, demain dans un autre, la formidable armée de quinze cent mille fonctionnaires salariés, avec mission d'agir le plus possible sur l'opinion publique, au moment surtout des élections générales desquelles seules dépend une orientation nouvelle de la politique ou même une révolution complète.

Nous le déclarons : pour enchaîner notre récit, nous serons parfois obligé de tomber dans des généralités que le lecteur nous pardonnera, nous aimons à le penser.

Louis XVI, à son avènement, trouva la France dans une situation financière bien critique : les prodigalités de Louis XV, les guerres et les dépenses fastueuses de Louis XIV avaient causé un déficit énorme, que la guerre récente d'Amérique était venue accroître.

La mauvaise récolte de 1787, la grêle de 1788, qui ravagea presque toutes les provinces, avaient, d'un autre côté, rendu fort difficile, impossible même souvent, la perception des impositions. Le terrible hiver de 89, un agiotage effréné sur les céréales, qui plongea le pays dans la plus affreuse détresse; les rumeurs, les discours incendiaires qui circulaient partout avaient fait le reste, achevant d'exaspérer les esprits, de les porter aux extrêmes (1).

Dans une situation si délicate, le roi, qui souffrait de la misère de son peuple, résolut de convoquer les Etats-Généraux, c'est-à-dire les trois ordres de la nation : le Clergé, la Noblesse et le Tiers-Etat, à l'effet d'arriver à y remédier.

Il adressa en conséquence, aux représentants de chaque paroisse, des lettres de convocation qui furent lues en chaire. « Le roi, y est-il dit, a voulu que ses sujets fussent tous appelés à concourir à l'élection des députés.... Que des extrémités de son royaume et des habitations les moins connues, chacun fût assuré de faire parvenir jusqu'à Sa Majesté ses vœux et ses réclamations... Elle a reconnu qu'au moyen des assemblées graduelles ordonnées dans toute la France pour la représentation du Tiers-Etat, elle aurait une sorte de communication avec tous les habitants de son royaume.... » Pouvait-on procéder plus loyalement ?

Le mode d'élection était le suffrage à deux ou trois degrés, pratiqué comme nous l'avons vu pour l'élection de la municipalité en 1788.

---

(1) Voir les trois catastrophes en 1788-1789, par M. Séré-Depoin (*Mémoires de la Société historique du Vexin*).

ᵉ Le député des officiers du grenier à sel fut Cir Paillart-Le Blond; des notaires et huissiers, Nicolas Pourcelle; des avocats, médecins et bourgeois, Constantin Fricourt; des horlogers, taillandiers, serruriers et maréchaux, Nicolas Béranger; des selliers, bourreliers, mégissiers et tanneurs, Claude Le Fèvre; des coquetiers et cabaretiers, P.-François Desboves; des briquetiers, chaufourniers, couvreurs et maçons, Jean-François Dumontier; des marchands et chirurgiens, Pierre Paillart; des boulangers et meuniers, J.-B. Maumené; des bouchers, Adrien Darras; des tailleurs d'habits et cordiers, Bernard Béranger; des cordonniers, Adrien Boitel; des laboureurs, Thomas-Thomas; des journaliers, Parmentier.

L'élection de Montdidier, en 89, comprenait 223 paroisses, 24,000 feux et une population de 90,000 âmes.

Le 6 mars 1789 furent élus les députés des corporations susnommés, pour concourir à l'élection de quatre députés aux Etats-Généraux. Le Clergé et la Noblesse n'en devaient nommer que chacun deux, pour que le nombre des délégués de ces deux ordres ne surpassât pas celui du Tiers-Etat. Et voilà la raison essentiellement royale pour laquelle le Tiers a vaincu le Clergé et la Noblesse, en attendant la raison du suffrage universel, avec les candidatures officielles.

Le 21 mars 1789, l'assemblée du Tiers-Etat et celle du corps municipal de Breteuil, réunies sous la présidence du maire à l'effet de dresser le cahier des doléances, eurent lieu en l'église de l'abbaye, à une heure de relevée. Cette assemblée se composait des officiers municipaux et des députés des corporations, assistés d'un grand nombre de membres desdites corporations. Dans leur cahier de doléances, assez nombreuses, ils demandent :

1º La suppression de la régie, des cuirs, aides, gabelles et *tout autre impôt* (de cette nature sans doute);

2º Que dans le Clergé, la Noblesse, il n'y ait personne exempt, pas même les maîtres de poste, de payer la taille, l'imposition, la capitation et les vingtièmes, à raison des biens-fonds d'un chacun.

Les députés demandèrent ensuite l'annulation du traité de commerce avec l'Angleterre, ruineux pour les filatures françaises; la liberté de la chasse, pendant les trois derniers mois de l'année, pour tuer les lièvres et les lapins; la suppression des droits de lots seigneuriaux, des droits de marchés, au profit des corps municipaux, de la police du bailli, qui devait être remplacée par celle des maires; l'administration des hôpitaux par les corps municipaux, l'abolition de toutes les justices seigneuriales, la défense aux seigneurs et à leurs officiers de se mêler des affaires des communautés, la reddition aux communautés des biens enlevés par les seigneurs, la liberté des fours et moulins, le remplacement du champart par la censive, ou du moins l'enlèvement du champart par le seigneur, la gratuité des baptêmes, mariages et enterrements, moyennant une subvention assurée aux curés par les gros décimateurs, l'attribution auxdits gros décimateurs des frais de constructions, réparations des presbytères, des gages des chantres; la non perception de la dîme dans les verdures ni dans les prairies, en réserve, des communautés, ni dans *les carottières*; l'établissement, partout où il y a des églises et aux frais des gros décimateurs, de prêtres desservants pour que *personne ne meure sans sacrements* et que tout le monde puisse assister facilement à la messe; l'abolition du tirage de la milice, la suppression de la corvée remplacée par un droit sur les voitures, l'exemption de la taille partout où il y a des corps municipaux établis, la subdivision des grosses fermes, le repos des terres tous les trois ans, la composition des cours souveraines par un quart du Clergé, un quart de la Noblesse et par la moitié du Tiers, la prise des voix par tête dans les Etats-Généraux, la suppression des intendances ou généralités, l'uniformité des poids et mesures, la disparition des huissiers-priseurs et vendeurs de meubles, la non admission d'officiers de justice en dehors de leur immatriculation, la liberté aux huissiers de faire contrôler les actes partout, la suppression du droit d'affouage des aides.

Le cahier des doléances, signé par les officiers du corps de ville et par les députés des corporations, moins deux, fut remis aux députés des habitants (1).

Tous les mandataires des paroisses, au nombre de trois cent quarante-huit, se réunirent le lundi 23 mars, à Montdidier, dans la salle des Pas-Perdus.

A l'appel du nom de chaque paroisse, fait par un huissier, les délégués de la paroisse nommée entraient dans la salle d'audience, où ils prenaient place, après avoir remis leur cahier de doléances. Comme la lecture de tous les cahiers aurait entraîné beaucoup trop loin, l'examen en fut confié à une commission composée de quinze membres chargés de les résumer pour les refondre en un seul cahier qui devait être joint au cahier des doléances de la ville.

Nonobstant toutes les réclamations des habitants de Montdidier, qui avaient vu leur prévôté supprimée en 1749, l'élection des députés aux Etats-Généraux eut lieu à Péronne, où devaient aller, non tous les délégués, mais seulement un certain nombre choisis par eux.

A cet effet, les commissions du bailliage, réparties en vingt-neuf sections, nommèrent chacune trois délégués.

Toutefois, avant de se séparer, M. Dauchy, de Saint-Just-en-Chaussée, donna un résumé de toutes les doléances, dont M. Boullenger, lieutenant particulier du bailliage, se fit le défenseur dans un magnifique discours.

L'assemblée de tous les représentants du Clergé, de la Noblesse et du Tiers-Etats, se trouva réunie à Péronne, dans l'église de Saint-Furcy, le 30 mars. Devant le sanctuaire, caché par un grand rideau, était placé le fauteuil du président occupé par M. Levaillant de Brusles, lieutenant-gé-

---

(1) Archives m. reg. n° 1.

néral au bailliage de Péronne, appelé à cet honneur en l'absence de M. le marquis de Feuquière, grand bailli d'épée des trois villes. Les membres du Clergé étaient à sa droite, ceux de la Noblesse à sa gauche. Le Tiers, qui remplissait le fond de l'église, était en face du président (1).

Après plusieurs discours, la vérification des pouvoirs des délégués du Clergé et de la Noblesse eut lieu le premier jour, et le second jour, celle des pouvoirs du Tiers.

L'abbé Maury, prieur de Lihons-en-Santerre, qui devait jouer un si grand rôle pendant la Révolution, prononça un discours assez hardi et fut peu goûté. M. Alexandre Lameth, qui prit la parole après lui, plut davantage. Après quelques mots seulement de M. Dehaussy de Rébécourt, tous les délégués se retirèrent pour délibérer. Le Clergé resta à Saint-Fursy; la Noblesse se réunit dans la salle du bailliage, et le Tiers-Etat dans l'église des Minimes. Le Clergé était présidé par D. Persion, abbé de Vaucelles; la Noblesse par le duc de Mailly, et le Tiers par M. Levaillant de Bruslé qui avait capté sa faveur.

Chose remarquable et qui prouve la disposition des esprits : la Noblesse et le Tiers tombèrent d'accord pour travailler ensemble à la rédaction de leur cahier, mais, toutefois, sans se confondre, lorsqu'une délibération devait être prise.

Leur cahier commun, contenant quarante-sept articles, fut signé alternativement par un membre de la Noblesse et par un membre du Tiers. La rédaction du cahier du Clergé, confiée à l'abbé Maury, était, paraît-il, remarquable. Les députés du Clergé, de la Noblesse et du Tiers, après s'être entendus sur les matières dignes de fixer l'attention des membres des Etats-Généraux, procédèrent, en définitive, à la nomination des membres chargés de représenter les trois bailliages.

---

(1) M. Desjardins, *les Etats-Généraux* (Extraits).

Furent nommés pour le Clergé :

De la Place, curé de Landevoisin; l'abbé Maury, prieur de Lihons, l'adversaire de Mirabeau.

Et pour adjoint : Angot, curé de Montigny.

Pour la Noblesse :

Le chevalier Alexandre de Lameth, le duc de Mailly.

Et pour adjoints : le marquis de Castéja et le comte de Folleville.

Pour le Tiers-Etat :

Poncepré de Butre, de Péronne; Charles Bussy, de Rouvrel; Prévost, avocat du roi au bailliage de Roye; Bouteville, de Metz, avocat à Péronne.

Et pour adjoints : Tattegrain, avocat à Péronne; Mareux, cultivateur à Tricot; Liénart, avocat à Montdidier, et Masson, avocat à Roye.

Le 8 avril, il y eut une assemblée générale des trois Ordres dans la salle du bailliage. Le président de la Noblesse, celui du Tiers et l'abbé Maury firent chacun un discours qui fut suivi de la remise aux députés des cahiers des remontrances. On se sépara ensuite (1).

Tels furent les préambules de cette révolution à jamais mémorable, dont nous allons signaler les faits et gestes à Breteuil.

---

(1) M. Desjardins, *ibi l.*

CHAPITRE TRENTE ET UNIÈME.

Nouvelles transformations civiles du pays.

La famine. — Troubles. — Organisation d'une milice bourgeoise. — Une nouvelle municipalité. — L'administration cantonale. — La milice nationale. — Breteuil chef-lieu de district. — Installation d'un tribunal, d'un bureau de paix, d'un juge de paix.

L'année 1789 et les premiers mois de la suivante furent difficiles à passer, à cause de la misère produite par la cherté excessive des céréales : des incendies éclataient de tous les côtés. Pour s'en préserver, les habitants, qui tremblaient au seul souvenir de l'embrasement de 1783, résolurent, de concert avec les membres du corps de ville, d'organiser une garde dite bourgeoise divisée en trois corps, chacun sous le commandement d'un député des corporations. Le premier corps, composé de quatorze *bourgeois*, fut placé à l'extrémité de la route de Beauvais; le second, formé de dix bourgeois seulement, à l'extrémité de la route de Paris, et le troisième, de douze bourgeois, à l'extrémité de la route d'Amiens. Des sentinelles furent établies partout pour donner l'alarme pendant que des patrouilles ne cessaient de circuler dans les rues. Sans doute, on attendait beaucoup des réformes projetées; on jubilait à la seule pensée de jouir de libertés locales plus grandes, de voir la gabelle, les champarts, les dîmes abolies, les impôts équitablement répartis, diminués, les privilèges abolis au nom de l'égalité civile; mais tout cela n'était pas de nature à pourvoir aux besoins du moment, qui étaient immenses. On le dit avec raison : ventre affamé n'a pas d'oreilles.

Des troubles, qui ne devaient finir qu'en février 1790, éclatèrent le 23 juillet 1789 : les sacs de blé apportés sur le marché furent pillés et enlevés, au grand préjudice du marché, car il cessa d'être approvisionné.

C'est alors que l'Assemblée nationale décréta que toutes les municipalités du royaume... devaient veiller au maintien de la tranquillité publique, et que les milices nationales..., maréchaussées, seraient assistées des troupes, à l'effet de poursuivre les perturbateurs du repos public,... « des ennemis de la nation qui, ayant perdu l'espoir d'empêcher par les violences du despotisme la rénovation sociale et l'établissement de la liberté, paraissent avoir conçu le même projet criminel de ramener au même but par la voie du désordre et de l'anarchie » (1).

Il fallut, pour rétablir l'ordre et protéger le marché, envoyer un détachement du premier régiment du prince de Conty.

Le 18 octobre, soixante-cinq personnes manquant de pain et de travail adressèrent au maire une lettre dans laquelle, après lui avoir représenté leur triste situation, elles lui disaient qu'elles étaient, elles aussi, résolues à se rendre voleurs, à mourir de la corde ou de faim. Les gardes de nuit se mirent à fonctionner plus que jamais. Quant aux impôts, il ne fallait pas en parler, car peu d'habitants pouvaient les payer.

Afin de suppléer au manque de certaines denrées, on se mit à en fabriquer : on falsifia le sel, le tabac, le vin, à l'aide de substances nuisibles à la santé.

Cependant, les États-Généraux, réunis à Versailles le 5 mai 1789, s'étaient constitués en Assemblée nationale constituante (9 juillet); la Bastille avait été prise, les privilèges, les dîmes, les droits féodaux supprimés dans la nuit du 4 août, par la Noblesse et le Clergé lui-même; les droits d'aînesse abolis, la liberté des cultes, l'égalité civile proclamées; la France divisée en départements, les départe-

---

(1) Archives de la ville, registre n° 1er, folio 133.

ments en districts, les districts en cantons, les cantons en communes ou municipalités indépendantes des seigneurs (15 janvier 1790).

Le roi avait approuvé toutes ces réformes avec la plus grande partie des membres du Clergé et bon nombre de ceux de la Noblesse, qui avaient compris que la raison d'être des anciennes institutions n'existait plus. Il fallait s'arrêter là, car la Révolution était faite; le territoire français était libre dans toute son étendue. Ce n'était pas assez, hélas! pour des impies forcenés qui considéraient la religion, la plus amie de l'homme et de la morale la plus pure, comme un obstacle à l'établissement du règne de la fraternité, conçu en dehors de Dieu lui-même. Est-ce que cette triste époque ne revient pas?

En conséquence de la nouvelle loi sur les municipalités, tous les citoyens actifs, c'est-à-dire ceux qui payaient au moins 20 sols d'imposition, se réunirent, le 5 février 1790, pour constituer la municipalité de Breteuil. Louis-Joseph Hucher fut nommé président par 161 voix, et Rappelet, greffier.

Après l'élection de trois scrutateurs, il fut procédé au scrutin : 1° à la nomination du maire. L'élu fut Casimir Dupuis.

2° A la nomination des officiers municipaux. Furent élus : N. Mouret, Vincent Bassy, Laurent Bérenger, Joseph Bérenger et Ferry-Bauchy.

3° A la nomination de douze notables, qui furent : Dominique Mouret, P.-François Desboves, Pierre Mahieu, Thomas Thomas, Louis Laigniel, chirurgien; Pierre Paillart, Jean Mouret, Joseph Baticle, Nicolas Bérenger, Cosme-J.-B. Benoît et Pierre Caussin.

Les élections terminées, tous prêtèrent serment d'être fidèles à la Loi, au Roi, et de bien remplir leurs fonctions.

A l'organisation municipale succéda l'organisation, ou mieux l'établissement d'une administration cantonale, composée d'un président, d'un secrétaire, de trois scrutatours et de huit députés. Les dix communes suivantes formèrent le canton de Breteuil : Breteuil, Tartigny, Rouvroy-les-Merles, Paillart, Vendeuil et Caply, Beauvoir, Troussencourt, Esquennoy, Villers-Vicomte et Fléchy.

Ce canton fut appelé le premier du district.

L'élection des députés cantonaux eut lieu le 25 mars 1790, à Breteuil, dans l'église de Saint-Jean. Furent élus : Ch.-Nicolas Rappelet, président, par 375 voix; Adrien Rousselin, secrétaire, par 417 voix; Rousselin père, d'Hardivillers, maire de Vendeuil, et Anquet, greffier de Paillart, scrutateurs.

Casimir Dupuy, Andrien Rousselin, Nicolas Rappelet, François Despréaux, d'Esquennoy; Antoine d'Hardivillers, de Vendeuil; Maxime Guilluy, de Paillart; Charles Lefranc, de Villers, et Fuscien Grault, de Fléchy, furent nommés députés du canton.

Peu après, le gouvernement mit le comble aux désirs des habitants, en faisant de Breteuil le chef-lieu d'un district, nom donné à la subdivision du département, établie par l'Assemblée constituante, et qui correspondait à l'arrondissement de nos jours. Chaque district était le siège d'un tribunal civil, et d'une administration particulière soumise à l'administration générale du département, chargée des mêmes fonctions dans l'étendue de son ressort et organisée de la même manière.

On comprend dès lors l'importance qu'une telle création donnait à Breteuil.

Les habitants en avaient sollicité la faveur le 11 novembre 1789, en donnant pour raisons : 1° l'éloignement où ils se trouvaient d'Amiens, de Montdidier et de Beauvais; 2° la situation de Breteuil à cheval sur deux grandes routes; 3° l'établissement d'un bureau de poste, d'une brigade de la maréchaussée; et 4° l'importance d'un marché hebdomadaire et de ses belles foires.

Devant de telles raisons, la Constituante avait fini par s'incliner.

Peut-être les habitants avaient-ils aussi mérité cette faveur par le zèle qu'ils avaient mis, le 24 juin 1790, à organiser leur milice nationale destinée, aux termes de la délibération y relative, à maintenir la constitution du royaume. La milice était subordonnée à la municipalité qui se voyait ainsi investie d'une grande puissance et composée de 232 hommes formant une compagnie de grenadiers et une compagnie de chasseurs :

Colonel : Louis Gallopin ;
Lieutenant-colonel : C. Paillart ;
Major : Dominique Mouret ;
Capitaine des grenadiers : Ch. Pétigny ;
Capitaine des chasseurs : Denis Anty ;
Lieutenant des grenadiers : P. Nortier ;
Lieutenant des chasseurs : Casimir Rousselin ;
Sous-lieutenant : Ch. Nicolas Pourcelle (1).

Dans l'arrêté qui avait prescrit l'organisation de cette milice il était dit : « Les curés des campagnes et des villes feront lecture du présent arrêté à leurs paroissiens réunis dans l'église et ils emploieront, avec tout le zèle dont ils ont constamment donné des preuves, l'influence de leur ministère pour rétablir la paix et la tranquillité publique, et pour ramener tous les citoyens à l'ordre et à l'obéissance qu'ils doivent aux autorités légitimes. Sa Majesté sera *suppliée* de donner les ordres nécessaires pour la pleine et entière exécution de ce décret » (2).

On sait avec quelle ardeur la plupart des curés qui en furent et en sont encore si mal récompensés embrassèrent les idées nouvelles (3). Ils sont même, de nos jours, signalés comme des ennemis !

---

(1) Archives cité de la ville.

(2) *Ibid.* f. 133, reg. n° 1.

(3) *Cahier des curés*, par Ch.-L. Chassin, Paris, Charavaye frères, 1882.

Les deux compagnies se réunirent le 3 juillet 1790, à l'effet d'élire treize députés pris parmi lesdites compagnies qui durent se rendre le lendemain au directoire du district pour nommer, sur la totalité des milices citoyennes du district, un député sur 200 hommes, avec mission d'aller à Paris représenter la ville, le 12 suivant, à la fête de la Fédération qui fut, on le sait, splendide et religieuse.

Ils furent encore obligés, quelque temps après, de se rendre à l'appel du district, pour cette raison que le tribunal du district de Breteuil n'était pas encore installé.

Il ne le fut que le 2 décembre 1790, dans l'église de l'abbaye.

L'assemblée fut solennelle : des sièges en nombre suffisant avaient été adossés à l'autel pour les membres du conseil général de la ville ; d'autres, pour les juges non couverts, avaient été placés contre la grille du chœur. Ces juges, nommés par lettres-patentes du roi, étaient : Antoine Dupresle, P.-Louis-Florent Aubert de Griviller, Jacques-Nicolas Marchant, Jean Detargny et Jacques-Augustin Douzelle. Ils furent installés après avoir prêté serment. Le tribunal fut complété, le 23 janvier 1791, par la nomination de quatre notables chargés d'assister à l'instruction des procès criminels. Constantin Fricourt père, bourgeois, J.-B. Delaforge, Jean Mouret, mégissier, et Constantin Fricourt fils, furent à l'effet spécifié nommés adjoints pour assister alternativement, avec Pierre Bussy et Joseph Baticle, à l'instruction desdits procès criminels (1).

Comme les bâtiments et les biens de l'abbaye avaient été déclarés incorporés au domaine de la nation et les pauvres religieux obligés de tout quitter contre une pension de 500 livres chacun, qui ne leur fut pas longtemps servie, les officiers municipaux et les notables avaient eu la riche idée de demander à louer, aux députés composant

---

(1) Archives municipales.

le bureau d'aliénation des domaines nationaux, la maison abbatiale, les bâtiments avec le terrain qui en dépendait, pour y établir les membres du district, en se chargeant d'y faire les réparations et les divisions nécessaires.

Leur demande ne fut pas écoutée, car peu après, le 10 mars 1791, l'enclos de l'abbaye fut affermé 435 livres à F. Desvaux. Les arbres lui en furent même vendus le même jour.

Une autre organisation bien flatteuse pour la ville fut celle d'un bureau de paix, composé de six membres choisis dont deux au moins devant être des hommes de loi. Tassart fils aîné, avocat au Parlement, Louis-Joseph Hucher, notaire royal, ancien conseiller au grenier à sel, Laurent Béranger, N. Mouret, V. Bussy, et J.-B. Béranger, furent nommés juges dudit bureau.

Cyr Paillart, élu juge de paix du canton, le 14 novembre 1790, par tous les citoyens actifs de toutes les municipalités du canton, fut installé en cette qualité le 18 janvier 1791, avec A. Guillemain, P. Mouret, P. Caussin et J.-B. Delaforge pour adjoints (1).

Toutes ces opérations électorales, nominations de dignitaires ou installations ne paraissent avoir souffert aucune difficulté. On était bien trop flatté d'être l'égal, l'émule de Montdidier, le chef-lieu d'un district, une ville enfin pourvue d'administrations civile et judiciaire et même militaire importantes, appelées à en faire la vie; d'être surtout débarrassé de la sujétion de Davalet, qui se tenait jusque là à l'écart de tout, trop délaissé pour applaudir à de pareilles transformations. Les fêtes succédaient aux fêtes, les *Te Deum* aux *Te Deum*; les rues étaient sans cesse pavoisées.

---

(1) Archives municipales, registre 1er.

CHAPITRE TRENTE-DEUXIÈME.

L'Assemblée législative.

Les premières mesures révolutionnaires à Breteuil. — Nouvelles divisions territoriales. — Echange des cloches de l'abb... — Les serments. — L'arbre de liberté. — Le drapeau. — Les volontaires ... district de Breteuil en 1792. — La question du partage des biens com...

Le décret de la Constitution civile du clergé, qui soumettait à l'élection les nominations des évêques et des curés et rendaient ceux-là presque indépendants du Souverain-Pontife, ne paraît pas avoir impressionné beaucoup la population; le curé lui-même, Jean-Chrysostôme Dupuy, et le vicaire J.-B. Devillers, ne firent aucune difficulté pour prêter le serment exigé d'eux le 16 janvier 1791.

Le roi, il est vrai, avait approuvé ladite Constitution à la date du 16 janvier 1791, et le pape ne l'avait pas encore réprouvée.

L'évêque constitutionnel d'Amiens étant venu à passer à Breteuil, y reçut un accueil splendide auquel il répondit par la lettre suivante dont l'obséquiosité n'échappera à personne :

Amiens, ce 11 avril 1791.

« Monsieur le Maire,

« Je profite de mes premiers moments de liberté pour vous adresser mes remerciments de l'accueil que j'ai reçu de la municipalité et de la garde nationale de Breteuil. Ces honneurs ne m'appartiennent pas, puisque personnellement je n'ai pas l'avantage d'en être connu; ils refluent sur la Constitution française; ils prouvent le *civisme* de ceux qui les rendent. Je serai trop heureux si, dans toutes les occasions, je trouve le moyen d'acquitter la dette de ma respectueuse reconnaissance.

« Daignez, monsieur le Maire, en présenter l'hommage aux habitants de Breteuil.

« † ELÉONOR-MARIE, *évêque d'Amiens.* »

Quelques jours avant le passage de l'évêque d'Amiens, le 3 avril, avaient eu lieu de nouvelles élections municipales qui furent si orageuses, que Dubois, de Croissy, et Bouteille, d'Auchy, commissaires surveillants nommés par le directoire départemental, durent mander à Beauvais une compagnie de vingt-cinq hommes pour protéger l'ordre. Si ces élections, qui ne purent être reprises que le 25 courant, furent favorables aux officiers municipaux, elles ne le furent guère aux notables; ceux-ci restèrent presque tous sur le carreau ou plutôt sur le sable si mouvant des élections.

La proclamation de l'égalité de tous les citoyens devant l'impôt eut pour conséquence, le 15 mai 1791, une nouvelle division du territoire. Il fut partagé en treize sections appelées : le Clos de la Vallée-Nocher, les Marais, les Vicomtes, le Champ de Bataille, sur la route de Montdidier, le beau Pont et Glacis, le Clos et le Chemin de Trousson-court, la Vallée du Bois du Gard ou Croute, Bimont, le Corel, les Reliques et l'Hôtel-Dieu, les Hièbles, les Royales ou le Fort-Manoir la Vallée et le Bois-Rival.

Il n'est plus question de fiefs ni de seigneuries, non plus que des domaines de l'abbaye. Ces derniers avaient été placés sous séquestre pour être vendus au profit de la nation, qui n'en retira pas grand'chose. Les pauvres religieux étaient déjà partis, en attendant qu'on les recherchât pour leur couper la tête au nom de la liberté de conscience; bientôt leur antique église, dévastée, servira d'écurie, retentira des blasphèmes des soldats.

Le 18 octobre 1791, les six belles cloches de l'abbaye furent échangées contre celles de l'église Saint-Jean, qui furent descendues et expédiées au chef-lieu du département, à la requête du gouvernement qui en avait besoin pour se faire de la monnaie de billon.

L'objectif de la Révolution était avant tout l'abolition des privilèges. Tout ce qui pouvait les rappeler de près ou de loin était anéanti : les bancs seigneuriaux condamnés par les nouveaux juges du tribunal, désireux de se faire bien venir du pouvoir, furent brisés et brûlés le 27 octobre 1791, sans établir l'égalité ailleurs qu'à Saint-Cyr.

Les riches, les seigneurs surtout, étaient signalés comme des accapareurs, comme des affameurs du peuple toujours plongé dans la misère à raison du prix excessif des céréales et du trouble apporté dans les transactions commerciales, par des réformes politiques propres à flatter l'amour-propre du peuple, mais impuissantes à lui donner du pain et du travail.

Il n'était pas prêt, hélas ! d'en avoir...

M. Levavasseur lui-même, accusé de vendre du grain et de le transporter la nuit, fut menacé de mort.

L'église de l'abbaye avait été fermée le 2 août 1791. Dès que les habitants contristés eurent appris le départ des religieux, ils s'étaient empressés de solliciter du directoire l'autorisation de transférer dans l'église Saint-Jean les reliques de saint Constantien, celles de saint Maur, de saint Laurent, de saint Fiacre, de sainte Madeleine, et le bâton de chantre en argent surmonté d'une petite lanterne renfermant une effigie de la Sainte Vierge. Le bâton seul leur fut refusé.

Après la clôture de la Constituante proclamée le 30 septembre 1791, on dut procéder à une modification du système électoral, fait en vue d'exclure des assemblées primaires les domestiques des grandes familles. Le corps électoral, divisé en assemblées primaires réunies aux chefs-lieux de cantons, fut composé de citoyens appelés actifs, âgés de 25 ans au moins, inscrits sur les rôles de la garde nationale, domiciliés de fait depuis un an dans le canton et payant une contribution directe de la valeur locale de trois journées de travail.

Les citoyens actifs réunis aux chefs-lieux de cantons nommaient les membres des assemblées électorales composées des citoyens propriétaires, usufruitiers ou locataires d'un bien produisant un revenu égal à la valeur locale de 150 à 200 journées de travail.

Les assemblées électorales nommaient les députés, les administrateurs du département, du district, et les juges des tribunaux, comme par le passé.

A la Constituante succéda l'Assemblée législative, qui ouvrit ses séances le 1er octobre 1791 pour les finir le 21 septembre 1792.

Nouveaux maîtres, « nouveau sifflet » plus aigu naturellement que le premier, nouvelles élections municipales, nouveaux serments prêtés volontiers, par M. Dupuy, curé, et par son vicaire, entraînés par le mirage de la liberté.

Laurent Béranger succède à Casimir Dupuy en qualité de maire.

Davalette est encore une fois laissé de côté.

Bientôt, la conspiration des puissances étrangères contre le nouveau régime exalte les esprits; les émigrés sont déclarés conspirateurs; les revenus de leurs biens sont confisqués au profit de la Nation, sans préjudice, toutefois, des droits de leurs femmes, de leurs enfants et de leurs légitimes créanciers.

Le 22 janvier 1792, la garde nationale est épurée et réorganisée; un drapeau est demandé et obtenu. Sa bénédiction donne lieu, le 3 juin 1792, à une cérémonie à la fois patriotique et religieuse : un autel, dit de la Patrie, était dressé sur la grande place. Un chaleureux discours ayant été prononcé par M. Dupuy, curé, tous les membres de l'administration, du district, de la ville, du tribunal, gravirent tour à tour les marches de l'autel et prêtèrent à haute et intelligible voix le serment d'être fidèles à la Nation et de maintenir la liberté et l'égalité ou de mourir à leur poste.

La devise bien significative du drapeau était celle-ci : Le peuple Français, la Liberté ou la Mort.

Il fut remis au citoyen Desbauve, qui jura de mourir plutôt que de l'abandonner, et, après le chant du *Te Deum*, reconduit solennellement au son du tambour et des clairons chez le citoyen Gallopin, commandant de la garde nationale.

Avant cette cérémonie avait eu lieu, le 17 mai précédent, le baptême de l'arbre de la liberté, planté sur la place, vis-à-vis du grenier à sel. Il était surmonté du bonnet phrygien. Nos archives sont muettes sur les manifestations dont il fut l'objet. Malgré tous les soins et les honneurs dont on l'entoura, le pauvre enfant des marais tomba en langueur et mourut bien jeune encore, avec la liberté dont il était le candide symbole.

La déchéance du roi avait provoqué chez un certain nombre des velléités de retour en arrière, qui se dissipèrent à la nouvelle de la prise de Longwy et de Verdun par les Prussiens, et des imprudentes proclamations du duc de Brunswick annonçant que Paris serait livré à une exécution militaire si les Tuileries étaient insultées, et que tous ceux qui seraient pris les armes à la main seraient fusillés. « Le canon que vous entendez, s'était écrié Danton, n'est pas le canon d'alarme, c'est le pas de charge sur les ennemis de la patrie. »

C'est alors qu'il ordonna les massacres de septembre, pour exterminer tout d'abord les ennemis du dedans. Alors aussi fut ordonné le désarmement de tous les citoyens qui ne voudraient pas se servir de leurs armes contre les ennemis du dehors.

Telles furent, à Breteuil, les démonstrations faites contre cet ordre qu'il fallut rendre les fusils précédemment enlevés.

Six cents volontaires furent aussitôt enrôlés et équipés dans le district. Chose surprenante : Davalette, qui s'était mis à la tête de ce mouvement patriotique, est nommé le chef de cette compagnie appelée franche.

Il avait même contribué de ses deniers à équiper un certain nombre de volontaires. Avec l'intelligence et l'esprit d'initiative qui le caractérisaient, il avait compris que le plus habile était de se mettre avec ses amis à la tête du mouvement révolutionnaire, pour le diriger et au besoin pour l'enrayer au profit de ses intérêts et de ceux de l'ancienne châtelaine.

Il y réussit au point qu'il finit par porter ombrage aux membres du directoire départemental. Les volontaires du district de Breteuil se rendirent à Montdidier, le 15 septembre 1792, avec un caisson, vingt chevaux et six voitures chargées de munitions et de provisions de bouche (1).

Toutes les municipalités avaient été autorisées à faire toutes les réquisitions jugées convenables « pour assurer le salut de la patrie et le triomphe de la liberté ».

Le 26 octobre, nos volontaires se distinguèrent tellement dans une affaire d'avant-garde, à Montreuil, contre 800 autrichiens dont ils firent 29 prisonniers, que le citoyen Davalette mérita de recevoir la lettre suivante de la Société des Amis de la République française de Beauvais.

A Beauvais, le 30 novembre 1792, an Ier de
la République française.

« Citoyen,

« La Société des Amis de la République française, séant à Beauvais, n'a pu entendre la lecture d'un extrait du procès-verbal du département de l'Oise, qui constate la valeur et la gloire dont la compagnie de Breteuil s'est couverte au village de Montreuil, sans être pénétrée du sentiment le plus vif d'une véritable admiration. Vous avez acquis des droits à son estime et à son amitié qu'elle ne peut s'empêcher de manifester sans commettre une injustice à votre égard; votre bravoure, votre courage, signes

---

(1) M. de Beauvillé, cité.

certains d'un sincère amour de la patrie et de cœurs vraiment républicains, vous ont fait opérer des merveilles inconnues jusqu'alors aux esclaves du despotisme. Daignez, citoyen, pour vous et vos braves frères d'armes, dans la personne du Président honoré de la fonction agréable de vous porter ses sentiments de félicitation et d'amitié, recevoir de la part de la Société populaire de Beauvais l'accolade de fraternité et de gratitude pour les sentiments délicieux que vous et votre compagnie lui fait éprouver.

« Je suis, avec une sincère estime, votre concitoyen.

« *Signé* : GOXA » (1).

La *Marseillaise*, qui avait à cette époque fait son apparition, surexcita les têtes des habitants, au point qu'ils voulurent célébrer, le 30 octobre 1792, une fête en l'honneur des Marseillais.

Tous désiraient être considérés comme de bons patriotes. Le citoyen Dubois, dénoncé à tort comme suspect, reçut en pleine assemblée une réparation d'honneur (2).

Faisons-le observer : toutes ces démonstrations politiques s'alliaient jusqu'à ce jour avec la religion qui restait bien vue, respectée de la grande majorité des habitants. On pensait si peu à la fermeture de l'église, que, le 8 octobre 1792, il fut question de refondre une cloche cassée.

Le 28 novembre, une messe solennelle fut encore célébrée en l'église Saint-Jean, à l'occasion de l'installation d'un nouveau corps judiciaire. Les membres du directoire

---

(1) Archives de la ville. Reg. n° 2, f. 43. — Déjà le 28 octobre le général Bournonville avait adressé au colonel du 10e bataillon de troupes légères une lettre de satisfaction très vive et de louanges méritées sur la belle conduite des volontaires de Breteuil dans l'affaire du 26, à Montreuil. *(Procès-verbal du Conseil du département de l'Oise, séance du 12 novembre 1792.)*

(2) *Ibid.*

du district, la garde nationale, la gendarmerie et un grand nombre de citoyens y assistèrent.

Le mot d'ordre d'insulter à la religion, de bafouer ses ministres, n'avait pas encore été donné à l'ouvrier.

Sans doute, la loi du divorce avait été votée, mais elle était si contraire aux sentiments religieux des habitants, que la première femme qui se présenta pour en demander l'exécution fut accueillie avec des éclats de rire (1).

La grande préoccupation des habitants était alors le partage des biens communaux encore retenus par le ci-devant seigneur, en vertu d'un ancien triage. A la voix de Casimir Paillart, ils s'assemblèrent, le 25 octobre, en la chambre commune des délibérations et décidèrent, vu l'urgence, qu'une délibération y relative sera soumise à l'approbation du directoire départemental ; celui-ci ne la fit pas attendre, car, deux jours après, la délibération était revenue confirmée (2).

On commença par vouloir abattre les plus beaux arbres de l'allée des Soupirs. Casimir Paillart en avait compté 176. « Ces arbres, s'écria-t-il dans le langage emphatique du temps, appellent la hache de la liberté et semblent s'offrir pour faire le cercueil des despotes ; quelques-uns d'entre eux ont plutôt été flagellés que dévastés, notamment ceux qui sont les plus exposés à la vue des passants, qui offrent des déchirures comme en l'expiation des crimes de ceux qui les ont fait planter, etc. » (3).

L'éloquence de Casimir Paillart fut naturellement saluée par un tonnerre d'applaudissements.

Peu après les arbres étaient abattus, malgré les réclamations du bailli du seigneur qui les avait plantés. Ils furent vendus plus tard la somme de 255 livres 15 sols, au profit de la commune.

---

(1) Archives de la ville. Reg. 2.
(2) *Ibid.*
(3) *Ibid.*

CHAPITRE TRENTE-TROISIÈME.

La première municipalité révolutionnaire.

Le commissaire de la Convention. — L'inventaire de l'église et des chapelles. — Une insurrection. — Les enrôlements de 93. — Les charges de la ville et des familles.

A l'Assemblée législative, qui avait laissé le comité de surveillance de Paris, dirigé par Danton, accomplir les massacres de septembre, avait succédé la Convention, de sanglante mémoire.

Après la condamnation et l'exécution du roi, qui n'avait vécu que pour le bonheur de son peuple, il fallut, avec la proclamation de la République, procéder à de nouvelles élections municipales.

Les habitants de Breteuil, en majeure partie attachés au roi et à la monarchie, se divisèrent alors en deux camps dont l'un, le plus nombreux, ridiculisait et entravait la prospérité de l'autre, en faisant autant que possible le vide autour de lui.

Le maire, Henri Tassart, ne fut même élu que par 54 voix. Le curé figurait au nombre des officiers municipaux et le vicaire parmi les notables (1).

C'est assez dire que la municipalité nouvelle n'était guère, en majorité du moins, révolutionnaire et républicaine que de nom. Il parut même plus tard que plusieurs de ses membres n'avaient recherché les suffrages que dans la crainte d'être dénoncés comme partisans de l'ancien ré-

---

(1) Archives de la ville, registre 2.

gime et pour se mettre à la tête du mouvement, en vue de le diriger et de le modérer.

Ils ne purent longtemps tromper la vigilance des membres les plus ardents de la société populaire ou des sans-culottes, encore moins celle de Sauveur Chénier, qui avait été nommé commissaire de la République à Breteuil, après avoir été chassé de l'armée. C'était un besoigneux esclave du pouvoir.

Sauveur Chénier était le troisième fils de Louis de Chénier, diplomate et historien, né à Montfort (Languedoc). Il avait pour frères André Chénier, le poète célèbre conduit bien jeune encore à l'échafaud en 1793, pour s'être opposé à l'arrestation de Mme Pastoret, et Marie-Joseph-Blaise Chénier, qui s'illustra aussi par son génie poétique, par les hymnes qu'il composa en l'honneur de la Révolution, notamment par le *Chant du Départ*, lequel rivalisa longtemps avec la *Marseillaise*. Ils avaient reçu le jour à Constantinople où leur père, chargé d'affaires de France, avait épousé une jeune Grecque, Mlle Santi L'Homaka, sœur de la grand'mère de M. Thiers, l'ancien président de la République de 1871 (1).

Tout d'abord, la validité des dernières élections municipales faites par une minorité relativement faible, fut contestée par l'ancienne municipalité, qui refusa de remettre aux nouveaux officiers les archives de la commune, malgré les réclamations du procureur Casimir Paillart. Il fallut, pour la déterminer, menacer de la traduire.

---

(1) Chose curieuse : Sauveur Chénier épousa Marie-Madeleine Doby, sœur du fameux révolutionnaire Doby, meunier du moulin du Hamel, à Breteuil, fille de Doby, l'aubergiste de la *Grâce de Dieu*. Marie-Madeleine Doby était une riche veuve, tandis que Sauveur Chénier n'avait « que ses deux oreilles et autre *chose itout* (une triste conduite). »

De ce mariage naquit à Paris, en 1800, Louis-J. Chénier, écrivain, qui épousa une demoiselle Frémaux, de Breteuil.

Sur ces entrefaites, l'inventaire du mobilier de l'église et des chapelles fut ordonné par la loi du 10 décembre 1792.

En voici la substance :

1° Seize chapes coupées en morceaux, estimées 24 livres;

2° Huit chasubles et deux bannières avec le tapis du *soi-disant* saint Constantien, 80 livres;

3° Le maître-autel avec le rétable à colonnes, qui existe encore, 80 livres également;

4° Les bancs en chêne de l'église sont signalés comme à moitié démolis par le citoyen Patelin, commissaire, chargé de l'approvisionnement de Paris ;

5° L'église et le clocher furent évalués 10,000 livres; l'église Saint-Cyr, 200 livres; le jardin qui l'entourait avec le cimetière lui-même où l'on pourrait planter des pommes de terre, 1,200 livres; le mobilier de la dite église, 45 livres 11 sols 11 deniers; la chapelle de la rue du Loup, 15 livres; celle de la rue du Friez, avec la pièce de terre adjacente, 400 livres (1);

6° La maison presbytérale et celle du vicaire furent estimées 6,300 livres, avec un jardin situé derrière l'église.

L'inventaire signé à la date précitée, seulement par L. Bayard et par Gallopin, maire, s'élevait à 18,883 livres (2).

L'argenterie, les chandeliers, les croix, les cloches, sauf une, furent expédiés à Beauvais sans avoir été estimés.

L'église ne fut pourtant pas encore fermée à cette époque; M. Dupuy, curé assermenté, et son vicaire, y officièrent encore pendant quelques mois au milieu d'un grand nombre de fidèles qui suppléaient de leurs deniers aux choses nécessaires à l'exercice du culte, au désappointement de ceux qui avaient cru le rendre impossible.

Bien des événements, et des plus tristes, devaient même

---

(1) Archives de l'Oise, série Q. fabrique de Breteuil.

(2) *Ibid.*

se passer avant la promulgation du décret de la fermeture et après.

Le premier fut, le 5 février 1793, une insurrection d'une grande partie de la population réunie dans la grande prairie avoisinant l'abreuvoir actuel, à l'effet d'en abattre tous les arbres, qu'elle disait lui appartenir avec la prairie elle-même, distraite de la prairie commune à la suite d'un triage injustement imposé par un des derniers seigneurs (1).

Hommes et femmes à l'envi se mirent à abattre, au milieu d'une mêlée telle, que des officiers municipaux et six notables envoyés pour rappeler leurs concitoyens à l'ordre, au respect de la loi et prendre l'arrangement qu'ils jugeraient convenable, ne purent s'avancer plus loin que le pont de l'abreuvoir, ni reconnaître personne. Disons qu'ils ne le voulaient pas, dans la crainte d'être *écharpés* deux fois, « d'occasionner une révolte générale, de recevoir de mauvais traitements d'une confusion de femmes qui avaient remplacé les hommes dans le maniement de la hache et de la serpe. »

Une seconde descente de la municipalité, accompagnée de deux membres du district, n'obtint pas un plus grand résultat. Les paroles des membres de la délégation étaient couvertes par les cris mille fois répétés de : Vive la Nation! Il fut décidé que la garde nationale serait requise ; mais comment faire marcher le mari contre sa femme ?

En attendant, l'abattage des arbres continuait toujours.

Enfin, le 7 février 1793, le conseil général se réunit pour prendre connaissance d'un arrêté du Directoire départemental relatif aux mesures nécessaires pour arrêter l'abattage presque achevé. Un garde des arbres abattus fut nommé par quatre membres seulement tant de la municipalité que du conseil général de la commune, tellement était redoutée l'animadversion populaire.

---

(1) Archives municipales.

Sur la menace accentuée d'un procès faite par Davalette, intendant du duc Charrost de Béthune, dont les propriétés n'avaient pas encore été saisies, on se tint tranquille, et une commission fut nommée en vue d'arriver à un accord.

Des arbitres pour juger le différend furent nommés le 15 août an II.

L'âme de la révolte était Casimir Paillart.

Le produit des prairies communales était assez considérable ; il s'éleva, en 1793, à 3,293 livres.

Cependant l'infortuné Louis XVI, que tant d'autres, même ses propres juges, devaient suivre, avait porté sa tête sur l'échafaud. Les souverains, jusque-là hésitants, blessés du même coup, car ils étaient menacés par la propagande révolutionnaire de la Convention, se réunirent contre la France, pendant que les provinces de l'Ouest se soulevaient devant la tyrannie des Montagnards.

Afin de faire face à des dangers créés par la furie révolutionnaire de quelques hommes tels que Robespierre, Marat, Danton, Saint-Just, Collot-d'Herbois, il fallut transformer la France en un vaste camp, lever de nombreuses armées qui finirent par triompher d'abord sous la savante direction de Carnot, secondé par d'habiles généraux tels que Dumouriez, Pichegru, Jourdan, Hoche, Marceau, Masséna, et à la fin par Napoléon, de tous le plus grand et le plus illustre.

Le contingent de Breteuil, le 7 mars 1793 an II de la République, fut fixé à 18 hommes, qui voulurent bien, *à force d'instances*, consentir à s'enrôler, mais à la condition qu'une somme de 800 livres serait remise à chacun d'eux.

Le temps de l'exaltation patriotique nous a paru déjà passé.

Pour établir, sous les ordres du ministre de l'intérieur, le 29 mars suivant, une garde dite de permanence de 10 hommes choisis parmi les citoyens âgés de 16 ans au moins et de 60 au plus, on dut même recourir aux menaces d'emprisonnement.

Casimir Paillart s'indigne, de son côté, que des secours

paternels soient refusés aux misérables enfants de la patrie qui versent leur sang pour elle.

Il n'y avait pas qu'eux, hélas! de misérables: le prix des denrées alimentaires était si excessif qu'il fallut établir le maximum du prix auquel le pain, la viande... devaient être achetés et vendus, condamner d'abord à 10 livres d'amende et, en cas de récidive, dénoncer au terrible comité de surveillance établi à Breteuil le marchand surpris ayant vendu au-dessus du cours. Défense fut faite aux citoyennes et sous les mêmes peines d'aller acheter des œufs ou du beurre dans les communes voisines ou de devancer les marchands que l'on forçait à approvisionner le marché (1).

Le 21 floréal an II, toutes les marchandises des marchands qui avaient vendu au-dessus du maximum furent confisquées. Le 26 germinal, tous les grains et les fourrages avaient été recensés dans toutes les communes du canton avec défense d'en vendre sans la permission du commissaire chargé des approvisionnements.

Grâce à ces mesures, la livre de pain, en 1793, ne se vendait que 2 sols 9 deniers, ce qui était assez cher, eu égard au prix des journées, fixé à 14 sols pour un batteur en grange, à 15 pour les charretiers hors de la moisson, à 20 pendant la moisson, à 10 pour une échardonneuse, à 16 pour les manœuvres, à 20 pour les garçons tailleurs, à 30 pour les couvreurs en tuile, à 12 pour une lessiveuse nourrie, à 30 pour le fauchage d'un journal d'avoine, à 3 livres pour celui d'un journal d'hivernage, à 5 livres pour celui d'un journal de pré, à 20 sols pour une paire de souliers pendant la moisson et à 16 après la moisson (2).

Avec cela, il fallait suffire à l'entretien de sa famille, loger les soldats de passage (et Dieu sait s'il en passait!), payer les impôts ordinaires et extraordinaires, tel que celui qu'entraînait la fabrication du salpêtre. Tous les citoyens

---

(1) Archives de la ville, reg. n° 2, *passim*.
(2) *Ibid.*

aisés, en 1793, devaient fournir alternativement au moins une voiture attelée de deux chevaux pour transporter les terres propres à cette fabrication.

La commune fut taxée à 2,150 livres pour ladite fabrication.

La charge du logement des troupes devint si lourde qu'il fallut venir en aide aux familles indigentes, « obligées comme les autres de loger continuellement des soldats », leur allouer, le 23 février an II, la somme de 2,543 livres 11 sols 9 deniers (1).

Le 24 juillet 1793 an II de la République une et indivisible, cette fois, trois citoyens en état de porter les armes furent demandés pour combattre les rebelles de la Vendée, représentés comme faciles à vaincre. Les garçons assemblés procédèrent au tirage au sort. Les trois jeunes gens désignés reçurent chacun une somme de 400 livres.

Tous les chevaux du canton furent réquisitionnés le 20 octobre et peu après tous les souliers trouvés chez les cordonniers. A cette date le ci-devant seigneur de Breteuil, le duc Charrost de Béthune, avait été arrêté et traduit en justice.

Un autre secours de 852 livres 2 sols 11 deniers fut accordé à la ville le 22 ventôse an II.

Comment l'ouvrier pouvait-il devenir riche dans de telles conditions d'existence ?

Notons aussi que la première République était assez aimable pour contraindre chaque citoyen à contribuer, au prorata de ses revenus, quand il en avait, aux emprunts qu'elle était obligée de faire, et qu'il fallait pourvoir en outre aux réquisitions de grains... exigées pour l'approvisionnement de Paris, de Beauvais, des armées, des hôpitaux, de Montdidier (2), réquisitions qui sont loin de figurer toutes dans les archives de la ville.

---

(1) Archives de la ville, reg. n° 2, *passim*.
(2) *Ibid.*

CHAPITRE TRENTE-QUATRIÈME.

La Terreur à Breteuil (1793-1794).

Pillage et fermeture de l'église. — Les nouvelles fêtes religieuses. — L'épuration. — Mécontentement de la population. — Isoré et André Dumont. — Le complot dévoilé. — Sauveur Chenier en prison. — Joie des habitants. — Des suspects retirés à Breteuil. — Partage des marais.

Après l'exécution des Girondins, Robespierre et les Montagnards, pour dominer la France révoltée de leur despotisme, établirent plus que jamais le régime de la terreur, dont l'affreux symbole était la guillotine promenée dans tous les départements par des hommes de sang tels que Marat, Carrier, Jean Lebon, Collot-d'Herbois, etc.

Ce dernier, avec André Dumont et Isoré, fut la terreur de notre département. Ces trois hommes étaient activement secondés à Breteuil par Sauveur Chénier, Doby et *leurs bons amis*, devenus les maîtres de tout, avec les membres du comité de Salut public. Ceux-ci avaient pour mission de dénoncer et de faire incarcérer tous les prêtres insermentés, les parents des émigrés, les ci-devant nobles non fonctionnaires publics qui avaient été suspendus de leurs fonctions, les personnes qui n'avaient pas obtenu leur certificat de civisme, les accapareurs ou les vendeurs au-dessus du maximum fixé, tous ceux, enfin, qui seraient dénoncés comme mauvais citoyens par les sociétés populaires, plus redoutables que jamais, ou par plusieurs citoyens reconnus bons patriotes.

Le décret y relatif qui figure dans les archives de la ville est daté du 19 août 1793 et signé Collot-d'Herbois et Isoré.

On commença par s'en prendre à tout ce qui rappelait de près ou de loin l'ancien régime.

Le 22 août 1793, l'église de l'Abbaye fut définitivement transformée en écurie! (1)

Le 24, toutes les fleurs de lys « qui servaient en peintures et sculptures furent détruites et les places où elles se trouvaient *ragréées* aux dépens de la commune, » dont la municipalité signa le projet, en partie seulement (2).

Le 8 septembre, il fallut abattre les fleurs de lys en fer, les deux croix du clocher et la croix de l'Hôtel-Dieu. Les treize belles statues du réfectoire de l'Abbaye réclamées, un instant, pour l'ornementation de l'église, furent enlevées pour être vendues au profit de l'État, qui ne savait plus où trouver de l'argent (3).

En vertu d'un ordre de la commune de Paris, en date du 23 novembre, l'église de Saint-Jean, jusque-là restée ouverte au culte, fut fermée vers la fin dudit mois, ses statues furent brisées ou affreusement mutilées, ses plus belles toiles furent déchirées, sauf une seule, celle de saint Jean baptisant Notre-Seigneur dans le Jourdain, qui fut découpée tout autour de son cadre et emportée par une demoiselle Dutilloy. C'est la grande toile qui fait actuellement le fond du retable du maître-autel. Mlle Dutilloy eut aussi le courage d'enlever les reliques de Saint-Constantien, mais en prenant la précaution de les remplacer par des ossements ordinaires, pour que nos sans-culottes, au secours desquels d'autres révolutionnaires étaient venus de Beauvais, ne pussent se douter de rien. Sauf trois ou quatre enragés, personne n'avait voulu toucher à ces précieuses reliques. Celles de Saint-Cyr et la petite statue qui les surmonte furent sauvées par Cyr Paillart, qui les tint

---

(1) Arch. m., reg. 2.

(2) Reg. m., n. 2.

(3) Tradition locale.

cachées dans un grenier à foin pendant toute la Révolution (1).

Il paraît qu'afin de ménager le temps nécessaire pour procéder à ces enlèvements, on fit payer à boire à nos exaltés, réunis dans un cabaret voisin à l'effet de se donner du cœur.

Quelques personnes seulement de Breteuil coopérèrent à l'auto-da-fé illusoire de nos chères reliques, qui s'accomplit au chant du : *Ça ira !*...

Ne les nommons pas.

Les titres féodaux eurent leur tour un peu plus tard.

Alors aussi, pour rompre à jamais avec le passé, l'ancien calendrier fut réformé : l'année commença le 22 septembre, jour de la proclamation de la République ; les mois reçurent des noms en rapport avec la température ; ils s'appelèrent vendémiaire, brumaire, frimaire, nivôse, pluviôse, ventôse, germinal, floréal, prairial, messidor, thermidor et fructidor. Chaque mois fut divisé en décades ou en séries de dix jours, pour que le jour des chrétiens ne concordât plus avec le jour de repos des républicains, appelé décadi, jour qu'il fallait fêter sous peine d'amende et de prison. Les noms des saints furent remplacés par des noms de légumes, tels que chou, navet, carotte.... Les jours, tirés des nombres, s'appelèrent primidi, duodi, tridi, quartidi, quintidi, sextidi, septidi, octidi, nonidi et décadi. On qualifia de sans-culottides les cinq ou six jours complémentaires de l'année.

Le 6 frimaire an II, six citoyennes couturières avaient été désignées pour dépecer les chapes et autres ornements de l'Église, afin d'en vendre les morceaux aux plus offrants, « sous le bon plaisir toutefois de l'administration ; » mais sur l'observation faite par un membre de la municipalité que les objets en question étaient compris au nombre des

---

(1) Tradition locale.

meubles déclarés propriétés nationales, la délibération fut rapportée (1).

Il faut que nos officiers municipaux aient été bien menacés pour avoir pris une telle résolution, car, dans les Archives de l'Oise, à la date du 22 nivôse an II, on voit le citoyen Emmanuel Baysan les rappeler sévèrement à l'ordre pour avoir tardé à procéder à l'inventaire des églises, du presbytère et des chapelles (2). Doby et Duf... s'y prêtèrent seuls de bonne grâce (3).

Vers ce temps, comme il fallait une fête en rapport avec l'athéisme dont le gouvernement, hélas! faisait profession, on établit le culte de la déesse Raison, figurée par une jeune fille coiffée du bonnet rouge et couverte de draperies blanches et bleues. Nous n'avons pu retrouver le programme de la fête. Nous savons seulement que la pauvre déesse, qui se mourait parfois de peur, était assise entre les bustes de Marat et de Le Pelletier, sur l'autel d'où elle recevait l'encens qui lui était offert. Elle était accompagnée d'autres jeunes filles vêtues aussi de blanc et ceintes de rubans tricolores, qui chantaient alternativement l'hymne à la Raison ou exécutaient des rondes pendant que les purs hurlaient le *Ça ira!* la *Marseillaise* ou le *Chant du Départ*.

L'église fut en conséquence dédiée à la Raison.

Comme on devint bientôt écœuré de cette fête, Robespierre, surnommé depuis *la Vertu par excellence*, *l'Incorruptible*, *le Saint de la Terreur*, lui substitua le culte de l'Être suprême, après en avoir proclamé hautement l'existence, ainsi que l'immortalité de l'âme, dans un décret resté célèbre, décret qui fut inscrit dans l'église au-dessus de l'ancienne stalle du curé, où il doit se trouver encore, derrière le panneau du lambris actuel.

---

(1) Arch. m., reg. 3.

(2) Arch. de l'Oise, Inventaire, Breteuil.

(3) *Ibid.*

Une grande fête *obligatoire*, accompagnée de forces discours, fut célébrée à l'occasion de cette nouvelle dédicace de l'église. Elle fut organisée par les sans-culottes. C'est dire qu'elle a été belle. Le programme, malheureusement perdu, se terminait par ces mots significatifs : « Nous comptons, citoyens, sur votre zèle et sur votre amour pour la liberté. » C. Mou...

Pauvre liberté, on l'a toujours mise ainsi (qu'on nous pardonne le mot) à toutes les sauces !

Le distique suivant devint à la mode; il figurait au-dessus de tous les autels élevés à l'Être suprême :

> Tout annonce d'un Dieu l'éternelle existence,
> La voix de l'univers atteste sa puissance.

Le premier décadi était consacré à l'Être suprême, les autres au Genre humain, au Peuple français, aux Bienfaiteurs de l'humanité, aux Martyrs de la liberté, à la Liberté et à l'Égalité, à la République, à la Liberté du monde, à l'Amour de la Patrie, à la ruine des tyrans et des traîtres, à la Vérité, à la Justice, à la Pudeur, à la Gloire et à l'Immortalité, à l'Amitié, à la Frugalité, au Courage, à la Bonne Foi, à l'Héroïsme, au Désintéressement, au Stoïcisme, à l'Amour, à la Foi conjugale, à l'Amour paternel, à la Tendresse maternelle, à la Piété filiale, à l'Enfance, à la Jeunesse, à l'Âge viril, à la Vieillesse, au Malheur, à l'Agriculture, à l'Industrie, à nos Aïeux, à la Postérité, au bonheur.

La grande place prit le nom de place de la Fraternité et celle du marché aux herbes celui de l'Égalité. Villers-Vicomte dut s'appeler Villers-Marat.

Il s'en est fallu, paraît-il, que les fêtes mentionnées fussent célébrées avec enthousiasme par la majorité des habitants, qui regrettaient les belles fêtes catholiques, si propres à élever paisiblement les âmes vers Dieu, à les sanctifier et à les consoler.

Même pour exciter la *jeunesse* à fêter la fête nationale du

9 août, la municipalité payait « des violons, des tambours, deux pièces de cidre, en dehors des frais nécessaires de carillons, de sonneries, etc. »

Cependant le commissaire du fameux club des Jacobins de Paris et du comité de la Sûreté publique, Sauveur Chénier, pour qui un mot dit à la dérobée, une simple apparence de froideur, un regard de travers, étaient des crimes dignes de l'échafaud, observait tout, notait toutes les absences, surtout celles des membres de la municipalité, beaucoup plus républicaine et révolutionnaire de nom que de fait. Plusieurs même, nous l'avons insinué, n'avaient désiré en faire partie que pour mieux diriger le mouvement. S'ils étaient patriotes, et ils l'ont montré en 1792, ils ne l'étaient pas à la mode des Jacobins de Paris, alors même qu'ils employaient leurs grands mots, leurs phrases emphatiques.

Sauveur Chénier, renseigné par Doby principalement, résolut de les dévoiler à Isoré, qui entra d'abord dans ses vues, et à André Dumont, qui trouva heureusement exagéré, faux, affreux même, le rapport de 41 pages in-folio qu'il lui adressa contre les habitants de Breteuil, d'autant plus inutile que le premier de Breteuil, dont nous reparlerons, avait été incarcéré ainsi que son épouse.

A défaut du terrible rapport, nous possédons le mémoire justificatif d'André Dumont lui-même, dont nous devons la connaissance et la reproduction à l'honorable M. Pourcelle-Darras, décédé il y a dix ans environ après avoir copié presque tous les manuscrits relatifs au passé de Breteuil. (1).

C'est même de ce mémoire que nous allons extraire une des pages les plus curieuses de notre histoire.

L'adoption des mesures révolutionnaires mentionnées,

---

(1) Le mémoire lui-même est entre les mains de M⁰ᵉ vouve Levavasseur, qui le tient de M. Bayard depuis 1878.

jointe à un enlèvement, le 10 septembre 1793, de toutes les armes remises d'abord aux citoyens de Breteuil, ayant excité des troubles, le comité de Sûreté générale, composé des citoyens David, M. Bayle, Lavicomterie, Louis du Bas-Rhin, Jagot, Voulland, Élie Lacoste et Dubarran, avait fait suspendre dix officiers municipaux accusés d'avoir travaillé contre le régime établi, contre la République, qu'ils auraient trouvée excessive, injuste et impie.

L'accusation était grave, car le 18 mars 1794 Isoré écrivit à André Dumont la lettre suivante :

« Je dois aller à Beauvais, mon ami, le 1er du mois prochain (1er germinal), pour terminer la réquisition du département de l'Oise envers Paris ; par la même occasion, je me mettrai en œuvre pour définir ce que c'est que Breteuil : je vois dans ce pays de pauvres benêts de patriotes qui se laissent engueuser par des égoïstes ; je te déclare que j'y remédierai ; je connais le pays et *je le traiterai comme il le mérite*.

« Le district paraît être mené par des ambitieux ; un certain défroqué porte même le nom de République, cela ne me convient pas ; Lemoine se laisse mener, et il faut arranger tout cela pour que les sans-culottes de cet endroit soient en sûreté.

« Viens à Breteuil le 2, je t'y invite ; nous retournerons ensemble à Beauvais et nous instruirons l'affaire de Bresles.

« Si je peux te rencontrer, j'aurai bien du plaisir à te voir.

« Crois-moi ton ami et reçois un baiser fraternel à l'encre.

« Isoré. » (1)

Disons en passant ce qu'était Isoré.

Jacques Isoré, né à Cauvigny (Oise), entraîné par amour

---

(1) Mémoire d'André Dumont.

pour les idées nouvelles, avait quitté la culture afin de les propager. Nommé d'abord administrateur du district de Clermont, il se distingua tellement dans l'exercice de ses fonctions qu'il fut, en 1792, envoyé à la Convention, où il vota la mort de Louis XVI sans sursis et sans appel. Il était l'ami d'André Dumont, avec lequel il s'entendait parfois pour faire plus de bruit, plus de menaces que de mal. Comme Isoré, néanmoins, André Dumont s'était rendu recommandable aux Montagnards par la véhémence de ses discours contre les Girondins et par son vote de la mort du roi. Il était né à Oisemont (Somme) en 1764. C'était un premier clerc de notaire. Comme personne ne connaissait son jeu, tout le monde tremblait devant lui.

Isoré ne lui avait écrit au sujet de Breteuil que sur le rapport suivant de Sauveur Chénier, à lui adressé le 26 ventôse an II, à la suite d'une apparition dudit Isoré à Breteuil :

« Le soir même du jour de ton départ, nous nous sommes mis en devoir de remplir la mission dont tu nous avais chargé. Nous avons rassemblé quelques sans-culottes et nous les avons priés de se réunir à nous pour déclarer et signer, conjointement avec nous, tous les faits que nous savons avoir manifesté le projet de faire succomber la cause de la liberté, soit en favorisant les prétentions de Davalette, agent de Charrost de Béthune, soit enfin en employant des moyens quelconques d'attiédir l'amour de la liberté.

« Il n'y a qu'un très petit nombre de sans-culottes qui ait paru (quatre seulement).

« Il ne faut point s'en étonner : c'est l'effet de l'oppression dans laquelle ont toujours vécu les sans-culottes de Breteuil, *bien inférieurs en nombre aux partisans de l'ancien régime.*

« Toutes les fois qu'ils ne seront pas soutenus et encouragés par le représentant, ils ne signeront jamais rien (quel malheur!) Leurs bouches et leurs mains sont paralysées par l'agent national, les administrateurs du directoire du district, ses complices, et par leurs créatures ou partisans, qui sont en majorité dans les bureaux de l'administration, dans la municipalité, dans le comité de surveillance et dans la société populaire ; ils ne voient que cavaliers qui les cherchent, qui *cachotent*, qui les attendent.

« D'après ces considérations, convaincus plus que jamais de l'urgente nécessité de mettre, comme tu l'as dit toi-même (Isoré), *Breteuil dans la République*, nous avons pris le parti de consigner dans cet écrit (1) tous les faits suspects et d'y joindre les noms et qualités des principaux agents de Davalette et des autres gens infiniment suspects, leurs sociétés en femmes et en hommes, les qualités et noms de leurs agents secondaires.

« Nous avons inscrit à la suite les noms des sans-culottes de Breteuil ; ce parti nous a paru lever toutes difficultés, en ne faisant point dépendre de la faiblesse des mesures si essentielles pour la liberté. »

Nos ancêtres, amis pourtant de la liberté, mais de la vraie, de la liberté sage et honnête, respectueuse des droits de chacun, des droits de la conscience surtout, coururent alors un danger d'autant plus grand que le rapport de Chenier était plus perfidement rédigé. André Dumont lui-même le trouva *épouvantable*.

Nous extrayons les citations suivantes pour que chacun puisse en juger :

Faits relatifs à Davalette.

« Il était agent du ci-devant seigneur de Breteuil, Béthune-Charost, du ci-devant bailli de Latour, commandeur de Malte, de l'archevêque de Bourges, du ci-devant comte de la Grandville, du ci-devant chevalier du Gard et d'un grand nombre d'autres ci-devant seigneurs ; de plus, avant

---

(1) Rapport de Sauveur Chénier.

la Révolution, bailli, juge de police, fermier ou receveur de la châtelaine. »

Davalette finit par être traduit devant le tribual révolutionnaire, malgré le patriotisme dont il avait fait preuve.

Faits relatifs a Pétigny, aubergiste a Breteuil.

« Cet aristocrate, effrayé de l'armée révolutionnaire qu'il avait vue à Beauvais, voulut établir à Breteuil une société populaire composée de gens comme il faut et non comme il en faut. Il n'a jamais manqué de faire le bas valet auprès des représentants ou commissaires nationaux qui sont venus à Breteuil. »

Qui le croirait? Sauveur Chénier vivait à l'auberge de M. Pétigny !

Furent aussi incriminés tous ceux qui avaient signé une adresse en faveur de Davalette:

Aubert (1), juge; Henri Tassart, notaire à Breteuil, cousin de Davalette, digne à tous égards d'être son allié et son ami.

Vincent-Casimir Paillart, dit Leblond.

Aimé Geoffroy, fermier du ci-devant Charost-Béthune, procureur de la ci-devant justice seigneuriale.

Bernard Paillart, Lefranc, messager... fermier de Béthune-Charost.

Guillemin, cousin-germain de Tassart, premier accesseur.

Florent Pesson, beau-frère du ci-devant greffier, etc.

Partisans effrénés de Davalette, embaucheurs pour renforcer son parti, tous domiciliés à Breteuil :

---

(1) Le citoyen Aubert, d'abord incarcéré, fut reconduit à Breteuil sur une décision d'André Dumont, qui le mit sous la surveillance de la municipalité jusqu'à ce qu'il en ait été autrement ordonné « d'après le vœu du peuple, qui devait être consulté à son sujet. »

Henri Tassart, incarcéré comme contre-révolutionnaire. « La vie de cet homme exigerait un volume in-folio. Il est notoire, à Breteuil, qu'il a fait des envois considérables de numéraire et qu'il a eu des relations très intimes avec le nommé Morgan, riche négociant d'Amiens, lequel vient d'être arrêté dans l'affaire des cocardes blanches (1);

« Nicolas Pourcelle, clerc chez M. Tassart, et son digne élève sous tous les rapports »;

Cyr Godde, maçon..., forcené ligueur pour Davalette; Constantien Guesnot, qui se vendit pour un habit complet de garde nationale; Alexandre Godde, frère du précédent. Il n'y a guère que son frère qui puisse être son concurrent en fait de scélératesse (du moment qu'on n'était pas républicain révolutionnaire, on était alors réputé scélérat et même assassin du peuple); Aimé Geoffroy, affidé de Davalette...; son beau-frère Paillart, officier de dragons; Aubert, un des plus furieux partisans de Davalette; Danquin, perruquier de Davalette, embaucheur de son parti; Cyr Darras, dit Caïus ou Canis, embaucheur pour Davalette; Charles Mammelle, dit Lescot, idem; Charles Devillers, idem; Charles Feuquières, agent de Davalette; Dubois, de Bonneuil, chaud partisan de Davalette.

Il était administrateur quand on fit la vente des châteaux de Barentin et de Béthisy, émigrés; il y a acheté de superbes meubles qui ne lui ont pas coûté cher. (Il a été élargi, ainsi qu'Aubert et Tassart, par André Dumont.)

Emmanuel Dutilloy, acharné partisan de Davalette et Tassart;

Leclercq fils et Vincent Paillart, tous ennemis de la Révolution;

Louis Philippet, meunier à Breteuil, s'est battu pour Davalette;

---

(1) M. Henri Tassart sortit de prison au bout de huit jours, sous la responsabilité du citoyen Pourcelle.

J.-B. Hémery, mari d'une des concubines de D...;

Jean-Julien Devillers, vitrier, ex-domestique de Davalette;

Ambroise Wasse, garde-bois du ci-devant Béthune-Charost;

Pierre Sagniez, idem;

J.-B. Dutilleul, garde-bois du ci-devant abbé, assassin du sans-culotte Doby (qui avait été empoisonné par Labrousse, son garçon meunier, amant de sa femme. Il était si cordialement détesté à cause de son impiété et de ses idées politiques, que sa mort fut regardée comme une punition de Dieu).

Comme partisans de Davalette, Sauveur Chénier dénonça ses amis :

« Gavelle et sa femme;

« Femme Richard, belle-sœur de Petigny;

« Fille Beaupré-Vavasseur;

« Rousselin, femme du contrôleur;

« Femme Vavasseur et ses filles;

« Dupuis, fils du précédent;

« Aubert, juge. »

Vient ensuite une autre classe d'hommes au sujet desquels S. Chénier débute ainsi :

« Parmi les hommes éminemment caractérisés ennemis de la Révolution sont les nommés ci-après, qui ne devaient pas être ménagés :

« Henri Bayard, dit Canichot, huissier au marché aux volailles, etc.;

« Emmanuel Bayard (qui devint juge de paix);

« Lemoine, agent national, etc.;

« Leroi, administrateur du district;

« Paillart, ex-curé;

« Hennon, administrateur;

« Sarrazin, premier greffier du directoire;

« Pluquières;

« Porcières..., incurable aristocrate;

« Longuet, virulent;

« Richard, secrétaire, virulent aristocrate ;

« Langlet, ex-vicaire, idem ;

« Dupuis, ex-curé, idem.

« Prosper Rousselin, d'une aristocratie qui ne peut se prendre. J'ai encore en mains deux lettres de cet ennemi de la Révolution ; elles sont concluantes ;

« Baticle, officier municipal, idem ;

« Galopin, maire. Moi, Sauveur Chénier, ai entre les mains des lettres originales de cet homme, qui prouvent l'intérêt qu'il prend à Prosper Rousselin, auquel on ne peut s'intéresser sans lui ressembler. Galopin n'aime pas d'ailleurs à faire de la peine aux gens de l'endroit ; nous révèlerons là-dessus quelques faits certains. »

Quel crime !

Aux yeux de Sauveur Chénier, de vrais sans-culottes il n'y en avait que cinq : J. M..., Laf..., Doby, Du... et lui. Jean M... était même membre révolutionnaire de surveillance.

Il en désigne ensuite cinq autres qui ne sont pas mauvais, mais qu'il importe de dépayser, de changer d'air, parce que, dit-il, ils sont retenus par la crainte.

Le rapport de Sauveur Chénier adressé à André Dumont contre un tiers des citoyens de Breteuil, contresigné, cette fois, par Isoré lui même, accompagné, de plus, d'une lettre du comité de Sûreté générale qui n'appelait cela que les fils de la conspiration, concluait à une prompte et éclatante vengeance contre les conspirateurs désignés.

André Dumont ayant considéré le rapport comme exagéré et entaché de partialité et d'injustice, résolut d'agir à ciel ouvert. Il vint donc à Breteuil, convoqua tous les citoyens, Sauveur Chénier lui-même et ses quatre sansculottes, puis, devant toute l'assemblée, il lut la dénonciation. Un cri d'indignation s'éleva et, sans la précaution prise par André Dumont de placer S. Chénier près de lui, il aurait été écharpé. Les sans-culottes eux-mêmes, les vrais, l'accablèrent de reproches. Ce qu'ayant vu, André

Dumont fit arrêter Sauveur Chénier, qui en écrivit au terrible Fouquier-Tinville, son ami.

Quelques jours après, André Dumont, qui avait atteint son but et pacifié Breteuil, dont les habitants l'auraient porté en triomphe, sollicita et obtint l'élargissement du pauvre commissaire fourvoyé.

L'affaire, toutefois, n'en resta pas là pour André Dumont. Après la chute et la mort de Robespierre (9 thermidor an II), Marie-Joseph, le frère de Sauveur Chénier, dénonça André Dumont comme un *séide*, un *geôlier de Robespierre*.

L'accusation était d'autant plus grave que l'accusateur était plus considéré.

André Dumont arrêté se justifia en rappelant la conduite qu'il avait tenue pendant sa mission, le peu de sang qu'il avait répandu. « On me demandait du sang, j'envoyais de l'encre (c'est-à-dire de grands mots, de grandes menaces, de gros jurons).

« Sauveur Chénier, dit-il en substance, m'avait demandé la mort d'un tiers des habitants de Breteuil, je le fis saisir comme un mauvais patriote, un aristocrate, comme un perturbateur de la tranquillité publique, au lieu de faire incarcérer et monter sur l'échafaud de bons et vrais patriotes. Est-ce là le fait, je le demande, d'un séide, d'un *geôlier* de Robespierre? Qu'en pense mon accusateur Marie-Joseph Chénier, le rimailleur?...

« Voici, du reste, ce que m'ont écrit les habitants de Breteuil, le 12 germinal an II, décadi de la 2ᵉ décade du nom de *charme* (1ᵉʳ avril 1794), deux jours après l'arrestation de Sauveur Chénier :

« Nous nous empressons de te faire passer copie de
« l'adresse que nous envoyons à la Convention nationale;
« cette adresse est l'expression de notre amour pour la
« liberté. Nous te prions donc d'être notre interprète.

« Si quelques intrigants (quatre citoyens égarés) ont
« cherché à semer parmi nous le germe de la discorde, la

« chute du principal moteur de cette trame infernale
« (Sauveur Chénier) va sans doute épouvanter les scélérats
« qui seraient tentés de l'imiter. Breteuil ne sera plus dé-
« sormais qu'une famille de frères qui se disputent la
« gloire de tout sacrifier pour la cause glorieuse que nous
« défendons. »

(Suivent de nombreuses signatures.)

On le voit, André Dumont en tournant la difficulté, en témoignant aux Britoliens la plus grande confiance dans leur patriotisme, dans leur amour de la liberté, les avait ralliés et gagnés à la cause de la République, qu'ils n'abhorraient que parce qu'elle s'était montrée injuste, sanguinaire et ennemie de la religion; tant il est vrai de dire que plus fait douceur que violence.

« Breteuil, écrivait André Dumont à la date du 24 frimaire an V, n'est plus aujourd'hui qu'une même famille. »

Le plus curieux de l'affaire, ce fut de voir *le parfait sans-culotte* Sauveur Chénier, déclaré d'abord suspect d'aristocratie, en appeler à André Dumont lui même, se débaptiser, comme on dit :

« Je ne suis pas suspect, lui écrivit-il, du côté de la naissance; mon père et ma mère sont de la classe du peuple; aucun de mes parents n'a possédé d'emploi qui donnât la noblesse.

« Je ne suis pas suspect du côté de la fortune. Mes parents n'ont rien; je n'ai jamais rien possédé.

« Je vous prie instamment, citoyen Dumont, d'exiger qu'on vous instruise des motifs de ma suspension. Je vous demande ce service comme à un vrai républicain, à un frère, avec la même confiance que je vous le rendrais en pareil cas. »

S'il avait intrigué pour perdre tant de personnes de Breteuil, celles-ci l'avaient imité; à l'intrigue, à la dénonciation, elles avaient opposé avec succès l'intrigue et la dénonciation.

Plusieurs d'entre elles avaient, paraît-il, joué le même tour au fameux Doby. Ayant un jour appris qu'une voiture escortée par la gendarmerie venait de Beauvais pour emmener et incarcérer un suspect, elles allèrent avec Doby lui-même au-devant du véhicule; dès qu'elles l'aperçurent, elles se saisirent du pauvre Doby, le « ligotèrent » et le livrèrent à la force armée de Beauvais ou de Montdidier comme le vrai suspect recherché (1). L'affaire s'arrangea à Beauvais, où l'on prit le parti de rire de l'aventure.

Au fond, à mon avis du moins, ils avaient raison, nos braves ancêtres: les plus mauvais patriotes, les plus grands ennemis de la vraie liberté, de la liberté pour tous, ont toujours été ceux qui poussent les choses à l'extrême, qui, sous le fallacieux prétexte d'établir, d'affermir la liberté, oppriment la liberté des adversaires de leurs sentiments politiques ou religieux, représentés, en 1793, comme des réfractaires dignes de l'échafaud.

A l'époque dont nous parlons, Breteuil était devenu le refuge d'un certain nombre d'officiers de l'armée, obligés de se retirer à vingt lieues de celle-ci pour cause de suspicion, ce qui ne dut pas peu contribuer à les indisposer contre le nouveau régime. Parmi eux, nous avons compté le général de division provisoire à l'armée du nord, le général Omeara, révoqué par le citoyen Bouchotte, ministre de la guerre, François Danse, ci-devant noble, commandant en chef à Cambrai, neuf officiers du 14° bataillon de chasseurs à pied, Victor d'Albanel de la Sablière, Louis-Marie Marteuil, capitaine, La Fuente, lieutenant-colonel, Charles Dupuis, ancien lieutenant, Dampierre, chef de brigade, Paillard, capitaine, Nicolas-Benoît Poullain. Ils

---

(1) Communication de M. Gustave Le Vavasseur.

s'étaient tous placés sous la surveillance de la municipalité, en laquelle, il faut croire, ils avaient confiance.

Dans le mois de leur arrivée, les habitants furent réunis et consultés sur le mode de jouissance des 59 arpents 41 verges qui revenaient à la commune après le partage fait du marais resté jusque-là indivis entre Breteuil et Paillart, et également sur le mode de jouissance de 26 arpents moins un quartier appartenant à la commune, non compris le fameux triage du duc de Béthune.

Ils votèrent le partage entre eux, à mains levées, le 30 ventôse an II.

Ainsi finit l'antique communauté des marais qui, à l'origine, furent concédés par les seigneurs à tous les habitants contre un droit insignifiant, avec la dépréciation constante de l'argent. Ceux qui en ont provoqué le partage ont-ils été plus sages que ceux qui les avaient donnés en vue de permettre aux plus petits ménages de nourrir une vache qui leur fournissait le lait et le beurre ? Nous en doutons fort. Nous croyons même que les habitants de Paillart, qui se sont refusés au partage, ont été mieux avisés, se sont mieux inspirés de l'intérêt général du pays.

Ces sortes de communautés de biens, selon des auteurs, dataient du temps même des Romains, et l'Eglise, la protectrice avouée des pauvres, l'Eglise, dont les premiers fidèles mettaient tout en commun, s'était bien gardée d'y toucher, à l'époque de sa plus grande puissance. Elle n'y aurait sans doute jamais touché.

Du mélange d'une assez grande portion des biens communs de Breteuil avec ceux de Paillart, de la communauté d'intérêts établie de temps immémorial entre les deux pays, ne doit-on pas conclure à leur co-existence à une certaine époque? C'est évidemment à croire : partant, il est à penser que l'antique église de Saint-Cyr fut aussi l'église paroissiale de cette localité.

Elle est fort ancienne également l'origine de ce dicton,

rappelé à un convive en retard : « Nous vous attendons comme les vaches de Paillart », toujours assez inconvenantes, paraît-il, pour ne jamais attendre celles de Breteuil, avant de commencer à brouter l'herbe du marais indivis.

Nous sommes entré dans tous les détails désirables, selon notre habitude, pour que personne ne puisse nous accuser d'avoir faussé l'histoire.

CHAPITRE TRENTE-CINQUIÈME.

La fin de la Révolution.

Le 9 Thermidor 1794. — L'épuration de la municipalité. — Les règlements de police, d'inhumations. — La répartition des offices.

Afin de s'assurer du concours de la municipalité, le comité de Salut public ordonna, le 2 thermidor an II, une nouvelle prestation de serment de la part de tous les citoyens désignés pour remplir les fonctions municipales. Il fit plus peu de jours après : il proclama la dissolution de l'ancien conseil et le réorganisa lui-même d'office après l'avoir épuré sans doute, mais selon les vues politiques du jour qui n'étaient déjà plus si radicales. Les membres les plus ardents, tels que Doby, D..., J. M..., furent même écartés, bien qu'ils rejetassent sur Sauveur Chénier l'odieux de leur conduite.

Le 9 thermidor, tous les nouveaux officiers ainsi que les notables prêtèrent le serment à tour de rôle « de remplir en leur âme et conscience les fonctions qui leur étaient confiées et de maintenir de tout leur pouvoir l'unité et l'indivisibilité de la République française, la liberté, l'égalité, les propriétés et les personnes, ou de mourir à leur poste en les défendant (1) ». Ils prêtèrent ce serment avec d'autant plus de loyauté qu'ils avaient été, nous l'avons dit, plus touchés des procédés d'André Dumont, qu'ils venaient d'échapper, grâce à lui, à un grand danger.

La chute de Robespierre, et avec elle la fin du règne de la Terreur arrivée le même jour, exercèrent aussi sur tous

---

(1) Arch. m., reg. 3.

la plus heureuse impression, leur firent concevoir l'espérance de jouir enfin des libertés promises. Ils devaient, hélas! les attendre encore longtemps.

Le premier soin de la nouvelle municipalité, réunie au conseil général, en la séance publique et permanente du 11 thermidor suivant, l'agent national, c'est-à-dire le maître, entendu, fut de proscrire les rixes et les scènes scandaleuses, attendu « que la vertu et la morale la plus sévère sont la seule base de toute république, et que la nôtre, qui est extérieurement attaquée, a besoin d'être purgée de toutes les immoralités extérieures, de toutes les ivrogneries qui mettent l'homme au-dessous de la bête et le conduisent prématurément à la ruine. »

Suit un arrêté condamnant tous les cabaretiers délinquants, tous les jeunes gens au-dessous de 16 ans qui fréquenteront les cafés, auberges, à une amende de 5 livres d'abord et une détention de trois jours en cas de récidive, avec redoublement continu de cette dernière peine à chaque nouvelle infraction. Les mascarades furent aussi interdites.

Le 21 thermidor, il fut décidé que le repos public ou la retraite serait annoncé au son de la cloche à neuf heures du soir depuis le 1er brumaire jusqu'au 1er germinal et à dix heures en dehors de ce temps. L'appariteur, le citoyen Gervoise, devait à cet effet sonner la cloche à la volée et ensuite tinter neuf coups comme on sonnait autrefois l'*Angélus*. L'heure de midi était signalée de la même manière. Pour ses gages, il recevait 500 livres, tous les fumiers de l'abbaye et la paille provenant des prisonniers de guerre qui arrivaient journellement à Breteuil.

A la même date, les citoyens Gavelle et Carpentier furent désignés pour rédiger les actes de baptêmes, de mariages, de divorces et de décès. Bernard Béranger devait présider aux convois funéraires. Injonction fut faite aux citoyens administrateurs d'avoir à se surveiller les uns les autres, car la défiance était encore à l'ordre du jour. Un surveillant responsable fut établi à la tête de chaque service municipal; la police des rues en exigea plusieurs; un comité de police fut même institué « pour maintenir l'ordre public, la bonne morale, l'exécution du code. » Des officiers furent aussi nommés pour veiller à l'approvisionnement des marchés.

De plus, afin d'imprimer un plus grand respect de l'autorité, il fut arrêté que les membres de la municipalité ne fonctionneraient jamais sans être ceints de l'écharpe tricolore (1).

La réorganisation administrative, on le voit, fut complète.

Nous avons constaté avec bonheur qu'en l'an II les grands intérêts de la commune étaient encore, comme autrefois, discutés dans l'assemblée générale des habitants, qui se réunissaient dans la chapelle de l'hospice. Une assemblée de ce genre se tint vers le 28 prairial, à l'occasion d'une demande de cinq verges de terrain faite par le citoyen Dumontier, qui désirait créer une place au Gay du Nil (2).

Pourquoi donc ces assemblées, d'où sont sorties nos libertés, ont-elles été proscrites?

Ne serait-il pas juste cependant de consulter tous les habitants dans ces questions où les intérêts de tous sont en jeu, en laissant aux administrateurs délégués le soin de diriger les affaires courantes prévues au budget?

Pendant que l'anarchie régnait au dedans, à la frontière nos armées se battaient avec acharnement sous la haute direction du grand Carnot, qui accablait le pays de réquisitions pour les ravitailler. Le 25 vendémiaire an III, 132 chevaux harnachés furent exigés des habitants. Tous les cordonniers étaient obligés de travailler pour la troupe.

---

(1) Arch. précit.
(2) Arch. m. cit. reg. 3.

Ils recevaient pour une paire de souliers, en 1796, 8 à 900 livres en assignats qui valaient 100 sols. Toutes les communes environnantes furent taxées à fournir chaque semaine une quantité de blé déterminée. Les ordonnances du comité de Salut public étaient toujours si précises et si menaçantes qu'il n'y avait guère moyen de les éluder, si multipliées qu'elles fussent (1).

Il fallait aussi approvisionner le marché :

Caply devait fournir 28 mines de blé par marché;

Paillart, 20, etc.

Le prix du pain était taxé à 30 livres en assignats, à 40 livres le 17 germinal an IV, d'où l'on peut calculer l'énormité de la dépréciation subie par ce papier-monnaie, dont il avait été émis des milliards.

Les assignats cessèrent d'avoir cours forcé le 14 juillet 1796.

C'est à cette date que l'administration du district songea à s'emparer de l'Hôtel-Dieu pour le transformer en une fabrique d'armes blanches, contrairement à son antique et belle destination (2).

Est-ce à dire qu'on faisait bon marché des pauvres? Non, car deux fois nous voyons les officiers et le conseil général réunis dans le temple de l'Être suprême à l'effet de s'informer de leurs besoins les plus pressants et de les secourir, autant du moins que le permettait la misère si grande des temps (3).

Frimaire, nivôse et pluviôse se passèrent sans incidents, mais en ventôse éclata une nouvelle insurrection de femmes qui transportèrent comme de vive force M. Dupuis, l'ancien curé, en la maison commune, devant les officiers municipaux, afin qu'il y souscrivît l'engagement

---

(1) Arch. m cit., reg. 3.

(2) *Ibid.*

(3) *Ibid.*

de célébrer la messe le lendemain matin. Elles s'autorisaient d'une loi promulguée le 3 ventôse qui autorisait le libre exercice des cultes. Fortes de cette loi et de leur nombre, car elles étaient bien trois ou quatre cents, elles ne voulurent rien entendre, et nos municipaux, bien embarrassés, intimidés peut-être, accordèrent au ci-devant curé l'autorisation demandée.

Le lendemain, effrayés de la liberté qu'ils avaient accordée, ils décrétèrent que dorénavant l'église, fermée à tout culte, ne serait plus ouverte que pour la vente des biens nationaux.

Elle était à peine ouverte pour cet objet, que toutes les femmes, en dépit de toutes les menaces, se précipitèrent comme un torrent et envahirent l'église en criant qu'elle appartenait à la commune, qu'elles en revendiquaient elles aussi la jouissance pour les pratiques de leur culte (1).

Elles n'étaient certes pas effrayées, les Britoliennes de 1795. Il est vrai qu'elles devaient être excitées et encouragées par la secrète connivence des autorités du jour, composées de leurs chers maris, qui naturellement se seraient bien gardés de les dénoncer.

On se rappelle comment ils firent semblant de n'en avoir reconnu aucune le jour qu'elles s'étaient mises à abattre les arbres de la prairie de l'abreuvoir.

Comment d'ailleurs arrêter quatre cents femmes sans révolutionner tout le pays ? Comment aussi arrêter le curé démissionnaire qu'elles avaient enlevé de vive force pour le contraindre à leur dire la messe ?

M. Dupuis, dès l'an III, releva la tête.

S'il ne put ce jour-là s'exécuter, ce que nous n'avons pu savoir, il y fut du moins autorisé vers le 15 prai-

---

(1) Arch. cit., reg. 3.

rial suivant, après toutefois qu'il eût fait un nouvel acte de soumission aux lois de la République en la maison commune, conformément à l'article 5 du 11 prairial précédent. Ce bon curé, pour échapper à la hache révolutionnaire, avait fait trop de sacrifices. Bien plus sacerdotale avait été la conduite de M. Alavoine, curé de Vendeuil, qui, avec tant d'autres, préféra la mort au serment.

Le 10 fructidor suivant, M. Dupuis présenta à la municipalité un mémoire de plus de 398 livres réclamées pour l'acquit d'obits, services et chapes achetées et payées par lui (1).

La municipalité qui l'accepta avait été réorganisée de nouveau *d'office*, le 5 dudit mois, sous les auspices d'André Dumont.

Casimir Dupuis avait été renommé maire, Petigny, Lefranc, Emmanuel Bayard, Labbesse et Jacques Vassel devinrent officiers municipaux.

Le maire et quelques notables, qui s'étaient récusés sous différents prétextes, finirent par accepter sur les remontrances d'André Dumont, qui leur rappela sans doute le passé (2).

Leurs pouvoirs ne durèrent pas longtemps ; à la suite de la Constitution de l'an III, les municipalités communales qui devenaient indociles furent remplacées par une administration municipale cantonale composée d'autant d'agents qu'il y avait de communes dans le canton.

Le président ainsi que les agents étaient soumis à l'élection.

M. Tassart fut élu agent de Breteuil ;

---

(1) Arch. cit. reg. 3. — Les biens séquestrés de M. Alavoine furent rendus à ses héritiers le 9 thermidor an IV.

(2) Arch. cit. reg. 3.

Antoine Guilbon, qui avait supprimé sa particule DE, agent de Beauvoir ;

François Despreaux, d'Esquennoy ;

Frederic Guedée, de Rouvroy ;

Louis-Charles Deberny, de Paillart ;

Charles Hercelin, de Troussencourt ;

Fuscien Grault, de Fléchy ;

Antoine d'Hardivillers, de Vendeuil ;

Pierre Lefranc, de Villers (1).

Alexandre-Benoit Davalet fut élu président.

Le secrétaire était Leroy.

Le 27 brumaire an IV, lorsque ces agents, sous la conduite non plus de l'agent national disparu, mais du commissaire du pouvoir exécutif, se présentèrent en la salle ordinaire des séances, qui avaient lieu alors à l'abbaye, ils s'en virent refuser l'entrée par le concierge, au nom de l'ancienne administration municipale, qui avait compris l'énormité de l'attentat dirigé contre ses prérogatives et contre les libertés communales qui lui restaient.

C'était, en effet, l'aristocratie, hier encore si honnie, qui revenait au pouvoir et, qui plus est, nommée par tous les citoyens actifs : tant il est vrai que souvent l'opinion est de sa nature aussi inconstante que le vent.

Après bien des pourparlers inutiles pour obtenir l'ouverture de la salle, le citoyen Devienne, le commissaire en question, fit sommer le citoyen Vaconsin, serrurier, de lui ouvrir la salle n° 10 (2).

A raison d'une grande agitation qui régnait dans le pays, la sûreté publique, à cette date, était si compromise, qu'il fut formé pour l'assurer une colonne mobile de 49 hommes de Breteuil, de 10 de Beauvoir, de 15 d'Esquennoy, de 12 de Fléchy, de 16 de Paillart, de 2 de Nourroy, de 10 de Tar-

---

(1) Arch. cit., reg. 4.

(2) Ibid.

tigny, de 13 de Fraissencourt, de 16 de Vendeuil-Caply et de 11 de Villers.

De plus, un détachement de 25 hommes fut demandé à Beauvais pour surveiller les prisonniers et les personnes suspectes (1).

Les prêtres non assermentés, assimilés aux déserteurs, aux émigrés, voire même aux vagabonds, restèrent placés sous la surveillance des conseillers municipaux.

Un redoublement de surveillance fut même ordonné, le 15 frimaire an VII, contre les prêtres réfractaires et les émigrés.

Le 11 brumaire an IV, M. Dupuis dut se présenter de nouveau devant la municipalité cantonale et déclarer « qu'il reconnaissait cette fois l'universalité des citoyens français pour le souverain et promettre obéissance aux lois de la République (2).

On ne regarda pas s'il était clérical ; du moment qu'il adhéra aux lois de la République, il fut considéré, sinon comme un bon républicain, du moins comme un bon Français, ce qui était l'essentiel.

Pour soutenir la République malade, la célébration des fêtes républicaines était plus recommandée que jamais. Le Directoire, les rappelant au souvenir de la population, lui adressait même à ce sujet, non plus par l'intermédiaire de la société populaire, mais par celui de ses commissaires, les invitations les plus pressantes, de véritables rappels à l'ordre.

La fête de l'agriculture fut célébrée.

L'an IV, le 10 messidor, à dix heures du matin, les agents, leurs adjoints, les cultivateurs, les gardes nationales et tous les habitants du canton avaient été invités à prendre part au cortège (3).

---

(1) Arch. cit., reg. 4.
(2) *Ibid.*
(3) *Ibid.*

Les cultivateurs y eurent une place distinguée avec leurs femmes et leurs enfants; leurs chapeaux étaient ornés de rubans tricolores et de fleurs; d'une main ils tenaient un ustensile de labourage et de l'autre des épis et des fleurs. Celui qui s'était distingué par une plus grande intelligence de la culture, par son activité et par sa bonne conduite, avait un siège à côté du président, qui le donnait pour modèle et proclamait son nom du haut de l'autel élevé à la Patrie à cette occasion.

Le 9 thermidor, l'administration, réunie aux corps constitués, à la garde nationale et aux différents groupes de tout âge placés sur deux rangs, célébra la fête de la Liberté, jura haine éternelle à la royauté. Elle fit le même serment le 2 pluviôse an V, le jour de la fête nationale (1).

L'absence d'un tiers des administrateurs ou fonctionnaires publics des mieux posés fut fort remarquée.

« Des chants civiques, au rapport de nos archives, furent exécutés *pendant la rédaction du procès-verbal de la fête,* » que nous n'avons pu retrouver.

Le 17 thermidor an VI, ordre fut donné aux autorités constituées, aux employés des bureaux publics, de *vaquer* les jours des décadis et des fêtes nationales.

Les deux premiers arbres de liberté étant morts *de vétusté*, l'administration, le 2 pluviôse an V, décida que le second serait remplacé sur la place de l'Égalité à l'aide du produit de la vente des deux arbres morts.

Quelle parcimonie!

Quelques mois plus tard, les habitants de Beauvoir, Nourroy, Paillart, Esquennoy, Fléchy et Troussencourt furent sommés d'avoir aussi à remplacer l'arbre mort de la liberté (2).

Toutes ces morts étaient d'autant plus étranges que les

---

(1) Arch. cit., reg. 5.
(2) *Ibid.*

arbres étaient plantés avec toutes leurs racines dans les meilleurs terrains.

Travailler le jour du dimanche chrétien, c'était très bien, mais profaner par le travail les jours des décadis, c'était un crime qui méritait une leçon. Elle fut donnée, le 23 fructidor an VI, par le commissaire du pouvoir exécutif près le canton de Breteuil, qui adressa la lettre suivante aux administrateurs du canton.

« Citoyens,

« Depuis quelque temps nous avons célébré les fêtes du 14 juillet, du 10 août et du 18 fructidor; *à peine un petit nombre d'entre vous a-t-il daigné y assister;* cette indifférence a été remarquée des républicains et *les a scandalisés.*

« Nous célébrerons, le 1er vendémiaire prochain, la fondation de la République. *Je vous requiers* de vous y rendre sans faute, et vous aurez soin d'avertir vos adjoints de vous y accompagner.

« Je vous préviens qu'il n'y a que des choses légitimes qui pourraient dorénavant justifier votre conduite à cet égard, et que les absents seront désignés aux autorités supérieures.

« Salut et fraternité,

« Devienne (1). »

Le 1er floréal an VII, la municipalité reçut une nouvelle injonction d'avoir : 1° à prendre les mesures les plus promptes pour donner aux fêtes décadaires et nationales le plus de dignité; 2° d'élever un autel fixe à la Patrie dans le plus bref délai, à l'instar de celui de Beauvais; 3° de faire marcher la force armée qui se trouvait dans la commune avec l'administration, dans l'intérêt de la dignité des fêtes nationales.

---

(1) Arch. cit., reg. 5.

Sous l'action de ces coups de fouet répétés, le culte des fêtes nationales nous a paru se ranimer quelque peu. La fête des Époux, à laquelle furent invités les jeunes maris avec leurs épouses vêtues de blanc et parées de fleurs et de rubans, fut célébrée le 7 floréal de ladite année. Les vieillards des deux sexes, qui avaient des places d'honneur, y figuraient accompagnés de leurs enfants, autour de l'autel de la Patrie. Ils étaient bien une quinzaine, assistés pour la plupart.

La fête de la Reconnaissance eut lieu le 5 prairial.

Une fête qui occasionna de pompeuses manifestations fut celle de la Souveraineté du peuple. Ce jour-là, l'autel de la Patrie, qui avait été enfin élevé, orné de verdure et surmonté du drapeau tricolore, reçut le livre de la dernière Constitution en présence des vieillards, des instituteurs suivis de leurs élèves et des jeunes gens. Les anciens tenaient chacun une baguette blanche à la main; les jeunes gens, précédés des tambours et des clairons, portaient des bannières sur lesquelles étaient imprimées des inscriptions diverses, les plus élogieuses en l'honneur de la souveraineté populaire. Les fonctionnaires publics marchaient à la suite des vieillards.

La cérémonie commença par des chants patriotiques. A un moment donné, les vieillards s'avancèrent au milieu de l'enceinte formée par les autorités et les habitants, disposèrent leurs baguettes en un faisceau entouré de rubans tricolores, puis un vieillard, le plus digne, ayant gravi les degrés de l'autel, prononça la petite allocution suivante :

« La souveraineté du peuple est inaliénable ; il délègue une partie de sa puissance à des représentants et à des magistrats choisis par lui-même ; c'est pour se pénétrer de l'importance de ces choix que le peuple se rassemble aujourd'hui. »

Il ne manquait à la fête qu'une fanfare pareille à celle de la Société actuelle des Amateurs.

Le 22 prairial, une grande démonstration funèbre fut ordonnée à l'occasion de l'assassinat des plénipotentiaires français chargés de traiter la paix de Rastadt.

La mort du général Joubert, tué à la tête de son armée, donna également lieu à une fête funèbre le 5 vendémiaire an VIII.

C'est en cette année que fut promulguée la célèbre Constitution de l'an VIII, adoptée par le peuple, qui déléguait le pouvoir exécutif à trois consuls, dont le premier, le plus glorieux, était Bonaparte. Elle instituait aussi un Sénat et un Corps législatif, confiait l'administration du département à un préfet et rétablissait les municipalités, dont les membres étaient nommés par le préfet.

Dès lors Breteuil cessa d'être chef-lieu de district.

M. Bernard Levavasseur fut appelé aussi aux fonctions de maire.

Les fêtes nationales étaient encore célébrées, mais plus ou moins, en l'an X. Elles ne cessèrent guère qu'à la réouverture officielle de l'église, en l'an XII.

Un banc que les ressources empêchèrent de rendre aussi distingué qu'on l'eût désiré dut être alors établi à l'entrée du chœur pour la commission administrative nommée en vertu de la Constitution de l'an VIII, modifiée dès 1802 par le sénatus-consulte organique qui proclama le Consulat à vie, et depuis, en 1804, par un autre sénatus-consulte constituant l'Empire, aux acclamations de la population. Celle-ci, enivrée par toutes les victoires de Napoléon, heureuse de voir le culte catholique si cher à son cœur rétabli, ne parut pas s'affliger beaucoup de la confiscation de ses antiques prérogatives électorales, de celles que lui avait conférées, un instant la Révolution.

C'était vraiment bien la peine d'avoir tant glorifié la liberté, d'avoir tant combattu pour elle !

Voilà où conduisirent et où conduiront toujours les violences, les oppressions, les abus commis en son nom.

CHAPITRE TRENTE-SIXIÈME.

La fin de l'abbaye et de la seigneurie de Breteuil.

Nous avons dû, pour suivre les événements qui se précipitaient, interrompre le récit de la vente des biens de l'abbaye et la mort si triste du dernier seigneur de Breteuil. Reprenons-le.

Afin de rendre impossible tout retour vers le passé et de se procurer l'argent nécessaire, la Révolution, après avoir déclaré biens nationaux les biens ecclésiastiques, en avait décrété la vente successive par fractions, en vue d'en tirer le plus grand profit possible. La première portion aliénée des biens de l'abbaye, à nous en rapporter aux archives de l'Oise, fut le domaine adjugé, le 22 février 1791, à M. J.-Bernard Levavasseur pour la somme de 89,600 livres.

Le 28 du même mois, M. A. Davalette, l'ancien bailli seigneurial, et Ph.-Alexandre Benoît, achetèrent une notable portion de près de 28,000 livres.

Le moulin dit des Moines, la prairie attenante et une pièce de terre furent acquis pour 26,700 livres. Diverses fractions de terre passèrent entre les mains de dix particuliers des plus aisés du pays.

Tous ces bons acquéreurs se sont dit : « Ma foi, autant nous que d'autres. » Peut-être aussi certains pensèrent-ils rendre un jour contre le remboursement du prix d'acquisition, comme cela s'était pratiqué autrefois. Il arriva même que plusieurs n'achetèrent pas dans la crainte d'être obligés de rendre plus tard.

Le produit de cette première vente s'éleva à la somme de 162,845 livres (1).

---

(1) Arch. de l'Oise. Vente des biens de l'abbaye de Breteuil.

Les biens qui avaient été légués à l'église par la piété des fidèles, à charge le plus souvent d'obits, vendus aussi séparément à divers le 19 septembre 1793, produisirent 38,195 livres.

Ils comportaient la chapelle de la rue du Frayé, achetée à démolir (car telle était la condition première de la vente) par J.-B. Delamortière 2,450 livres, celle de la rue du Loup, vendue seulement 260 livres, et la maison vicariale, qui fut aliénée le 5 messidor an IV au prix de 1,260 livres (1).

La maison abbatiale et la maison conventuelle restaient à vendre.

La première fut adjugée à Jean-Bernard Levavasseur, le 24 fructidor an IV, contre 21,797 livres.

« La maison abbatiale consistait principalement : 1° en un bâtiment servant d'habitation à l'abbé, de 47 pieds de long sur 27 de large et 24 de hauteur, construit en maçonnerie et distribué en plusieurs pièces, au pignon duquel sont flanquées deux tours ; 2° d'un autre bâtiment en pierre de taille servant de chapelle, à deux étages voûtés. » C'est la chapelle historique actuelle (2).

Vincent Derveloy acquit trois journaux de prairies pour 8,300 livres (3).

Les fermes et les autres biens de l'abbaye furent vendus 626,000 livres à Pierre-Nicolas Gravet, de Paris, le 14 messidor an VII (4).

Louis-André Poulain, homme d'affaires, demeurant à Beauvais, acheta 40,000 livres, le 10 nivôse an VIII, une maison importante qui appartenait à la fabrique (5).

Quant à la maison conventuelle transformée en hôpital militaire, elle ne fut aliénée que plus tard.

---

(1) Arch. de l'Oise. Vente des biens de l'abbaye.
(2) Ibid.
(3) Ibid.
(4) Ibid.
(5) Ibid.

« Elle comprenait deux grands corps de bâtiments en ailes et de fond, construits en pierre de taille, de 86 mètres de longueur, une terrasse tenant à la route de Paris, entourée de murs, de 64 mètres de long sur 10 de large ; une cour en face des bâtiments, de 83 mètres de longueur sur 40 de largeur.

« L'une de ces constructions, faisant face à la terrasse, est composée, au rez-de-chaussée, d'un grand corridor, d'une salle de malades et de deux autres pièces servant de pharmacie ; au premier, d'une autre salle de malades et d'une chambre d'infirmiers. Il y a un second étage et un grenier au-dessus.

« A ce bâtiment attenait un autre qui faisait face à la cour ci-devant abbatiale, consistant, au rez-de-chaussée, en une pièce avec foyer et un cabinet ; une autre pièce faisait face à la cuisine servant de dépense. Au premier étaient trois pièces, un cabinet et grenier au-dessus » (1).

Les bénédictins possédaient aussi un pressoir, qu'ils avaient fait construire sur Vendeuil, « afin que les villages voisins pussent venir faire leur cidre sans payer de droits » (2).

Ce pressoir fut brûlé par la foudre en 1762 (3).

A la maison conventuelle acquise par M. Tassart, suivant convention passée au préalable avec M. J.-Bernard Levavasseur de la partager, était attenant un jardin potager planté d'arbres fruitiers et garni d'espaliers, une maison de jardinier, construite en pierres et couverte en tuiles... contenant deux hectares.

Un canal planté d'arbres fruitiers, deux vergers séparés par une avenue, ayant de chaque côté un canal, tenant d'un côté à la rivière, d'un autre côté au mur de clôture,

---

(1) Arch. de l'Oise. Vente des biens de l'abbaye.

(2) Manuscrit Villobret.

(3, *Ibid.*

d'un bout au grand canal, d'autre bout au mur de M. Davalet. La maison du portier de l'abbaye, le corps de garde et une écurie en faisaient partie.

Le tout fut mis en adjudication au prix de 196,000 fr. (1).

D'après la tradition, la vente à un prix relativement faible d'un autre immeuble de l'abbaye doit être attribuée à une promesse éludée depuis, mais faite par son acquéreur, de donner en mariage une jeune fille d'une grande beauté dont le fameux Joseph Lebon, d'Arras, s'était épris en passant à Breteuil.

Furieux d'avoir été joué, il aurait dit : « Ah ! coquin, tu me revaudras ça ! »

On sait s'il était capable de tenir parole.

Nous pouvons l'avancer, car c'est la vérité : la plupart de ces grands prôneurs de morale et de vertus civiques, exaltées au-dessus même de la morale et des vertus évangéliques, ne savaient pas reculer devant un forfait pour assouvir leur vengeance ou leurs basses convoitises.

Que le Ciel nous préserve de retomber jamais entre de telles mains !

Avec la vente de tous les biens qui lui avaient été légués ou qu'elle avait acquis, finit cette abbaye à jamais célèbre qui fut si longtemps la vie de Breteuil et des villages environnants, leur première école, la civilisatrice des mœurs autrefois si dures de nos ancêtres, la réformatrice du clergé au XIe et au XIIe siècle, l'âme de la culture, l'auteur de véritables splendeurs architecturales, la providence des pauvres, le centre des plus magnifiques pèlerinages dont la disparition a été préjudiciable aux intérêts du pays.

Voyons maintenant quelle fut la fin, nous ne dirons pas de la seigneurie de Breteuil, car elle n'existait plus depuis l'abolition des privilèges, mais la fin du dernier seigneur de Breteuil.

---

(1) Arch. de l'Oise. Vente des biens de l'abbaye.

Armand-Louis-François-Edme de Béthune-Charost, qui épousa, nous l'avons vu, sa cousine Maximilienne-Augustine-Henriette de Béthune-Sully, n'avait pas voulu émigrer pour porter les armes contre sa patrie.

Il s'était cru sans doute suffisamment protégé par l'ombre du grand Sully et par les services de son père, qui avait épousé, en 1760, en premières noces, Louise-Suzanne-Edmée *Martel*, fille ou petite-fille du comte Martel de Clèves, qui lui avait apporté *Beaumesnil* (Eure) en dot.

« Ces châtelains, dit un auteur, nobles par leur illustre naissance et plus encore par l'élévation de leurs sentiments, habitèrent et embellirent ce pays, qui garde encore le souvenir de leurs bienfaits » (1).

La duchesse y mourut en 1777, et ses biens, en vertu de son contrat de mariage, passèrent dans la famille de Béthune-Sully. Les Martel d'Hécourt, de Delincourt, si connus aussi dans ce dernier pays par leurs générosités, n'hériteront que du titre de comte (2).

Le duc de Béthune se remaria avec Mlle de Tourzel, fille du grand-prévôt de Louis XVI et gouvernante des enfants de France.

« Député à l'assemblée des notables, en 1788, il se prononça pour l'égale répartition des charges sur toutes les classes de la société, donna généreusement, le 25 septembre 1789, une offrande patriotique de 100,000 francs, et par son zèle charitable mérita, pendant la Révolution, le beau surnom de « Père de l'humanité souffrante. » Devenu ensuite maire d'un arrondissement de Paris, il mourut le 27 octobre 1800, victime de son dévouement en soignant des sourds-muets atteints de la variole. Les habitants

---

(1) *Notice hist. et stat. sur Beaumesnil (Eure)*, par Henri Quovilly. Bernay, 1873.

(2) *Histoire de Delincourt*, par l'abbé C.-A. Baticle. Pontoise, 1880.

du Cher, reconnaissants, s'empressèrent de lui élever, par souscription, un obélisque dans le jardin public de Bourges.

Armand-Joseph de Béthune, duc de Béthune-Charost, pair de France, (rendons lui cet hommage avec M. Henri Quevilly, l'historien de sa vie,) fut en effet, de son vivant, la providence des classes indigentes. Aussi, pendant la guerre de la succession d'Autriche il établit un hôpital militaire à Francfort et donna patriotiquement son argenterie à la Monnaie, en 1758. A Anconis, il fonda des ateliers pour les anciens soldats, pensionna de pauvres officiers et établit des écoles.

En Bretagne, il creusa de nouvelles routes et créa des institutions de bienfaisance pour les femmes en couches, les orphelins et les agriculteurs ruinés par l'incendie ou la grêle. En Picardie, il institua des prix pour la culture du coton, le dessèchement des marais et la guérison des épizooties.

Dans le Midi, il établit des moulins à vent, des forges perfectionnées et des prairies artificielles. Le Berry lui doit plusieurs plantes précieuses et surtout le lin, la rhubarbe, la garance et le tabac. Enfin, habile politique, le duc de Charost avait aboli les droits féodaux sur ses terres, avant la Révolution et proposé à l'abbé Ferrey, pour rembourser la dette publique, un plan qui fut repoussé parce qu'il donnait le premier rang à l'industrie. Il a composé des écrits remarquables publiés en 1795, sous ce titre : *Vues générales sur l'organisation de l'instruction rurale.*

Les vertus, les bienfaits, les services, les générosités du père auraient dû, ce semble, protéger le fils Armand-Louis-François-Edme de Béthune-Charost, né en 1780, devenu seigneur de Breteuil à la suite de son mariage avec sa cousine Maximilienne de Béthune Sully.

Il n'en fut rien : arrêté comme suspect et incarcéré, il porta sa tête sur l'échafaud, le 8 floréal an II, à la fleur de l'âge, peu de temps après son mariage.

Dans son désespoir, il tenta, dit-on, de se tuer en prison. Il ne laissa pas de postérité. Tous ses biens avaient été mis sous séquestre dès le 30 vendémiaire de la même année républicaine.

Que s'était-il donc passé ? Avait-il réellement conspiré ? Fut-il l'âme de cette conspiration sourde contre les violences impies et révolutionnaires de la Convention signalée à Breteuil par Sauveur Chénier et dont tant d'habitants se trouvèrent accusés ? Fut-il dès lors la victime désignée pour être sacrifiée à la place de tous les autres inculpés ? Nous ne saurions l'affirmer, mais nous sommes portés à le croire, en lisant le rapport de Chénier qui dénonce comme dignes de l'échafaud tous ceux qui l'approchaient de près ou de loin.

Après la terrible leçon qui leur fut donnée, après l'incarcération de deux ou trois d'entre eux, on s'explique la conduite en apparence modérée d'André Dumont, la raison pour laquelle il ne crut pas nécessaire de faire périr plus de cent habitants de Breteuil, à l'effet de rallier le reste à la République par la terreur.

La jeune duchesse de Béthune fut aussi arrêtée et incarcérée comme suspecte, à Arras, par ordre du proconsul Joseph Lebon. Plus heureuse que son époux infortuné, elle fut rendue à la liberté après quelques mois de détention ; mais tel fut l'effet sur sa frêle organisation du supplice de son mari et de sa captivité, qu'elle en contracta une maladie mentale dont les accès se reproduisirent, dit-on, quelquefois pendant le reste de sa vie (1).

Elle continua de résider en France ; les certificats de résidence qu'elle fit souvent renouveler à Breteuil y accusent sa présence. En 1802, elle épousa en secondes noces Eugène-Alexandre, d'abord marquis, puis duc de Mont-

---

(1) *Notice hist.* citée.

morency-Laval, fils du duc Alexandre-Joseph de Montmorency-Laval, pair de France, et de Marie-Louise de Montmorency-Luxembourg (1).

Nous parlerons plus loin de l'intérêt qu'elle témoigna à l'hospice et aux écoles de Breteuil.

Son corps repose à Beaumesnil (Eure) dans la chapelle funéraire des Montmorency-Laval, construite vers 1835, auprès de celle de la duchesse de Béthune-Charost, Suzanne-Louise-Edme de Martel.

Son épitaphe, gravée sur marbre blanc, est ainsi conçue:

<pre>
        Maximilianæ, Augustinæ, Henricæ
               de Bethune-Sully
     Matronæ, modestiâ et pietate singulari
               Eugenius Alexander
          Dux de Laval Montmorency hæres
             Fecit conjugi carissimæ
               de se optimo meritæ
                Quæ obiit in X^to
         Calendis Jan. an. MDCCCXXXIII
                Annos nata LXI,
            Qui ades civis, hospesve
        Quietem superum adprecare memor
                 Feminæ pienti
           Cœterisque quorum corpora
               hic illata sunt (2)
</pre>

Les armoiries des Montmorency-Laval et des Béthune-Sully sont accolées en tête de l'inscription.

Un simulacre de cercueil aussi en marbre blanc, placé à terre au droit de cette inscription, porte cette épitaphe :

---

(1) L'abbé Bouillet : *Le château de Beaumesnil*. Caen, 1860.

(2) Communic. de M. L. Régnier, d'Evreux.

Max. Augustine, H. de Bethune-Sully
Mar. de
Montmorency
ob. D. I. J. an
MDCCCXXXIII (1)

Nous pouvons le dire, sans crainte d'être démenti : la duchesse de Montmorency-Laval a clos glorieusement la longue série des châtelains et des châtelaines de Breteuil. Comme Alice et Amicie, elle semble n'avoir vécu que pour Dieu, pour les pauvres et pour le ciel.

Les terribles épreuves par lesquelles elle passa en 1793 n'avaient fait que la grandir aux yeux de ses contemporains, qui la saluaient avec un respect mêlé d'admiration. Ses biens, placés sous séquestre pendant la Révolution, lui avaient été rendus vers 1803.

En 1414, le sceau de la châtellenie de Breteuil était un écu triangulaire aux armes de Montmorency, brisées d'un canton chargé d'une étoile, surmonté d'un château à trois tours. (De Dion.)

Elle habitait en dernier lieu, l'été, le château des Ruissiaux de Vendeuil avec son noble époux qui entrait généreusement dans ses vues charitables.

Quant au vieux manoir de Breteuil, abandonné et tombé en ruine, il fut remplacé, en 1821, par M. Octave Levavas-

---

(1) Le corps du duc et de la duchesse de Sully reposent à Nogent-le-Rotrou, dans un mausolée en marbre blanc, qui est un chef-d'œuvre de sculpture. Les deux illustres morts revêtus de leur grand costume sont représentés à genoux, les mains jointes. Devant eux, deux petits coussins en marbre, portent, l'un deux bâtons de commandement et la couronne ducale, l'autre un livre de prières. Sur la face antérieure du piédestal sont sculptées les armes des deux époux. En face du mausolée, contre le mur de la chapelle funéraire, une inscription reproduit les commandements de Dieu. Dans le mur opposé, une grande table de marbre offre l'épitaphe de Sully et de Rachel de Cochefilet, son épouse (Adolphe Joanne).

seur, devenu acquéreur du petit domaine féodal, par la coquette habitation actuelle. C'est là que l'ancien aide de camp du maréchal Ney, qui assista à toutes les grandes batailles de l'empire, termina ses jours (1).

Ce domaine appartient aujourd'hui à M. Lecomte. Sur les pentes du monticule de l'ancien château-fort se déroulent les étroites allées d'un labyrinthe.

La cour d'honneur où se livrèrent tant de combats a été transformée en une belle pelouse.

Si du moins on avait laissé ou même si on avait fait figurer, çà et là, au pied de la forteresse quelques pans de muraille en ruine, recouverts de lierre ; si, au-dessus de la vieille motte féodale, on avait élevé une grosse tour crénelée, percée de meurtrières, qui rappellerait les anciennes fortifications !

Le souvenir du château-fort n'est-il pas assez mémorable pour n'être pas si complètement méconnu ? Si, dans les transformations qu'on lui a fait subir, on avait davantage tenu compte des souvenirs historiques, on aurait donné à la propriété qui s'y prête admirablement, et à la ville, un reflet de l'antique cachet qu'elles ont perdu ; on aurait rehaussé l'une et l'autre aux yeux des étrangers. Ajoutons qu'en élevant une statue à l'auteur des premières franchises communales qui sont restées la base de ses plus chères libertés, à *Gauthier de Risnel*, ou La Hire, son glorieux défenseur pendant plusieurs années, Breteuil se serait placé au niveau des *communes* les plus fières de leur passé.

Après avoir retracé l'histoire de l'antique seigneurie et de la vieille abbaye qui ont formé Breteuil et présidé si longtemps à ses destinées, nous ajouterons une courte notice sur l'Hôtel Dieu, pour terminer ce long travail.

---

(1) Communio. de M. Lebel (E.), secrétaire de M. G. Levavasseur.

Notre intention n'a jamais été d'étudier à fond le xix° siècle, de raconter ce que presque tous nos compatriotes connaissent : la sécheresse de l'été de 1803, le phénomène de trois soleils apparut en février 1805, la rigueur de l'hiver de 1807, tous les *Te Deum* chantés sous le premier empire, l'apparition de la fameuse comète de 1811, la grande cherté du blé en 1812, qui obligea à distribuer au peuple, sur la grande place, des portions d'orge pour l'empêcher de mourir de faim, l'orage épouvantable du 7 octobre 1813, les commencements d'incendie qui en furent la conséquence, l'arrivée des Cosaques, le 13 février 1814, l'épouvante des habitants qui cachèrent tous leurs meubles et se réfugièrent dans les bois, les charges militaires qui en résultèrent pour la ville, le passage de l'empereur de Russie à Breteuil, le 3 juin 1814, celui du roi de Prusse, le lendemain ; les nouvelles terreurs des habitants, en 1815, après Waterloo, les exigences des Prussiens qui se faisaient servir à coups de plat de sabre, la triste récolte de 1816, l'affreuse disette de 1817, l'hiver de 1819, la fonte et le baptême de nos trois cloches, sous le ministère de M. l'abbé Charles-Chrysostôme Dupuy, qui était encore curé-doyen de Breteuil en 1821, tous les changements de régime gouvernemental, les chants d'allégresse, les prestations de nouveaux serments de fidélité auxquels ils donnèrent lieu, le bombardement de 1870, la courageuse résistance des habitants, les embellissements de la ville, sa situation économique, l'état de la culture, de la principale industrie du pays, de la cordonnerie qui est, paraît-il, comme le commerce, en baisse assez sensible, la prospérité bien relative de ses grands établissements d'éducation, battus en brèche par ceux de villes plus importantes et par les idées du jour, au détriment d'intérêts même matériels.

QUATRIÈME PARTIE.

CHAPITRE TRENTE-SEPTIÈME.

La maladrerie de Breteuil.

Son origine. — Son règlement. — Ses biens. — Son annexion à l'Hôtel-Dieu

Afin d'arrêter l'effrayante contagion d'une maladie horrible et héréditaire, de la lèpre, qui s'était répandue en France à la suite des premières Croisades auxquelles prirent part un certain nombre d'habitants de la chrétienté de Breteuil, dénommée encore le pays de Breteuil au xvii° siècle, une maladrerie (qualification dérivée du nom du patron des lépreux de saint Ladre ou Lazare), fut construite vers la fin du xi° siècle ou au commencement du xii° « à une portée de mousquet de l'église de Vendeuil », du côté du nord, entre Vendeuil et le Hamel (hameau)(1). Elle se trouvait beaucoup plus rapprochée de Vendeuil que de Breteuil, de sorte que les habitants de Vendeuil en revendiquèrent l'entière propriété en 1494 (2). L'abbé de Breteuil dut leur démontrer le mal fondé de leurs prétentions en leur prouvant que le terrain sur lequel elle avait été élevée faisait bien partie de la

---

(1) Manuscrit de La Motte-Villebret.
(2) *Ibid.*

dîme de Breteuil (1). La maladrerie de Breteuil, d'après les archives de l'Hôtel-Dieu, portait le nom de commanderie de Breteuil, de l'ordre de Notre-dame du Mont-Carmel et de Saint-Lazare de Jérusalem. Elle relevait du grand prieuré de Flandre.

Derrière les hautes murailles qui entouraient cette maison de refuge, les pauvres lépreux, errants, sans asile, repoussés de leurs parents et de leurs amis, traqués parfois comme des bêtes fauves, purent du moins vivre tranquilles à l'abri du besoin, et voir arriver sans regret la fin de leur triste existence. Comme les malades de l'Hôtel-Dieu, ils avaient été relégués hors du bourg, aussi loin que possible, par mesure de salubrité publique.

Ils vivaient dans leur maladrerie ou léproserie de leur revenu personnel, des aumônes, qui se confondaient avec les ressources de l'établissement. Ces moyens de subsistance et les soins les plus indispensables leur étaient assurés, d'abord par le concours de personnes chrétiennes et dévouées jusqu'à la mort, qui composaient une association dite de confraternité et qui s'appelaient en conséquence *frères* et *sœurs*.

On le sait, au Moyen-Age, sous le souffle de la religion puissant fut l'esprit d'association, cause primordiale de ces nombreuses corporations si chrétiennes qui luttèrent avec tant d'énergie contre l'oppression féodale et qui contribuèrent si efficacement au développement des libertés dont nous sommes justement fiers (2).

Les lépreux renfermés dans les maladreries étaient assujétis au règlement le plus sévère : « Dès qu'un cas

---

(1) Manuscrit Villebret cité: Cette maladrerie dite *de Breteuil* dans le pouillé du Chapitre de Beauvais, est évidemment celle dont parle M. de Dion. (*Les Seigneurs de Breteuil*.)

(2) Il est acéré aujourd'hui que le peuple au Moyen-Age avait des libertés *pratiques* que nos plus fiers démocrates n'oseraient certainement lui accorder.

de lèpre était constaté, le médecin devait le signaler à l'autorité qui condamnait le malade au sequestre. Immédiatement celui-ci était livré au clergé qui l'emmenait à l'église en chantant (les psaumes les plus tristes). Arrivé devant l'autel, le malheureux était dépouillé de ses habits et revêtu d'une robe noire, puis on le plaçait entre deux tréteaux pour figurer un cercueil ; on chantait sur lui l'office des morts et enfin on le conduisait dans la léproserie. En liberté, le lépreux ne pouvait entrer dans une église, dans un moulin, ni dans un lieu où l'on cuisait le pain ; il lui était interdit de se laver dans les ruisseaux et les fontaines ; il ne devait toucher aux aliments ou autres objets qui lui étaient nécessaires qu'en se servant d'une baguette. Enfin il était forcé de porter toujours sa robe noire, et quand il se trouvait soit sur une route, soit à proximité d'un endroit habité, il était obligé d'agiter une crécelle pour avertir les passants de son approche (1) ».

On avait droit de tuer celui qui n'aurait pas ainsi signalé son approche !

« Au point de vue de la capacité civile, quelques coutumes refusaient au lépreux le droit de posséder ; celle de Normandie le déclarait incapable de succéder même à ses parents les plus proches ; et s'il possédait quelque fortune personnelle avant sa maladie, elle réduisait ses droits sur ses propres biens à un simple usufruit. La coutume de Clermont en Beauvaisis, chapitre LVI, n° 2, le déclarait : *mors quant au siècle* (2) ».

Voici quelle était, en 1685, la source des revenus de la maladrerie de Breteuil. La maison et *le clos* étaient affermés 100 livres à Eustache Vassel. Les champarts et les

---

(1) *La maladrerie de Saint-Antoine de Marissel (Oise),* par M. L. N. Barré, p. 6, 7.

(2) *Ibid.*

droits de cens produisaient 250 livres ; des terres sur Vendeuil, 200 ; des terres sur Beauvais, 150 ; à Evauchaux, 30 ; des censives et des champarts à Bonneuil, 38 livres ; des terres à Paillart, 55 livres ; les surcens de Patenteuil et de Boscaux-de-Mer, à Villers-Vicomte, 80 livres ; le bois de la commanderie à Quèvremont, 20 livres. Au total, 923 livres (1).

Du consentement du commandeur de l'ordre, « par lettres patentes de Versailles, de janvier 1698 (2), la mense (le revenu) de la maladrerie, *maladerie*, comme on disait autrefois, fut déclarée unie à toujours à l'Hôtel-Dieu de Saint-Nicolas de Breteuil, à condition d'y nourrir ly (les) lépreux, y faire le service ordinaire et y recevoir nombre suffisant de religieuses » (3). D'où il faut conclure qu'il y avait encore des lépreux au xvii° siècle. Des bâtiments entourés de murs furent élevés dans le fond appelé encore aujourd'hui de l'Hôtel-Dieu, lequel comprenait au xvii° siècle toute la partie basse du Jeu-de-Paume actuel. Ils ne devaient même être séparés de l'Hôtel-Dieu proprement dit que par une simple muraille construite à la limite de l'ancien jardin dudit Hôtel, pour que les religieuses pussent remplir facilement leur charge d'infirmières des lépreux, sans violer la clôture à laquelle elles étaient astreintes (4).

La maladrerie de Breteuil avait fini par être annexée à la grande aumônerie de France, contre le droit ; car, d'après le pouillé du chapitre de la cathédrale de Saint-Pierre de Beauvais, le patron primitif de la maladrerie de

---

(1) Archives de l'hospice.

(2) Graves cité, page 96.

(3) Pouillé cité, qui rappelle un premier arrêt du grand Conseil de 1643, rendu sur la demande de Marie de L'Espine, alors supérieure du couvent de l'Hôtel-Dieu.

(4) *Ibid.*

Sainte-Madeleine, celui qui nomma longtemps les supérieur et aumônier de l'établissement ne fut pourtant pas le roi à l'origine, mais l'évêque de Beauvais ainsi qu'il résulte de ces simples mots : « *leprosaria Sanctæ Mariæ Magdalenæ de Britulio : Patronus episcopus Belcacensis* » (1).

Les budgets des recettes et des dépenses devaient lui être soumis, et, de fait, il les contrôla pendant plusieurs siècles, par l'intermédiaire de ses officiers. Il fallait même son approbation pour qu'un bail pût être passé et une fondation acceptée (2).

Le droit de patronage de la maladrerie avait déjà été revendiqué par devant le parlement, en 1311, par le sire de Beaussault et de Breteuil, qui perdit son procès (3).

Après la fusion de la maladrerie et de l'Hôtel-Dieu, le curé, le maire, les échevins et les plus notables habitants de Breteuil en devinrent les véritables administrateurs.

---

(1) Pouillé cité.
(2) *Ibid.*
(3) M. de Dion.

CHAPITRE TRENTE-HUITIÈME.

L'Hôtel-Dieu de Breteuil.

Son origine. — Ses biens. — Son administration primitive. — Le couvent de l'Hôtel-Dieu. — Ses difficultés intérieures. — Sa suppression. — La reconstitution de l'Hôtel-Dieu. — Sa nouvelle administration. — Les revenus de l'hospice. — Les donations les plus récentes.

La fondation de l'Hôtel-Dieu de Saint-Nicolas remonte au-delà du xiiie siècle. De fait, Robert Wuyart, dans son célèbre manuscrit, en mentionne l'existence en 1296, à propos d'une charte en vertu de laquelle Guillaume II, seigneur de Breteuil, cède à l'abbaye de Sainte-Marie de Breteuil *Prompleroy*, ou du moins tout ce qu'il y possédait, voire tout droit de justice et de garenne, contre : 1° le travers des *céthers* et des brouettes de Saint-Nicolas, qui valait 100 sols; 2° contre plusieurs tenanciers proche *l'hôpital de Breteuil, où il y avait des sœurs grises*, etc. (1).

De cette donnée historique, faut-il conclure avec un auteur que Guillaume II de Beaussault a été le fondateur de notre Hôtel-Dieu, ou, comme on disait alors, de la Maison-Dieu? Nous ne le croyons pas, pour cette raison que le droit de travers de Saint-Nicolas avait été donné vers l'année 1171, aux bénédictins de Breteuil, par Raoul, comte de Clermont, à la sollicitation de son épouse Alice, dame de Breteuil (2).

N'est-il pas naturel d'admettre que les donateurs du droit de travers de l'Hôtel-Dieu ont été les fondateurs de

---

(1) Manuscrit Wuyart.
(2) *Ibid.*

cet établissement de charité? Est-ce que la reconnaissance d'un droit de travers appelé « Saint-Nicolas » ne suppose pas l'existence de l'église et de l'hospice de ce nom? Qui sait même si l'une et l'autre ne sont pas antérieures à l'époque précitée? s'ils ne doivent pas, comme la chapelle *de Saint-Nicolas* de Beauvoir, être attribués à un autre seigneur de Breteuil, à Valéran, qui vivait en 1078?

Nous ne pouvons que poser la question.

A défaut d'autres preuves, les redevances essentiellement féodales des biens de l'hospice prouvent seules en faveur de l'antiquité de son origine.

Ces redevances, en effet, consistaient, dans le cours du XVIIe siècle, en censives en argent, en droits de champarts, en poules et chapons. Elles portaient sur une étendue de 25,025 verges, et produisaient:

1° En argent, 10 livres, 7 sols et 3 deniers;

2° En blé, 16 mines, 3 quartiers environ;

3° En avoine, 99 mines, 2 quartiers;

4° En chapons, 6 livres, 18 sols, 4 deniers.

Les terres se divisaient en champarts pleins et en champarts indivis.

Les champarts pleins comprenaient 12,480 verges.

65 journaux de terre étaient répartis autour de Breteuil, et 66 autres en divers canton du même territoire.

Le champart prélevé était à la neuvième gerbe.

127 journaux de terre se trouvaient sur les territoires de Vendeuil et de Beauvoir, et 5 journaux de bois sur le territoire de Troussencourt. L'Hôtel-Dieu possédait encore des droits de champarts sur des terres sises vers Bonneuil, Esquennoy et Fléchy (1). Il avait aussi 68 hectares de terres labourables en 1843 (2).

Le fief sur lequel il était lui-même établi était vraiment

---

(1) Archives particulières de l'hospice.

(2) *Ibid.*

seigneurial, c'est-à-dire constituait une seigneurie proprement dite, pourvue de droits de moyenne et de basse justice sur 25 masures élevées autour de l'hospice. C'est sur ces 25 masures qu'étaient prélevés les droits de poules et de chapons (1).

Le fief en question comprenait tout le Jeu-de-Paume actuel avec toutes les maisons et les héritages du côté de la rue des Morts, sis à gauche en allant vers Paillart.

Sur une ancienne carte du territoire des plus instructives, qui se trouve aux archives de l'Oise, nous l'avons déjà remarqué, figure, vers Hardivillers, un autre domaine limité par la chapelle du Friez et par les vallées nommées Saint-Pierre et Adam. Ce domaine, taillé, comme le fief de Saint-Nicolas, dans la seigneurie de Breteuil, a dû lui devoir aussi son origine.

Le droit primitif de patronage.

D'après le pouillé du chapitre de la cathédrale de Beauvais (2), non-seulement le droit de patronage, tel qu'il est communément entendu, mais les droits administratifs les plus étendus avaient été donnés, par le seigneur fondateur de la Maison-Dieu aux évêques de Beauvais.

Le fait est que, *pendant des siècles*, ceux-ci en gérèrent pour ainsi dire exclusivement les intérêts soit par eux-mêmes, soit par leurs archidiacres, et à la fin par le curé ou le vicaire perpétuel de Breteuil. Il suffit d'ouvrir le pouillé mentionné pour s'en convaincre.

Ce pouillé spécifie également qu'en 1585 les religieuses, qui desservaient l'Hôtel-Dieu, étaient des cordelières, ainsi appelées de cordon de laine blanche qui leur ceignait les reins. Elles sont d'ailleurs inscrites sous ce titre dans le cartulaire de Saint-François d'Assise.

---

(1) Archives particulières de l'hospice.
(2) Archives de l'Oise.

Les vicissitudes de la gestion des biens de l'Hôtel-Dieu.

L'administration de l'Hôtel-Dieu donna lieu à des difficultés de plus d'un genre.

Parlons d'abord de ses difficultés matérielles. Les guerres, les incendies relatés dans cette histoire de Breteuil, qui dévastèrent le pays, causèrent aussi à l'hospice les plus grands préjudices, le mirent plus d'une fois à deux doigts de sa ruine, dans l'impossibilité de prélever aucune de ses redevances. Que pouvait-on exiger du fermier qui n'avait pu semer le champ ou dont le champ avait été ravagé par l'ennemi, comme il est arrivé si souvent, nous l'avons vu, pendant la guerre de Cent Ans et pendant les luttes si ardentes de la Ligue et de la Fronde?

Les guerres des siècles passés, en détruisant un couvent de religieuses bâti, à Vendeuil, vis-à-vis la grille du château, appelé jadis des *Ruisseaux*, eurent cet heureux effet de réunir, en 1646, à ceux de l'hospice de Breteuil, sinon tous les biens de ce couvent, du moins une portion de ces biens. Telle serait l'origine de 127 journaux de terre dont jouissait notre hospice dans les premières années du XVII° siècle. Notre bon compatriote, Pierre Mouret, dans son *Histoire de Breteuil*, incline même fortement pour cette opinion, que l'Hôtel-Dieu de Breteuil doit son origine à ce transfert du couvent ruiné à Breteuil, et encore à celui de la maladrerie de Vendeuil; mais la tradition qu'il invoque à ce sujet est évidemment démontrée erronée par les preuves sans réplique que nous avons produites de l'existence de l'hospice au XII° siècle.

Il paraît, pourtant, résulter de certaines archives, que cet établissement était devenu le siège d'un couvent de religieuses en 1585 et même antérieurement.

Mais, faut-il en conclure que le couvent a absorbé l'hospice au point de bénéficier de ses biens?

Qui peut croire que les évêques de Beauvais auraient ainsi sacrifié les intérêts des pauvres?

Qui peut aussi admettre que le maire et les échevins du bourg auraient consenti à un tel sacrifice?

Une chose certaine et très significative, c'est que les biens du couvent furent fondus avec ceux de l'hospice. En aurait-il été ainsi si l'hospice eût été absorbé par le couvent?

Quoi qu'il en soit, en 1680, après l'incendie du monastère de Chauny et la réunion des religieuses de Breteuil à celles de Doullens, le couvent fut supprimé et *l'hospitalité* rétablie, en 1695, par un arrêt du conseil du 5 août (1).

Un règlement possédé par l'hospice fut édicté en vue d'assurer l'exercice de l'hospitalité envers les soldats de passage, malades ou blessés, envers les voyageurs malheureux auxquels des secours devaient être accordés, et aussi envers les nécessiteux et les vieillards du bourg les plus dignes d'intérêt. Et comme les ressources de l'hospice ne suffisaient pas pour le réorganiser, ou le relever de l'état de délabrement dans lequel il était tombé, Louis XIV, qui connaissait Breteuil pour y avoir séjourné, en passant, vint à son secours, sous les clauses spécifiées (2).

L'administration de l'hospice subit alors une modification profonde :

Elle fut composée du curé qui figure toujours le premier jusqu'en 1794, du maire, du bailli, du procureur fiscal et de deux habitants élus par tous les autres, conformément à l'article premier d'un règlement royal renouvelé le 15 juin 1752.

Les premiers administrateurs, en 1777, s'appelaient

---

(1) Graves page 96.

(2) Archives de l'hospice. Hospice, Maison-Dieu, Hôtel-Dieu, sont les locutions employées indifféremment dans les archives, mais surtout hospice.

Jacques Macqueron de Bolval, curé, G. Rappelet, conseiller du roi, bailli, Alexandre Davalette, conseiller du roi, procureur, Philippe Delaforge, conseiller du roi, président du grenier à sel, Pierre Dupuis, greffier. Les seconds étaient Etienne Cauchy, chirurgien, Cyr Paillart, drapier, P. Deraye, Casimir Briquet, aubergiste, Ch-Jerosme Darras, marchand, Ch. Paillart, greffier de la châtellenie, Henry-Ch. Tassart, notaire, Louis Galopin, apothicaire, etc. (1), car il y en avait d'autres.

Cette ingérence des habitants dans l'administration de l'hospice était voulue par une antique coutume, en vertu de laquelle tout acte quelque peu important intéressant la communauté devait être sanctionné par elle.

Bien qu'il ne soit pas parlé de l'évêque de Beauvais, nous avons tout lieu de croire qu'il était reconnu pour le grand protecteur des intérêts de l'hospice, à nous en rapporter à son intervention dans le règlement de la grosse affaire financière suivante, qui nous révèle un malaise immense au milieu du xviii° siècle.

L'Hôtel-Dieu, en 1746, était mal payé d'une portion relativement considérable de censives, champarts, droits seigneuriaux, casuels ou autres, « parce qu'ils étaient mélangés en différents cantons et qu'ils se confondaient trop souvent avec les droits des seigneurs de Breteuil et de Vendeuil, qui les revendiquaient comme leur appartenant, ce qui occasionnait des procès si ruineux, que les administrateurs finissaient par ne plus revendiquer leurs droits (2). »

Leur perception était devenue si difficile, qu'il avait été impossible de les affermer depuis 1738, c'est-à-dire pendant huit années.

L'évêque de Beauvais, instruit de cet état de choses,

---

(1) Graves : *Précis statistique du canton*. page 95.
(2) Pouillé cité.

chargea Jacques Wérel de Caurel, curé d'Ansauvillers, doyen rural, d'étudier la question de savoir s'il y avait lieu de convertir les champarts principalement en droits de cens en argent non rachetables, afin d'assurer au moins un revenu certain à l'hospice.

Jacques Wérel, tout examiné, conclut à la conversion d'une portion des droits trop souvent contestés, sous cette condition que le titre d'aliénation, de conversion des droits, serait homologué au Parlement, sur les conclusions du procureur général.

De nouvelles difficultés surgiront alors : le droit de relief ou d'une année des revenus fieffés aliénés appartenait-il au roi ou à la comtesse d'Orval, Françoise d'Aubery, dame de Breteuil, veuve d'Armand de Béthune ?

D'après l'article soixante-douzième de la coutume de Montdidier, le bail à cens ne pouvait préjudicier au seigneur supérieur ou suzerain par la mort de l'homme vivant, avec cette restriction, toutefois, que ledit seigneur ne devait se refuser à l'aliénation projetée.

D'un autre côté, le droit de relief ne pouvait-il pas être considéré comme amorti ?

La comtesse d'Orval, parcimonieuse ce jour-là, finit, après bien des démarches, par obtenir la reconnaissance de son droit de relief sur les biens de l'hospice, qui furent déclarés mouvoir de la seigneurie de Breteuil.

Elle fit plus : elle exigea que ce droit de relief fût porté, non au prix moyen du fermage annuel des nouveaux cens non rachetables, c'est-à-dire à 228 livres, mais au prix du revenu des anciens droits convertis ou à 250 livres, augmentés encore de trente mines de blé estimées 90 livres de rente foncière (1).

Non seulement les terres de l'hospice furent souvent ravagées et ses revenus diminués, mais ses bâtiments eux-

---

(1) Pouillé cité.

mêmes devinrent plus d'une fois la proie des flammes, notamment en 1620 et en 1783.

De son ancienne église de Saint-Nicolas il ne reste rien. La chapelle actuelle date du xviii° siècle.

Quelques détails intimes sur le couvent de l'Hôtel-Dieu.

Marie de Lormilliers était la supérieure du couvent de l'Hôtel-Dieu, vers 1585. Nous ne savons trop pour quels motifs, vers l'année 1590, elle se vit interdire la faculté d'admettre à la profession religieuse par l'officialité diocésaine. Ayant rappelé de cette décision, elle obtint, en 1595, l'autorisation de recevoir seulement cinq novices (1). Comme elle était de l'ordre de Citeaux, elle dut, sur ces entrefaites, le 15 janvier 1595, faire une nouvelle profession religieuse « pour cette raison, que l'Hôtel-Dieu de Breteuil avait été reconnu, depuis 60 ans, placé sous la règle de saint François, par un arrêt de la Cour confirmé par l'officialité diocésaine ».

Cette décision, qui suppose bien l'annexion du couvent des religieuses de Vendeuil à l'Hôtel-Dieu et non la conversion de celui-ci en couvent, fut rendue dans les premiers jours de l'année 1595 (2).

On peut aussi en inférer que Marie de Lormilliers avait été privée de la faculté de recevoir des religieuses, pour cette raison qu'elle n'était pas franciscaine. A cette date, le couvent nous a paru annexé à la grande aumônerie de France, partant relever de la cour romaine. Ce fut même celle-ci qui donna pour coadjutrice à Marie de Lormilliers Jeanne des Martyrs, qui lui succéda peu à près. Marie Desfriches, qui remplaça Jeanne des Martyrs, en 1610, fut interdite de sa charge pour n'avoir pas voulu rendre de

---

(1) Pouillé cité.
(2) *Ibid*.

bonne grâce, à Louise de Jambourg, sa subordonnée, une somme d'argent que celle-ci ne craignit pas de faire réclamer violemment par son frère, introduit à cet effet dans le couvent, sur les onze heures du soir (1).

Cette affaire nécessita cinq ou six enquêtes sérieuses.

La violation de la clôture religieuse, rendue bien facile par l'état de délabrement des murs d'enceinte, la question d'argent surtout, indiquent bien que les religieuses vivaient plus en dames religieuses qu'en religieuses proprement dites, ayant renoncé à la jouissance de leurs biens.

Un voleur, encouragé par le mauvais état des murs, s'introduisit une nuit, dans la basse-cour où il fit rafle à peu près complète des poules et des lapins du couvent (2). Il fallut bien songer à relever les murs.

Cependant, l'évêque de Beauvais, Augustin Potier, qui avait formé le dessein de ramener les ordres religieux de son diocèse à leur observance primitive, après avoir prescrit aux franciscaines de Breteuil une clôture plus sévère que le soin des malades devait rendre difficile, défendit, le 28 novembre 1643, sous peine d'excommunication, à Mlle Marie de L'Espine de donner l'habit religieux à aucune novice. Celle-ci, qui prétendait relever du grand aumônier de France, en appela à ce dernier. Elle se refusa même à la visite épiscopale, et saisit de l'affaire le métropolitain. Force lui fut de s'incliner devant la décision de l'évêque, de ne plus admettre à la profession religieuse, mais sans cesser de continuer à administrer l'hospice avec le personnel admis (3), jusqu'à extinction, arrivée en 1680.

Mre Adrien Blassier, l'aumônier du couvent, qui était

---

(1) Pouillé cité.

(2) Ibid.

(3) Ibid.

aussi entré en lice avec l'autorité, dut également faire acte de soumission entre les mains de Mgr Choart de Buzenval, qui le condamna à réciter, pendant trois jours, les psaumes de la pénitence (1).

Heureux ceux qui savent ainsi reconnaître leurs torts !

La lutte à ces sujets, entre l'autorité royale et l'autorité épiscopale, paraît avoir été chaude alors.

Par qui le service intérieur de l'hospice a-t-il été assuré à partir de cette époque jusqu'à la Révolution ?

Nous ne saurions trop l'affirmer ; mais il y a tout lieu de croire que ce fut encore par des religieuses, conformément au règlement royal précité.

Nouvelles difficultés administratives de l'hospice.

L'administration de l'Hôtel-Dieu, dont nous avons parlé, donna lieu à bien des plaintes pendant la période révolutionnaire. Les comptes qui s'établissaient d'ordinaire paternellement au presbytère étaient plus ou moins bien tenus, du moins administrativement parlant. Ils n'étaient pas toujours régulièrement rendus. Le mal n'ayant fait que s'invétérer pendant la période révolutionnaire, les officiers municipaux de l'époque, après avoir inutilement demandé une reddition de comptes en règle, finirent par nommer, en 1793, un commissaire avec mission de surveiller l'administration, de la presser de régulariser une situation devenue difficile, embarrassée encore une fois, en l'an II, 28 thermidor (2).

Une administration nouvelle, distincte de la municipalité, composée de sept membres fort honorables, parmi lesquels on comptait : C. Gallopin, Petigny, J. Mouret, J.-B. Delaforge, Florentin Fricourt, avait pourtant été établie, en frimaire de la même année républicaine.

---

(1) Pouillé cité.
(2) Archives de ville, registre v.

Le malaise devait être imputé non aux administrateurs, dont trois donnèrent peu à près leur démissission, mais aux dépenses nécessitées par le traitement des militaires blessés ou malades transportés de la frontière, où l'on se battait alors avec acharnement contre les envahisseurs de la France. Les blessés devinrent même si nombreux qu'il fallut transformer en infirmerie plusieurs pièces de la maison conventuelle, c'est-à-dire de l'abbaye (1).

En l'an III, 23 vendémiaire, l'administration du district de Breteuil voulut s'emparer de l'Hôtel-Dieu et le transformer en une fabrique d'armes blanches; elle dut renoncer à ce projet devant l'opposition du conseil général, qui représenta avec raison que la Maison-Dieu avait *de tout temps* été d'un grand secours aux indigents de la commune (2).

La chapelle, fermée au culte, après avoir été adoptée par les habitants pour leurs assemblées, fut transformée en corps de garde (3).

Le 22 frimaire an II, la municipalité nomma supérieure de l'hospice la *citoyenne* Geneviève Levasseur, ancienne religieuse de Saint-Vincent, munie des meilleures références.

Les infirmières adjointes, sans doute, étaient les filles de Jacques Leclerc et Françoise Devillers, qui furent ostensiblement remplacées à leur mort par la citoyenne Louise de Rayo (4).

L'Hôtel-Dieu continua à être ainsi desservi tant bien que mal jusqu'en 1823.

En cette année, la charitable duchesse, Maximilienne-Augustine-Henriette de Béthune-Sully, d'accord avec son noble époux, Eugène-Alexandre, duc de Laval-Montmorency, passa un traité avec la supérieure générale des

---

(1) Archives de ville, cit., registre 3.

(2) *Ibid.*

(3) *Ibid.* et archives de l'hospice.

(4) Archives, manuscrit cité.

religieuses de Saint-Joseph de Cluny, en vertu duquel 818 francs de rente sur l'Etat ont été assurés à l'Hôtel-Dieu, sous la condition de l'introduction de religieuses de l'ordre de Saint-Joseph de Cluny, en qualité de sœurs hospitalières, et de plus, si nous avons bien compris les archives de l'hospice, en qualité d'institutrices communales chargées d'élever gratuitement les jeunes filles pauvres, tant de Breteuil que de Vendeuil-Caply. A cet effet, M. le duc de Montmorency-Laval s'engagea à servir personnellement une autre rente de 300 francs aux dites religieuses seulement. Une classe payante, dont le produit devait contribuer à l'entretien des religieuses, fut annexée à l'école communale (1).

Le nombre des lits de l'Hôtel-Dieu s'est élevé successivement de six à huit, à dix et à douze. Il est actuellement de dix-sept.

Avant la Révolution, chaque lit coûtait seulement 180 et 160 livres, au lieu de 300 francs aujourd'hui.

On peut, sur cette donnée, calculer quelle a été, depuis 89, la déperdition constante de la valeur monétaire.

Les bâtiments de l'hospice n'ayant pu ni suffire, ni s'accorder avec la nouvelle destination de Mme la duchesse de Montmorency, celle-ci ajouta à ses bienfaits celui de la construction, dans la cour même de l'hospice, de nouveaux bâtiments, aujourd'hui démolis, à usage d'école.

La ville, heureuse de n'avoir rien à débourser pour assurer l'éducation chrétienne de ses enfants, accepta avec reconnaissance.

Nous n'apprendrons rien à personne en disant que, depuis 1825, les religieuses de Cluny remplissent modeste-

---

(1) Sous l'inspiration de M. l'abbé Rogeau, admirablement secondé par les dignes religieuses de Cluny et aussi, croyons-nous, par l'illustre famille mentionnée, la classe payante fut remplacée par un beau pensionnat qui est un des plus beaux établissements de la ville, appelée à en bénéficier la première.

ment leurs devoirs et de sœurs hospitalières et d'institutrices des enfants, avec un zèle et un dévouement qui les rendent chères aux familles.

La généreuse duchesse, qui aimait beaucoup Breteuil, en raison de sa grande charité et aussi en souvenir du rôle qu'y avaient joué ses ancêtres, voulut que son cœur reposât dans la chapelle de l'hospice, au milieu des pauvres, des meilleurs amis de Dieu, comme elle disait.

C'est aussi à la famille de Montmorency-Laval qu'est due, on le sait, l'origine du grand pensionnat des Frères Maristes si honorablement connus.

A M. l'abbé Rogeau qui parlait de le fonder par actions susceptibles d'un certain rapport, il fut répondu en souriant : « Oh ! M. le curé, ne parlons pas des intérêts de la somme à débourser; c'est Dieu qui les paiera : nous plaçons sur l'éternité » (1).

Depuis, la noble famille de Maistre, fidèle aussi à ses chrétiennes traditions, a abandonné aux Frères le premier établissement qu'ils ont considérablement agrandi de leurs deniers.

La mémoire de la duchesse de Montmorency est consacrée par l'inscription suivante, gravée en lettres d'or, sur une plaque de marbre blanc scellée dans le mur *de la chapelle de l'hospice.*

Hic requiescit cor
Illustm^a D. M.-A. de Montmorency-Béthune
Quœ beneficenciæ erga pauperes
Hujus loci fuit imitatrix avitæ
1831.

Ici repose le cœur de l'Illustrissime D. M. A. de Montmorency-Béthune qui se montra bienfaisante pour les pauvres de cet établissement, à l'exemple de ses ancêtres.
1834.

---

(1) Tradition locale.

Le revenu de l'hospice était seulement de 3,667 francs, non compris le produit du petit bois de cinq journaux, en 1821; de 6,000 francs, en 1843, il s'élève aujourd'hui à 18,000 francs, grâce à des générosités particulières dont les plus grandes sont dues, depuis la Révolution, à M. François-Bernard Quétel, à M. Tailland, médecin, à Mme Levavasseur, de sainte mémoire, à M. l'abbé Bertoux, ancien curé de Nogent-les-Vierges, à M. Jean-Charles-Nicolas Pinchot, à Mlle Marie-Charlotte-Cléophée Fricourt, à M. l'abbé Questo, ancien curé de Bonvillers, et récemment, à M. Adrien-Constantion Maître (1).

Nous croyons devoir encore signaler à la reconnaissance publique M. Boldin, médecin, mort du choléra, en 1849, qui, durant vingt années, a donné gratuitement ses soins aux malades de l'établissement. Qu'il est beau de voir tous les vrais amis de Dieu, depuis Valeran, Raoul de Clermont, Alice de Breteuil, se donner ainsi la main à travers les siècles, s'entendre sans s'être jamais connus, pour obliger leurs semblables dans la peine, sur l'invitation du Christ leur Sauveur, qui a déclaré comme fait à lui-même le service rendu aux plus petits d'entre *ses frères!*

L'Hôtel-Dieu, sous une sage gestion de ses intérêts, devenu plus florissant que jamais, a été rebâti, il y a une trentaine d'années, sur son ancien emplacement, dans des proportions à la veille déjà d'être insuffisantes. La cour des malades et le jardin sont réellement trop exigus, la cour surtout.

N'est-il pas fâcheux de voir resserré dans de si étroites limites, un établissement de premier ordre, auquel appartient la spacieuse et magnifique promenade publique qui lui est contiguë!

Un jour ou l'autre, nous n'en doutons pas, les dignes membres de la commission administrative de l'hospice,

---

(1) Archives de l'hospice.

secondés par les honorables représentants de la ville et par quelque personne généreuse, arriveront à remédier à un état de choses qui ne peut que s'aggraver, en face de l'admission de plus nombreux pensionnaires, grâce à de nouvelles ressources.

Nous aimons à le penser, nos bons compatriotes qui connaissent les sentiments dont nous sommes animé, nous pardonneront volontiers cette réflexion. Elle met fin à une petite étude historique que nous sommes heureux d'offrir aux plus chauds amis du passé de leur pays.

ÉPILOGUE.

Le tableau du passé de Breteuil en Beauvaisis, que nous avons essayé d'esquisser, est sans doute, chers compatriotes, chargé parfois d'ombres bien tristes qu'en fidèle historien nous n'avons pas dissimulées.

Faut-il, pour ce motif, déchirer la toile, maudire ceux qui l'ont tissée ou encore la recouvrir d'encre ?

Évidemment non, car, au milieu de cadavres et de ruines, qui sont les ombres du tableau, vous devez apercevoir, dans la personne de Léon IX, dont nous avons reproduit la bulle, l'Église catholique étendant, comme une tendre mère, sa main autrefois si puissante sur le pauvre serf, pour le protéger contre l'asservissement féodal, pour en adoucir tout d'abord le régime.

A sa suite marchent les redoutables châtelains, les grandes et nobles châtelaines qu'elle a convertis à la foi, à l'amour du Christ et de ses frères malheureux. Ce sont, entre quelques autres, Gilduin, Valéran Ier, Gautier de Breteuil, Raoul de Clermont, Gautier de Risnel, Hugues de Montmorency, Alice, Amicie, Catherine, dames de Breteuil, Éléonore de Royc, Maximilienne de Béthune-Sully.

Près de ces hauts représentants de l'ancienne société se tiennent d'humbles religieux qui ont été leurs instruments dans l'œuvre de la régénération sociale, du développement de la culture ou de l'instruction. Ils s'appellent Evrard Ier, saint Guillaume II, Raoul, Alvrède, Mathieu, Jean de Vauchelles, Wericus ou Werins, Pierre du Quesnel, Nicolas Corbel, Jean Maréchal, Jean Blancpain, etc.

Combien elle est calme, douce, la physionomie de ces dignes abbés ! comme elle tranche agréablement sur celle de certains autres bénédictins gâtés par leurs fréquentations trop mondaines !

Dans une perspective relativement peu lointaine, voyez-vous ces deux chevaliers bardés de fer, à l'attitude mâle et fière, agitant avec frénésie de longues et lourdes épées : d'un côté c'est La Hire, le glorieux défenseur de Breteuil ; de l'autre c'est Jean II de Montmorency, le vainqueur des Anglais à Saint-Valery. Saluez-les avec respect, car en combattant pour leur roi, attaqué par la féodalité désireuse de reconquérir le terrain perdu, ils ont, eux aussi, combattu pour la liberté sage, alliée au respect de Dieu et de sa religion, ils en ont agrandi notablement le domaine. (1)

---

(1) Toutefois, réflexion faite, s'il nous était jamais donné de désigner le héros auquel, de préférence, des honneurs publics devraient être décernés à Breteuil, nous nommerions Jean II de Montmorency, non-seulement parce qu'il est un compatriote, mais parce que c'est celui dont l'illustre race s'est le plus signalée par une bravoure à toute épreuve autant que par une bienfaisance vraiment séculaire.

ADDITIONS ET CORRECTIONS.

Page 11, ligne 22, au lieu de *gauloises*, lisez : *romaines*.
— 52, ligne 13, au lieu de *mondain*, lisez : *religieux*.
— 67, ligne 15, à *Gautier de Breteuil*, ajoutez : *dit Sans-avoir*, chef de l'avant-garde de la première Croisade.
— 76, ligne 21, après *qui aima Breteuil*, supprimez : *fonder*.
— 79, ligne 13, après le mot *paroissiale*, mettez : *la seule qui le soit aujourd'hui*.
— 116, ligne 13, après *famille*, ajoutez : *Briard*.
— 117, ligne 11, après *une terre*, ajoutez : *celle d'Ebeillaux*.
— 120, ligne 10, après le mot *nombre*, ajoutez : *des échevins*.
— 181, ligne 28, après le mot *défense*, lisez : *avait été faite*.
— 181, ligne 27, après le mot *exemption*, ajoutez : *avait été donnée*.
— 182, ligne 1, après le mot *élection*, ajoutez : *avait été promulguée*.
Même ligne, avant le mot *donation*, mettez : *les privilèges suivants avaient en outre été concédés à nos religieux*.
— 180, ligne 16, au lieu de *constatés*, lisez : *contestés*.
— 193, ligne 20, au lieu de *que nous allons revoir*, lire : *qui se remettra*.
— 201, ligne 33, au lieu de *alors commença*, lisez *bientôt commença*.
— 206, ligne 25, après les mots *la tranquillité*, lire : *nous l'avons vu*.

Page 209, ligne 21, barrer les mots : *l'abbaye ayant été épargnée.*
— 220, ligne 1, après le mot *transiger*, mettre : *avec les uns* et après le mot *plaider*, mettre : *avec les autres.*
— 226, au lieu de lire *maires*, lisez : *vicaires.*
— 270, ligne 20, lire : *abandonnée par le descendant de Sully.*
— 288, avant-dernière ligne, lire : *Sernien.*
— 290, ajouter à la page : *Sous Charles IX fut établi un premier grenier à sel qui n'eut guère de durée.*

TABLE DES MATIÈRES

PREMIÈRE PARTIE.

Pages.

Avant-Propos.. i

Chapitre Ier. — *L'origine de Breteuil.* — Situation topographique de Bratuspantium. — Historique des fouilles (1574). — Les médailles découvertes. — César et Bratuspantium. — La tradition. — Etymologie des noms de Bratuspantium et de Breteuil. — Destruction de Bratuspantium (406). — Retraite de ses habitants........................ 1

Chapitre IIe. — *Le château-fort et la première abbaye.* — Description. — Origine. — Les armes de l'abbaye. 32

Chapitre IIIe. — *Le comté de Breteuil (1020).* — Son origine. — Les premiers comtes connus. — Restauration de la première abbaye. — Les exploits de Gilduin. — Leur récompense. — Joie des habitants. — Gilduin, blessé à Bar, accablé de chagrin, devient religieux. — Sa mort. — Son épitaphe... 37

Chapitre IVe. — *Les successeurs de Gilduin (vers 1061).* — Everard et Valoran. — Ecole de l'abbaye........ 51

Chapitre Ve. — *Etat social des habitants du XIe siècle au XIIIe.* — Droits du seigneur. — Leur transformation. — Topographie du pays. — Fiefs de la Bessane et de Saint-Cyr...................................... 64

Chapitre VIe. — *Premier déplacement de Breteuil.* — Raoul de Clermont (1156) et Alice de Breteuil. — L'église de l'abbaye (1164). — Son archéologie. — L'église Saint-Jean. — Sa dédicace. — L'abbé Laurent (1177)... 80

Chapitre VII°. — *Le développement de l'abbaye et la culture.* — L'abbé Alvrède. — Ses qualités. — Prospérité de l'abbaye (1180). — Le personnel de l'abbaye. — La confection des hosties. — La guerre du Vermandois. — Mort d'Alice (1195). — La chapelle de Tartigny. — Mort d'Alvrède (1202). — Ses obsèques. — Deux beaux souvenirs. — Les sceaux de Raoul, d'Alice et des abbés de Breteuil........ 92

Chapitre VIII°. — *Suite des libéralités des comtes de Clermont et des seigneurs de Breteuil (1184-1211).* — Catherine de Clermont, Louis et Thibault de Blois. — Donation d'Esquennoy aux Templiers........ 110

Chapitre IX°. — *Les premières franchises de Breteuil (1212-1226).* — Thibault de Blois. — Le partage de ses domaines. — Rachat de la terre de Breteuil par le roi. — Amicie de Breteuil et Jean Briard. — La terre du Quesnoy. — Amicie et Gautier de Risnel. — L'abbé Thorestan. — Regnault de Farinville. — Incendie de l'abbaye. — D. Martin. — Mort d'Amicie (1226) 114

Chapitre X°. — *L'influence de l'abbaye (1227-1415).* — Ses droits. — Ses privilèges religieux, temporels. — Ses obligations.. 124

Chapitre XI°. — *Mode d'administration et puissance des seigneurs de Breteuil à partir du XIII° siècle.* — Anciens modes administratifs. — Anciens droits. 137

Chapitre XII°. — *L'église Saint-Jean et celle de l'abbaye.* Une élection d'abbé. — L'église Saint-Jean rendue paroissiale. — Réserves faites par les bénédictins. — La procession du lundi de la Pentecôte. — Les honneurs rendus à l'abbé. — La prose de saint Constantien. — La reconstruction de l'abbaye.... 143

Chapitre XIII°. — *L'abbaye et le châtelain de Breteuil au XIII° siècle.* — L'église de Tartigny. — Description archéologique de l'abbaye. — Défrichement de la de la terre d'Esquennoy. — Les violences de deux châtelains. — Leurs réparations. — Ebeillaux. — Les anciennes chapelles........................... 161

CHAPITRE XIV°. — *Seigneurs et abbés de Breteuil au xiv° siècle.* — Guillaume II de Beaussault. — Evrard et Jehan de Montmorency. — Luxe des seigneurs et des religieux. — Des cloîtres de l'abbaye 178

DEUXIÈME PARTIE.

CHAPITRE XV°. — *Jean II de Montmorency (1337-1373).* — Le luxe des nobles. — Triste situation du bourg. — Une assemblée des nobles à Montdidier. — Des délégués des bourgs et des villes. — Les Jacques britulions. — Leurs exploits..................... 187

CHAPITRE XVI°. — *Les Navarrais à Breteuil (1356).* — Les exploits de Jean de Pequigny. — Siège de Breteuil. — Incendie de l'église (1360). — Agrandissement de la chapelle Saint-Cyr. — Archéologie de la chapelle, du cimetière. — Rôle de Jacques Le Flamment, abbé. — L'élection de Louis de Sorcy (1344). — Apparition des abbés commendataires. — Pierre de Chaumont (1383-1417)........................ 195

CHAPITRE XVII°. — *Les Anglais assiègent Breteuil.* — Mort et obsèques de Hugues de Montmorency (1404). — Armagnacs et Bourguignons. — Mort de Jean III de Montmorency (1424). — La Hire et Blanchefort. — Siège et prise de Breteuil (1420).. 203

CHAPITRE XVIII°. — *Reprise de Breteuil par La Hire (1422).* — Catherine de Montmorency et Mathieu de Role (1424). — Un fait d'armes (1430). — Reprise de Breteuil (1434). — Démantèlement du château. — La Hire en reprend la porte. — Continuation de l'abandon du fief de Saint-Cyr............ 211

CHAPITRE XIX°. — *Etat de Breteuil et des environs après la guerre de Cent Ans.* — Abbaye ruinée. — Jean de Roye (1463). — Nouvelles luttes (1471-1475). — Charles-le-Téméraire. — Nouveaux ravages. — Une trêve. — La guerre recommence. — Etat de culture. — Transformation des droits de champart en droit de cens. — Le traité d'Arras. — Une grande disette. — Les charges du pays.......... 217

Chapitre XXe. — *La reconstruction de l'abbaye* (1524). — L'abbé Blancpain (1501-1527). — Son rôle. — Relâchement de la discipline monacale. — Jean du Bellay, deuxième abbé commendataire. — Le prince Hippolyte d'Est (1535). — Refonte des cloches de l'abbaye.. 231

Chapitre XXIe. — *Éléonore de Roye, dame de Breteuil* (1535) *et le prince de Condé* (1550). — La formation définitive du bourg. — La reconstruction de l'église (1544). — Description de ses anciens vitraux. — Un nouvel incendie dans Breteuil (1551).. 236

Chapitre XXIIe. — *Les huguenots à Breteuil* (1554-1591). — Vol et recouvrance des reliques de S. Constantien. — Une réparation solennelle. — Nouvel incendie de Breteuil et de l'abbaye. — Nouvelles ruines. — Scène horrible des lansquenets de Mayenne. — Tableau du bourg................... 242

Chapitre XXIIIe. — *Henri II de Condé et Henri IV à Breteuil* (1594). — Le siège d'Amiens. — Relâchement continu de la discipline ecclésiastique. — Un meurtre. — Le grand réfectoire de l'abbaye transformé en salle de spectacle, de danses. — Mœurs des habitants. — Le papegay et D. Darras........ 253

Chapitre XXIVe. — *Aliénation de la seigneurie de Breteuil* (1621). — Sully. — Nouvelle reconstruction de l'église Saint-Jean. — La peste de 1625. — Achèvement de l'église (1627). — Son archéologie. — Réouverture de ladite église. — Les procès de Sully avec l'abbaye.. 258

Chapitre XXVe. — *Sully* (suite) (1630-1654). — Augustin Pothier et la réforme de l'abbaye (1633-1644). — Nouveaux religieux (1645). — Joie des habitants. — Indisposition des vicaires perpétuels. — L'invasion des Espagnols (1636). — Nouvelles ruines. — Nouvelle peste. — Incendies (1638-1640). — Louis XIV à Breteuil (1646)........................... 272

CHAPITRE XXVIe. — *Maximilien-François de Sully.* — *Ses héritiers.* — Le culte de saint Constantien à la fin du XVIIe siècle. — Les contre-coups de la guerre de la Fronde à Breteuil. — Difficultés du duc de Sully avec l'abbaye. — Jacques II à Breteuil. — Un petit synode. — De mauvaises années. — Un horrible incendie. — Suppression et rétablissement de l'abbaye (1777). — Le grenier à sel (1725)...... 281

CHAPITRE XXVIIe. — *La grosse querelle de la réunion des offices municipaux au corps de ville.* — Élections de 1764, 1771, 1776. — Rôle de l'intrigant Davalet et procès de 1779............................ 297

CHAPITRE XXVIIIe. — *Réunion des offices municipaux et constitution du corps municipal de la ville de Breteuil.* — Extrait des registres du Conseil d'État. — Composition du corps municipal en 1785...... 306

TROISIÈME PARTIE.

La Révolution.

CHAPITRE XIXe. — *Breteuil au moment de la Révolution.* — Topographie du territoire. — Tableau et description des mœurs de Breteuil. — État de l'instruction publique. — Mode d'instruction de l'époque. — La discipline scolaire............................ 317

CHAPITRE XXXe. — *La Révolution à Breteuil.* — Élection des délégués brétulions. — Le cahier de charges. — La remise du cahier à Montdidier. — Élection des délégués définitifs. — La réunion de Péronne. — Discours. — Le compendium des cahiers. — Choix définitif des députés..................... 328

CHAPITRE XXXIe. — *Nouvelles transformations civiles du pays (1790).* — Famine. — Troubles. — Milice bourgeoise. — Municipalité. — Administration cantonale. — Milice nationale. — District. — Tribunal et Justice de paix........................ 335

CHAPITRE XXXIIe. — *L'Assemblée législative (1791 et 1792).* — Mesures révolutionnaires. — Divisions territoriales. — Cloches. — Serments. — Arbres de liberté. — Volontaires. — Partage des biens communaux. 342

Chapitre XXXIIIe. — *Première municipalité révolutionnaire (1793).* — Commissaire de la Convention. — Inventaire de l'église et des chapelles. — Une insurrection. — Enrôlements de 93. — Charges de la ville et des familles.................. 350

Chapitre XXXIVe. — *La Terreur à Breteuil (1793-1794).* — Pillage et fermeture de l'église. — Les nouvelles fêtes religieuses. — L'épuration. — Mécontentement de la population. — Isoré et André Dumont. — Le complot dévoilé. — Sauveur Chénier en prison. — Joie des habitants. — Des suspects retirés à Breteuil. — Partage des marais........ 357

Chapitre XXXVe. — *La fin de la Révolution.* — Le 9 Thermidor 1794. — L'épuration de la municipalité. — Les règlements de police, d'inhumation. — La répartition des offices.................. 375

Chapitre XXXVIe. — *La fin de l'abbaye et de la seigneurie de Breteuil.* — Vente des biens. — Le duc de Béthune arrêté. — La duchesse de Montmorency. — Ephémérides du xixe siècle................. 387

QUATRIÈME PARTIE.

Chapitre XXXVIIe. — *La maladrerie de Breteuil.* — Son origine. — Son règlement. — Ses biens. — Son annexion à l'Hôtel-Dieu...................... 390

Chapitre XXXVIIIe. — *L'Hôtel-Dieu de Breteuil.* — Son origine. — Ses biens. — Son administration primitive. — Le couvent de l'Hôtel-Dieu. — Ses difficultés intérieures. — Sa suppression. — La reconstitution de l'Hôtel-Dieu. — Sa nouvelle administration. — Les revenus de l'Hospice. — Les donations les plus récentes............... 404

Épilogue... 410
Additions et corrections 421

Beauvais, Imprimerie D. PÉRÉ. A. CARTIER, Gérant.

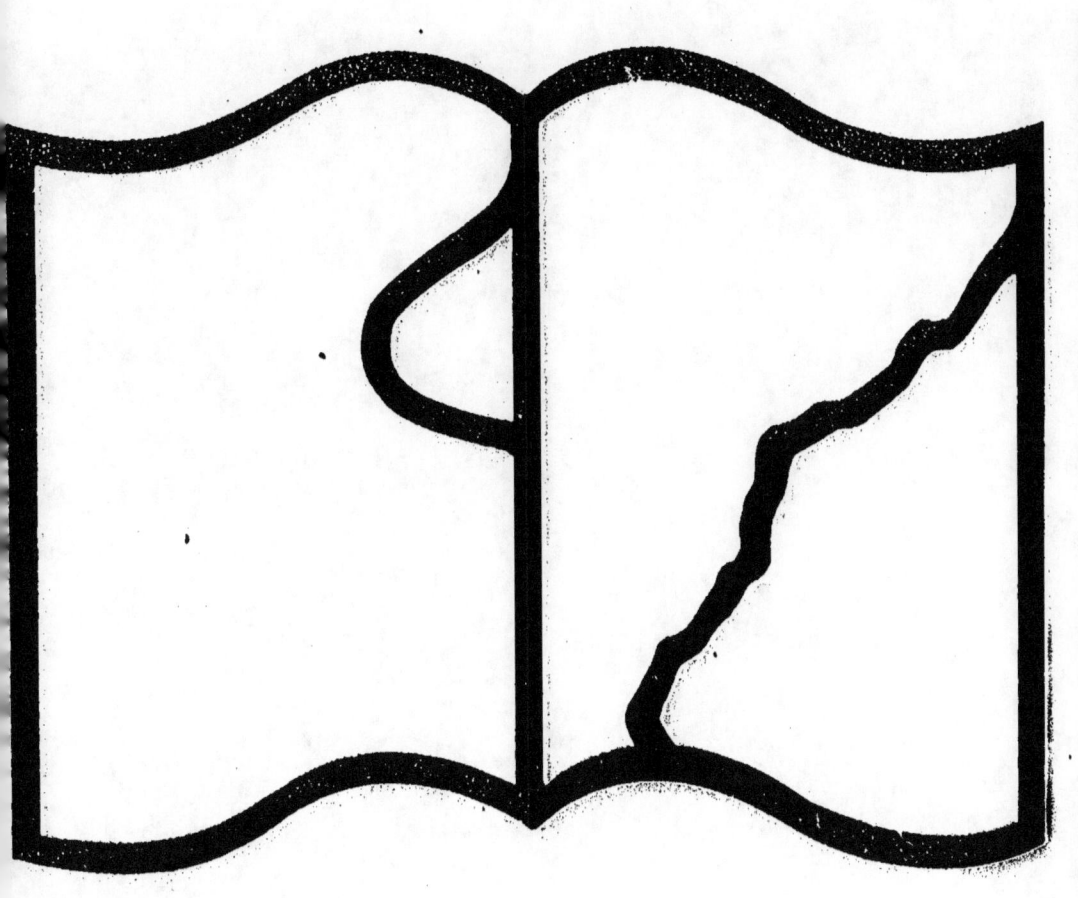

Texte détérioré — reliure défectueuse
NF Z 43-120-11

www.ingramcontent.com/pod-product-compliance
Lightning Source LLC
Chambersburg PA
CBHW070216240426
43671CB00007B/676